Zukunftsaufgabe Regionalplanung
Anforderungen - Analysen - Empfehlungen

D1702463

Die Deutsche Bibliothek - CIP-Einheitsaufnahme

Zukunftsaufgabe Regionalplanung: Anforderungen - Analysen - Empfehlungen / Akademie für Raumforschung und Landesplanung . - Hannover: ARL, 1995
  (Forschungs- und Sitzungsberichte / Akademie für Raumforschung und Landesplanung; 200)
  ISBN 3-88838-029-4
NE: Akademie für Raumforschung und Landesplanung <Hannover>:
  Forschungs- und Sitzungsberichte

Best.-Nr. 029
ISBN 3-88838-029-4
ISSN 0935-0780

Druck: poppdruck, 30851 Langenhagen
Auslieferung
VSB-Verlagsservice Braunschweig
Postfach 47 38
38037 Braunschweig
Tel. 0531/70 86 45-648
Telex 952841 wbuch d; Fax 0531/70 86 19

FORSCHUNGS- UND
SITZUNGSBERICHTE

Zukunftsaufgabe Regionalplanung

Anforderungen – Analysen – Empfehlungen

■ **Autoren**

Autoren

Domhardt, Hans-Jörg, Dr.-Ing., Akad. Rat, Universität Kaiserslautern, Forschungsgebiet Regional- und Landesplanung, Kaiserslautern

Eberle, Dieter, Dr., Professor, Universität Tübingen, Geographisches Institut, Tübingen, Korrespondierendes Mitglied der ARL

Fürst, Dietrich, Dr., Professor, Universität Hannover, Institut für Landesplanung und Raumforschung, Hannover, Ordentliches Mitglied der ARL

Geyer, Thomas, Dr.-Ing., Ltd. Planer, Planungsgemeinschaft Region Trier, Trier

Gust, Dieter, lic.rer.reg., Verbandsdirektor, Regionalverband Neckar-Alb, Mössingen, Korrespondierendes Mitglied der ARL

Hoffmann-Bohner, Karl-Heinz, Dipl.-Geogr., Stellv. Verbandsdirektor, Regionalverband Hochrhein-Bodensee, Waldshut-Tiengen

Kistenmacher, Hans, Dr. Dr.h.c., Professor, Leiter des Lehr- und Forschungsgebietes Regional- und Landesplanung, Universität Kaiserslautern, Kaiserslautern, Ordentliches Mitglied der ARL

Koerbling, Hans-Dieter, Dipl.-Vw., Ministerialrat, Leiter des Referats Vorhaben der Wirtschaft, des Ver- und Entsorgungswesens sowie der Landesverteidigung in Abt. Raumordnung und Landesplanung, Bayerisches Staatsministerium für Landesentwicklung und Umweltfragen, München

Konze, Heinz, Dipl.-Ökon., Abteilungsdirektor, Regierungspräsident Düsseldorf, Bezirksplanungsbehörde, Düsseldorf, Korrespondierendes Mitglied der ARL

Priebs, Axel, Dr., Leiter der Gemeinsamen Arbeitsstelle der Länder Berlin und Brandenburg, Berlin, Korrespondierendes Mitglied der ARL

Scholich, Dietmar, Dr.-Ing., Referatsleiter, Akademie für Raumforschung und Landesplanung, Hannover

von Tiling, Heinrich, Dipl.-Ing., Regionalplaner, Regierungspräsidium Darmstadt, Darmstadt

Wiederhold, Ludwig, Dipl.-Ing., Verbandsdirektor, Regionalverband Südlicher Oberrhein, Freiburg i.Br., Korrespondierendes Mitglied der ARL

Will, Manfred, Dipl.-Soz., Regierungsdirektor, Regionalplanungsstelle bei der Regierung von Oberbayern, München

Zeck, Hildegard, Dipl.-Geogr., Niedersächsisches Innenministerium, Referat Raumordnung und Landesplanung, Hannover, Korrespondierendes Mitglied der ARL

Redaktion

Prof. Dr. Dr.h.c. Hans Kistenmacher, Kaiserslautern
Akad.Rat Dr.-Ing. Hans-Jörg Domhardt, Kaiserslautern
Ltd. Planer Dr.-Ing. Thomas Geyer, Trier
unter Mitwirkung von:
cand.ing. Karin Bastl, Kaiserslautern

IV

Inhalt

Vorwort

Die Rahmenbedingungen für die gesamte räumliche Planung befinden sich in rascher Veränderung. Daraus ergeben sich erhöhte und teilweise neuartige Anforderungen an die Koordination räumlicher Entwicklungsprozesse. Dies gilt vor allem für die Regionalplanung. Sie hat in letzter Zeit eine unverkennbare Aufwertung erfahren. Überall zeigen sich verstärkte Regionalisierungstendenzen, deren Ursachen und Ziele sehr verschiedenartig sind und die über das bisherige Aufgabenfeld der Regionalplanung teilweise weit hinausgehen. Gleichzeitig wächst auch der Problemdruck im Kernbereich regionalplanerischer Aufgabenwahrnehmung. Die Regionalplanung sieht sich damit nicht nur vor eine weitreichende Herausforderung gestellt, sondern es bieten sich ihr zugleich auch Chancen, ihre Position aufgabengerecht zu stärken.

Für die ARL gab diese Entwicklung Anlaß, über die bisherige Bearbeitung wichtiger Teilbereiche der Regionalplanung hinaus einen Arbeitskreis ins Leben zu rufen, der sich vor dem Hintergrund neuer Herausforderungen mit der Regionalplanung insgesamt befaßt und unter Einbeziehung relevanter Wechselbeziehungen weiterführende Vorschläge erarbeitet.

Diese umfassende und darüber hinaus anspruchsvolle Aufgabenstellung machte es notwendig, in einer vorgeschalteten Phase das vielfältige Themenfeld zu strukturieren und die Arbeitsschwerpunkte in Ausrichtung auf eine Zusammenschau näher zu bestimmen. Auf dieser Grundlage erfolgte dann die vollständige personelle Zusammensetzung des Arbeitskreises „Regionalplanung 2000". Dabei wurde einerseits Wert gelegt auf eine sinnvolle Ergänzung von „Wissenschaft" und „Praxis" und andererseits vor allem auf die Einbeziehung verschiedener Erfahrungshorizonte aus der Vielfalt praktischer Regionalplanung.

Im Zusammenhang damit stellte sich auch die Frage, inwieweit die neu geschaffene Regionalplanung in den neuen Bundesländern einschließlich ihrer speziellen und vielfach andersartigen Rahmenbedingungen und Aufgabenschwerpunkte in die Untersuchung einbezogen werden kann. Es zeigte sich jedoch, daß die damit notwendigerweise verbundene erhebliche thematische Ausweitung im Rahmen dieses Arbeitskreises in einem überschaubaren Zeitrahmen kaum befriedigend zu bewältigen gewesen wäre. Hinzu kamen aber auch grundsätzliche Bedenken, ob es überhaupt sinnvoll ist, im gegenwärtigen Stadium in einem westlich geprägten Gremium spezifische Vorschläge für die mittel- und ostdeutsche Regionalplanung erarbeiten zu wollen. Nachdem der Aufbau der Landes- und Regionalplanung dort nach westdeutschen Vorbildern erfolgte, gewinnt die Regionalplanung in den neuen Bundesländern zunehmend ihr eigenes aufgabenspezifisches Profil. Daher sollte nunmehr in erster Linie den dortigen Praktikern und Wissenschaftlern die Aufgabe vorbehalten bleiben, für sich Folgerungen aus der westdeutschen Praxis und Fachdiskussion zu ziehen. So erscheint es durchaus sinnvoll, für die ostdeutsche Regionalplanung ein spezielles Arbeitsgremium einzurichten, das die hier getroffenen Aussagen vor einer evtl. Umsetzung einer spezifischen aufgabenorientierten Überprüfung unterzieht.

Im Hinblick auf diese Gesichtspunkte hat sich der Arbeitskreis „Regionalplanung 2000" damit begnügt, einen Vertreter der ostdeutschen Regionalplanung zur kritischen Begleitung in seine Beratungen einzubeziehen, um die angestellten Überlegungen auch vor dem Hintergrund dortiger Erfahrungen zu reflektieren.

Das vorliegende Werk gliedert sich in drei Kapitel. Die Bestandsaufnahme in Kapitel A wurde im Sinne der Übersichtlichkeit sehr knapp gehalten, zumal zu den verschiedenen Einzelthemen viele Veröffentlichungen auch von seiten der ARL vorliegen, auf die jeweils hingewiesen wird. Demgegenüber erfolgt in Kapitel B eine bewußt breiter angelegte Auseinandersetzung mit neuen Rahmenbedingungen und Herausforderungen, die über das spezifische Aufgabenfeld der Regionalplanung teilweise weit hinausragen und neben vielen Politikfeldern den gesamten Bereich von Raumordnung und Raumplanung betreffen. Dies erschien notwendig, um das zukunftsorientierte Aufgabenfeld der Regionalplanung im größeren Rahmen zu erörtern. Bei den Überlegungen und Vorschlägen zur Fortentwicklung der Regionalplanung in Kapitel C konnten viele der in Kapitel B angesprochenen Aspekte angesichts fehlender Forschungsergebnisse bzw. praktischer Erkenntnisse noch nicht hinreichend fundiert aufgegriffen und ausgeleuchtet werden. Die Ausführungen konzentrieren sich hier vor allem auf das in naher Zukunft Erforderliche und Machbare, wobei das gesamte regionalplanerische Aktivitätsfeld angesprochen wird.

Das vorliegende Werk setzt sich aus Einzelbeiträgen aus dem Kreis der Mitglieder des Arbeitskreises „Regionalplanung 2000" zusammen. Sie entstanden im Rahmen mehrerer, für alle Beteiligten sehr fruchtbarer Diskussionen und Bearbeitungsphasen. Natürlich erwies sich eine abschließende redaktionelle Gesamtbearbeitung als notwendig. Diese war jedoch darauf ausgerichtet, den speziellen Charakter der einzelnen Beiträge so weit als möglich zu erhalten. So zeigen die Ausführungen durchaus gewollt die Merkmale eines „Autorenteams", so z. B. im jeweiligen Formulierungsstil, in der teilweise auch thematisch bedingten unterschiedlichen Intensität aufgezeigter Literaturbezüge, in unterschiedlichen fachlichen Akzentuierungen und Erfahrungsorientierungen, in einigen inhaltlichen Überschneidungen etc. Die zur Verdeutlichung verschiedener Aussagen mit einbezogenen Beispiele stammen vor allem aus dem Erfahrungs- bzw. Tätigkeitsbereich der Mitglieder des Arbeitskreises. Es wird damit nicht der Anspruch verbunden, daß es sich dabei jeweils auch um die gelungensten Fälle handelt.

Das Buch „Zukunftsaufgabe Regionalplanung" wendet sich an einen breiten Adressatenkreis von Planern, Fachexperten, Verwaltungsfachleuten, Politikern und anderen Akteuren im Aufgabenfeld der Regionalplanung. Es sollen damit nicht nur weiterführende Diskussionen und Aktivitäten im engeren Bereich der Regionalplanung angeregt, sondern gleichzeitig auch ein Anstoß dazu gegeben werden, daß bei der direkten

planerischen Nachbarschaft, d. h. der Bauleitplanung, der Landesplanung und den raumwirksamen Fachplanungen, trotz ihrer größeren „institutionellen Geborgenheit" die
Bereitschaft zur selbstkritischen Weiterentwicklung wächst.

Im Anhang ist ein vom Arbeitskreis vorbereitetes „Positionspapier" beigefügt, das
die wichtigsten Forderungen zur aufgabengerechten Stärkung der Regionalplanung
enthält. Es wurde vom Präsidium der ARL den für die Regionalplanung verantwortlichen Stellen zugesandt.

Hans Kistenmacher

A. Bestandsaufnahme zur Regionalplanung

1. Überblick über das rechtliche und organisatorische Spektrum

1.1 Landes- und Regionalplanung im Verhältnis zu Bauleit- und Fachplanungen

1.1.1 Rechtliche Grundlagen

Die Regionalplanung nimmt als Teil der Landesplanung die zusammenfassende, überörtliche und überfachliche Ordnung des Raumes wahr. Als räumlich integrierende Planung (räumliche Gesamtplanung) operiert sie überörtlich im Verhältnis zu Gemeinden und überfachlich gegenüber Fachplanungen. Zusammenfassend wirkt sie, weil sie die im Raum konfligierenden Belange nach Abwägung in Prioritäten reihen oder zum Kompromiß bringen muß. Die Belange von Teilräumen, von Gemeinden und Fachplanungen werden dabei im sog. Gegenstromprinzip aufeinander abgestimmt und in die Gesamtplanung integriert (§ 1 Abs. 4 ROG). Die Abstimmung im Gegenstromprinzip endet formal mit der Verbindlichkeit der Raumordnungspläne; danach kann die Anpassung der Gemeinde- und Fachplanungen aller föderalen Ebenen an die Planziele erzwungen werden. Faktisch wird das Gegenstromprinzip zur konsensualen Konfliktbereinigung auch im Planvollzug genutzt.

Die wichtigsten Rechtsgrundlagen der Regionalplanung sind neben dem Bundesraumordnungsgesetz (als Rahmenrecht) die Landesplanungsgesetze und deren Ausführungsbestimmungen (Verordnungen, Richtlinien oder Erlasse). Sie regeln die Aufbau- und Ablauforganisation der Planung, die Planungsinstrumente, die Steuerungs- und Umsetzungsinstrumente sowie die Steuerungsintensität (mögliche Zielaussagen und deren rechtliche Bindungswirkung).

1.1.2 Die Arbeitsteilung zwischen Bundesraumordnungs-, Landes- und Regionalplanung auf der einen, Bauleitplanung auf der anderen Seite

Die Arbeitsteilung ist rechtlich im Bundesraumordnungsgesetz, in den Landesplanungsgesetzen und im Baugesetzbuch eindeutig definiert. Sie läßt sich für die vier Ebenen der räumlichen Gesamtplanung: Bund, Land, Region, Gemeinde grob wie folgt skizzieren. Der Bund definiert die großräumigen, auf nationaler und teilweise internationaler Ebene entscheidenden räumlichen Ordnungs- und Entwicklungsgrundsätze resp. -vorstellungen (z.B. Bundesraumordnungsprogramm 1975; Programmatische Schwerpunkte der Raumordnung 1985; Raumordnungspolitischer Orientierungsrahmen 1993); die Landesplanung bestimmt über Pläne und Programme raumrelevante Vorgaben für Freiräume und Siedlungsräume im Gebiet der Länder, allerdings mit der Maßgabe, daß solche Vorgaben einen beträchtlichen Gestaltungsspielraum für konkrete Ausformulierungen auf regionaler Ebene offenlassen. Die Regionalplanung schließt den Prozeß der

1

raumordnerischen Zielbildung zur Gemeinde hin ab (zu Konsequenzen im Zusammenspiel: vgl. Kap. B.4.): Sie konkretisiert die Grundsätze und Ziele der Landesplanung, differenziert sie und reichert sie entsprechend den spezifischen regionalen Steuerungsbedarfen an. Aber nur die kommunale Bauleitplanung, genauer der Bebauungsplan, hat gegenüber Privaten Verbindlichkeit. Die Planungsebenen bilden folglich ein System kaskadenartig von oben nach unten sich konkretisierender und differenzierender räumlicher Nutzungsplanung, wobei allerdings die Festlegung ihrer Inhalte nicht hierarchisch, sondern im Gegenstromprinzip erfolgt.

Abb. 1: Ressortierung der obersten Landesplanungsbehörden (Stand 1993)

Ministerpräsident Staatskanzlei	Innenministerium	Verbindung mit anderen raumbedeutsamen Ressortaufgaben in einem Ministerium
Rheinland-Pfalz Schleswig-Holstein	Niedersachsen	Baden-Württemberg Bayern Brandenburg Hessen Mecklenburg-Vorpom. Nordrhein-Westfalen Saarland Sachsen Sachsen-Anhalt Thüringen

Abb. 2: Organisationsstrukturen der Regionalplanung (Stand 1993)

staatliche Trägerschaft	gemeinschaftliche Trägerschaft	kommunalverbandliche Trägerschaft	kommunale Trägerschaft
Saarland Schleswig-Holstein	Bayern Brandenburg Hessen Mecklenburg-Vorpom. Nordrhein-Westfalen Rheinland-Pfalz Sachsen Sachsen-Anhalt Thüringen	Baden-Württemberg	Niedersachsen

Das Gegenstromprinzip soll theoretisch jeder Ebene und jedem fachlichen Belang im zusammenfassenden Abwägungsprozeß gleiche Chancen und gleiche Einflußmöglichkeiten geben. Während das Gegenstromprinzip gegenüber den Gemeinden dank der institutionellen Einbindung der Gemeinden zufriedenstellend funktioniert, bleibt es gegenüber Fachressorts, bedingt durch taktische Überlegungen der Fachplaner, durch Barrieren der Fachressorts und die Hierarchie des sektoralisierten föderalen Verwaltungsaufbaus, häufig auf den Abgleich der ausformulierten Planentwürfe beschränkt, also auf eine Planungsphase, in der die Fachplanungsträger ihre Planziele bereits präzisiert, wenn auch noch nicht verbindlich festgelegt haben (zu Konsequenzen zum Zusammenspiel von Fach- und Regionalplanung: Kap. B.4.).

Die gesamträumlichen Planungen der Länder sind trotz der Rahmenregelungen des Bundes und der Vereinbarungen der Ministerkonferenz für Raumordnung relativ heterogen hinsichtlich inhaltlicher Aussagebreite, Bindungswirkung, Planungssystematik und folglich auch hinsichtlich der verwendeten Planzeichen. Die zugelassenen Planzeichen auf Landes- und Regionalebene werden - anders als für die Gemeindeebene - von den Ländern definiert (Planzeichenverordnungen resp. -erlasse).

1.1.3 Das arbeitsteilige Verhältnis zu den Fachplanungen

Dieses ist der Sache nach, nicht jedoch rechtlich eindeutig operationalisiert. Fachplanungen definieren zunehmend räumliche Festlegungen, teilweise mit Funktionszuweisungen für Flächen, so daß sie sich zu teilräumlichen Sektoralplanungen entwickeln können (z.B. Wasserwirtschaftsplanung, Forstwirtschaftliche Planung, Agrarplanung). Sie sind i.d.R. unverbindlich, haben aber gleichwohl faktische Bindungswirkung, zumindest bauen sie höhere Hürden gegen ihre Integration in die räumliche Gesamtplanung auf. In einigen Ländern gibt es mit der Landes- und Regionalplanung abgestimmte Fachplanungen, die als „fachliche Entwicklungspläne" (LPlG B-W § 4; LPlG Sa § 11), „fachliche Programme und Pläne" (LPlG Bay Art. 15 f.) oder staatliche Fachpläne (LPlG Th § 9 Abs. 2) behördenverbindlich sein können. Beispiele sind die Bannwälder in Bayern, Pläne für Kraftwerksanlagen, Abfallbeseitigungsanlagen und Flughäfen.

Zudem ist auch der Landschaftsplan auf Kreisebene in Nordrhein-Westfalen mit Wirkung für Dritte verbindlich (Satzung).

1.2   Organisation der Regionalplanung

1.2.1 Organisationsformen

Organisationsstrukturen haben instrumentellen Charakter und sollten sich nach den Inhalten richten, die durch die Organisation zu bearbeiten sind. Für politisch-administrative Systeme gilt dieser organisationswissenschaftliche Grundsatz nur mit Einschränkungen, weil Organisationsstrukturen auch institutionalisierte Macht- und Einflußmöglichkeiten darstellen, die Eigenwert besitzen und Eigendynamik entwickeln.

Organisationswissenschaftlich unterscheidet man zwischen Aufbau- und Ablauforganisation. In den 80er Jahren hat sich aufbauorganisatorisch auf Landesebene ein Trend zur Verbindung von Raumplanung und Umweltpolitik herausgebildet, so daß heute die überwiegende Zahl (6)[1] der 13 Flächen-Länder das Konzept verfolgt, Landes- und Regionalplanung und Umweltpolitik (meist: naturbezogene Umweltpolitik) institutionell zusammenzubinden[2]. Daneben existieren andere Organisationsformen: Einbindung in die Staatskanzlei (Rheinland-Pfalz und Schleswig-Holstein), Verbindung mit dem Innenministerium (Niedersachsen), mit dem Wirtschaftsministerium (Baden-Württemberg, Mecklenburg-Vorpommern) und mit dem Wohnungs-/Städtebauministerium (Sachsen-Anhalt). Die Länder sind frei, die aus ihrer Warte geeignetste Lösung zu wählen.

Auch in der Organisation der Regionalplanung sind die Länder grundsätzlich frei, wobei die Länder eines der beiden im Bundesraumordnungsgesetz vorgesehenen Grundmodelle für die Regionalebene nutzen müssen (§ 5 Abs. 3 ROG): Wenn es die Regionalplanung gibt, muß sie grundsätzlich als staatlich-kommunales Kondominium ausgestaltet werden, wobei die Gemeinden entweder aufbauorganisatorisch[3] oder ablauforganisatorisch[4] privilegiert an der Planung beteiligt werden müssen. Die kommunale Privilegierung ist sowohl institutioneller Ausfluß des Art. 28 Abs. 2 GG als auch Konsequenz der engen inhaltlichen Verbindung zwischen Landes-, Regional- und Flächennutzungsplanung.

Auf Regionsebene - die Regionsabgrenzung erfolgt innerhalb des Gebietes einer Mittelinstanz und dann kreisscharf oder umfaßt das ganze Gebiet[5] - wird zwischen der institutionalisierten Regionalplanung und dem Instanzenweg der Landesplanungsbehörden unterschieden.

Die behördliche Funktion der oberen/höheren Landesplanungsbehörde, also Aufsichts-, Genehmigungs- und Planvollzugsaufgaben, liegt in allen Ländern, die eine Mittelinstanz (Regierungspräsident, Bezirksregierung, Landesverwaltungsamt in Thüringen) haben, bei dieser Mittelinstanz. Mecklenburg schuf dafür eine Sonderbehörde auf der mittleren Ebene: die Ämter für Raumordnung und Landesplanung. Wo die obere Landesplanungsbehörde fehlt, werden die behördlichen Funktionen vom Land wahrgenommen (Brandenburg, Saarland, Schleswig-Holstein).

Die Planungsfunktion, also Aufstellung der Pläne, Raumbeobachtung, Planungsberatung gegenüber Fachressorts und Gemeinden, wird vom Staat entweder auf kommunale Verbände übertragen, oder die Planung erfolgt durch eine gesonderte Abteilung/ ein gesondertes Dezernat in der Mittelinstanz, aber die Gemeinden haben über einen zugeordneten politischen Entscheidungskörper die politische Entscheidungsgewalt über die Planinhalte (Hessen, NRW, Sachsen-Anhalt) (Gruber 1993, S. 51f).

Rechtlich ist Regionalplanung als staatliche Aufgabe anzusehen (Gruber 1993, S. 19f u. S. 252), wofür das Bundesraumordnungsgesetz drei Modelltypen zuläßt: eine kommunal organisierte, eine rein staatliche Regionalplanung (z.B. Schleswig-Holstein) oder Mischformen. Sofern Kommunalverbände gebildet wurden, unterhalten sie nur in Baden-Württemberg und Brandenburg eine eigene Planungsstelle; in Bayern, Rheinland-Pfalz und Thüringen[6] wird die Planungskapazität von der Mittelinstanz, in Sachsen und Mecklenburg-Vorpommern von einer Sonderbehörde (Staatliche Umweltfachämter; Ämter für Raumordnung und Landesplanung) gestellt. Lediglich Niedersachsen hat die Planung auf den Kreis übertragen. In Schleswig-Holstein nimmt die Landesplanung die Erstellung der Regionalpläne wahr, aber die Gemeinden werden hier über ihre Spitzenverbände im Landesplanungsrat und über besondere ablauforganisatorische Regelungen beteiligt.

1.2.2 Bewertung der Unterschiede in der Institutionalisierung

Die Organisationsunterschiede werden in der Praxis mit zunehmender Flexibilisierung des Verwaltungshandelns („lean administration") als abnehmend bedeutsam betrachtet. Dabei ist jedoch zu berücksichtigen, daß sich die aufbauorganisatorisch bedingten Unterschiede praktisch auswirken, weil sie auch Unterschiede

- in der Ressourcenausstattung;
- in den Koordinationskosten gegenüber anderen Trägern der Planung (die Planung in der Mittelinstanz erleichtert die Koordination mit Fachressorts[7], in Kommunalverbänden die Koordination mit Gemeinden)
- und hinsichtlich der Nähe zu Umsetzungsbehörden auslösen können.

Umstritten ist, ob die Aufbauorganisation die Konsenskosten beeinflußt. Da Konsenskosten in erster Linie von der Zahl und der Heterogenität der zu koordinierenden Interessen abhängen, kommt der Aufbauorganisation nur indirekte Wirkung zu. Sie kann den Konsensbedarf beeinflussen durch:

- die Definition der Mitgliedschaften, die Stimmrechtsverteilungen und die Gremien-Kompetenzen;
- die Kompetenzverteilung zwischen Landesplanung und Regionalplanung: So führt eine Zentralisierung von (meist verteilungsintensiven) Ordnungsfunktionen auf das Land zu einer Entlastung der Konsensfindung auf regionaler Ebene.

Mit der Aufbauorganisation werden allerdings Handlungskorridore definiert, die Planer in ihrer inhaltlichen Schwerpunktsetzung und auch Motivation beeinflussen können: Je stärker Regionalplanung kommunalisiert wird, um so besser gelingt die Integration der Regional- und Flächennutzungsplanung. Regionalpläne werden dann auch stärker als Entwicklungspläne (denn Ordnungspläne) ausgestaltet. Dafür aber ist die Distanz zu Fachplanungen relativ groß.

Je stärker andererseits die Planung in die Staatssphäre eingebunden ist, um so mehr tendiert sie zur Ordnungsplanung, indem die Landesplanung ihre restriktiv-steuernde Kraft über die Regionalplanung umzusetzen sucht. Andererseits begünstigt die Einbindung in die Mittelinstanz eher (als die kommunalverfaßte Struktur) die Koordination mit Fachplanungen, weil die Planung von der Bündelungsfunktion der Mittelinstanz profitiert. Solche Zusammenhänge sind allerdings nur idealtypisch gezeichnet und müssen in der Praxis weitere Einflußfaktoren berücksichtigen (z.B. die landesplanerischen Vorgaben, die Kommunalverfassung[8], die Repräsentanz kreisangehöriger Gemeinden in den Gremien der Regionalplanung u.ä.).[9]

Generell ist festzustellen, daß die institutionellen Regelungen ihren zwingenden Charakter verlieren angesichts zunehmender Flexibilisierung von institutionellen Strukturen, Dezentralisierung von Entscheidungs- und Vollzugskompetenzen, Öffnung des Staates in den nicht-staatlichen Bereich hinein (informelles Verwaltungshandeln, public-private-partnerships) und Neubewertung bürokratischer Regelungssysteme (Entbürokratisierung; Ersatz des Rechts als Steuerungsinstrument durch Verträge und soziale Kooperationsformen) (vgl. die Folgerungen unter Kap. C.4.).

1.2.3 Koordinationsformen

Das Zusammenspiel der Ebenen der gesamträumlichen Planung sowie dieser mit den Fachplanungen verlangt ein Mindestmaß an Institutionalisierung. Am intensivsten aufbau- und ablauforganisatorisch institutionalisiert ist das Zusammenspiel von Landes-, Regional- und Bauleitplanung. Im Verhältnis Bund-Land sowie Landesplanung-Fachplanungen gibt es zwar auch aufbauorganisatorische Regelungen: Ministerkonferenz für Raumordnung, Landes-Kabinette (mitunter: Raumordnungskabinett), interministerielle Kommissionen, Arbeitskreise, Arbeits- oder Projektgruppen; zudem werden in vielen Ländern im Organisationsbereich der Landesplanung „Spiegelreferate" eingesetzt, die die Kontakte zu den Fachressorts halten sollen. Aber die praktische Koordinationsarbeit läuft ablauforganisatorisch (Mitteilungs- und Auskunftspflichten, Beteiligungsverfahren). So wird beispielsweise das besonders intensive Koordinationsverhältnis zur Landschaftsplanung praktisch nur ablauforganisatorisch geregelt.

Für die praktische Arbeit sind ablauforganisatorische Koordinationsregelungen besonders wichtig; sie wurden für verschiedene Phasen der Planung[10] unterschiedlich institutionalisiert: Für die Problemdefinition wird üblicherweise das Verfahren der Bekanntmachung von Planungsabsichten verwendet; Informationsbeschaffung wird über Regelungen der Auskunfts- und Informationspflichten gesichert[11]; Problemlösungen und die Entscheidung darüber werden im Wege der Beteiligungsverfahren koordiniert.

Noch wichtiger für die praktische Koordinationsarbeit sind allerdings dichte Kontaktnetze, planerische Beratungs- und Dienstleistungsfunktionen, Kommunikation über den „kleinen Dienstweg", gelegentlich auch „informelle Planung" (Rahmenkonzepte ohne Verbindlichkeit) (vgl. zu deren praktischer Bedeutung: Kap. C.4.).

Koordination wird vor allem in der Umsetzung der Planung wichtig. Dafür sind kaum institutionelle Vorkehrungen getroffen worden. Vielmehr entwickeln sich hier zahlreiche informelle Formen der Kooperation, und Koordination geht in Kooperation über.

1.2.4 Organisation der Regionalplanung in Verdichtungsräumen

Nahezu alle Verdichtungsräume haben eine Organisationsform gewählt, die von den für die Regionalplanung entwickelten Grundmodellen abweicht. Verschiedene Ursachen sind dafür: Institutionen-Kompromisse als Ersatz für nicht durchsetzbare Eingemeindungen anläßlich der Gebietsreform; jahrzehntelange Tradition der Regionalplanung[12]; intensiverer Abstimmungs- und Kooperationsbedarf in hochgradig arbeitsteilig organisierten Raumstrukturen etc.

Regionalplanung in Verdichtungsräumen muß vom Ansatz her stärker Ordnungs-, denn Entwicklungsplanung sein. Sie hat vor allem einer freiraumvernichtenden Siedlungsentwicklung entgegenzuwirken und diese in ökologisch verträglichere Bahnen zu lenken. Andererseits greift sie damit intensiver in die kommunale Planungshoheit, aber auch in Belange von infrastrukturellen Fachplanungen ein. Die Institutionalisierung der Regionalplanung muß diesem spezifischen Konfliktregelungsbedarf Rechnung tragen und auf kooperatives Konfliktlösen ausgerichtet sein.

Im wesentlichen unterscheidet man vier Formen: (a) monofunktionale Zweckverbände in der Form von Planungsverbänden (Beispiele: Regionalverbände in Baden-Württemberg, Regionalbezirksplanung für schleswig-holsteinische Städte (geplant)[13]); (b) Mehrzweckverbände (Beispiel: Kommunalverband Großraum Hannover); (c) zweckverbandsartige Mischformen mit gebietskörperschaftlichen Elementen (Umlandverband Frankfurt, ab 1994 Verband Region Stuttgart[14]); (d) gebietskörperschaftliche Integrationsformen (Regionalkreismodell: Stadtverband Saarbrücken).

Die Unterschiede werden vor allem durch die Kompetenzen und die Entscheidungsstrukturen markiert, die den gemeindeübergreifenden Organisationen zugewiesen werden. Während Planungsverbände (Einzweckverbände) für den relativ hohen Koordinations- und Kooperationsbedarf der Verdichtungsräume vielfach zu schwach sind, haben sich Mehrzweckverbände insofern bewährt, als sie durch Übernahme weiterer Funktionen ihren Einfluß gegenüber den Kommunen stärken, aber auch zum Forum für regionale Gemeinschaftsaufgaben werden können. Mit zunehmender Funktionsanreicherung treten aber Spannungen mit den Gemeinden (Autonomiebedarfen), teilweise auch den Kreisen und Bezirksregierungen auf (Funktionenkonkurrenz). In der Folge davon kann der Verband in seiner Wirkung politisch beschränkt werden.

1.2.5 Neue Diskussionen zur Weiterentwicklung der Organisationsmodelle

In zunehmendem Maße ist zu beobachten, daß anstelle dieser förmlich organisierten Verbandsstrukturen weiche Organisationsformen, meist außerhalb des öffentlichen Rechts, geschaffen werden. „Regionalkonferenzen" (ohne bindende Beschlußfähigkeit), Arbeitsgemeinschaften, Vereine, privatrechtliche Entwicklungsagenturen oder Entwicklungsgesellschaften werden eingesetzt, um bestimmte regionale „Gemeinschaftsaufgaben" zu erledigen. Sie sind jedoch in der Regel auf die Verbesserung der wirtschaftlichen Standortkonkurrenz der Region, nicht auf räumliche Planung ausgerichtet (vgl. für Nordrhein-Westfalen: Blotevogel 1994; Konze 1994).

Sie werden unterstützt von Bestrebungen der Länder, die regionale Strukturpolitik zu regionalisieren (Nordrhein-Westfalen, Niedersachsen, in Ansätzen Baden-Württemberg, Bayern, Hessen, Sachsen). Sie sollen regionale Rahmenbedingungen schaffen, um den von der Privatwirtschaft zu leistenden Strukturwandel zu erleichtern und die Investitionsvoraussetzungen in der Region zu verbessern, aber auch Orientierungen für die gewünschte Richtung des Strukturwandels zu geben (z.B. ökologisch orientierter Umbau der Wirtschaftsstruktur).[15] Dahinter steht eine veränderte Einschätzung des regionalen „Vernetzungsbedarfs" angesichts der zunehmenden regionalen Verflechtung der Wirtschaft (s. Kap. B.4.). Solche Prozesse gehen über die Aufgaben der Regionalplanung hinaus, sind aber eng mit ihr verbunden, so daß Regionalplanung darin orientierende, organisierende und/oder moderierende Funktionen wahrnehmen kann (s. Kap. C.1.). Jedoch ist sie durch institutionelle Begrenzungen übermäßig restringiert: Regionalplanung hat nur behördeninterne Wirkung, sieht eine institutionelle Beteiligung der Privatwirtschaft und der gesellschaftlichen Gruppen nur im Beratungswege vor[16], klammert die planerische Gestaltung wirtschaftsstruktureller Entwicklungsfragen weitgehend aus u.ä. Daraus erwachsen Überlegungen, entweder die Regionalplanung zugunsten einer regionalen Entwicklungssteuerung zu öffnen oder komplementäre Institutionalisierungen aufzubauen.

Der erste Ansatz führt in Richtung Parlamentarisierung der Planung unter Anreicherung der Inhalte und Gegenstände der Planung; langfristig mündet dieses Konzept in eine neue gebietskörperschaftliche Ebene oberhalb der Gemeindeebene. Solche Diskussionen - nicht unbedingt an die Regionalplanung gekoppelt - werden in einigen Verdichtungsräumen bereits geführt.[17] Die politische Durchsetzbarkeit ist jedoch nur sehr langfristig zu erzielen.

Der zweite Ansatz wird mit den genannten Regionalkonferenzen, Vereinen zur eigenständigen Regionalentwicklung, Regionalen Entwicklungsagenturen etc. bereits beschritten: Es werden flexible Institutionalisierungen der Aktoren-Vernetzung gesucht, die eine entwicklungsbetonte Kooperation zulassen, ohne Strukturen zu zementieren, sondern sie für notwendige zukünftige Anpassungszwänge offenzuhalten. Allerdings stoßen solche - aus der Privatwirtschaft stammende - Konzepte der flexiblen Organisation im politisch-administrativen System auf Schwierigkeiten, weil dieses auf die Produktion politisch legitimierter Entscheidungen „konditioniert" ist, dafür aber härtere Formen der Institutionalisierung verlangt, um bindende Entscheidungen zu erreichen, die für externe Kontrollen offen sind (Legitimationsproblematik).

Das bedeutet aber auch, daß die „Evolution der Kooperation" zu immer mehr Institutionen der interkommunalen Zusammenarbeit innerhalb einer Region führt, wobei die Kompetenzprofile der unterschiedlichen Institutionen zunehmend weniger eindeutig voneinander abzugrenzen sind. Obwohl der darin verborgene Institutionen-Wettbewerb in gewisser Weise förderlich sein kann, führt er auch zu Doppelarbeit, blockierenden Entscheidungen, konfligierenden Prioritäten etc., so daß eine Funktionalreform zur Bereinigung der Institutionenlandschaft notwendig werden kann.[18]

1.3 Einordnung in das gesamte System raumrelevanter Planungen

Unser politisch-administratives System ist in funktionale (sektorale) und territoriale (räumliche) Teilsysteme gegliedert, die matrixartig verknüpft werden. Dabei kommt der Raumplanung auf ihren verschiedenen Ebenen ein formales Monopol in der raumbezogenen Koordination von Sektorplanungen zu. Üblicherweise erfolgt die Integration der Fachplanungen in die Raumplanung nach dem Konzept der Sekundärintegration: Die Fachressorts erstellen ihre Pläne „eigensinnig", und die Raumplanung integriert sie nachträglich. Für die Landschaftsplanung auf regionaler Ebene wurde jedoch von einigen Ländern[19] der Weg der Primärintegration beschritten: im regionalen Raumordnungsplan werden die fachlichen Ziele originär aufgestellt, basierend auf fachlichen Beiträgen der Fachbehörden. Nordrhein-Westfalen geht dabei am weitesten, indem dort der Gebietsentwicklungsplan gleichzeitig die Funktionen des Landschaftsrahmenplanes (§ 15 Landschaftsgesetz) und des forstwirtschaftlichen Rahmenplanes (§ 7 Abs. 1 Landesforstgesetz) übernimmt.

Aber dieses formale Monopol der räumlichen Gesamtplanung wird der Regionalplanung an den Rändern immer wieder streitig gemacht durch flächenintensive Fachplanungen und Vorschläge zur erweiterten Landschaftsplanung und „Unterwerfung" der Regionalplanung unter eine „landschaftsplanerische Plan-UVP".[20] Ziel solcher Bemühungen ist einerseits, die Belange des Umwelt- und Naturschutzes wirksamer zu bündeln und abgestimmter den widerstreitenden Belangen entgegensetzen zu können. So definieren und beplanen flächenintensive Fachplanungen[21] regionalplanerische Vorranggebiete, mitunter schon im Vorgriff auf regionalplanerische Abwägungen. Damit können diese Fachplanungen allerdings auch untereinander in Konflikt treten, zumindest eine Koordination der Umweltplanungen[22] erforderlich machen. Das ist u.a. eines der Argumente für die in die Diskussion gebrachte „Umweltleitplanung" (§§ 19-22 Umweltgesetzbuch-Entwurf), einer übergeordneten und integrierenden Umweltplanung, die den Umweltbelangen Eigengewicht in der Planung geben sollte. Zum anderen geht es aber auch um eine grundsätzliche Prioritätsfrage: Soll Umweltschutz nachrangig, gleichrangig oder vorrangig gegenüber Siedlungsentwicklungsbelangen sein?

Raumrelevante Fachplanungen haben zwar keine Verbindlichkeit, aber ihre politisch-administrative Wirkung ist relativ hoch[23], weil sie maßnahme- und entwicklungsbezogene Zielaussagen machen und damit für Politik und Verwaltung konkreter sind. Zudem gehen von den stärker ökologisch ausgerichteten Fachplanungen häufig neue planungsmethodische Herausforderungen aus, die den Prozeß zur Ökologisierung der Raumplanung beschleunigen, aber auch behindern können. So zeigt die Landschaftsplanung in Rheinland-Pfalz über ihre Qualität als Fachplanung hinaus auch Ansätze eines Kontrollkonzeptes, die zum Teil auch als eine Art „Plan-UVP" interpretiert werden.[24]

Die Wasserwirtschaftsplanung operationalisiert ihre Ziele über Umweltqualitätsstandards; ein Bemühen, das auch von der Landschaftsplanung aufgegriffen wird, um mehr Steuerungsintensität durch Umweltqualitätsziele und -standards zu gewinnen. Ein früherer Entwurf zum Umweltgesetzbuch ging sogar noch weiter und versuchte, neue Steuerungsinstrumente in die Planung einzubeziehen.[25]

Solche Vorstöße können für die Regionalplanung dann problematisch werden, wenn sie deren Abwägungsspielraum übermäßig einengen und sie zu stark von den ökologisch orientierten Fachplanungen her definieren lassen. Hier formiert sich eine planungsinhaltliche und -methodische Herausforderung für die Regionalplanung, diese Neuerungen konstruktiv in Konzepte der ökologisch orientierten Regionalplanung zu integrieren (s. Kap. B.5. und C.3.). Insbesondere bedarf es intensiverer Abstimmungen zwischen Regional- und Fachplanungen bei der Festlegung von regionalisierten Umweltqualitätszielen und -standards.

1.4 Regionale Planungsräume und Bezugsebenen

Planungsräume sollten idealtypisch nach der räumlichen Reichweite der wichtigsten Planungsvariablen abgegrenzt werden. Dabei bezieht sich die Diskussion der Planungsräume ausschließlich auf die Regionalebene, weil für die Landesplanung die Abgrenzung durch die Landesgrenzen unbestritten ist. Da aber Regionalplanung multivariaten Zielsetzungen folgt, müßte für jedes Ziel eine andere Raumabgrenzung gesucht werden. Um das zu vermeiden, wurde versucht, die Raumabgrenzung nach einem System räumlich korrelierter Leitvariablen vorzunehmen. Das war lange Zeit die sog. sozioökonomische Raumabgrenzung. Aber auch hier ergeben sich Unterschiede, je nachdem, ob das sozio-ökonomische Teilsystem durch Arbeitsmarktregionen oder die räumliche Reichweite zentralörtlicher Leistungsangebote repräsentiert wird. Zudem sind

Legende zu Abb. 3

Zentrale Orte

Zentrum	Teil eines Zentrums	
■ Kiel	■ Ulm	Oberzentrum
◆ Hof	◆ Diez	mögliches Oberzentrum bzw. Mittelzentrum mit Teilfunktionen eines Oberzentrums

Verdichtungsräume

	der Ministerkonferenz für Raumordnung (MKRO) – aktualisiert in den alten Ländern und vergleichbare Verdichtungsgebiete der neuen Länder 1989

Grenzen

——	Bundesrepublik Deutschland
——	Land
605	Planungsregion (kreisscharf) mit Nummer

Der Stadtkreis Worms (Rheinland–Pfalz) gehört zwei Regionen (703 und 704) an

Abb. 3: Regionale Planungsräume sowie ausgewiesene Oberzentren in der BRD
(Stand 1992)

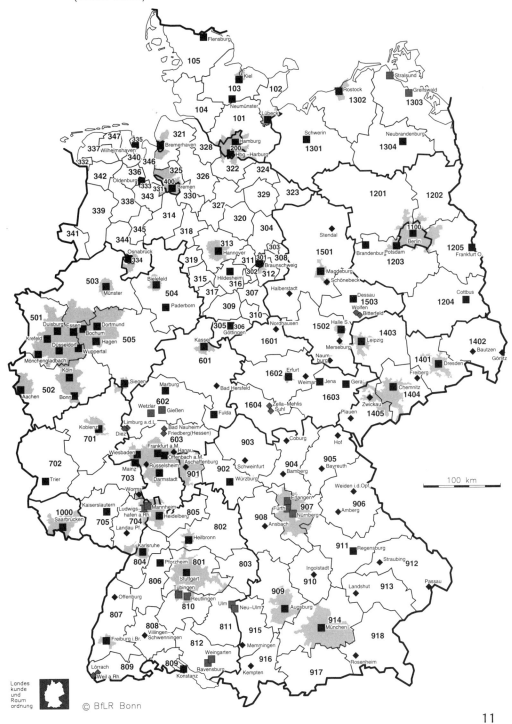

solche Raumabgrenzungen dynamisch offen, weil durch zunehmend größerräumige sozio-ökonomische Verflechtungsbeziehungen auch die Regionsgrenzen erweitert werden müßten.

Die Diskussion um die „richtige Raumabgrenzung", in den 60er Jahren akademisch heiß geführt, ist heute unter Aspekten der EU-Regionenkonkurrenz wieder aktuell geworden. Zwar kann die Bildung landesplanerischer Regionen nicht ganz rechtsfrei erfolgen, weil die Grundsätze des Raumordnungsgesetzes bindende Vorgaben machen (Gruber 1993, S. 43f), aber in der politischen Praxis wird die Abgrenzung pragmatisch entschieden: Grundlage ist die Freiwilligkeit von Zusammenschlüssen in räumlichen Einheiten, die eine gewisse internationale Konkurrenzfähigkeit vermuten lassen. Für diese Raumabgrenzung sind Gebietskörperschaften und deren politische Kooperationsbereitschaft entscheidend. Für eine solche Abgrenzung können wissenschaftlich allenfalls räumliche Unter- und Obergrenzen definiert werden, wobei sich die Untergrenzen an sozio-ökonomischen Verflechtungsbeziehungen, die Obergrenzen an politischer Handlungsfähigkeit ausrichten. Entscheidend ist, problembezogene Öffnungen über die formalen Grenzen hinweg möglich zu machen, indem von „problembezogenen Netzwerken" der Kooperation Gebrauch gemacht wird.

Viele Länder kennen fachliche Entwicklungspläne, d.h. verbindliche Pläne zur Lösung fachlicher Aufgaben in Teilregionen. Zunehmend wichtiger sind jedoch fachübergreifende Konzepte, die auf Teilregionen bezogen werden. Baden-Württemberg hat dazu relativ früh mit dem Bodenseeuferplan einen ersten Ansatz vorgelegt. Bayern nutzt eine Variante, das sog. „Teilraumgutachten", mit dem Ziel, für Teilräume einer Region, die ein gemeinsames regionalpolitisches Problem zu bewältigen haben, über einen engen Interaktionsprozeß mit Experten und betroffenen Gebietskörperschaften Problemlösungen und Orientierungslinien entwickeln zu lassen, die in praktisches Handeln umgesetzt werden können.[26] Es sei auch auf den Entwurf zum LEP III Rheinland-Pfalz hingewiesen. Es heißt dort u.a.: für „besonders planungsbedürftige Räume" sollen „regional begrenzte oder fachliche Teilpläne bzw. Raumnutzungskonzepte erarbeitet werden." Wie bereits angemerkt, experimentieren Nordrhein-Westfalen, Hessen und Niedersachsen mit Regionalkonferenzen, um aus der Region heraus die endogenen Entwicklungspotentiale über sog. „Regionale Entwicklungskonzepte" effektiver ausschöpfen zu lassen.

2. Aufgaben und Funktionen der Regionalplanung im Schnittfeld von Politik, Verwaltung und Planung

Seit ihren Anfängen Ende der 50er Jahre, aber auch noch nach ihrer Verankerung im Bundesraumordnungsgesetz von 1965 hat die Regionalplanung in der Bundesrepublik verschiedene Phasen durchlaufen. Die „Planungseuphorie" der 60er Jahre wurde abgelöst von der „Planungsfeindlichkeit" im Verlauf der 70er Jahre, und noch Anfang der 80er Jahre sprach man von der „Krise der Regionalplanung" (BfLR 1980) in der Bundesrepublik. In vielen Bundesländern führte der Wandel in der Grundstimmung zu organisatorischen Konsequenzen, die sich u.a. auch in der Beschneidung der selbstverwalteten Planungsverbände dokumentierten.

Inzwischen hat sich die Regionalplanung nicht nur konsolidiert, sondern eine unverkennbare Aufwertung erfahren. Die Ursachen dafür sind vielfältig:

- Zunahme der Aufgaben, die nicht auf der Ebene einer einzelnen Gemeinde erledigt werden können (z.B. überörtliche Koordination der Siedlungsentwicklung und der Freiraumfunktionen, Nahverkehr, Abfallentsorgung, Standortvorsorge, Standortmarketing, aber auch Freiraumplanung, Biotopvernetzung etc.);
- Erstarken der Fachplanungsträger, die den Handlungsspielraum der einzelnen Gemeinden zunehmend mit „Sachzwängen" einengen (Ansprüche von seiten des Bodenschutzes, der Wasserwirtschaft, des Natur- und Landschaftsschutzes, der Verkehrsplanung etc.);
- Engpässe bei der Flächenverfügbarkeit auf Einzelgemarkungen (insbesondere in Ballungsräumen), auch hervorgerufen durch eine stärkere Einbeziehung ökologischer Belange;
- verschärfter Wettbewerb zwischen den Kommunen und Regionen innerhalb des europäischen Binnenmarkts sowohl hinsichtlich der Gewerbestandorte als auch der Förderprogramme;
- das Erkennen der Vorteile funktionierender Planungs- und Entscheidungsmechanismen durch die negativen Erfahrungen bei der Eingliederung der neuen Bundesländer etc.

Deshalb sind in jüngerer Zeit über die Konsolidierung hinaus deutliche Bestrebungen zur Stärkung der regionalen Planungs- und Kooperationsebenen von politischer Seite zu erkennen, so z.B. in Bayern und Baden-Württemberg. Die Diskussionen darüber werden mit unterschiedlicher Intensität auch in Hessen, Niedersachsen, Nordrhein-Westfalen und in den neuen Bundesländern geführt. In Baden-Württemberg steht die Diskussion unter dem Leitwort „Stärkung der regionalen Zusammenarbeit" (Staatsministerium Baden-Württemberg 1993). Dies ist im Grunde eine Forderung nach mehr regionalpolitischer Kompetenz. Teilweise wird aber auch die Übertragung von Verwaltungsaufgaben gefordert, weil man so die oft beklagte Durchsetzungsschwäche der Regionalplanung überwinden möchte.

Diese aktuelle Diskussion fördert erneut die grundsätzlichen Fragestellungen zu den Aufgaben und Funktionen der Regionalplanung zu Tage. Die unterschiedlichen Organisationsformen in den alten und jetzt auch in den neuen Bundesländern geben auch Aufschluß über die vielfältigen Interpretationsmöglichkeiten der Aufgaben und Funktionen. Sie reichen von der Verwaltung gemeindeübergreifender Aufgaben, z.B. des Regional- und Nahverkehrs, der Abfallbehandlung, der Wirtschaftsförderung etc. (insbesondere Stadt-Umland-Verbände), über regionalpolitische Zusammenschlüsse vor allem in Grenzgebieten (z.B. Euregio, Regio Basiliensis etc.) bis hin zu reinen Planungsverbänden, die ausschließlich die Regionalplanung ohne Vollzugskompetenzen zur Aufgabe haben (Fürst 1992).

13

Es besteht die Gefahr, daß der aktuelle „Aufschwung" der Regionalplanung, der aus der zunehmenden Erkenntnis der Begrenztheit von Raum und Ressourcen resultiert (Nullsummenspiel, Heidemann 1993), sprichwörtlich im Sand verläuft, wenn man die Chance der erhöhten öffentlichen Aufmerksamkeit nicht dazu nutzt, die an die Regionalplanung gestellten Ansprüche, die neuen Erwartungen und Hoffnungen in realistische zukunftsweisende Strategien und Konzepte umzusetzen. Dazu ist eine grundsätzliche Planungsdiskussion notwendig, die auch die Lehren aus Erfahrungen mit den technokratischen Planungsmodellen zentralistischer Länder zieht.

Auf die Notwendigkeit einer solchen grundsätzlichen Planungsdiskussion haben unter anderem jüngst Fürst (1993) und Heidemann (1993) hingewiesen. Beide beklagen Entwicklungen in der Planungspraxis, die sich in einer Zunahme verwaltungsmäßig reglementierter Planung im Sinne der Übertragung technokratischer Planungsansätze (Dominanz fachwissenschaftlicher Informationsverarbeitung, z.B. in Umweltverträglichkeitsprüfungen und sonstigen Bewertungsverfahren) dokumentieren und die notwendige Offenheit für koordinierende gesellschaftspolitische „Abwägungsprozesse" überdecken. In diesem Zusammenhang wird teilweise auch die unter anderem durch die Verwaltungsgerichte hervorgerufene zunehmende „Verrechtlichung" der Planung kritisiert, wobei durch eine zu einseitige Ausrichtung auf rechtsverbindliche Plansätze (siehe die Diskussion um die rechtliche Wirkung von „Zielen", „Grundsätzen" und „Vorschlägen" in den Regionalplänen) der politische Abwägungsprozeß in den Hintergrund tritt.

Dabei darf jedoch nicht verkannt werden, daß diese Verrechtlichung auch eine Vielzahl positiver Durchsetzungseffekte mit sich gebracht hat. Es bleibt jedoch ein gewisser Widerspruch zwischen dem verstärkt geforderten Anspruch an die Regionalplanung in ihren regionalpolitischen Vermittlerfunktionen und dem Bestreben nach einer stärkeren rechtlichen Bindungswirkung ihrer Planinstrumente, die den durch fachgesetzliche Festlegungen ohnehin begrenzten Verhandlungsspielraum weiter einengen.

Die Anforderungen und die Erwartungen an die Regionalplanung haben sich in vielerlei Hinsicht gewandelt. Die zunehmende Spezialisierung und Differenzierung der Fachplanungen führt zu ebenso zunehmendem räumlichem Koordinationsbedarf sowohl zwischen den Fachbehörden (horizontal) als auch zwischen den Fachbehörden und den Kommunen als Träger der Bauleitplanung (vertikal). Steigende Flächenansprüche (z.B. bei Wohnbau- und Gewerbeflächen, für Freizeit und Erholung und für Infrastruktur) kollidieren mit steigenden Restriktionen durch Flächen von seiten des Ressourcenschutzes (Wasser-, Klima-, Boden- und Biotopschutz). Diese Nutzungskonflikte führen zur rapiden Abnahme der Flächenverfügbarkeit, auch wenn de facto Fläche noch in ausreichendem Maß vorhanden ist bzw. die potentiell disponiblen Flächen durch den Rückgang der Landwirtschaft sogar vergrößert werden.

Hier zeigt sich, daß zu den oben erwähnten Konflikten, die aus den Notwendigkeiten des Ressourcenschutzes abgeleitet werden, die Konflikte hinsichtlich der Akzeptanz von Veränderungen der Flächennutzung hinzukommen. Sie haben bereits ein erhebliches Ausmaß angenommen und werden noch zunehmen. Diese Akzeptanzprobleme

14

sind kaum mehr an einzelne Kategorien von Flächennutzungen gebunden. Sie erfassen beispielsweise Aufforstungen ebenso wie Golfplätze, Naturschutzgebiete, Straßen, Schienenwege, Abfallbehandlungsanlagen, Wohn- und Gewerbestandorte etc. Die Liste läßt sich fast beliebig verlängern.

Als ein Musterbeispiel kann die Diskussion um Abfallbehandlungsanlagen herangezogen werden. Es ist inzwischen ohne Bedeutung, welche Technik zur Diskussion gestellt wird und welchen Standort man auswählt, die Einsprüche sind unvermeidbar. Die Ursachen dafür wurden lange Zeit in der (mangelhaften?) Technik der Entsorgungsanlagen und dem Fehlen geeigneter Standorte gesucht. Inzwischen stehen technisch ausgereifte Anlagen für die Realisierung zur Verfügung und auch geeignete Standorte. Als Kern der Problematik stellt sich nun eindeutig die politische Durchsetzbarkeit, d.h. die fehlende Akzeptanz dar.

Damit verlagern sich die notwendigen Arbeiten zur Entscheidungsvorbereitung und zum Vollzug auf eine politische Problemanalyse mit dem Ziel der „Erkundung gesellschaftlicher Kompromißspielräume und der Vorbereitung von Strategien zur Konsens- und Akzeptanzgewinnung" (Fürst 1993). Die vorangegangenen Phasen der Regionalplanung haben einen Schwerpunkt in der Gewinnung und Aufbereitung wissenschaftlich fundierter Grundlagen gehabt. Die Verknüpfung des Sachwissens verschiedener Sektoren (Vernetzungen) und die Offenlegung von „Synergieeffekten" wurden durch die interdisziplinäre Ausrichtung der Ausbildung und der Zusammensetzung der Planungsstäbe vorangetrieben. In Zukunft wird der Erfolg der Regionalplanung davon abhängen, inwieweit es gelingt, in die Arbeitsansätze auch Methoden zur Konsens- und Akzeptanzgewinnung stärker zu integrieren (vgl. Kap. B.6.).

2.1 Pflichtaufgaben der Regionalplanung, Inhalte von Regionalplänen

2.1.1 Steuerung der Siedlungsentwicklung

Auf der Grundlage des Bundesraumordnungsgesetzes, in dem die Forderung nach gleichwertigen Lebensverhältnissen in allen Teilräumen der Bundesrepublik festgeschrieben ist, hat sich für die Steuerung der Siedlungsentwicklung das Prinzip der sog. „dezentralen Konzentration" in Form des „punktaxialen Siedlungskonzepts" in der Regional- und Landesplanung mit verschiedenen Varianten durchgesetzt. Dieses Prinzip findet sich schon in den frühesten Konzeptionen und wurde im Raumordnungspolitischen Orientierungsrahmen der Bundesregierung von 1993 erneut aufgegriffen. Kernelemente dieses punktaxialen Siedlungskonzepts sind die „Zentralen Orte" und „Achsen", die durch unterschiedlich konkretisierte „Siedlungsschwerpunkte", „Schwerpunkte für Industrie, Gewerbe und Dienstleistungseinrichtungen", „Richtwerte für die Bauleitplanung" und „Gemeinden mit Beschränkung auf Eigenentwicklung" etc. ausgestaltet werden.

Zusammenfassend kann festgestellt werden, daß mit diesen Instrumenten der Abbau von Disparitäten zwischen den ländlichen Räumen und den Verdichtungsräumen zwar nicht befriedigend gelungen ist, im Vergleich zu benachbarten Ländern mit zentralistischen Planungs- und Verwaltungsstrukturen konnte in der Bundesrepublik jedoch ein relativ stabiles Siedlungsgefüge über alle Teilräume erhalten bzw. ausgebaut werden (Kistenmacher et al. 1993).

Die wichtigsten bisher von seiten der Regionalplanung eingesetzten Planungsinstrumente zur Steuerung der Siedlungsstruktur werden im folgenden kurz umrissen.

Zentrale Orte

Die Zentralen Orte haben sich in der bundesdeutschen Regional- und Landesplanung als Kerninstrument zur Lenkung der Siedlungsstruktur fest etabliert. Schon in den ersten Regionalplänen der 50er Jahre und schließlich im Raumordnungsbericht von 1966 werden sie benannt. Im Jahr 1968 erfolgte die Systematisierung zur bundesweiten Vereinheitlichung durch die Ministerkonferenz für Raumordnung. Die Festlegung auf eine 4stufige Hierarchie von Ober-, Mittel-, Unter- und Kleinzentren entsprechend ihrer Versorgungsfunktion geht zurück auf den Ansatz von Christaller (1933) und wurde in der Folgezeit durch eine Vielzahl von wissenschaftlichen Studien auf Länderebene untermauert.[27]

Die Zentralen Orte haben Eingang in sämtliche Landesentwicklungspläne gefunden und wurden im Weg der nachrichtlichen Übernahme mit ergänzenden eigenen Ausweisungen verbindliche Bestandteile der Regionalpläne, so daß die Regional- und Landesplanung in der Bundesrepublik ein flächendeckendes Netz von Zentralen Orten vorhält, das vor allem im ländlichen Raum systematisch ausgebaut wurde. Trotz der bundeseinheitlichen Absprachen und Vorgaben ergibt der Vergleich der verschiedenen Ausweisungen zwischen den Ländern und Regionen jedoch ein uneinheitliches Bild. Die Differenzen sind Ausdruck der Bemühungen, das vorgegebene starre System an die sehr unterschiedlichen Bedingungen in den Teilräumen anzupassen.

Am deutlichsten wurden die damit zusammenhängenden Probleme schon sehr früh bei der von der Regionalplanung vorzunehmenden Ausweisung von Klein- und Unterzentren in den unterschiedlichen Raumkategorien. So weist z.B. eine Gemeinde im Verdichtungsraum, die in der relativen Einstufung ihrer Bedeutung dort nicht als Zentraler Ort ausgewiesen werden kann, mitunter eine höhere Ausstattung mit „zentralörtlichen Einrichtungen" auf als manch ein Ort, der wegen seiner Bedeutung im ländlichen Raum als Unter- oder sogar Mittelzentrum ausgewiesen ist. Dieses und ähnliche Probleme hat man versucht, durch Zwischenkategorien (z.B. Sebstversorger-Gemeinden, Zentrale Orte mit Teilfunktionen, Doppelzentren etc.) aufzufangen.

Hinzu kommt die Problematik, die sich aus den Veränderungen des Einzelhandels ergibt. Die Einkaufsfunktionen und damit ein wesentlicher Teil der „Versorgungsfunktionen" haben sich häufig auf verkehrsgünstig gelegene Standorte außerhalb der gewachsenen Siedlungskörper verlagert und gleichzeitig zu einem Funktionsverlust der

Abb. 4: Zentralörtliche Gliederung in Rheinland-Pfalz LEP III (Entwurf 10/1994)

NORDRHEIN-WESTFALEN

Siegen

Betzdorf/
Kirchen

Wissen

Bonn

Altenkirchen

Hachenburg

Linz

Westerburg

Bad
Neuenahr-
Ahrweiler

Remagen/
Sinzig

Dierdorf

Wirges/
Dernbach

HESSEN

BELGIEN

Neuwied

Bendorf

Höhr-
Grenzhausen

Andernach

Vallendar

Montabaur

Adenau

Mayen

Koblenz

Bad
Ems

Diez

Lahnstein

Prüm

Gerolstein

Daun

Boppard

St.Goar/
St.Goarshausen

Cochem

Wiesbaden

Zell

Kastellaun

Mainz

Neuerburg

Bitburg

Wittlich

Traben-
Trarbach

Simmern

Bingen

Ingelheim
a.Rh.

Nieder-Olm

Bernkastel-
Kues

Kirn

Bad
Kreuznach

Nierstein/
Oppenheim

LUXEMBURG

Trier

Konz

Idar-Oberstein

Sobernheim/
Meisenheim

Alzey

Hermeskeil

Birkenfeld

Kirchheim-
bolanden

Worms

Luxemburg

Baumholder

Lauterecken

Rockenhausen

Grün-
stadt

Franken-
thal

Saarburg

Kusel

Ludwigshafen
a.Rh.

Kaiserslautern

Bad
Dürkheim

Mannheim

SAARLAND

Landstuhl

Schiffer-
stadt

Haßloch

Neustadt a.d.W.

Speyer

Edenkoben

Zentrale Orte
Oberzentrum

Annweiler
a.Trifels

Germers-
heim

Mittelzentrum im Grundnetz

Zwei-
brücken

Pirmasens

Landau i.d.Pf.

Mittelzentrum im Ergänzungsnetz

Dahn

Grenzen

Bad
Bergzabern

Kandel/
Wörth a.Rh.

Karlsruhe

Staatsgrenze

Landesgrenze

FRANKREICH

Regionsgrenze

BADEN-

Gebiet, das zwei Regionen angehört

Mittelbereichsgrenze

0   10   20   30 km

WÜRTTEMBERG

Stand: 8/94

17

Abb. 5: Zentralörtliche Struktur der Region Westpfalz RROPl 1989

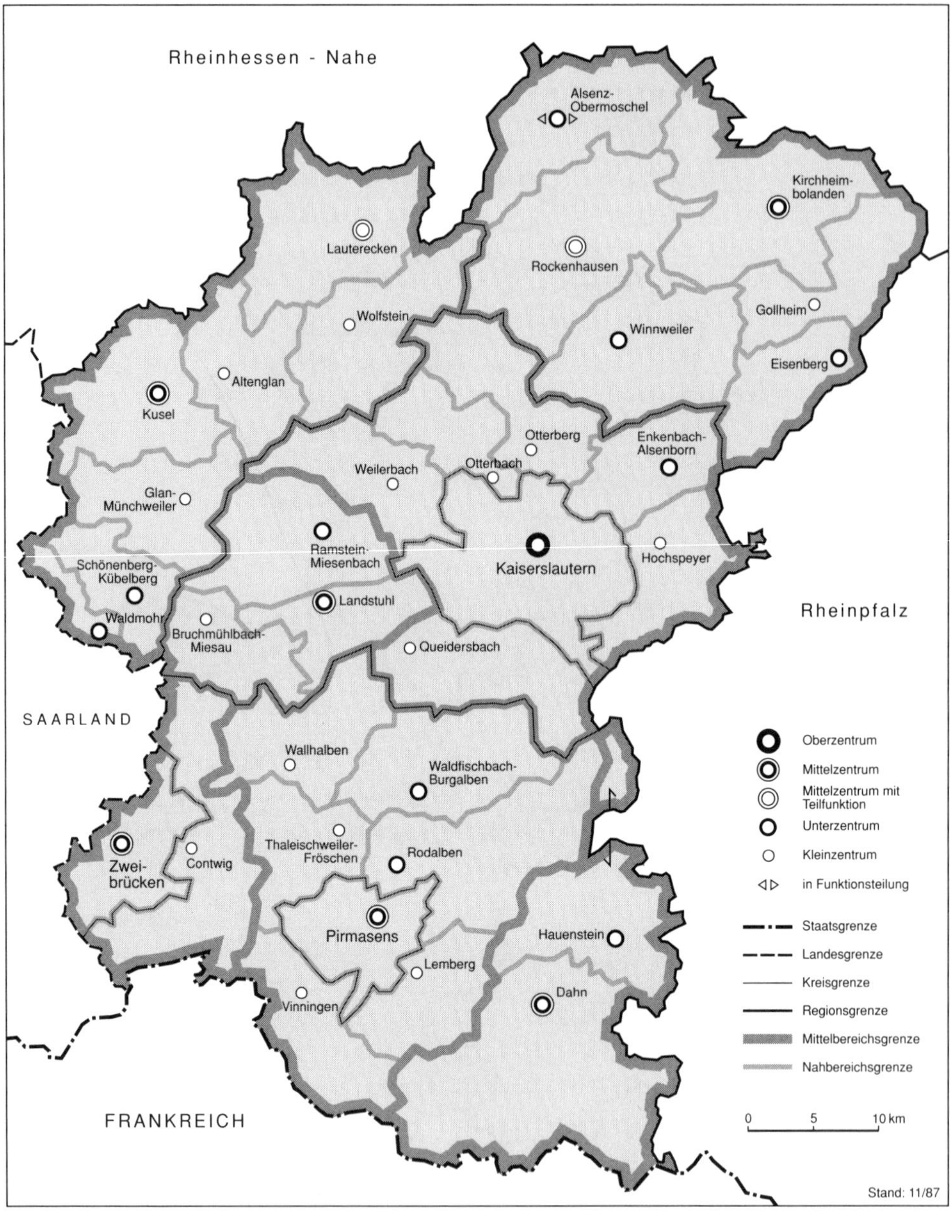

Zentralen Orte geführt, so daß die Gemeinde selbst nur noch über ihre Gemarkung als Zentraler Ort definiert werden konnte. Oft geht der „Versorgungsbereich" derartiger Einzelhandelsstandorte weit über den traditionellen Verflechtungsbereich der Gemeinde als Klein- oder Unterzentrum hinaus.

Schließlich ist in der Bundesrepublik generell - insbesondere aber in den Verdichtungsräumen und ihren Randzonen - eine Verbesserung der Ausstattung der Gemeinden mit Dienstleistungseinrichtungen und ein Anstieg der Bevölkerungszahlen festzustellen, was dazu führt, daß sehr viele Gemeinden die formalen Kriterien für die Einstufung als Zentraler Ort erfüllen. Die Anfang der 70er Jahre durchgeführte Gemeindereform hat diese Problematik noch verstärkt. Eine Inflation von Zentralen Orten würde aber das Konzept selbst in Frage stellen.

Das Konzept der Zentralen Orte ist deshalb in Wissenschaft und Praxis in die Kritik geraten. Bundesweit haben sich z.B. die Geographen in einem Arbeitskreis „Zentralitätsforschung" zusammengefunden, um eine Überprüfung des Konzepts und ggf. eine Aktualisierung der Kriterien zur Ausweisung der Zentralen Orte und ihrer Verflechtungsbereiche durchzuführen. In jüngerer Zeit (ETH Zürich; ARL; BRP 1993) bekommen die Initiativen zur Einführung des Konzepts der Städtenetze, die auch das Bundesministerium für Städtebau in den neuen „Raumordnungspolitischen Orientierungsrahmen" (1993) aufgenommen hat, stärkeres Gewicht.

Es stellt sich die Frage, ob allein durch eine Aktualisierung der Kriterien (Ausstattung mit Versorgungseinrichtungen, Bevölkerungszahl, Entfernungen innerhalb des Verflechtungsbereichs) den Problemen des Zentrale-Orte-Systems als Planungskonzept Rechnung getragen werden kann. Grundsätzlich ist festzustellen, daß in einer marktwirtschaftlich orientierten Gesellschaftsordnung die Bevölkerung nicht versorgt wird, sondern sich versorgt. Damit verbunden ist die Umkehr der logischen Begründungszusammenhänge: Die Güter und Dienstleistungen werden nicht von oben nach unten (hierarchisch, logistisch) verteilt, sondern von der Bevölkerung (von unten nach oben) nachgefragt: Wenn nicht alle Güter und Dienstleistungen ubiquitär an jedem Ort angeboten werden, ist im Sinn der Schaffung gleichwertiger Lebensverhältnisse dafür zu sorgen, daß diese unter zumutbaren Bedingungen von der Bevölkerung zu erreichen sind. Auf das Zentrale-Orte-System übertragen, bedeutet dies, daß nicht die Ausstattung der Zentralen Orte im Mittelpunkt des Konzepts stehen sollte, sondern die Erreichbarkeit aus dem Verflechtungsbereich. Damit wird das Zentrale-Orte-Konzept zu einem wichtigen Scharnier zwischen der Siedlungs- und Verkehrsplanung auf der regionalen Ebene.

Bei der Weiterentwicklung des Zentrale-Orte-Systems als Planungskonzept ist deshalb zu prüfen, inwieweit man sich von dem logistisch-technischen Versorgungsansatz lösen und die Erreichbarkeitskriterien - die im traditionellen Ansatz schon enthalten sind - stärker in den Vordergrund stellen muß. Das Zentrale-Orte-Konzept rückt damit weg von dem Anspruch eines planungsmethodisch nicht begründbaren (technischen) „Ausbaukonzeptes" und bekommt die Funktion eines planerischen Koordinationsinstruments für die Standortbestimmung nach Erreichbarkeitskriterien. Im Mittelpunkt dieses Ansatzes stehen dann die regionalen Siedlungs- und Verkehrskonzepte, und der enge Zusammenhang mit der Achsenkonzeption wird deutlich. Ob ein dermaßen definiertes Zentrale-Orte-Konzept noch die hierarchische Aufgliederung in vier Stufen benötigt oder über die Oberzentren hinaus noch Zentren von überregionaler Bedeutung benötigt werden, was zur Zeit intensiv diskutiert wird, wäre ebenfalls zu prüfen (vgl. Kap. C.3.1).

Unbestritten sind die Vorteile des Zentrale-Orte-Systems als Konzept zur Stabilisierung der dezentralen Siedlungsstruktur.

Achsen

Die Achsenausweisungen stellen vor allem von ihrer Entstehung her gesehen ein wesentliches Element der „punktaxialen" Konzepte dar. Weit mehr als bei den Zentralen Orten weichen die Begriffsinhalte und die den Achsen zugeschriebenen Funktionen in den Raumordnungsplänen stark voneinander ab. In einigen Bundesländern finden sie keine generelle Anwendung. Es ist festzustellen, daß sich die anfängliche Begriffsverwirrung, die mit der Einführung der Achsen als sog. „Entwicklungsachsen" zunächst mit einem umfassenden Koordinationsanspruch verbunden war, langsam auflöst. Die schon vor längerer Zeit vorgeschlagene Unterscheidung zwischen großräumigen Verkehrs- und Verbindungsachsen einerseits und kleinräumigen Siedlungsachsen andererseits hat sich in der Fachdiskussion inzwischen weitgehend durchgesetzt (Kistenmacher et al. 1976). Großräumige Verkehrsachsen sind den der Regionalplanung übergeordneten Ebenen der Landesplanung, Bundesraumordnung und Europäischen Raumordnung zuzuordnen. Sie sind gegebenenfalls von der Regionalplanung nachrichtlich zu übernehmen bzw. auszuformen. Die kleinräumigen Siedlungs- bzw. Nahverkehrsachsen sind demgegenüber ein spezielles Planelement der Regionalplanung (Kistenmacher et al. 1980).

Mit der Ausweisung derartig kleinräumiger Siedlungs- bzw. Nahverkehrsachsen wird das Ziel verfolgt, die Siedlungsentwicklung entlang solcher, auf den Schienen-ÖPNV ausgerichteter, durch Siedlungszäsuren gegliederter Achsen zu konzentrieren und damit einer flächenhaften Zersiedlung des Freiraums entgegenzuwirken. Sie erhalten dadurch die Qualität eines Koordinationsinstruments zwischen den Ansprüchen von Siedlung, Infrastruktur und Freiraum.

Im Hinblick auf ein attraktives ÖPNV-Angebot insbesondere auf der Schiene stellt ein größeres Bevölkerungspotential eine wesentliche Voraussetzung für die Ausweisung dar, so daß sie im wesentlichen nur in Ordnungsräumen Anwendung findet. So empfahl auch die MKRO bereits 1977 in ihrer „Entschließung zur Gestaltung der Ordnungsräume", daß sich die regionale Siedlungsentwicklung in diesen Räumen vorrangig an Siedlungsachsen ausrichten sollte.

20

Als einzelne Planungselemente enthalten diese Konzeptionen, die keine flächendek-
kenden, geschlossenen Netze darstellen:

- Siedlungsachsen
  mit axialen Nahverkehrssystemen, in der Regel schienengebundener Taktverkehr
  und punktförmig verdichtete Siedlungszonen im Bereich der Haltestellen sowie in
  Funktionsteilung zueinander stehende Zentren, die aber keine durchgehende band-
  förmige Besiedlung aufweisen, sondern durch Grünzäsuren gegliedert sind;

- Freiflächen
  in den Achsenzwischenräumen mit verschiedenen Freiraumfunktionen, durch Regionale Grünzüge und Vorranggebiete geschützt, wobei die dort gelegenen Gemeinden auf die Eigenentwicklung begrenzt bleiben sollen.

Mit diesem primär durch Ordnungsfunktionen und ergänzend dazu durch Entwicklungsfunktionen im äußeren Bereich gekennzeichneten Achsentyp werden vor allem
zwei Zielrichtungen verfolgt:

- Gliederung der Siedlungsstruktur durch Steuerung der Bebauung auf die Achsen
  hin, insbesondere Schutz von Freiräumen in den Achsenzwischenräumen durch Verhinderung einer radialen Ausbreitung bebauter Flächen;

- Verbesserung der Erreichbarkeitsverhältnisse und Verlagerung von Entwicklungsimpulsen in die Umlandbereiche durch Stärkung der Achsenendpunkte und deren Aus-
  strahlung;

und in Verbindung damit

- Anreiz zu verstärkter Inanspruchnahme des ÖPNV;

- günstige Auslastung und Wirtschaftlichkeit des ÖPNV, Park-and-Ride-Verkehr in den
  Außenbereichen.

Konstitutive Elemente von derartigen Siedlungsachsenkonzeptionen sind neben der
Bandinfrastruktur insbesondere die festgelegten Achsenstandorte mit entsprechenden
Konsequenzen bei der Ausweisung von „Bereichen mit verstärkter Siedlungsentwick-
lung".

Bedeutende Beispiele von Siedlungsachsenkonzepten finden sich vor allem in den
großen einpoligen Ballungsräumen wie Hamburg oder München. Aber auch in anderen Agglomerationen wurden derartige Konzepte in verschiedenen Mischformen entwickelt. Sie stellen trotz verschiedener Umsetzungsprobleme ein weithin anerkanntes
Ordnungs- und Gestaltungselement für Verdichtungsräume und deren Umland dar. Im
Hinblick auf die nunmehr stärker in den Vordergrund tretende Vernetzung polyzen-
traler Stadtstrukturen und Städtenetze bedürfen sie der Weiterentwicklung und teil-

weisen Einbindung in derartige Netze. Dabei kommt auch den Achsenendpunkten eine wesentliche Bedeutung zu.

Siedlungsschwerpunkte, Schwerpunkte für Industrie und Gewerbe

Die Zentralen Orte und die Achsen werden in fast allen Regionalplänen durch Aussagen zur zukünftigen räumlichen Allokation der Siedlungen ergänzt. Die Ausweisungen weichen jedoch hinsichtlich ihrer Konkretisierung z.T. erheblich voneinander ab. Sie reichen von der symbolhaften Kennzeichnung einer Gemeinde (bzw. der Orte oder Ortsteile) als Siedlungsschwerpunkte, der räumlichen Verortung des Symbols, der Richtungsangabe zukünftiger Siedlungserweiterungen (Pfeile) bis hin zur bereichs- und flächenscharfen Darstellung in den Plänen mit den entsprechenden textlichen Aussagen. Diese Vielfalt ist daraus begründet, daß bei dem Versuch, die zukünftigen Siedlungsflächen von überörtlicher Bedeutung festzulegen, die Planungsebene der Bauleitplanung (nach dem Baugesetzbuch) und der Regional- und Landesplanung (nach dem Raumordnungsgesetz bzw. den Landesplanungsgesetzen) direkt aufeinanderstoßen.

Dabei entstehen die Konflikte nicht nur aus der grundgesetzlich garantierten Planungshoheit der Gemeinden, sondern auch aus der Bodenpolitik. Je konkreter derartige Festsetzungen im Regionalplan sind, desto geringer wird der konzeptionelle Spielraum der Gemeinden, und desto schwieriger wird es für sie, eine Baulandbevorratung zu verträglichen finanziellen Konditionen zu betreiben. Diese Probleme lassen sich nur in enger Kooperation mit den Gemeinden lösen. Ob der Ansatz der flächenbezogenen Ausweisung von zukünftigen regionalbedeutsamen Siedlungs- und Gewerbeschwerpunkten in den Regionalplänen zusammen mit einer positiven Anpassungspflicht der Bauleitplanung (Planungsgebot) ohne fiskalische Begleitmaßnahmen (Abschöpfung des Planungsgewinns) die gewünschten Erfolge bringt, ist noch offen. Einzelne positive Beispiele (z.B. aus Nordrhein-Westfalen) müßten auf ihre Übertragbarkeit geprüft werden.

Prinzipiell ist festzuhalten, daß die vorsorgliche Flächensicherung für die zukünftige Siedlungstätigkeit und für notwendige Infrastrukturmaßnahmen von überörtlicher Bedeutung - nach vorangegangener Abwägung mit den übrigen Belangen - als Standortvorsorge unumstritten in den Aufgabenbereich der Regionalplanung gehört. Ob jedoch der z.Zt. in Baden-Württemberg besonders intensiv diskutierte Weg einer direkteren Zugriffsmöglichkeit für die Realisierung über ein Planungsgebot der richtige ist, wäre noch zu prüfen. Schließlich resultieren die Umsetzungsprobleme - wie oben dargestellt - nicht aus einem Mangel an Verwaltungskompetenz, sondern aus einem Mangel an politischer Akzeptanz, der durch die Verlagerung der Entscheidungsbefugnis allein nicht behoben werden kann.

In engem Zusammenhang mit der Ausweisung von Siedlungsschwerpunkten steht andererseits das Instrument der Beschränkung auf die Eigenentwicklung. Auch dieses Instrument findet seine planerische Rechtfertigung in einer freiheitlichen Grundordnung nicht in einer Einengung der Freizügigkeit der Bürger, sondern nur als Bemessungsgrundlage für die Bauflächenausweisung (z.B. Bauflächenerlaß 1984 Baden-Württemberg). Vielfach wird diese Ausweisung aber dahingehend mißinterpretiert, daß dort nur für ansässige Bürger Bauland ausgewiesen werden darf und auch nur diese dort Bauland erwerben dürfen. Es kann demgegenüber nur darum gehen, den Umfang der Baulandausweisung zu beschränken. Eine fundierte Begründung dazu ist notwendig, da diese Vorhaben einen starken Eingriff in die grundgesetzlich garantierte Planungs- und Verwaltungshoheit der Gemeinden darstellen.

Das Prinzip der Eigenentwicklung soll neben seiner restriktiven Funktion den Gemeinden aber auch einen Entwicklungsspielraum aus den örtlichen Erfordernissen heraus garantieren. Da viele Gemeinden in landschaftlich empfindlichen Teilräumen bereits an erkennbare Grenzen ihrer baulichen Entwicklung stoßen, wird die Beschränkung auf Eigenentwicklung auch damit begründet, daß dadurch die Eigenentwicklung auf längere Zeit garantiert werden kann. Trotzdem muß teilweise auch die Garantie auf Eigenentwicklung in Frage gestellt werden, weil in Einzelfällen die bauliche Entwicklung die vertretbaren Grenzen bereits erreicht oder überschritten hat (Wahl 1990).

Richt- bzw. Orientierungswerte

Mit den Richt- bzw. Orientierungswerten wird versucht, einen quantitativen Ansatz in die Regionalpläne einzubringen. In der Systematik des Zusammenwirkens von Bauleitplanung und Regional- und Landesplanung kommt ihnen eine besondere Bedeutung hinsichtlich des Bedarfsnachweises für Bauflächen nach dem Baugesetzbuch einerseits und der Anpassungspflicht der Bauleitplanung an die regionalplanerischen Vorgaben andererseits zu. Die Konflikte sind deshalb auch hier durch das direkte Zusammentreffen der beiden Planungsebenen vorgezeichnet. Es sind dabei zwei Problemebenen anzusprechen:

Zum einen haben sich Bevölkerungsrichtwerte und Arbeitsplatzrichtwerte in der Regional- und Landesplanung inhaltlich vielfach von der Bauleitplanung gelöst und ein Eigenleben im Sinn der Verteilung von Bevölkerung und Arbeitsplätzen entwickelt. Daß dieser Ansatz scheitern muß, liegt darin begründet, daß weder die Bevölkerung noch die Arbeitsplätze in einer freiheitlich orientierten Grundordnung dirigistisch „verteilt" werden können. Gleichzeitig zeigen sich auch erhebliche Probleme einer zielbezogenen Ableitung derartiger Vorhaben. Eine Steuerung ist also nur indirekt über die Ausweisung von Gewerbe- und Wohnbauflächen möglich (BfLR 1980).

Zum anderen läuft die Bevölkerungsentwicklung nicht nach Naturgesetzen ab, die man verläßlich prognostizieren könnte, sondern hängt von vielen individuellen und kollektiven Entscheidungen ab, die sich weder vorhersagen noch direkt steuern lassen. Die zuletzt angesprochenen Probleme treten um so gravierender in den Vordergrund, je kleinräumiger die Richtwerte verortet werden. Auch die aufwendigsten Methoden zur Ermittlung der Richtwerte sind deshalb zwangsläufig gescheitert (ARL 1991).

23

In der Planungspraxis wurde in Konsequenz aus den genannten Problemen der Anspruch an die Steuerungsmöglichkeiten der Richtwerte reduziert, indem man sie vielfach zu nicht verbindlichen Orientierungswerten zurückgestuft hat. Ungeachtet davon ist die Notwendigkeit der Steuerung der Siedlungsentwicklung unbestritten. Die extensive Flächeninanspruchnahme für Wohn- und Gewerbegebiete zu Lasten der Freiräume erfordert eine planerische Lenkung. Mit der im Baugesetzbuch verankerten Forderung nach „sparsamem Umgang mit Grund und Boden" ist eine gangbare Lösung angedeutet, die in einigen Raumordnungsplänen mit sogenannten „Dichtewerten" als Richtwerten beschritten wurde. Die Grundüberlegung ist, daß der Bauleitplanung nicht die Bevölkerungszahl oder die Zahl der Arbeitsplätze verbindlich vorgegeben wird, sondern die Zahl der Einwohner (oder Wohnungen) bzw. die Zahl der Arbeitsplätze pro Flächeneinheit (ARL 1991).

Die Differenzierung dieser Dichtewerte als Richtwerte nach der Zugehörigkeit der jeweiligen Gemeinde zu den unterschiedlichen Strukturräumen (Ländlicher Raum, Verdichtungsraum oder Randzone), nach Lage an oder zu „Siedlungsachsen" oder nach der zentralörtlichen Einstufung bietet die Möglichkeit, diese Ausweisungen zur Siedlungslenkung zu unterstützen. Gleichzeitig wird dadurch dem Schutz des Freiraums (sparsamer Umgang mit der Freifläche) Rechnung getragen.

2.1.2 Koordination von Freiraumfunktionen

Trotz unterschiedlicher Schwerpunktsetzung in den verschiedenen Phasen der Entwicklung der Regional- und Landesplanung in der Bundesrepublik war von Anfang an der gesamträumliche Planungsansatz, der auch die Naturgegebenheiten und damit den Freiraum umfaßte, unbestritten. Die Begründung dafür lag nicht zuletzt in dem bislang sehr engen, räumlich nur auf kleine Einzelflächen ausgerichteten Naturschutz bei den zuständigen Fachbehörden, der durch den großräumigeren regionalplanerischen Ansatz ergänzt werden sollte. Allerdings bestand hinsichtlich der Planungsunterlagen für die natürlichen Ressourcen und den Freiraum zu Beginn der Regionalplanung ein erhebliches Defizit, das bei der Aufstellung der ersten Generation der Regional- und Landespläne erkennbar wurde. Mit dem gestiegenen Stellenwert der Landschaftsplanung in der allgemeinpolitischen Diskussion wuchs auch die Bereitschaft, dieses Defizit aufzuarbeiten. Inzwischen wurde mit den novellierten Naturschutzgesetzen auf Bundes- und Länderebene eine flächendeckende Landschaftsplanung etabliert und über das ehemalige Bundesbaugesetz (heute Baugesetzbuch) sowie die novellierten Raumordnungsgesetze von Bund und Ländern in die raumbezogene Planung (Bauleitplanung und Raumplanung) integriert (Kistenmacher et al. 1993).

Mit dem Ausbau der Fachverwaltung „Naturschutz" konnte inzwischen auch das Defizit an Grundlagen zur Landschaftsplanung teilweise aufgearbeitet werden. Gleichzeitig hat sich jedoch ein Konflikt um Zuständigkeiten aufgetan, dessen Ursache darin liegt, daß es bislang keine klare methodische Abgrenzung zwischen Landschaftsplanung als Fachplanung für Naturschutz und Landschaftspflege und der Regionalplanung als koordinierende Gesamtplanung gibt, was sich auch als eine grundsätzliche Frage des unterschiedlichen Aufgabenverständnisses darstellt (Gust 1988). Dies dokumentiert sich wiederum in der unterschiedlichen Begrifflichkeit für die „Instrumente" der Freiraumplanung in den Regionalplänen und den ihnen zugeschriebenen Wirkungen, die sie entfalten sollen. Die raumplanerischen „Vorranggebiete", „Vorrangbereiche", „Vorrangflächen", „wertvollen Bereiche", „schutzwürdigen Bereiche", „Schonbereiche" etc. unterscheiden sich bei den Formulierungen ihrer Bindungswirkung oft nicht von fachplanerischen Festsetzungen, z.B. einer Verordnung zu einem Wasserschutzgebiet (Zone II oder III), einem Landschaftsschutzgebiet oder sogar einem Naturschutzgebiet (Gust 1990).

Die daraus resultierende Konfliktebene zwischen der Regionalplanung und der Landschaftsplanung weist im Prinzip ähnliche Merkmale auf wie die Konflikte bei der Steuerung der Siedlungsentwicklung mit den Gemeinden. Sobald die Regionalplanung die Ebene der Koordinationsaufgabe in Richtung Realisierung verläßt, stößt sie in Aufgabenbereiche hinein, die von etablierten Trägern der Planung und Verwaltung besetzt sind. Die Regionalplanung muß sich deshalb auch in ihren Instrumenten zur Koordination der Freiraumfunktionen gegenüber den Fachplanungsträgern und den Kommunen klar abgrenzen, um ihre Aufgaben zu verdeutlichen.

Als etablierte Instrumente stehen Regionale Grünzüge und Siedlungszäsuren sowie Vorrang- bzw. Vorbehaltsbereiche für einzelne Freiraumfunktionen zur Verfügung.

Regionale Grünzüge und Siedlungszäsuren

Die Regionalen Grünzüge und Siedlungszäsuren (Grünzäsuren) sind die klassischen Elemente der regionalplanerischen Freiraumsicherung. Von ihrem Ansatz her haben sie den gemeindegrenzenübergreifenden Schutz zusammenhängender Freiräume (regionales Freiraumsystem) und gleichzeitig auch die Koordination der Siedlungsentwicklung zum Gegenstand mit dem Ziel, ungegliederte, bandartige Siedlungskörper zu verhindern. Diese Aufgabe ist bis heute von großer Aktualität und unumstritten, auch wenn die vorgezeichneten Konflikte mit der kommunalen Bauleitplanung die Regionalplanung immer wieder in einen sachlichen Begründungszwang für die Regionalen Grünzüge bringen (Kistenmacher et al. 1993).

Nicht zuletzt diese Begründungsnotwendigkeiten haben dazu geführt, daß das ursprünglich reine Koordinationsinstrument zwischen Siedlung und Freiraum vielfach zum „multifunktionalen" Instrument zum Schutz der natürlichen Ressourcen erweitert wurde[28]. Der eindimensionale Zielbezug Schutz des Freiraumes vor Besiedelung hat zur Folge, daß der Regionale Grünzug nicht zur Koordination der verschiedenen Freiraumfunktionen untereinander eingesetzt werden kann, da er unterschiedliche Freiraumfunktionen nur räumlich zusammenfaßt. Als Begründung für die konkrete Ausweisung wird häufig auf fachliche Bewertungen des Freiraums zurückgegriffen, z.B. auf schutzwürdige Wasservorkommen, schutzwürdige Vorkommen von Fauna und Flora, schutz-

25

würdige Böden für die landwirtschaftliche Nutzung etc. Diese sollen durch Vernetzungs- und Pufferflächen besser gesichert werden. Somit setzen sich Regionale Grünzüge auch aus Flächen zusammen, die keine besonderen schutzwürdigen Funktionen aufweisen, sondern auch dieser Puffer- bzw. Vernetzungsfunktion dienen. Zur Begründung lassen sich Kriterien heranziehen, die nicht durch Fachplanungsträger abgedeckt werden, z.B. Siedlungsklima und Landschaftsbild. Hinzu kommen städtebauliche Kriterien (z.B. Arrondierung der Siedlungserweiterungen um einen Siedlungskern, Offenhaltung des Übergangs zwischen Landschaft und Siedlung etc.). Es besteht jedoch die Gefahr, daß mit der Zusammenfassung der Schutzbegründungen und Schutzziele der Regionale Grünzug überfrachtet und für Außenstehende undurchsichtig wird.

Vor einer solchen Überfrachtung im Zielbezug und damit einhergehender Erweiterung der Aufgabenstellung der Regionalen Grünzüge in Richtung auf die Koordination verschiedener Freiraumfunktionen ist zu warnen. „Konflikte der Freiraumfunktionen untereinander, genannt sei nur z.B. die Bedrohung von empfindlichen Biotopen durch Erholungssuchende oder das Spannungsfeld Landwirtschaft/Trinkwassergewinnung, erfordern ein gezielteres Vorgehen als nur die Festlegung des Zieles: Ausschluß von Bebauung. Der einfachste und effektivste Weg dazu ist die Überlagerung (der Grünzüge) mit Vorranggebieten für einzelne Funktionen..." (Kistenmacher et al. 1988 b, S. 51).

Bei derartigen Überlagerungen ist darauf zu achten, daß die im Bereich der Grünzüge liegenden einzelnen regionalplanerischen Vorrangausweisungen sowie auch die

Legende zu Abb. 6

REGIONALE FREIRAUMSTRUKTUR

 Regionaler Grünzug (3.1.1)

 Grünzäsur (3.1.2)

Schutzbedürftige Bereiche von Freiräumen

 − Vorrangbereich für wertvolle Biotope (3.2.1)

− Vorrangbereich für Überschwemmungen (3.2.5)

 − Vorrangbereich für den Abbau oberflächen- naher Rohstoffe − Kategorie A (3.2.6)

Bereiche zur Sicherung von Wasservorkommen

− Regionaler Grundwasserschonbereich (3.3.1)

Abb. 6:   Regionale Grünzüge/Grünzäsuren im Regionalplan Südlicher Oberrhein

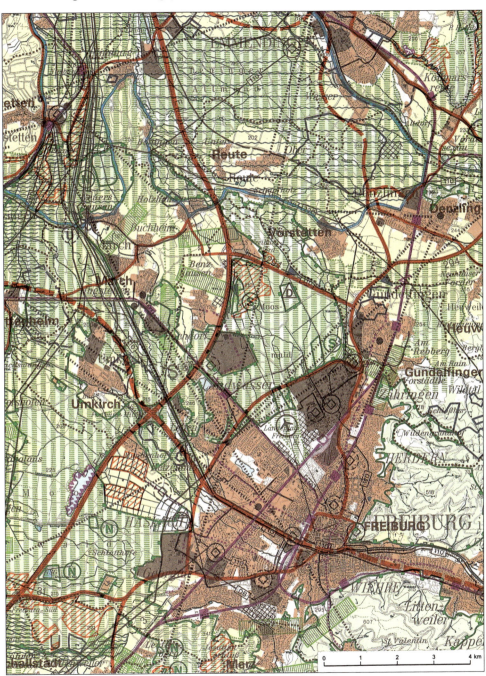

fachplanerischen Schutzgebietsfestlegungen nachvollziehbar dargestellt werden. Eine Zusammenfassung aller fachplanerisch bzw. regionalplanerisch vorgenommenen Zielsetzungen zum Freiraumschutz dergestalt, daß nur noch der Regionale Grünzug als einheitliches und zusammenfassendes Planelement sichtbar wird, ist nicht sinnvoll.

In einigen Regionalplänen werden ergänzend zu Regionalen Grünzügen auch Siedlungszäsuren ausgewiesen. Sie dienen speziell zur Verhinderung einer ungegliederten bzw. bandförmigen Siedlungsstruktur sowie teilweise zur Erhaltung von Frischluftbahnen. Ihre Ausweisung (meist als schematische Planzeichen) erfolgt nur punktuell, häufig im Zusammenhang mit kleinräumigen Siedlungsachsen oder im Zuge von Tälern mit stärkerem Siedlungsdruck. In ihrer Zielsetzung und Leistungsfähigkeit sind sie den Regionalen Grünzügen ähnlich, wobei die Aufgabe der Siedlungszäsuren von den Regionalen Grünzügen mitübernommen werden kann (Kistenmacher et al. 1993).

Die Regionalen Grünzüge stellen als zusammenhängendes Freiraumsystem eine wichtige und notwendige Ergänzung zum punktaxialen Siedlungskonzept in seiner kleinräumigen Ausprägung durch Siedlungsachsen in Verdichtungsräumen sowie in Gebieten mit starkem Siedlungsdruck dar. Sie haben sich , insgesamt gesehen, in der Vergangenheit als freiraumschützendes Instrument der Regionalplanung zur Beeinflussung der regionalen Siedlungsentwicklung in diesen Räumen bewährt.

Vorrangbereiche für Freiraumfunktionen

Vorrangbereiche sind ähnlich wie Regionale Grünzüge ein relativ neues Instrument der Regionalplanung. Sie kamen Ende der 60er bzw. Mitte der 70er Jahre in die Diskussion, wurden im Bundesraumordnungsprogramm 1975 ohne räumliche Konkretisierung aufgegriffen und etablierten sich danach rasch in der Regional- und Landesplanung (Brösse 1981). Den Vorrangbereichen wurden sehr unterschiedliche Zielsetzungen und Inhalte zugeschrieben. Mit der Übernahme auf die Ebene der Landes- und Regionalplanung wurden die Anliegen, die über die Vorrangkonzepte geregelt werden sollten - und damit auch die Begriffsinhalte - räumlich konkretisiert.

Eine allgemein akzeptierte Begriffsdefinition existiert bislang nicht (Geyer 1987, Domhardt 1988). Sie ist vielmehr davon abhängig, welche Qualität der einzelne Vorrang besitzt und welche räumlichen Dimensionen er haben soll.

Zur Unterscheidung hinsichtlich der instrumentellen Wirkung der vielfältigen Vorrangausweisungen in den Regionalplänen ist vor allem auf die Differenzierung zwischen Grundsätzen[29] und Zielen[30] der Raumordnung und Landesplanung abzustellen.

Hiermit eng in Verbindung ist die Unterscheidung in sogenannte relative (= Vorbehaltsbereiche) und absolute (= Vorrangbereiche) Vorränge zu sehen[31]. Inhaltlich lassen sich Vorbehalts- und Vorrangbereiche wie folgt beschreiben:

- *Vorbehaltsbereiche* (im Sinne von relativen Vorrangausweisungen) besitzen den Charakter von Grundsätzen der Raumordnung und Landesplanung; eine Abwägung hat noch nicht stattgefunden, und dem Adressaten verbleibt auch ein entsprechender Ermessensspielraum. In Vorbehaltsbereichen sollen alle Nutzungen die vorgesehene Zweckbestimmung der hervorgehobenen Funktion möglichst nicht beeinträchtigen. Überlagerungen von Vorbehaltsbereichen untereinander sowie mit Vorrängen sind angesichts noch nicht erfolgter Abwägung möglich.

- *Vorrangbereiche* (im Sinne von absoluten Vorrangausweisungen) haben den Charakter von Zielen der Raumordnung und Landesplanung. Es hat eine Abwägung stattgefunden, und ein weiterer Abwägungsspielraum für den Adressaten ist nicht mehr vorhanden. Es sind nur solche Nutzungen in Vorrangbereichen möglich, die der Zweckbestimmung dieser Vorrangfunktion nicht entgegenstehen.

In den meisten Regionalplänen werden freiraumbezogene Ausweisungen sowohl als Grundsätze als auch in Form der (abgewogenen) Ziele der Raumordnung und Landesplanung vorgenommen. Sie beziehen sich bisher weitgehend auf folgende Funktionsbereiche:

- Land- und Forstwirtschaft,
- Naturschutz und Landschaftspflege,
- Grundwassersicherung,
- Rohstoffsicherung,
- Erholung und Freizeit,
- Klimaschutz.

In vielen Funktionsbereichen finden sich zweistufige regionalplanerische Ausweisungen in Form der Vorbehaltsbereiche (Grundsatzcharakter) und Vorrangbereiche (Zielcharakter), auch wenn dies aufgrund teilweise unklarer Begriffe nicht immer deutlich genug zu erkennen ist.

Es ist allerdings festzustellen, daß sich in der Anwendung dieses gestuften (Vorrang-) Instrumentariums erhebliche Unterschiede zeigen. So werden zum einen in einigen Funktionsbereichen (z.B. Rohstoffsicherung, Grundwassersicherung) fast durchgängig getrennte Ausweisungen in Vorrang und Vorbehalt mit den jeweils unterschiedlichen Bindungswirkungen vorgenommen, während in anderen Funktionsbereichen (z.B. Land- und Forstwirtschaft) eine deutliche Trennung zwischen beiden Formen nicht festzustellen ist.[32]

Im Zusammenhang mit der Ausweisung von Vorrängen in Regionalen Raumordnungsplänen stellt sich jeweils auch die Problematik der Überlagerungsfähigkeit einzelner Freiraumfunktionen. Die Aufgabe der Regionalplanung bezieht sich auf die Koordination bzw. Abwägung der jeweiligen Nutzungsansprüche an den Raum. Somit stellen Vorrangbereiche als abgewogene Ziele der Raumordnung und Landesplanung im Regionalen Raumordnungsplan eine eindeutige Priorisierung für eine Freiraumfunktion im Konfliktfall dar, die keinen weiteren Ermessensspielraum mehr zuläßt. Man muß sich diesbezüglich immer im klaren darüber sein, daß aufgrund der Einbindung der Regionalplanung in das Planungs- und Verwaltungssystem der Bundesrepublik Deutschland und der damit verbundenen Zuständigkeiten - verkürzt dargestellt - Planung und Realisierung auf dieser Ebene strikt getrennt sind; das bedeutet: Die Vorrangbereiche der Regionalplanung werden nicht „realisiert", sondern im einzelnen Entscheidungsprozeß „angewandt". Die gebietsscharfe Ausweisung von Vorrangbereichen in der Plankarte läßt eine räumliche Überlagerung mit anderen Vorrangbereichen prinzipiell nicht zu. Hingegen sind Überlagerungen bei Vorbehaltsbereichen durchaus legal, da sie keinen endgültig abgewogenen Zielcharakter besitzen.

Legende zu Abb. 7

FREIRAUM

	Regionaler Grünzug	(PS 3.1)
	Grünzäsur	(PS 3.1)
	Schutzbedürftiger Bereich für Naturschutz und Landschaftspflege (Biotopverbund)	(PS 3.2.1)
	Schutzbedürftiger Bereich für die Landwirtschaft	(PS 3.2.2)
	Schutzbedürftiger Bereich für die Forstwirtschaft	(PS 3.2.3)
	Schutzbedürftiger Bereich für die Wasserwirtschaft	(PS 3.2.5)
	Schutzbedürftiger Bereich für den Abbau oberflächennaher Rohstoffe	(PS 3.2.6)
	Regional bedeutsamer Erholungsbereich	(PS 3.4.1)
●	Regional bedeutsamer Naherholungsschwerpunkt	(PS 3.4.1)
▲	Schwerpunkt der Fremdenverkehrsentwicklung	(PS 3.4.2)

Abb. 7: Freiraumfunktionen im Regionalplan Neckar-Alb

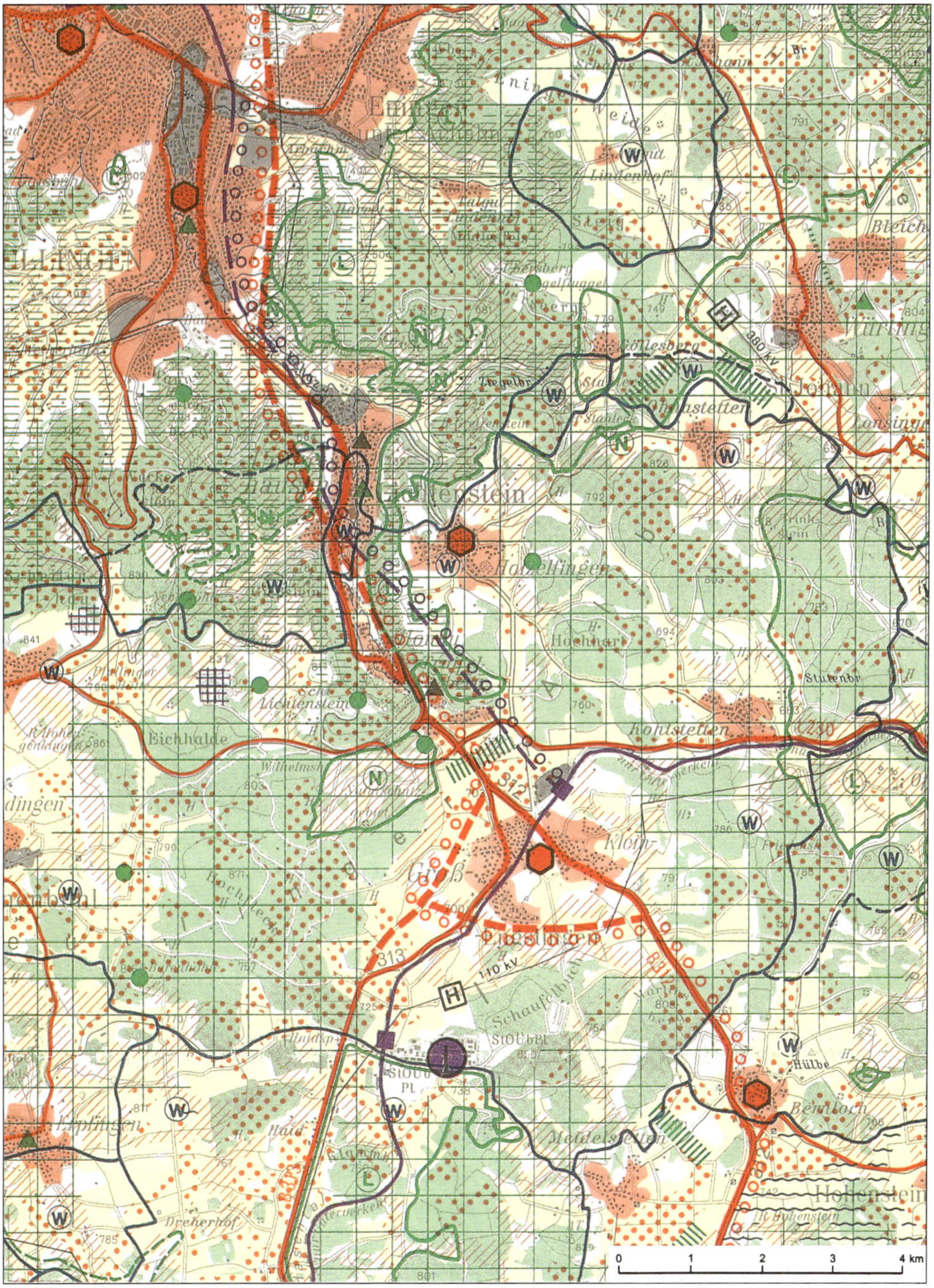

2.1.3 Ziele/Hinweise für Fachplanungen

Neben dem primär auf die kommunale Bauleitplanung ausgerichteten Instrumentarium der Regionalplanung sind die Bezüge zu den Fachplanungen speziell anzusprechen. Es handelt sich hierbei um ein besonders problematisches Feld der Regionalplanung, nämlich die Koordination solcher Fachbereiche, die nicht nur die Planungskompetenz, sondern auch die Realisierung der Maßnahmen in ihrem Aufgabenbereich haben. In der Regel trifft hier die Regionalplanung auf relativ starke Partner, die sich nur dann regionalplanerischen Vorgaben unterordnen, wenn sie entweder durch Gesetz dazu gezwungen werden oder direkt Vorteile für ihre Vorhaben erkennen.

Die Gesetze sehen jedoch in der Regel nur sog. Raumordnungsklauseln mit Abwägungsgebot vor (Ziele der Raumordnung und Landesplanung sind zu beachten!). Nutzen ziehen die Fachplanungsträger u.a. aus den raumplanerischen Standort- oder Trassensicherungen, die die Gemeinden und die übrigen Fachplanungsträger binden, die eigenen Interessen der jeweiligen Fachbehörden jedoch nicht einschränken. In der Regel beschränken sich deshalb die regionalplanerischen Aussagen zu den Fachplanungen auf „nachrichtliche Übernahmen", „Vorschläge" oder allgemein formulierte „Grundsätze". Verbindliche „Ziele" zu den Fachplanungen sind nur ausnahmsweise in den Regionalplänen zu finden. Die Ursachen dafür liegen wohl darin, daß die Fachplanungsträger überregional, d.h. in der Regel auf Bundes- oder Länderebene organisiert sind und sich dem regionalen Koordinationsprozeß entziehen.

Hier zeigt sich ein deutliches Defizit bzw. eine deutliche Schwäche der Landesplanung und der Bundesraumordnung. Eine effektive, stringente räumliche Koordination der Fachplanung müßte im Prinzip auf der Ebene der Länder oder des Bundes mit den jeweiligen Fachministern stattfinden. Die Regionalplanung ist dazu allein nicht in der Lage. Sie kann dafür jedoch wichtige Hilfestellungen (Informationsbeschaffung, regionalpolitische Konsensbeschaffung) bieten.

2.1.4 Formale Beteiligungsverfahren

Zu den Pflichtaufgaben der Regionalplanung gehört auch ihre formale Beteiligung als öffentlicher Planungsträger bzw. als Träger öffentlicher Belange bei raumbedeutsamen Planungen und Maßnahmen, insbesondere der Fachplanung und der kommunalen Bauleitplanung.

Die Aufgabe ergibt sich in erster Linie aus § 4 Abs. 5 Satz 1 ROG[33], der als allgemeines Abstimmungsgebot die Verpflichtung für alle Träger raumbedeutsamer Planungen und Maßnahmen enthält, diese aufeinander und untereinander abzustimmen. Da die Träger der Regionalplanung, in welcher Form auch immer sie organisiert sind, zu den im Abstimmungsgebot genannten Stellen zählen, sind sie unbestritten formal an entsprechenden Vorhaben zu beteiligen.

Als gesonderte Regelung ist die Beteiligung der Regionalplanung als Träger öffentlicher Belange anzusehen. Der Begriff „Träger öffentlicher Belange" entstammt dem Baugesetzbuch[34], das in § 4 die Beteiligung der Träger öffentlicher Belange bei der Aufstellung von Bauleitplänen regelt. Eine konkrete Aufzählung wird nicht vorgenommen und ist wohl auch gar nicht möglich, vielmehr werden alle Behörden und Stellen, die öffentliche Belange im Bauleitplanverfahren zu vertreten haben, als Träger öffentlicher Belange bezeichnet. Die öffentlichen Belange wiederum können aus den in § 1 Abs. 4 und 5 BauGB genannten Gesichtspunkten abgeleitet werden. In Abs. 4 sind dabei die Ziele der Raumordnung und Landesplanung genannt. Da durch die Regionalplanung solche Ziele aufgestellt werden, sind die jeweiligen Träger der Regionalplanung auch Träger öffentlicher Belange.

Neben diesen beiden bundesgesetzlichen Regelungen über eine Beteiligung der Regionalplanung als öffentlicher Planungsträger bzw. Träger öffentlicher Belange gibt es auch landesgesetzliche Regelungen, in denen eine Beteiligung der Regionalplanung expressis verbis festgelegt ist; so z.B. hinsichtlich der Beteiligung an Raumordnungsverfahren in den Landesplanungsgesetzen von Baden-Württemberg[35], Sachsen[36] und Thüringen[37]. Gesetzliche Beteiligungsregelungen gibt es z.B. auch zur Mitwirkung der Regionalplanung bei den Fachplanungen des Landes (Baden-Württemberg[38]), zur Beratung über Förderprogramme von regionaler Bedeutung (Nordrhein-Westfalen[39]), zur Stellungnahme zu raumbedeutsamen Planungen anderer Planungsträger (Hessen[40]), zur Untersagung raumwirksamer Planungen und Maßnahmen (Nordrhein-Westfalen[41]), zur Abweichung von verbindlichen Zielen der Raumordnung und Landesplanung (Thüringen[42] und Sachsen[43]). Ferner sind Regelungen zur Beteiligung der Regionalplanung oftmals auch in Verwaltungsvorschriften der Länder zu finden.

Je nach Organisationsform der Regionalplanung und den vorhandenen Behördenstrukturen handelt es sich um externe bzw. interne Beteiligungen. Eine externe Beteiligung liegt z.B. vor, wenn die oberste Landesplanungsbehörde den Träger der Regionalplanung bei der Aufstellung des Landesentwicklungsprogramms einschaltet oder wenn die höhere Landesplanungsbehörde von einem regionalen Planungsverband eine Stellungnahme in einem Raumordnungsverfahren anfordert. Eine interne Beteiligung liegt z.B. vor, wenn die Bezirksregierung als Planfeststellungsbehörde die Bezirksregierung als Träger der Regionalplanung an einem Planfeststellungsverfahren für ein Straßenbauprojekt beteiligt.

Bei Aufgabenidentität von Landesplanungsbehörde und Träger der Regionalplanung können Beteiligungen gänzlich entfallen. So werden z.B. in Niedersachsen die Raumordnungsverfahren, soweit ein rechtskräftiges Regionales Raumordnungsprogramm vorliegt, der Landkreis nicht selber Träger des Vorhabens ist und das Vorhaben nicht über das Kreisgebiet hinausgeht, von den unteren Landesplanungsbehörden, d.h. den Landkreisen und kreisfreien Städten, durchgeführt, die gleichzeitig aber auch Träger der Regionalplanung sind. Hier kann eine Beteiligung der Regionalplanung an Raumordnungsverfahren entfallen.

Beteiligungen der Regionalplanung finden sich in erster Linie in folgenden Bereichen:

- Aufstellung von Zielen der Raumordnung und Landesplanung durch den Staat,
- Aufstellung von Zielen der Raumordnung und Landesplanung benachbarter Träger der Regionalplanung,
- Raumordnungsverfahren,
- Fachplanungen,
- Bauleitplanung,
- Verwaltungsverfahren,
- Aufstellung von Förderprogrammen,
- Untersagung raumwirksamer Planungen und Maßnahmen,
- Abweichungen von Zielen der Raumordnung und Landesplanung.

Aufstellung von Zielen der Raumordnung und Landesplanung durch den Staat

Die Zusammenarbeit ist in erster Linie postuliert in § 1 Abs. 4 ROG, nachdem die Ordnung der Teilräume sich in die Ordnung des Gesamtraumes einfügen und die Ordnung des Gesamtraumes die Gegebenheiten und Erfordernisse seiner Teilräume berücksichtigen soll (Gegenstromprinzip). Ziele der Raumordnung und Landesplanung durch den Staat werden in erster Linie in den Landesentwicklungsprogrammen/Landesentwicklungsplänen aufgestellt. Dabei sind gem. § 5 Abs. 2 Satz 2 ROG die Gemeinden und Gemeindeverbände, für die eine Anpassungspflicht begründet wird, oder deren Zusammenschlüsse zu beteiligen. Die nähere Regelung überläßt der Bundesgesetzgeber der jeweiligen Landesgesetzgebung. In den Landesgesetzen ist in der Regel eine Beteiligung der Träger der Regionalplanung vorgeschrieben, wobei diese dann an die Stelle einer Beteiligung der einzelnen Gemeinden treten kann. Auf notwendige Verbesserungen wird im Kap. C.4.1 näher eingegangen.

Aufstellung von Zielen der Raumordnung und Landesplanung benachbarter Träger der Regionalplanung

Eine Beteiligung der benachbarten Träger der Regionalplanung wird bei der Ausarbeitung der Regionalpläne/Raumordnungspläne in der Regel sowohl innerhalb eines Landes als auch über Landesgrenzen hinweg praktiziert. Grundlage dafür sind das allgemeine Abstimmungsgebot des ROG, landesgesetzliche Regelungen (z.B. Sachsen) oder gesonderte Regelungen, wie Staatsverträge oder zwischenstaatliche Vereinbarungen. Da es sich hierbei jeweils um die Beteiligung von Partnern gleicher Planungsebenen handelt, besteht grundsätzlich eine sehr offene Kooperationsbereitschaft und eine sehr intensive Koordination. Maßstab dafür ist jedoch oft auch die länder- und staatenübergreifende Zusammenarbeit der staatlichen Landesplanungen. Wenn hier Defizite bestehen, kann sich dies auch auf die Regionalplanung übertragen.

Raumordnungsverfahren

Die Träger der Regionalplanung werden, soweit sie nicht wie in Niedersachsen und in Schleswig-Holstein mit der dafür zuständigen Raumordnungsbehörde identisch sind, regelmäßig an Raumordnungsverfahren beteiligt, auch länderübergreifend. Die Mitwirkung der Regionalplanung an überörtlich raumbedeutsamen Planungen und Maßnahmen ist somit gewährleistet, soweit ein Raumordnungsverfahren überhaupt durchgeführt wird. Die Maßstäbe hinsichtlich Bedeutung und Art der Vorhaben, für die Raumordnungsverfahren durchgeführt werden, gehen aber von Land zu Land sehr stark auseinander. Während in Bayern dieses Instrument sehr intensiv praktiziert wird, wird es in Nordrhein-Westfalen nicht angewandt, ist für bestimmte Vorhaben aber vorgesehen.

Ein gewisses Maß an Einheitlichkeit in der Anwendung dieses Instruments haben der neue § 6a ROG und die dazu gehörende Raumordnungsverordnung[44] mit sich gebracht, in denen der Bund unter gewissen Voraussetzungen die Durchführung von Raumordnungsverfahren für bestimmte Vorhaben zwingend vorschreibt. Insoweit ist dann über die Beteiligungsregelungen eine Mitwirkung der Regionalplanung sichergestellt.

Die Beteiligung der Regionalplanung an Raumordnungsverfahren ist bisher als regionalplanerische Aufgabe auf ein besonderes Interesse gestoßen, da hier nicht „Zukunftsvisionen", sondern konkrete, überschaubare, unmittelbar bevorstehende Vorhaben zu beurteilen sind. Deshalb ist es auch sehr wichtig, wie die Stellungnahmen der Regionalplanung von der jeweiligen Landesplanungsbehörde im Verfahren gewichtet werden. Diese Gewichtungen fallen, oftmals ohne entsprechende Begründungen, nicht immer zur Zufriedenheit der Regionalplanung aus. Verbesserungen erscheinen hier angezeigt, worauf in Kap. C.4. näher eingegangen wird.

Fachplanungen

Art und Umfang der Beteiligungen der Regionalplanung an Fachplanungen, die sich aus dem allgemeinen Abstimmungsgebot des § 4 Abs. 5 ROG ergeben, sind im Hinblick auf die Vielzahl möglicher Fachplanungen, aber auch im Hinblick auf die unterschiedlichen Organisationsformen der Regionalplanung sehr differenziert. Sie scheinen vielfach auch von Zufälligkeiten, bis hin zum Grad gegenseitigen Verständnisses zwischen Regionalplanung und Fachplanung, abhängig zu sein.

Gesetzliche Regelungen gibt es nur in Einzelfällen. So enthält das Landesplanungsgesetz von Baden-Württemberg[45] eine Regelung über die Mitwirkung der Regionalverbände bei den Fachplanungen des Landes. Danach können die Träger der Regionalplanung beauftragt werden, an raumbedeutsamen Fachplanungen des Landes mitzuwirken bzw. diese auszuformen. Sie können ihrerseits vorschlagen, raumbedeutsame Fachplanungen des Landes aufzustellen, zu ändern oder zu ergänzen. Nach dem

Hessischen Landesplanungsgesetz[46] beschließt der Träger der Regionalplanung auch über Stellungnahmen zu raumbedeutsamen Planungen anderer (Fach-) Planungsträger, die sich mindestens auf einen Mittelbereich oder ein Mittelzentrum im Verdichtungsgebiet auswirken.

Beteiligungen erfolgen an raumkonzeptionellen Fachplanungen (Programmen und Plänen), wie z.B. Verkehrswegeplan, Landschaftsrahmenplan, Landschaftsplan, ÖPNV-Konzept, Fremdenverkehrsentwicklungsplan, Staatsstraßenausbauplan, Abfallwirtschaftsplan, Schulentwicklungsplan, Kindergartenbedarfsplan, Museumsplan, Krankenhausbedarfsplan, Flurbereinigung, Dorferneuerung, oder an fachlichen Einzelmaßnahmen, wie z.B. Naturschutzgebiete, Landschaftsschutzgebiete, Wasserschutzgebiete, Überschwemmungsgebiete, Hochwasserschutzmaßnahmen, Abwasserbeseitigungsanlagen, Rad- und Wanderwege, Freizeitobjekte.

Aus der Vielzahl raumbedeutsamer Fachplanungen ergibt sich eine vielfältige Beteiligung der Regionalplanung, ohne daß diese aber umfassend oder systematisiert ist. Die oftmals nur geringe Gewichtung der regionalplanerischen Positionen läßt auch nicht das Gefühl eines wirklichen Mitspracherechts aufkommen. Vielmehr bestärken die Beteiligungen oftmals den Eindruck von der Ohnmacht der Regionalplanung gegenüber den Fachplanungen, die sich ihr Handeln nicht durch regionale Abstimmungen beeinflussen lassen wollen. Verbesserungen erscheinen hier unbedingt erforderlich (Vorschläge dazu siehe unter Kap. C.4.2).

Bauleitplanung

Die Beteiligung der Regionalplanung als Träger öffentlicher Belange an der Bauleitplanung ist unabhängig von der jeweiligen Organisationsform sehr ausgeprägt, aber auch sehr unterschiedlich. Zu Flächennutzungsplänen in jedem Fall, aber auch zu den meisten Bebauungsplänen wird eine Stellungnahme der Regionalplanung eingeholt, wobei oftmals sogar eine mehrmalige Beteiligung geschieht (Einholung der regionalplanerischen Vorgaben vor Ausarbeitung des Bauleitplans, Stellungnahme zum Planentwurf und Prüfung, inwieweit die Belange der Regionalplanung im Rahmen der öffentlichen Auslegung berücksichtigt worden sind). Die Beteiligung an der Bauleitplanung nimmt die Regionalplanung sehr stark in Anspruch und bedeutet einen erheblichen Arbeitsaufwand. Die Regionalplanung sieht in der Bauleitplanung zu Recht das entscheidende Instrument zur Umsetzung regionalplanerischer Zielvorstellungen.

Es kann als erfolgreich bewertet werden, daß die regionalplanerischen Stellungnahmen von den kommunalen Planungsträgern regelmäßig berücksichtigt werden.

Verwaltungsverfahren

Die Beteiligung der Regionalplanung am Genehmigungs-, Festsetzungs- und Planfeststellungsverfahren wird verhältnismäßig umfangreich praktiziert. Neben verkehrsrechtlichen und atomrechtlichen Planfeststellungsverfahren sind hier z.B. luftrechtliche (bei Flughäfen), immissionsschutzrechtliche (z.B. bei konventionellen Kraftwerken) oder bergrechtliche (beim Abbau von Bodenschätzen) Genehmigungsverfahren zu nennen. Des weiteren gilt dies ebenso für Festsetzungsverfahren für Naturschutzgebiete, Landschaftsschutzgebiete, Wasserschutzgebiete, militärische Schutzbereiche etc.

Die Regionalplanung hat hier Gelegenheit, ihre regionalplanerischen Vorstellungen auch in die Verfahren einzubringen, die die Planungsphase eines Vorhabens abschließen und zur Realisierungsphase überleiten. Diese „letzte" Gelegenheit ist auch sehr wichtig hinsichtlich der Prüfung, inwieweit die von der Regionalplanung gesetzten verbindlichen Vorgaben des Regionalplans beachtet worden sind. Unabhängig davon, daß auch die Genehmigungsbehörden die verbindlichen Ziele zu beachten haben, sind die Ziele der Raumordnung und Landesplanung doch oft auslegungsbedürftig, und die Intention eines auslegungsbedürftigen Zieles kann von der Regionalplanung als dem Planverfasser wohl am ehesten dargelegt werden.

Förderprogramme

Die Aufstellung und Umsetzung von Förderprogrammen ist in vielen Fällen eine sehr bedeutende raumwirksame Maßnahme, und eine Beteiligung der Regionalplanung wäre von exemplarischer Bedeutung. Hier sperren sich aber vielfach die Fachstellen mit allen Mitteln gegen eine Mitsprache der Regionalplanung. Ebenso ergeht es vielfach auch der Landesplanung, die nur in Einzelfällen an Rahmenprogrammen, wie z.B. den Gemeinschaftsaufgaben, beteiligt wird. Allenfalls ist es gelungen, in die Förderprogramme aufzunehmen, daß die Ziele der Raumordnung und Landesplanung zu beachten sind. Gelegentlich konnte auch erreicht werden, daß die Regionalplanung wenigstens bei der Abgrenzung von räumlichen Förderkulissen beteiligt worden ist.

Eine Ausnahme stellt hier Nordrhein-Westfalen dar, wo im Landesplanungsgesetz[47] geregelt ist, daß der Regierungspräsident (zuständige Behörde für die Landesplanung im Regierungsbezirk) mit dem Bezirksplanungsrat (Träger der Regionalplanung) über die Vorbereitung und Festlegung von Förderprogrammen von regionaler Bedeutung auf den Gebieten Städtebau, Wohnungsbau, Schul- und Sportstättenbau, Krankenhausbau, Verkehr, Freizeit- und Erholungswesen, Landschaftspflege, Wasserwirtschaft und Abfallbeseitigung berät. Überlegungen zu einem weiteren Ausbau dieser Zusammenarbeit sowie ein weiteres Beispiel aus Niedersachsen werden in Kap. C.4. behandelt.

Untersagung raumwirksamer Planungen und Maßnahmen

Die Möglichkeit, raumbedeutsame Planungen und Maßnahmen für eine bestimmte Zeit durch die Landesplanungsbehörden zu untersagen, wenn zu befürchten ist, daß die Durchführung von in Aufstellung befindlichen Zielen unmöglich gemacht oder wesentlich erschwert wird, ist in § 7 ROG und in den meisten Landesplanungsgesetzen enthalten. Hiervon kann die Regionalplanung im Hinblick auf ihre Aufgabe, Ziele der

Raumordnung und Landesplanung aufzustellen, unmittelbar berührt werden. Insoweit muß ihre Beteiligung eine Selbstverständlichkeit sein. Eine gesetzliche Regelung gibt es im Landesplanungsgesetz von Nordrhein-Westfalen[48], wonach Voraussetzung für eine Untersagung durch die Landesplanungsbehörden u.a. eine Anhörung des Bezirksplanungsrates, also des Trägers der Regionalplanung ist.

Abweichungen von Zielen der Raumordnung und Landesplanung

In § 5 Abs. 5 ROG hat der Bund die rechtlichen Voraussetzungen dafür geschaffen, im Einzelfall Abweichungen von Zielen der Raumordnung und Landesplanung zuzulassen, wenn diese unter raumordnerischen Gesichtspunkten vertretbar sind und die Grundzüge der Planung nicht berührt werden. Diese Regelung gilt so lange, bis die Länder Rechtsgrundlagen für ein Verfahren zur Abweichung von Zielen der Raumordnung und Landesplanung geschaffen haben.

In einigen Ländern (Baden-Württemberg, Hessen, Rheinland-Pfalz, Sachsen, Thüringen) haben die Landesplanungsgesetze auch schon vor der o.g. Regelung des ROG eine entsprechende Möglichkeit enthalten. In den Ländern Sachsen und Thüringen ist dabei sogar expressis verbis eine Beteiligung der Träger der Regionalplanung vorgeschrieben. Unabhängig davon ist es aber wohl eine Selbstverständlichkeit, daß die Träger der Regionalplanung beteiligt werden, wenn bei der zuständigen Landesplanungsbehörde Abweichungen von den durch die Regionalplanung aufgestellten Zielen der Raumordnung und Landesplanung beantragt werden. Unerläßliche Voraussetzungen hinsichtlich der Zulassung von Abweichungen von Zielen des Regionalplans durch die Landesplanungsbehörden werden in Kap. C behandelt.

2.2   Ergänzende Aufgaben der Regionalplanung

Die umfassende Koordination raumbedeutsamer Planungen sowie verschiedener sonstiger Raumansprüche stellt den Kernbereich der regionalplanerischen Aufgabe dar. In erster Linie wird dieser Auftrag durch die Wahrnehmung der in den vorangegangenen Abschnitten näher dargestellten Pflichtaufgaben erfüllt.

Die Wirksamkeit der Regionalplanung hängt aber auch sehr stark davon ab, inwieweit es ihr gelingt, sich über die festgelegten Verfahrensabläufe hinaus bei der Koordination regional bedeutsamer Planungen und Maßnahmen einzubringen und auf die Träger raumwirksamer Entscheidungen Einfluß zu nehmen (Müller/Fürst 1985, S. 216).

Gerade in der Diskussion um die Weiterentwicklung und Stärkung der Regionalplanung stehen über die klassischen Pflichtaufgaben hinaus die sogenannten ergänzenden Aufgaben mit im Vordergrund. Im wesentlichen können in diesem Zusammenhang folgende Bereiche genannt werden:

- Kooperationsstrategien durch Beratung und Moderation,
- Managementfunktionen und regionales Planungsmarketing.

Im Rahmen einer Bestandsaufnahme zur bisherigen Regionalplanungspraxis ist die Darstellung darauf ausgerichteter Aktivitäten erforderlich, um zu verdeutlichen, welche Handlungspotentiale zur Umsetzung regionalplanerischer Ziele schon jetzt, wenn vielfach auch noch unzureichend, genutzt werden. In Verbindung damit sind gleichzeitig auch die regionalpolitischen Funktionen in diesen Aufgabenfeldern zu diskutieren. Darauf aufbauend können dann weitergehende Strategien zur Konsensfindung und zur regionalen Kooperation erörtert werden (vgl. Kap. C.4.).

Es ist allerdings kaum möglich, dabei stets zwischen den bereits bestehenden Ansätzen und zukunftsweisenden neuen Handlungsstrategien zu differenzieren. Somit werden die in diesem Abschnitt dargestellten Beispiele teilweise im Kap. C. auch zur Erläuterung weiterführender Ansätze aufgegriffen.

2.2.1 Kooperationsstrategien durch Beratung und Moderation

Die flankierende Beratungs- und Moderationsfunktion der Regionalplanung im Hinblick auf die Umsetzung der Ziele und sonstiger Inhalte des Regionalplans resultiert aus dem Umstand, daß die Träger der Regionalplanung selbst nicht für die Durchführung bzw. Realisierung der im Plan festgelegten Funktionen, Nutzungen und Maßnahmen zuständig sind. Adressat des Regionalplans sind Bundes- und Landesbehörden, Gemeinden und sonstige öffentliche Körperschaften und Einrichtungen sowie mittelbar auch Privatleute oder private Unternehmen. Allerdings sind nicht alle Akteure - insbesondere Bundesbehörden - per Gesetz auf die Beachtung der Ziele des Regionalplans verpflichtet.

Als ein Aktivposten der Regionalplanung ist hierbei ihre Praxis und ihre Erfahrung in der Kommunikation mit den unterschiedlichen regionalen Akteuren, Gebietskörperschaften, Politikern, öffentlichen Institutionen und auch Entscheidungsträgern aus dem Bereich der Wirtschaft anzusehen.

Im Zusammenhang mit den intraregionalen Kommunikationsprozessen ist schließlich auch ihre langjährige praktische Erfahrung in der Auseinandersetzung mit einander widerstreitenden Interessen zu sehen. Da die regionalen Probleme und Aufgaben zukünftig an Komplexität zunehmen und zu ihrer Bewältigung die Berücksichtigung und Einbindung einer steigenden Zahl von Interessen notwendig werden, ist auch mit einer höheren Zahl konfliktbeladener Entscheidungssituationen zu rechnen. Hier kann sich die Regionalplanung „gewinnbringend" einbringen.

Die abschließende Aufstellung des Regionalplans als Ergebnis einer umfassenden Konsensfindung stellt nicht den Abschluß der damit verbundenen Planungs- und Entscheidungsprozesse dar. Die Bedeutung des Regionalplans als formales Steuerungs-

instrument kann nicht unabhängig von der politischen Akzeptanz des Koordinations-
ergebnisses und der hierdurch bedingten Möglichkeit der Umsetzung des Regionalplans gesehen werden. Seine Anwendung und Umsetzung müssen für alle der am
Planungsprozeß Beteiligten und Planbetroffenen erkennbare Vorteile bzw. Nutzen
haben, die jedoch vielfach in der Zukunft liegen.

Ergänzende Aufgaben sind daher insbesondere im Hinblick auf die Umsetzung der
auf regionaler Ebene entwickelten Konzeptionen wahrzunehmen; Aufgaben, bei denen sich die Regionalplanung verstärkt als Berater, Initiator von Entwicklungen und
Moderator von Entwicklungsprozessen einbringen muß.

Die Regionalplanung kann als Moderator zwischen den vielfältigen Interessen (den
Fachplanungen/-behörden bzw. den Gemeinden) tätig sein, was teilweise auch schon
geschieht. In der Phase bis zur Aufstellung von regionalen Raumordnungsplänen ist bei
der Koordination von Konzepten und Vorhaben der verschiedenen sektoralen Fachplanungen neben der inhaltlichen Abstimmung auf die Erfordernisse der Regionalplanung
vor allem die Koordination der einzelnen fachbehördlichen und kommunalen Raumansprüche untereinander von Bedeutung. Diese umfangreiche Aufgabe ist dabei nicht
nur auf den Aufstellungsprozeß von Regionalplänen beschränkt, sondern hat einen
nicht unerheblichen Stellenwert auch für die fortlaufende Umsetzung von Regionalplanung.

Neben vielfältigen informellen Abstimmungen und gegenseitigen Beratungen zwischen den Beteiligten manifestieren sich die Moderationsansätze auch in bestimmten
Formen. So gibt es bislang bereits einige Ansätze für eine fachübergreifende Konsensfindung, bei denen die Regionalplanung in einer Moderationsfunktion steht.

In diesem Zusammenhang sind zu nennen:

- sogenannte „Hearings" mit Fachleuten und politischen Vertretern zu konflikträchtigen
  Themenbereichen regionaler Entwicklung: Bisherige Erfahrungen zeigen, daß sich
  hierbei sehr positive Effekte erzielen lassen, so daß teilweise auf zeit- und kostenin-
  tensive Gutachten verzichtet werden konnte;

- Teilnahme in Lenkungsausschüssen bei komplexen Planungsaufgaben: Insbesondere
  bei der Konversion bisher militärisch genutzter Liegenschaften und Flächen konnte
  sich die Regionalplanung beratend und koordinierend einbringen (z.B. Konversion
  der Nato-Flugplätze Lahr und Bremgarten in der Region Südlicher Oberrhein sowie
  Air-Base Zweibrücken in der Region Westpfalz);

- Einrichtung von Arbeitsgemeinschaften unter Leitung der Regionalplanung zu ausgewählten Themenbereichen (z.B. Arbeitsgemeinschaften „Regionale Wirtschaftsstruktur", „Verkehr", „Energie" beim Regionalverband Neckar-Alb);

- Installierung von „Runden Tischen" unter Beteiligung der Regionalplanung zur Moderation von Konflikten;

- Mitwirkung der Regionalplanung bei dem Konzept der „ZIN-Moderation" (Zukunftsinitiative für die Regionen Nordrhein-Westfalens) in sogenannten „Regionalkonferenzen" mit dem Ziel der Regionalisierung der Strukturpolitik in NRW.

Alle diese bestehenden, unterschiedlich organisierten Ansätze in der Wahrnehmung
der regionalplanerischen Beratungs- und Moderationsfunktion machen deutlich, daß
über die eigentliche Planaufstellung hinaus flexiblere Konsensfindungsprozesse erforderlich sind (vgl. hierzu die Ausführungen in Kap. C.4.3).

Ausgehend von dem Koordinationsauftrag als der zentralen Aufgabe der Regionalplanung muß betont werden, daß Koordination nicht nur auf die Abstimmung raumrelevanter Belange beschränkt ist, sondern darüber hinaus auch auf die Akteure einge-
wirkt werden muß, die jeweiligen Raumnutzungen entsprechend auszugestalten. Über
eine Koordination hinaus ist auch die Kooperation zwischen den Akteuren zu verbessern und zu intensivieren (vgl. Fürst/Ritter 1993, S. 188ff).

Für die Regionalplanung besteht die Aufgabe der Kooperation - im Sinne der Inter-
essenbündelung auf gemeinsame Zielsetzungen - vor allem darin, die jeweiligen Ge-
meinsamkeiten zwischen den beteiligten Akteuren herauszuarbeiten, um somit die
Vorteile einer Zusammenarbeit in dem jeweiligen Tätigkeitsbereich zu verdeutlichen.
Da eine Kooperation aber nur gelingen kann, wenn alle Beteiligten einen Vorteil erwarten können, ist es wichtig, die eigenen Potentiale, die in die Zusammenarbeit eingebracht werden können, hervorzuheben.

Für die Regionalplanung bedeutet dies, ihre spezifischen Vorteile, vor allem die im
Rahmen der Koordinationsfunktion liegenden Moderations-, aber auch Management-
möglichkeiten hervorzuheben. Die im vorhergehenden genannten organisatorischen
Ansätze zu verschiedenen Problembereichen stellen somit auch Formen einer weitergehenden Kooperation der Regionalplanung mit anderen regionalen Planungsakteu-
ren dar.

Im Zusammenwirken mit den Fachplanungen kann eine Kooperation sehr unterschiedlich ausfallen. Zu unterscheiden sind in diesem Zusammenhang Fachplanungen
mit eigenen Fachgesetzen und somit eigenen fachrechtlich geregelten Planungsverfahren und -instrumenten auf der einen und diejenigen Fachplanungen, die über keine
verbindlichen Planwerke bzw. -instrumente verfügen, auf der anderen Seite.

Für die erste Gruppe stehen beispielhaft Landespflege, Wasserwirtschaft und Verkehrsplanung. In vielen Fällen werden von der Regionalplanung nur die vorliegenden
fachrechtlichen Festsetzungen in den Regionalplan übernommen oder in regional-
planspezifische Instrumente „transformiert". Des weiteren kann die Regionalplanung
durch zeitlich vorlaufende und räumlich umfassendere Flächensicherungen nach der
umfassenden Koordination der konfligierenden Raumansprüche für diese Fachplanungen
einen Anreiz zur Kooperation bieten. Dies kann vor allem dann bedeutsam werden,
wenn für die weitergehenden fachrechtlichen Festsetzungen notwendige fundierte
Grundlagen noch nicht ausreichend vorliegen.

Darüber hinaus bietet sich auch die Möglichkeit der gemeinsamen Erarbeitung von Konzeptionen für spezifische Problembereiche außerhalb der verbindlichen Regionalpläne. Es bestehen bereits einige Beispiele für diese Form der Kooperation zwischen Regionalplanung und verschiedenen Fachressorts.

So werden in einzelnen Regionen

- aufbauend auf vorbereitenden Untersuchungen regionale ÖPNV-Konzeptionen mit verschiedenen Schwerpunkten entwickelt, die teilweise als Grundlagen für Teilfortschreibungen Regionaler Raumordnungspläne dienen; z.B. Nahverkehrskonzepte für einzelne Schienenstrecken (RV Neckar-Alb), Konzeptionen für den regionsweiten ÖPNV sowie Mitarbeit an kreisbezogenen ÖPNV-Konzepten in der Region Trier;

- zur Verbesserung der regionalen Wirtschaftsstruktur, neben verschiedenen Einzelmaßnahmen, im Zusammenwirken mit regionalen Akteuren vor allem die Ermittlung und Bewertung von Gewerbe- und Industrieflächenpotentialen betrieben. Die Aufbereitung dieser Ergebnisse in Standortatlanten (z.B. RV Neckar-Alb) oder EDV-gestützten Standortinformationssystemen (z.B. in der Region Trier) dient hierbei auch häufig als Grundlage für spätere Teilfortschreibungen;

- erste Ansätze für sogenannte teilräumliche Energieversorgungskonzepte entwickelt, die sich auf Untersuchungen zu einzelnen Energiepotentialen (z.B. Wasserkraft) oder umfassende Analysen zu Energiebedarf und -potentialen der Region stützen (z.B. Region Neckar-Alb und Bodensee-Hochrhein).

Die zweite Gruppe von Fachbereichen ist durch das Fehlen eigener Fachgesetze und damit fachrechtlicher Verfahren und Instrumente gekennzeichnet. Hierzu gehören vor allem Rohstoffsicherung (in erster Linie oberflächennahe Rohstoffe), Freizeit und Erholung sowie Klimaschutz.

Aus Sicht dieser Fachbereiche ist eine Kooperation mit der Regionalplanung immer dann wünschenswert, wenn ihre eigenen Zielvorstellungen Eingang in die Regionalpläne finden. Um den jeweiligen Raumansprüchen mehr Gewicht zu verleihen, wird häufig eine vorsorgende Sicherung von Flächen und Standorten entweder als Vorrang- oder Vorbehaltsbereiche in den Regionalen Raumordnungsplänen angestrebt. Teilweise entwickelt die Regionalplanung stellvertretend für diese Sachbereiche Konzeptionen, die die fehlenden fachplanerischen Zielsetzungen ersetzen.

Neben den Fachplanungen stellen auch die Gemeinden wichtige Kooperationspartner dar. Einerseits kann sich gerade die Regionalplanung aufgrund ihrer Mitwirkungsmöglichkeiten in den Verfahren der „staatlichen" Fachpolitiken als „Vertreter" der Gemeinden der Region einbringen. Andererseits ist die kommunale Bauleitplanung der direkte Adressat für die verbindliche Umsetzung der rahmensetzenden Vorgaben der Regionalplanung.

Die Wahrnehmung und Ausgestaltung der Kooperationen mit den Gemeinden der Region ist dabei von der jeweiligen Problemsituation abhängig. Insbesondere wenn die intraregionalen Konflikte eine Zusammenarbeit erforderlich machen, kann die Regionalplanung aufgrund ihrer Moderationsfunktion eine zentrale Rolle einnehmen.

Hierbei kommt vor allem eine gegenüber den langfristig angelegten Regionalplänen stärker betonte Entwicklungsorientierung zum Ausdruck, die insbesondere spezifische Probleme einzelner Teilräume aufgreift und zu lösen versucht.

Die flächendeckende Regionalplanung für das Gebiet einer Planungsregion kann somit auch ihre Ergänzung finden in Planungskonzepten für Räume, deren Zuschnitte sich an anderen als den für die Bildung der Planungsregionen maßgeblichen Kriterien orientieren und häufig in räumlicher und zeitlicher Hinsicht weniger statisch als die Zuschnitte der Planungsregionen sind.

Erfahrungen mit einer in diesem Sinne weiterentwickelten Regionalplanung werden in Bayern seit einigen Jahren mit den sogenannten Teilraum- oder Inselgutachten[49] gemacht. Auch in Rheinland-Pfalz können fachliche oder räumliche Teilpläne zur Vertiefung der regionalen Raumordnungspläne aufgestellt werden.[50] Diese Möglichkeit wird auch im Entwurf des neuen LEP III Rheinland-Pfalz vom Oktober 1994 explizit angesprochen.[51] Als Handlungserfordernisse können hierbei festgehalten werden:

- die Konkretisierung und Anpassung der Ziele des Regionalplans an kleinräumige Problemsituationen,
- die Vermittlung, Koordination und der Konfliktausgleich zwischen querschnittsorientierten Planungen und fachplanerischen Belangen sowie
- die Förderung der Realisierung konkreter Entwicklungsimpulse/-initiativen auf regionaler, kommunaler bis hin zur betrieblichen Ebene (Maier/Troeger-Weiß 1989, S. 135).

Ein spezielles Merkmal derartiger Teilraumgutachten gegenüber der bisherigen Regionalplanung liegt in der problemorientierten Abgrenzung kleiner und damit überschaubarer Teilräume, für die, aufbauend auf einer umfassenden Stärken-Schwächen-Analyse, z.B. Entwicklungsszenarien entworfen werden, die dann in die Entwicklung von Strategien zur Aktivierung und Koordination der (teilraum-)spezifischen Entwicklungspotentiale münden.

Dabei sollen möglichst alle teilräumlich relevanten Akteure in den Planungsprozeß eingebunden werden; darüber hinaus wird statt formaler Abstimmung Konsens angestrebt. Insgesamt sind die Aussagen und Ergebnisse der Teilraumgutachten konkreter als jene des Regionalplans, dafür aber - formal - unverbindlich.

Dieser Planungsansatz auf teilräumlicher Ebene stellt einen Fortschritt dar, insofern er die Betroffenen, allen voran die kommunalpolitischen Entscheidungsträger, zusammenführt und sie dazu bringt, sich gemeinsam mit Problemen auseinanderzusetzen und Wege zu finden, diese Probleme zu lösen. Hervorzuheben ist hierbei die systematische Verknüpfung verschiedener, gegenüber der klassischen Regionalplanung innovativer Einzelelemente zu einem umfassenden Planungsansatz. Die Rolle der Regionalplanung ist die des Koordinators und Moderators von Meinungsbildungs- und Entscheidungsprozessen.

Aus Bayern, wo eine Reihe von Teilraumgutachten durchgeführt wurde, stammt die Überlegung, zur Umsetzung des Teilraumgutachtens nach österreichischem oder schweizerischem Vorbild sogenannte Regionalbetreuer oder Regionalsekretäre einzusetzen, die die Umsetzung längerfristig beratend und betreuend begleiten.

Ähnliche projektbezogene Teilraumkonzepte werden neuerdings auch bei der staatsgrenzenübergreifenden Zusammenarbeit entwickelt, so z.B. für den Kooperationsraum PAMINA (Südpfalz / Mittlerer Oberrhein / Nordelsaß) im Rahmen des INTERREG-Programms der EU.

Ebenso gibt es in den neuen Bundesländern entsprechende konzeptionelle Ansätze auf teilräumlicher Ebene. Aus der Vielzahl der laufenden Aktivitäten seien hier nur zwei genannt:

- Rahmenplanung für den Kernraum zwischen Erfurt und Weimar:
  Zur Konkretisierung regionaler Ziele und zur Lösung komplexer Konversionsprobleme in diesem regionalen Teilraum wird eine „Rahmenplanung" vorbereitet.

- Entwicklungskonzeption für den Großraum Magdeburg:
  Um die verschiedenen Fachplanungen und die kommunalen Vorstellungen zu koordinieren, wurde eine „Planungskommission Großraum Magdeburg" gebildet, die eine Konzeption zur Steuerung einer wirtschaftlich erfolgreichen und ökologisch verträglichen Entwicklung im Großraum Magdeburg im Einvernehmen zwischen den betroffenen Landkreisen und der Stadt Magdeburg erstellen soll.

2.2.2 Regionales Planungsmanagement und -marketing

Als Management in der räumlichen Planung kann allgemein das „Führen mit beschränkter Kompetenz" (Maier 1990, S. 101) verstanden werden. Innerhalb der Regionalplanung rücken sogenannte operative Managementaufgaben, die auf einen möglichst effektiven Vollzug gestellter Aufgaben abzielen, immer weiter in den Vordergrund.

Regionalmanagement wird seit einiger Zeit häufig als Lösung für die in den letzten Jahren umfangreicher gewordenen regionalen Handlungsspielräume (Regionalisierung der Fachressorts, dezentralisierte und regionalisierte Unternehmen, Regionenwettbewerb) in die Diskussion gebracht.

Gemeint ist damit ein umsetzungsorientiertes regionales Führungskonzept: Regional-planer sollen die Kooperation von regionalen Handlungsträgern organisieren, die Ent-scheidungsprozesse vorstrukturieren und den regionalen Konsens bis in die Umset-zung der Planung mitgestalten.

Es stellt sich allerdings die Frage, ob Regionalplanung die Voraussetzungen besitzt, um ein Regionalmanagement zu betreiben, wenn Regionalmanagement impliziert,

- daß Regionalplaner Führungsfunktionen wahrnehmen können,
- daß sie regionale Entwicklungsprozesse steuern und
- daß sie auf Vollzugsorgane einwirken können (Fürst 1993, S. 557).

Wird der Anspruch auf das Management der regionalen Kooperation im Pla-nungsprozeß reduziert, also auf ein sogenanntes „Planungsmanagement", so kann Regio-nalplanung nach bisherigen Erfahrungen sehr wohl einen Beitrag leisten.

Nach Fürst unterscheidet sich Planungsmanagement vom Regionalmanagement in drei wesentlichen Punkten:

- Planungsmanagement ist nur auf die Ebene der Planung bezogen, nicht auf die Ebene des Vollzugs;

- Planungsmanagement ist auf die Koordination von Interessen ausgerichtet, wäh-rend Regionalmanagement maßnahmenbezogene Entwicklungsprozesse gestalten soll;

- Regionalmanagement ist stärker auf Steuerungs-Inputs des Planers angewiesen als Planungsmanagement, das vor allem auf den konsensfähigen Plan orientiert ist. „Management" bezieht sich dann auf Moderation der Planungsprozesse und die Koordination der Handlungsträger. Eine wesentliche Aufgabe des Planungsmanage-ments liegt somit darin, die freiwillige Selbstbindung der Akteure zu erhöhen (Fürst 1993, S. 557).

Um ihrem Koordinationsauftrag ausreichend gerecht zu werden, muß die Regio-nalplanung erhebliche Leistungen im informativen und kommunikativen Bereich er-bringen und dies nicht nur im Vorfeld von Planaufstellungen bzw. -fortschreibungen, sondern auch in besonderem Maße im Hinblick auf die Umsetzung der Planungsziele. Umsetzungsorientierung der Regionalplanung bedeutet hierbei, daß Umsetzungs-spezifika im Rahmen der Planung von Anfang an miteinbezogen werden, die Pläne Prüfkriterien für den konkreten Anwendungsfall bereitstellen und in dem Sinne tatsäch-lich entscheidungsleitend sind.

Des weiteren bedeutet es, daß die Regionalplanung mit den für die Umsetzung zuständigen regionalen Akteuren sogenannte „Verantwortungsgemeinschaften"[52] bil-det, in denen sie selbst vor allem informierend, initiierend und z.T. auch führend tätig wird. Diese Funktionen erfüllen zu können, bedingt sowohl ein weiterentwickeltes Selbstverständnis der Regionalplanung als Anbieter von Dienstleistungen, insbesondere für die Kommunen, als auch eine Akzeptanz der Regionalplanung als Initiator von regionalen Entwicklungsprozessen und als politischer Akteur.

Aufgrund des großen Aufgabenzuwachses in der Regionalplanung in Verbindung mit zunehmenden Forderungen nach marktwirtschaftlichem Handeln auch in der Verwaltung werden verstärkt Marketing-Strategien gefordert. Die in diesem Zusammenhang häufig gebrauchten verschiedenen Begriffskombinationen (z.B. Stadtmarketing, Regionalmarketing, Planungsmarketing) haben eines gemeinsam: Sie zielen ab auf ein intensiveres Zusammenwirken von öffentlichen und privaten Trägern auf der Grundlage eines Konzeptes, zumal ein großer Teil der Entscheidungen und Aktivitäten durch private Akteure getroffen wird.

Für die Regionalplanung bedeutet dies, neben den durch den gesetzlichen Auftrag vorgegebenen Aufgaben neue - meist freiwillige - Arbeitsfelder zu entwickeln. Dies betrifft nicht nur Formen des Konfliktmanagements und des Standortmarketings, sondern auch neue Funktionen in Gestalt von Innovationstransferstellen sowie von regionalen Entwicklungsagenturen, zusammengefaßt als Ausgleichs-, Mittler-, Koordinierungs- und Schrittmacherfunktionen. Der Unterschied zur Regionalpolitik wird damit zunehmend kleiner (Maier 1993).

Für einen umfassenden Marketingansatz bedarf es einer wie auch immer gearteten Organisationsstruktur, die die Umsetzung der Ziele bzw. der regionalen Konzeption vorantreibt und begleitet. Dabei kann es sich häufig um informelle Organisationsformen (z.B. Arbeitskreise), privatrechtlich organisierte Träger (z.B. regionale Entwicklungsgesellschaften) oder private Initiativen unterschiedlicher Rechtsformen handeln. Welche Organisationsform unter wessen Beteiligung die richtige ist, kann nur im Einzelfall unter Berücksichtigung der jeweiligen institutionellen Strukturen vor Ort beurteilt werden.

Die Träger der Regionalplanung sind häufig nur in sehr geringem Maße institutionell in diesbezügliche Aktivitäten eingebunden. Umfassende Ansätze, wie etwa jener der „Technologie-Region Karlsruhe", sind meist zurückzuführen auf Initiativen der Wirtschaft (IHK etc.). Als Beispiel für eine formale Einbindung einer regionalen Planungsinstitution in eine Initiative von regionalem Standortmarketing ist - neben dem Kommunalverband Ruhrgebiet - der Raumordnungsverband Rhein-Neckar als Mitglied des Arbeitskreises Rhein-Neckar-Dreieck e.V. zu nennen.

Zusammenfassend kann festgehalten werden, daß mit der wachsenden inhaltlichen und politischen Komplexität der von der Regionalplanung in Angriff zu nehmenden Aufgaben auch ihre informelle Einflußnahme wachsen muß. Zu befriedigen sind ein steigender Bedarf an beratender Planung und Zusammenarbeit in horizontaler und vertikaler Richtung sowie an entscheidungsvorbereitender Informations- und Beratungspolitik für politische Gremien.

Die Regionalplanung verfügt hier bereits über Instrumente, Verfahren und Handlungspotentiale, die es nach Bedarf weiterzuentwickeln gilt. Es existiert beispielsweise vielfach schon ein Berichtswesen, es bestehen differenzierte Raumbeobachtungs- und -analysemethoden, Bewertungs- und Entscheidungsmethoden sowie verschiedenste Formen der Bilanzierung und andere Möglichkeiten der Informationsaufbereitung.

Informelle Gespräche, Beratungen sowie Kooperationen zwischen den unterschiedlichen Beteiligten mit dem Ziel, gemeinsame Interessen der räumlichen Entwicklung in einem Teilraum zu koordinieren, nehmen an Bedeutung zu und sind zugleich auch ein wichtiges Instrument bei der konkreten Ausgestaltung des Gegenstromprinzips. Mit der wachsenden Komplexität dieser Aufgabe zeigen sich für die Regionalplanung aber auch die Grenzen der umfassenden Koordinierung durch Information, Kooperation und Konsensfindung. Wenn es um die Durchsetzung und Umsetzung raumordnerischer Ziele und die verbindliche Einbeziehung der vielfältigen fachpolitischen Anforderungen in das regionalplanerische Zielsystem geht, kann auf das klassische planerisch-instrumentelle Handwerkszeug nicht verzichtet werden.

Der zu erwartende verstärkte Wettbewerb zwischen den Regionen ist auch eine Chance für die Regionalplanung, sich aktiver in den politischen Planungsprozeß einzubringen. Neben ihre klassischen Pflichtaufgaben werden dann verstärkt neue Betätigungsfelder treten. Wenn es darum gehen muß, künftig für die regionalen Besonderheiten und die spezifischen Standortqualitäten gezielt zu werben, werden nicht nur Planungskonzepte auf Regionalebene, sondern auch kompetentes Management und Marketing gefordert sein, wofür bereits Ansätze bestehen.

3. Zusammenfassung und Zwischenbilanz

Die derzeitige Situation der Regionalplanung ist vor allem durch folgende Regelungen, Merkmale und Probleme geprägt:

Aufbau- und Ablauforganisation der Regionalplanung werden primär in den Landesplanungsgesetzen geregelt. Das Bundesraumordnungsgesetz gibt lediglich die Grundnorm vor, wonach die Gemeinden entweder aufbauorganisatorisch - über regionale Planungsgemeinschaften - oder ablauforganisatorisch - über förmliche Beteiligungsverfahren - an der Aufstellung von Regionalplänen zu beteiligen sind (§ 5 Abs. 3 ROG). Mit Ausnahme von Schleswig-Holstein und dem Saarland haben alle Länder die aufbauorganisatorische Lösung gewählt (vgl. Kap. A.1.).

Die aufbauorganisatorischen Lösungen behandeln die Regionalplanung als „Gemeinde-Land-Kondominium", wobei die Bandbreite der Organisationsformen von Planungsräten (Gemeinden und Gemeindeverbände entscheiden über den Regionalplan, der über eine staatliche Stelle erstellt wird) über Kommunalverbände, die sich staatlicher Planungsstellen bedienen, bis zu rein kommunalen Planungsverbänden reicht.

Sowohl im Verhältnis kommunaler Planung zu Regionalplanung als auch Fachplanungen zu Regionalplanung gilt das „Gegenstromprinzip". Zwischen den Planträgern sollte ein wechselseitiges Austauschverhältnis in der Planerstellung bestehen. Die Praxis mindert die Wirksamkeit des Gegenstromprinzips, weil institutionelle Eigeninteressen insbesondere der Gemeinden und der Fachplanungsträger die Koordination eher auf das unabdingbar Notwendige reduzieren.

Koordination hat für die Regionalplanung einen zentralen Stellenwert. Die institutionalisierten Formen der Koordination finden sich aber eher in ablauforganisatorischen Regelungen mit der Wirkung, daß Koordination sich von einem interaktiv-kooperativen Ansatz zu einem Ansatz der „Negativ-Koordination" verschiebt: Jeder Planungsträger koordiniert sich nur so weit, wie es aus Betroffenheit unbedingt erforderlich ist, und paßt sich eher nachträglich reaktiv an.

Neuere Diskussionen und Aktivitäten zur Weiterentwicklung der Regionalplanung bemühen sich, der Regionalplanung eine aktivere Koordinationsfunktion zu geben, indem zum einen Vernetzungen mit der Wirtschaft und anderen Trägern der Regionalentwicklung geschaffen werden sollen (z.B. über Regionalkonferenzen) und zum anderen die Regionalplanung enger mit anderen übergemeindlichen Gemeinschaftsaufgaben (z.B. ÖPNV, Abfallwirtschaftsplanung, regionale Erholungsfunktionen) verbunden wird (z.B. Region Stuttgart).

Mit dem Aufbau raumrelevanter Fachplanungen mit teilkoordinierenden Aufgaben, insbesondere der Landschaftsplanung, wird das formale Monopol der räumlichen Gesamtplanung an den Rändern streitig gemacht. Insbesondere wird zunehmend ein Bedürfnis artikuliert, die umweltbezogenen Fachplanungen vorab räumlich zu koordinieren („Umweltleitplanung"). Infolgedessen wird es zunehmend wichtig, das Spannungsverhältnis von Raum- und Umweltplanung neu zu ordnen.

Die Problematik der richtigen Raumabgrenzung für regionale Kooperationen ist zwar eng mit der Organisation der Regionalplanung verbunden, wird heute aber eher pragmatisch gelöst. Theoretisch lassen sich dazu lediglich Ober- und Untergrenzen benennen. Die Obergrenze wird durch die sozio-ökonomischen Verflechtungen, die Untergrenze durch den politisch erkannten Kooperationsbedarf definiert.

Die Pflichtaufgaben der Regionalplanung (vgl. Kap. A.2.1) nach geltenden Landesplanungsgesetzen werden stark von Aufgaben der Steuerung der Siedlungsentwicklung geprägt. Zunehmend wichtiger wird daneben aber die Aufgabe der Konsensbildung, weil die Handlungsfelder der Regionalplanung typischerweise die engen Grenzen von Fachressorts und Gemeinden übersteigen (querschnittbezogene Planung; räumliche Gesamtplanung). Insofern werden auch die traditionellen Planungsinstrumente der Zentralen Orte und Achsen als Koordinationsinstrumente betrachtet. Die vorausschauende Festlegung von Siedlungsschwerpunkten wird eher noch an Bedeutung gewinnen.

Ergänzende planerische Koordinationsinstrumente sind weniger über Richtwerte bisheriger Prägung, sondern eher über „Dichtewerte" zu gewinnen.

Bei der inzwischen stärker in den Vordergrund getretenen Sicherung und Koordination von Freiraumfunktionen konnte die Regionalplanung in den letzten Jahren dank eines verbesserten und differenzierteren Instrumentariums durchaus beachtliche Erfolge erzielen. Dennoch zeigen sich auch Probleme, gerade im Verhältnis zwischen den fachplanerisch-statischen Festsetzungen und den regionalplanerisch-dynamischen Koordinierungs- bzw. Abwägungsbedarfen.

Das in den Regionalplänen überwiegend angewandte Instrumentarium der Vorbehalts- und Vorrangbereiche zur Koordination einzelner Freiraumfunktionsbereiche sowie der Regionalen Grünzüge zur Sicherung des Freiraumes insgesamt vor weiterer Besiedlung hat sich insgesamt gesehen bewährt und stellt eine wichtige Basis für die regionalplanerische Aufgabe in diesem Themenfeld dar. Dennoch ist es erforderlich, dieses regionalplanerische Instrumentarium laufend weiterzuentwickeln, um den zukünftig sich ändernden Anforderungen und der komplexeren Aufgabe einer umfassenden räumlichen Umweltvorsorge zu genügen.

Starke raumrelevante Fachplanungen können die raumplanerischen Konzepte konterkarieren. Sie lassen sich größtenteils ohnehin nicht auf der Ebene der Regionalplanung koordinieren, sondern bedürfen der Vorabkoordination auf Bundes- und Landesebene.

Zu den Pflichtaufgaben der Regionalplanung gehört auch die formale Beteiligung als öffentlicher Planungsträger (vgl. Kap. A.2.1.4). Beteiligungen der Regionalplanung finden sich in erster Linie bei der Aufstellung von Zielen der Landesplanung, bei Fach- und Bauleitplanung, beim Raumordnungsverfahren, beim Verwaltungsverfahren (Genehmigungs-, Festsetzungs- und Planfeststellungsverfahren), in einigen Ländern bei der Aufstellung von Förderprogrammen und bei der Abweichung von Zielen der Landesplanung.

Planerische Zielfestlegungen allein reichen zunehmend nicht mehr aus, um die Regionalplanung wirksam zu machen. Ergänzende Aufgaben der Regionalplanung resultieren aus ihren Initiativ-, Orientierungs- und Moderationsfunktionen (vgl. Kap. A.2.2). So wird sie zunehmend gefordert, auf raumrelevante Pläne und Programme konzeptionell einzuwirken, durch Beratung und Moderation gemeinde- und fachübergreifende Planungsaufgaben auf eine kooperativ-konstruktive Basis zu stellen. Zunehmend werden daher Erwartungen an sie gerichtet, auch im regionalen Planungsmanagement und -marketing aktiv zu werden, was teilweise auch schon geschieht. Das sind teilweise weit über die Handlungspotentiale der Regionalplanung hinausweisende Perspektiven, die allerdings der Logik einer konsequenten Weiterentwicklung der Regionalplanung entsprechen. Notwendig ist, wie schon verschiedene Beispiele zeigen, daß die Regionalplanung ihren Koordinationsauftrag aktiver aufgreift und über Kooperationsstrategien mit Hilfe von Beratungs- und Moderationsleistungen eine stärkere gestaltende

Kraft auf der Regionalebene entfaltet. Ansätze finden sich zum einen in Lenkungsausschüssen zur Konversion militärisch genutzter Flächen, in problembezogenen regionalen Arbeitsgemeinschaften in Verbindung mit Fachressorts, in Regionalkonferenzen nach Vorbild NRW oder in der Entwicklung von Nahverkehrsregionen. Zum anderen werden neuere projektbezogene Planungskonzepte entwickelt (z.B. Teilraumgutachten in Bayern, Raumnutzungskonzepte in Rheinland-Pfalz).

Der faktische Beitrag, den die Regionalplanung für ein regionales Planungsmanagement oder -marketing leistet bzw. leisten kann, ist noch relativ gering, zumal die geforderten Managementfunktionen u.a. eine institutionell entsprechend stark verankerte Regionalplanung voraussetzen. Ihr Beitrag kann folglich zur Zeit nur eher informeller Natur sein.

Bei einer Zwischenbilanz kann es sich nur um eine gedankliche Plausibilitätsprüfung handeln, welche Stärken und Schwächen die institutionellen, methodischen und inhaltlichen Konditionen der Regionalplanung für Planungsprozesse hervorbringen. Dieser deduktive Ansatz erlaubt prinzipiell nur Aussagen zu den Potentialen der Regionalplanung. Ob sie genutzt werden und ob in der konkreten Praxis die Potentiale durch strategisch geschickte Verknüpfung mit anderen Potentialen (z.B. politischen Allianzpartnern) in ihrer Wirksamkeit erhöht werden können, hängt von Personen ab und läßt sich nur im Einzelfall präzisieren.

Zu den unbestrittenen Stärken der Regionalplanung gehören ihre Fähigkeit und Praxis, in längerfristigen Bezügen und in weiten sachlichen Zusammenhängen (überfachlich) zu denken, raumrelevante Probleme frühzeitig zu erkennen und entsprechende Maßnahmen früh genug initiieren zu können. Aber dieses Leistungspotential ruht auf Personen und wird institutionell bisher nur begrenzt unterstützt: Weder ist sichergestellt, daß Regionalplanung einen weiten sachlichen Horizont aufnimmt (und sich nicht zu einer „Fachplanung Raum" reduziert), noch bestehen institutionalisierte „Frühwarnsysteme", noch ist das Planungssystem auf Frühwarnung konditioniert, noch existieren Kontrollstrukturen, die diese Sichtweisen einfordern. Es bestehen aber Ansätze dazu.

Eine weitere Stärke der Regionalplanung ist ihr raumgebundener Querschnittbezug, d.h. die räumliche Koordination und Prioritätensetzung von raumrelevanten Fachpolitiken. Allerdings ist die Reichweite begrenzt: die zeitliche und qualitative Dimension der fachlichen Projekte ist der Regionalplanung nur sehr eingeschränkt zugänglich und eher dann, wenn das um die UVP erweiterte Raumordnungsverfahren angewandt wird.

Der Querschnittbezug erleichtert es der Regionalplanung institutionell, Handlungsträger regional zu „vernetzen", d.h. zu gemeinsamem Handeln zusammenzuführen. Aber auch hier zeigen sich praktische Restriktionen: Dieses Potential hängt primär an Personen und wird von der Regionalplanung überwiegend nur dann realisiert, wenn der Regionalplaner über genügend Autorität und fachliche Ressourcen verfügt sowie sich über die Initialphase hinaus der Sache widmen kann. In der Praxis bilden nicht ausreichend verankerte Informations- und Abstimmungspflichten, der Mangel an Personal, die fehlende politische Eigenbasis und die fehlenden attraktiven „Preise" für die Kooperation vielfach enge Restriktionen.

Es ist des weiteren weitgehend unbestritten, daß die Regionalplanung Innovationsimpulse in die Fachplanungen hineintragen kann: Sie ist strukturell offener, und zwar sowohl inhaltlich wie steuerungspraktisch, um neue Themen und neuere Steuerungsmodi aufgreifen und umsetzen zu können. Dabei kann sie eine wertvolle Komplementärfunktion zu Fachplanungen übernehmen, die stärker in Routinen erstarrt und durch institutionelle wie klientelgebundene Restriktionen in ihrer Innovationsfähigkeit eingeschränkt sind. Aber die praktischen Handlungsmöglichkeiten werden dadurch begrenzt, daß Regionalplaner solche Funktionen gegenüber Fachressorts nur wahrnehmen können, wenn sie dort mit ihren persuasiven Mitteln Resonanz finden. Das ist eher in Randgebieten als in den stärker von politischen „vested interests" besetzten Kernaufgaben der Fachressorts der Fall und gelingt nur, wenn die Regionalplanung Themen aufgreift, bevor die Fachplanung sie besetzt.

Gegenüber diesen - bedingten - Stärken zeigt die Regionalplanung Strukturelemente, die ihre Handlungsmöglichkeiten deutlich begrenzen. Dazu gehören:

- der begrenzte inhaltliche Gestaltungsspielraum:
  Er wird einmal durch die Vorgaben und Normierungen der Landesplanung begrenzt, die z.T. sehr restriktiv sein können (z.B. Niedersachsen). Er wird zum anderen durch dominante Interessen definiert, die sich über Gemeinden und Fachressorts durchsetzen. Sie werden durch Zentralisierungstendenzen in Politik (sektorale Zentralisierung von Entscheidungsstrukturen[53], vertikale Politikverflechtung in Fachressorts, EU-Einfluß) und Wirtschaft (Multiregionalisierung der Unternehmen) verstärkt. Die Regionalplanung ist folglich nur teilweise in die Diskussion zu wirtschaftsstrukturellen Entwicklungsperspektiven ihrer Region eingebunden und wird somit nur ansatzweise in die Lage versetzt, ihre raumrelevanten Ziele und Aktivitäten aus solchen übergeordneten Entwicklungskonzepten abzuleiten;

- die sehr begrenzte Konfliktregelungskapazität gegenüber der eher wachsenden Konfliktintensität der Probleme:
  Die Konfliktregelungskapazität ist primär auf Persuasion und Konfliktvermittlung beschränkt. Das Instrument der Überredung und Überzeugung wird zudem dadurch abgeschwächt, daß die planerischen Zielaussagen wegen gewisser Theorie- und Begründungsschwächen aus politischer Sicht als disponibel gelten. Hinzu kommt, daß Regionalplanung wenig Anreize zur regionalen Kooperation bieten kann, so daß regionale Themen zu schnell in kurzsichtigen Verteilungskonflikten zwischen Gebietskörperschaften unterzugehen drohen. Die Möglichkeiten der Konfliktvermittlung durch Regionalplaner sind allerdings noch nicht ausgelotet worden. Dieser z.T. über spezifische Verfahren der „mediation" professionalisierte Ansatz wird in Deutschland erst in wenigen Anwendungsbeispielen erprobt (Fietkau et al. 1992).

Nur sehr behutsam kann die Regionalplanung härtere Instrumente wie Mehrheitsentscheid in den politischen Gremien oder „hierarchische Steuerung" durch die Landesplanungsbehörden in Anspruch nehmen, ohne sich kurzfristige Erfolge mit mittelfristigen Kooperationsverweigerungen zu erkaufen. Sie benötigt „Tauschmittel", um Kompromißpakete schnüren zu können;

- die teilweise bestehende Distanz zu den Umsetzungsbehörden:
  Umsetzungsbehörden sind Gemeinden und Fachressorts. Darauf hat die Regionalplanung keinen Weisungszugriff, sondern allenfalls Untersagungszugriff. Es werden jedoch die Möglichkeiten der Umsetzung durch Beratung und Stellungnahmen vielfach erfolgreich genutzt;

- die Residualfunktion der Regionalplanung:
  Regionalplanung wird von den Fachressorts vielfach erst „entdeckt", wenn fachplanerische Lösungen auf Schwierigkeiten stoßen. Das gilt vor allem für Standort-Entscheidungen bei belastenden Infrastruktureinrichtungen.

Die Widersprüchlichkeit in den Anforderungen an die Regionalplanung, so z.B. der Konflikt zwischen einerseits Anforderungen an Freiraumsicherung, andererseits Befriedigung der wachsenden Raumnutzungsansprüche (aktuell: Wohnflächenbedarf), kann von der Regionalplanung nur eingeschränkt konstruktiv gelöst werden. Oder der Konflikt zwischen der instrumentellen Dominanz restriktiver Ordnungsregeln in der Regionalplanung und der unzureichenden Instrumentierung ihrer Entwicklungsfunktion kann nicht dadurch konstruktiv gelöst werden, daß die Regionalplanung die Federführung im ökologischen Umbau der Wirtschaftsstruktur übernimmt, sondern führt eher dazu, daß die Regionalplanung ihren ordnungspolitischen Anspruch teilweise zurücknimmt.

Abstrahiert man von Details und verfolgt man die Stärken-Schwächen-Analyse über die Zeit, so zeigen sich mindestens drei interessante Entwicklungslinien:

(1) Die aufbauorganisatorischen Regelungen spielen zwar nach wie vor eine Rolle, nehmen aber mit zunehmender Flexibilisierung der Verwaltung und wachsender Bedeutung von „Netzwerken" der Kooperation ab[54]. Offenbar gestatten die gegenwärtig dominierenden Organisationsformen den Regionalplanern beträchtliche Gestaltungsspielräume. In welchem Umfange von diesen Spielräumen Gebrauch gemacht wird, hängt zum einen von Einzelpersönlichkeiten, zum anderen von Kontextbedingungen ab wie: regional bedeutsame Problemlagen, interkommunale und überfachliche Kooperationsbereitschaft und -erfahrung, regionsinterne Spannungslagen etc.

Zunehmend gelingt es der Regionalplanung, politisch einflußreiche Allianzpartner zu gewinnen, und zwar als Folge des wachsenden Bedarfs nach „regionaler Außenpolitik" im Sinne einer „regionalen Von-Unten-Koordination staatlicher Politiken": Das betrifft die Beziehung zur EU (EU-Strukturfonds), die Auseinandersetzung mit der Regionalisierung des ÖPNV und generell mit der Regionalisierung der Fachpolitiken etc.

(2) Die instrumentellen Restriktionen werden von vielen Regionalplanern dadurch kompensiert, daß die persuasiven Potentiale durch intensivere „Netzwerkbildung" zu regionalen Entscheidungsträgern und „Vorentscheidern" unterstützt werden: Regionalplanung entwickelt sich immer mehr zu einer Dienstleistungsinstitution für Gemeinden, teilweise auch für Fachressorts und agiert stärker projektbezogen, d.h. politischer in dem Sinne, daß sie sich in die politische Auseinandersetzung um konkrete Raumnutzungsentscheidungen einmischt. Diese interinstitutionelle Zusammenarbeit ist zwangsläufig selektiv (auf einzelne Behörden begrenzt), legitimiert sich dafür aber immer häufiger mit „experimentellem Charakter" (Modellvorhaben), wodurch Regionalplaner teilweise zu Innovationstransferstellen werden.

(3) Regionalplaner überwinden die Diskrepanz zwischen der Restriktionswirkung der Regionalplanung und den Bedarfen nach regionaler Entwicklungssteuerung durch eine gewisse Zweigleisigkeit: Während die verbindliche Planung die restriktiven Zielaussagen enthält, wird durch unverbindliche, teilweise informelle Planung im Wege von Teilraumgutachten (und vergleichbaren Ansätzen) oder Regionalkonferenzen ein „evolutorischer Prozeß der Kooperation" (Axelrod 1989) eingeleitet. Gemessen an der Verteilung der Zeitbudgets von Regionalplanern werden immer größere Anteile der Arbeitszeit auf diesen entwicklungspolitischen Zweig verlagert.

Anmerkungen zu Kapitel A

[1] Stand September 1993: Bayern, Brandenburg, Nordrhein-Westfalen, Saarland, Sachsen und Thüringen.

[2] Allerdings mit unterschiedlichen inhaltlichen Ausrichtungen der zuständigen Ressorts: Am weitesten in Richtung eines Ressorts für den Flächenhaushalt ging dabei Hessen (Ministerium f. Landesentwicklung, Wohnen, Landwirtschaft, Forsten und Naturschutz).

[3] „Zusammenschlüsse von Gemeinden und Gemeindeverbänden zu regionalen Planungsgemeinschaften" (§ 5 Abs.3, ROG).

[4] „Die Gemeinden und Gemeindeverbände oder deren Zusammenschlüsse (sind) in einem förmlichen Verfahren zu beteiligen" (§ 5 Abs. 3 ROG).

[5] Wobei mehrere Kreise zu einer Region zusammengefaßt werden (Baden-Württemberg, Bayern, Brandenburg, Mecklenburg-Vorpommern, Rheinland-Pfalz, Sachsen, Thüringen) oder die regionale Abgrenzung der Mittelinstanz gleichzeitig Planungsraum ist (Hessen, Nordrhein-Westfalen, Sachsen-Anhalt). Lediglich in Niedersachsen ist der Kreis gleichzeitig Planungsraum.

[6] In Thüringen ist das Landesverwaltungsamt für die Regionalplanung zuständig; dieses Amt nimmt faktisch die Aufgaben einer Mittelbehörde wahr und ist insofern eher mit Rheinland-Pfalz als mit der Regelung in Sachsen zu vergleichen.

[7] Das gilt auch für die Konstruktion in Thüringen (Landesverwaltungsamt), nicht aber für Sachsen, wo die Planungsfunktion auf staatliche Umweltfachämter ausgegliedert wurde.

[8] Ob wie in Baden-Württemberg, Bayern und Hessen der Hauptverwaltungsbeamte gleichzeitig Vorsitzender des Rates ist und direkt gewählt wird oder ob die Funktionen des Hauptverwaltungsbeamten und Ratsvorsitzenden wie (noch) in NRW und Niedersachsen getrennt sind.

⁹ So wird „die kommunal verfaßte Regionalplanung ... entgegen den Erwartungen von den betroffenen Kommunen allenfalls ertragen, aber nicht sehr aktiv gestaltet und mitgetragen" (Wiederhold), und so differiert die Ressourcenausstattung der Planungsverwaltung nur dem Grundsatz nach in Abhängigkeit von den Organisationsformen (verstaatlicht vs. kommunalisiert).

¹⁰ Diese Phasen sind: Problemdefinition, Informationsbeschaffung über Ist-Zustand und Entwicklungsperspektiven, Problemlösungen, Auswahl und Entscheidung über Problemlösungen (Zielbestimmung), Umsetzung.

¹¹ Wobei allerdings das Koordinationsproblem bezüglich der Informationsgrundlagen (unterschiedliche Raum-, Zeit- und inhaltliche Abgrenzungen der statistisch erfaßten Variablen) vom Raumplaner allein zu lösen ist.

¹² Die gemeindeübergreifende Regionalplanung wurde in den 20er Jahren in den Verdichtungsräumen eingeführt (Prager 1930).

¹³ Neufassung des Landesplanungsgesetzes, Entwurf 1991, § 7a: Einführung einer „Regionalbezirksplanung" für neuzuschaffende Planungsverbände in der Rechtsform von Zweckverbänden in Stadt-Umland-Gebieten (freiwillige Basis).

¹⁴ An seine Stelle tritt der „Verband Region Stuttgart", der ähnlich dem Umlandverband Frankfurt stärker mit gebietskörperschaftlichen Elementen (direkt gewähltes Regionalparlament) ausgestattet ist und unter bestimmten Voraussetzungen differenzierter (flächenscharf) in die kommunale Flächennutzungsplanung einwirken kann (Gesetz über die Stärkung der Zusammenarbeit in der Region Stuttgart vom Februar 1994).

¹⁵ Instrumente dafür sind neben Organisationsmaßnahmen (Regionalkonferenzen etc.) Beratungsmaßnahmen, der Aufbau von Forschung-Entwicklung-Erprobung-Ketten, innovationsfördernde Infrastrukturmaßnahmen (z.B. Technologiezentren), neue Standortvorsorgekonzepte (z.B. „Arbeiten im Park"), regionale Entwicklungsleitlinien mit operationalisierten Qualitätszielen u.ä.

¹⁶ Beiratskonstruktionen auf der Landesebene (Landesplanungsbeiräte) und in der Organisation der Regionalplanung; Beteiligungsverfahren in der Planaufstellung.

¹⁷ Rotterdam; Stuttgart; Hannover.

¹⁸ Vor diesem Problem steht augenscheinlich das Ruhrgebiet, in dem sich die Kompetenzen der Regierungspräsidenten, des Kommunalverbandes Ruhrgebiet, Landschaftsverbände, Regionalkonferenzen, gemeindeübergreifende Arbeitsgruppen zur Gestaltung von Grünzügen, Regionalsekretariate im Rahmen des Europäischen Sozialfonds überlagern.

¹⁹ Beispiele: Bayern (Art.3 LPlG), Hessen, NRW (§ 15 Landschaftsgesetz), Sachsen (§§ 2 und 6 LPlG).

²⁰ Die Plan-UVP wird jedoch zum einen nur als integrierter Bestandteil der Regionalplanung und zum anderen lediglich für bestimmte umwelterhebliche und räumlich hinreichend konkretisierte Planelemente (z.B. Vorrangflächen für den Rohstoffabbau) Anwendung finden können, wie Forschungsarbeiten des Lehr- und Forschungsgebietes Regional- und Landesplanung an der Universität Kaiserslautern im Auftrag des Umweltministeriums Rheinland-Pfalz ergeben haben.

²¹ Agrarplanung, forstwirtschaftliche Planungen, Wasserwirtschaftsplanung.

²² Nach dem dritten Kapitel des Entwurfs zum Umweltgesetzbuch sind das: Landschaftsplanung, forstwirtschaftliche Rahmenplanung, wasserwirtschaftliche Pläne, Luftreinhaltepläne, Abfallentsorgungspläne, Abwasserbeseitigungspläne (Entwurfsmanuskript S.281ff.).

²³ Dem steht nicht entgegen, daß der SRU im Jahresbericht 1987 eine harsche Kritik an der geringen Wirksamkeit der Landschaftsplanung formulierte und die Praxis diese Skepsis bestätigt (Kiemstedt/Wirz 1990). Denn die Kritik bezieht sich auf Institutionalisierung und Form, weniger auf die Wirksamkeit der Landschaftsplanung als Fachplanung.

[24] § 16 Abs.4 Landespflegegesetz Rhl.-Pf. verlangt, daß die Regionalplanung begründet, warum sie Zielaussagen der Landschaftsrahmenpläne nicht aufgenommen hat und wie Beeinträchtigungen ausgeglichen werden sollen. In der Praxis wurde diese Regelung allerdings nicht vollzogen, weil die landschaftsplanerische Fachplanung die notwendigen Voraussetzungen bisher nicht schaffen konnte - die bisherige Wirkung war eher symbolischer Natur, wenngleich sie eine gewisse kognitive Aufwertung der Landschaftsplanung bewirkte.

[25] Dazu gehören neben Abgaben (§§ 77f), Subventionen (§§ 82f) sog. „flexible Instrumente" (§§ 87f), die Betreibern von Anlagen Ausnahmen gestatten, wenn deren Anlagen mit dem Zweck des Gesetzes, das Genehmigungsgrundlage ist, vereinbar sind (§ 88) oder wenn der Betreiber an anderen Anlagen eine entsprechende Umweltentlastung schafft (Kompensationsregel nach § 89 (die Paragraphen beziehen sich auf den Entwurf des Umweltgesetzbuches).

[26] Eine umfassende Darstellung der bisherigen Anwendung von Teilraumgutachten und ihrer Bedeutung für die Regionalplanung wird von der ARL in Verbindung mit dem Arbeitskreis „Regionalplanung 2000" veröffentlicht.

[27] Auf Hinweise bzgl. der reichhaltigen Literatur über die Zentralen Orte wird im Rahmen dieser knappen Übersicht verzichtet.

[28] So sind die Regionalen Grünzüge und Grünzäsuren im baden-württembergischen Landesplanungsgesetz von 1983 noch dem Kapitel Siedlungsstruktur zugeordnet (§ 8 Abs.2, Punkt 3), während in der Anordnung des Innenministeriums über die Aufstellung von Regionalplänen von 1986 die Regionalen Grünzüge und Grünzäsuren dem Kapitel 3, Regionale Freiraumstruktur, zugeordnet sind.

[29] Grundsätze: Grundsätze sind abstrakte Richtlinien materieller Art für die räumliche Entwicklung. Sie enthalten grundlegende Aussagen zu typischen raumordnerischen Problemen. Als Direktiven für Abwägungsvorgänge sind sie auf weitere Konkretisierung hin angelegt und sind noch gegeneinander und untereinander abzuwägen.

[30] Ziele: Ziele sind im Gegensatz zu Grundsätzen keiner weiteren Abwägung mehr zugänglich (Letztentscheidungen) und ihrem sachlichen Charakter nach räumlich-konkrete Festlegungen.

[31] Vgl. hierzu: Domhardt (1988), S. 13-26; Geyer (1987), S. 74-76 und 145-147.

[32] Dazu ausführlich vgl. Kistenmacher et al. 1993.

[33] Raumordnungsgesetz (ROG) vom 1. Mai 1993, (BGBl I S.630).

[34] Baugesetzbuch (BauGB) vom 8. Dezember 1986, (BGBl I S. 2253).

[35] Baden-Württembergisches Landesplanungsgesetz (LPlG) vom 8. April 1992, (GBl S. 229), § 13.

[36] Landesplanungsgesetz -SächsLPlG vom 24. Juni 1992, (GVBl S. 259), § 14.

[37] Thüringer Landesplanungsgesetz (ThLPlG) vom 17. Juli 1991, (GVBl S. 210), § 17.

[38] A.a.O., § 17.

[39] Nordrhein-Westfälisches Landesplanungsgesetz (LPlG) vom 5. Oktober 1989, (GV. S.476), § 7.

[40] Hessisches Landesplanungsgesetz (HLPG) vom 1. Juni 1970, (GVBl I S.360), geändert durch Gesetz vom 15. Oktober 1980 (GVBl I S.377), § 5.

[41] A.a.O., § 22.

[42] A.a.O., § 14.

[43] A.a.O., § 4.

[44] Verordnung zu § 6a Abs.2 des Raumordnungsgesetzes, (Raumordnungsverordnung - RoV) vom 13. Dezember 1990, (BGBl I S.2766).

[45] A.a.O., § 17.

[46] A.a.O., § 5.

[47] A.a.O., § 7.

[48] A.a.O., § 22.

[49] Vgl. hierzu Untersuchung von Haase, Cornelia, Teilraumgutachten als neues Instrument der Landesplanung, Weimar 1993 (als ARL-Publikation in Vorbereitung).

[50] LPlG Rheinland-Pfalz i.d.F. vom 20.12.1994, § 12 (3).

[51] Landesentwicklungsprogramm III Rheinland-Pfalz, Entwurf Oktober 1994, Pkt. 2.3.2, Besonders planungsbedürftige Räume, S. 32. „In Ergänzung und Vertiefung zum an Verfahrens- und Verbindlichkeitsnormen gebundenen regionalen Raumordnungsplan sollen Raumnutzungskonzepte erarbeitet werden. Raumnutzungskonzepte sind informelle Planwerke mit flexiblen Verfahrensweisen. Der Bezugsraum wird problemorientiert abgegrenzt. Eine formale Verbindlichkeit fehlt; die Überzeugungsstärke seiner Lösungen sowie die Selbstbindung kommunaler Gebietskörperschaften sind entscheidend."

[52] Vgl. hierzu Behrens, Fritz, ZIN - Zusammenarbeit ist nötig, in: Städte- und Gemeinderat, Heft 3, Düsseldorf 1990, S. 67ff.

[53] Parteien, Verbände, Kammern sind in ihrer politischen Steuerung/Lobbyarbeit zentralisiert und lediglich in der Funktion der Akzeptanzgewinnung/Mitgliederbetreuung dezentralisiert.

[54] Das wird von den verschiedenen Gruppen unterschiedlich gesehen. Stärker an legalistischen Steuerungskonzepten orientierte Verwaltungsjuristen neigen dazu, dem Institutionenrahmen eine große Bedeutung zu geben und Institutionenfragen in den Vordergrund zu schieben; Planer sehen in Institutionen primär Restriktionen ihres Handelns und nutzen die „unterinstitutionellen" Möglichkeiten (Kommunikationsnetze, informelle Planung) kompensierend, was sie eher zu einer skeptischen Einschätzung der Bedeutung von Institutionen veranlaßt.

Literatur zu Kapitel A

ARL (Hrsg.): Raumordnerisch bedeutsame Entwicklungen im ländlichen Raum, Beispiele aus Baden-Württemberg, Arbeitsmaterial Nr. 110, Hannover 1987

ARL (Hrsg.): Teilraumgutachten in der Raumplanung, 11. Seminar für Landesplaner in Bayern, Hannover 1988

ARL (Hrsg.): Erfahrungen mit Konzepten und Instrumenten der Regional- und Landesplanung, Arbeitsmaterial, Hannover 1991

Axelrod, R.: Die Evolution der Kooperation, München 1989

Behrens, F.: ZIN - Zusammenarbeit ist nötig, in: Städte- und Gemeinderat, Heft 3, Düsseldorf 1990, S. 67ff.

Bloch, A.: Ökologische Vorränge und Möglichkeiten ihrer Zusammenfassung zu multifunktionalen Instrumenten, in: Ökologische Vorranggebiete, Arbeitsmaterial der ARL Nr. 54, Hannover 1981

BMBau (Hrsg.): Programmatische Schwerpunkte der Raumordnung, Schriftenreihe „Raumordnung" des Bundesministers für Raumordnung, Bauwesen und Städtebau, 1985

Blotevogel, H.-H.: Neue Ansätze regionaler Entwicklungspolitik in Nordrhein-Westfalen, in: Aktuelle Fragen der Landesentwicklung in Nordrhein-Westfalen, ARL (Hrsg.), FuS Bd. 194, Hannover 1994, S. 15-40

BMBau (Hrsg.): Raumordnungspolitischer Orientierungsrahmen. Bonn, Februar 1993

Brösse, U.: Funktionsräumliche Arbeitsteilung, Funktionen und Vorranggebiete. In: Funktionsräumliche Arbeitsteilung, Teil I (Allgemeine Grundlagen), Forschungs- und Sitzungsberichte der ARL, Band 138, Hannover 1981

BfLR (Hrsg.): Regionalplanung in der Krise?, Informationen zur Raumentwicklung Heft 12/1980

Christaller, W.: Die Zentralen Orte in Süddeutschland - Eine ökonomisch-geographische Untersuchung über die Gesetzmäßigkeiten der Verbreitung und Entwicklung der Siedlungen mit städtischen Funktionen, Jena 1933

Domhardt, H.-J.: Vorranggebiete in der Regional- und Landesplanung, Dortmund 1988, S. 13-26

ETH Zürich; ARL; BRP (Hrsg.): Räumliche und funktionale Netze im grenzüberschreitenden Rahmen, Deutsch-Schweizerisches Fachgespräch 17./18.9.1992, Zürich, Hannover 1993

Finke, L.: Vorranggebiete für Naturraumpotentiale. In: Regional- und Landesplanung für die 90er Jahre, ARL (Hrsg.), FuS Bd.186, Hannover 1990

Fietkau, H.-J.; Weidner, H.: Mediationsverfahren in der Umweltpolitik. Erfahrungen in der Bundesrepublik Deutschland, in: Aus Politik und Zeitgeschichte, B39-40/92 v. 18.Sept. 1992, S. 24-34

Fischer, K.: Fortentwicklung der Regionalplanung und Anforderungen an die räumliche Forschung, in: Informationen zur Raumentwicklung, H. 2/3, 1989, S. 143

Fürst, D.: Neue Herausforderungen an die Regionalplanung, in: Informationen zur Raumentwicklung, Heft 2/3, 1989, S. 83-88

Fürst, D.: Einführung zum Forum II „Regionalplanung der 90er Jahre", in: „Regional- und Landesplanung für die 90er Jahre", ARL (Hrsg.), FuS Bd.186, Hannover 1990, S. 72-78

Fürst, D.: Die Verzahnung raumbezogener Fachplanung im Umweltbereich mit umweltökonomischen Instrumenten, in: Informationen zur Raumentwicklung, Heft 2/3, 1992

Fürst, D.: Von der Regionalplanung zum Regionalmanagement?, in: Die öffentliche Verwaltung, Heft 13/1993, S. 552-559

Fürst, D.; Ritter, E.-H.: Landesentwicklungsplanung und Regionalplanung, Ein verwaltungswissenschaftlicher Grundriß, Düsseldorf 1993

Geyer, Th.: Regionale Vorrangkonzepte für Freiraumfunktionen, Methodische Fundierung und planungspraktische Umsetzung, Werkstattbericht Nr. 13, Kaiserslautern 1987

Graf Vitzthum, W.: Der Fachliche Entwicklungsplan „Kraftwerksstandorte" von 1985 aus landesplanungs- und kommunalverfassungsrechtlicher Sicht, Rechtsgutachten der Stadt Reutlingen, Tübingen 1986

Gruber, M.: Die kommunalisierte Regionalplanung, Arbeitsmaterial der ARL, Nr. 208, Hannover 1994

Gust, D.: Der Landschaftsrahmenplan, Fachplan für Naturschutz und Landschaftspflege oder integrierter Bestandteil der Regionalplanung? Der Ansatz Neckar-Alb. Vortrag für die Akademie für Raumforschung und Landesplanung, LAG Baden-Württemberg, Manuskript, Tübingen 1988

Gust, D.: Auftrag und Anwendung der Regionalplanung, in: Regional- und Landesplanung für die 90er Jahre, ARL-Forschungs- und Sitzungsberichte186, Hannover 1990

Gust, D.: Räumliche und funktionale Netze am Beispiel des punktaxialen Siedlungskonzepts der Raumplanung in Bad.-Württ. - Grundlagenbeitrag zum Deutsch-Schweizerischen Fachgespräch am 17./18.9.1992, in: ETH-Zürich, ARL und Bundesamt für Raumplanung, Materialienband, Zürich 1992

Haase, C.: Teilraumgutachten als neues Instrument der Landesplanung, Diplomarbeit Weimar 1993 (als ARL-Publikation in Vorbereitung)

Heidemann, C.: Regionalstatistik, Regionalwissenschaft und Regionalplanung, Grundlagen zur Reformulierung ihres Bedienungszusammenhangs, in: Verband deutscher Statistiker (Hrsg.): Jahresbericht 1984, Augsburg 1985

Heidemann. C.: Bausteine einer erneuten Regionalplanung, Vortrag für IRS Berlin, Manuskript (Druck in Vorbereitung), Karlsruhe 1993

Hohenschurz-Schmidt, R.: Bodenschutz als integrierte gesamträumliche Planung, ein Beitrag zur Bestimmung der Wertigkeit von Böden; Lizentiatenarbeit am Institut für Regionalwissenschaft, Karlsruhe 1990

Innenministerium Baden-Württemberg: Standortvorsorge und Flächensicherung in Baden-Württemberg, Bericht und Empfehlungen der Expertenkommission „Standortvorsorge und Flächensicherung", Stuttgart 1990

Kiemstedt, H.; Wirz, S.: Gutachten „Effektivierung der Landschaftsplanung", UBA-Texte 11/90, Berlin 1990

Kistenmacher, H.: Zur theoretischen Begründung und planungspraktischen Verwendbarkeit von Achsen, in: ARL (Hrsg.), FuS Bd. 113, Hannover 1976

Kistenmacher, H.: Aufbau und Anwendung kleinräumiger Siedlungsachsen. In: Kleinräumige Siedlungsachsen - Zur Anwendung eines linearen Siedlungsstrukturkonzeptes, ARL (Hrsg.), FuS Bd. 133, Hannover 1980

Kistenmacher, H. et al.: Vorschläge zur inhaltlichen und methodischen Verbesserung der Regionalplanung am Beispiel des Regionalen Raumordnungsplanes Südhessen, Beiträge der ARL, Bd. 108, Hannover 1988b

Kistenmacher, H.: Zentrale-Orte-Konzepte in der BRD - bisherige Entwicklung und Zukunftsperspektiven, in: Aspekte der Raumentwicklung und Raumplanung in der Tschechoslowakei und in der Bundesrepublik Deutschland, Einzelveröffentlichung der ARL (Hrsg.), Band 189, Hannover 1992

Kistenmacher, H. et al.: Ermittlung des Wohnbaulandpotentials in Verdichtungsräumen - unter besonderer Berücksichtigung der Umweltverträglichkeit, untersucht und dargestellt am Beispiel des Verdichtungsraumes Stuttgart, Schriftenreihe „Forschung" des BMBau Heft Nr. 461, 1988

Kistenmacher, H.; Domhardt, H.-J.; Geyer, T.; Gust, D.: Planinhalte für den Freiraumbereich - Handlungsmöglichkeiten der Regionalplanung zur Differenzierung von Planinhalten für den Freiraumbereich. Beiträge der ARL, Band 126, Hannover 1993

Kistenmacher, H. et al.: Koordination der Raumnutzung und Entwicklungsmaßnahmen am Oberrhein unter besonderer Berücksichtigung grenzübergreifender Standortvorsorge - Wissenschaftliche Gutachten in Begleitung der Vorbereitungsarbeiten für den Drei-Länder-Kongreß „Wirtschaft am Oberrhein", Karlsruhe 1993

Kistenmacher, H.; Geyer, Th.; Hartmann P.: Regionalisierung in der kommunalen Wirtschaftsförderung, Deutscher Gemeindeverlag, Aufgaben der Kommunalpolitik 10, Köln 1994

Kloepfer, M. et al.: Umweltgesetzbuch - Allgemeiner Teil, UBA-Berichte 7/90, Berlin 1991

Konze, H.: Regionalkonferenzen, in: Aktuelle Fragen der Landesentwicklung in Nordrhein-Westfalen, ARL (Hrsg.), FuS Bd.194, Hannover 1994, S. 41-48

Maier, J.: Planungsmanagement und Planungsmarketing, in: ARL (Hrsg.), FuS Bd.186, Hannover 1990, S. 101-107

Maier, J.: Marketing in der räumlichen Planung - Erfahrungen aus Deutschland und den Nachbarländern, Referat beim 16. Seminar für die Bayerischen Landesplaner, 1993

Maier, J.; Troeger-Weiß, G.: Teilraumgutachten in Bayern, in: Informationen zur Raumentwicklung Heft 2/3, 1989

Maier, J.; Troeger-Weiß, G.: Marketing in der räumlichen Planung - Ansätze und Wege zu einer markt-orientierten Regional- und Kommunalplanung/-politik, in: Beiträge der ARL, Band 117, Hannover 1990

Maier, J.; Wimmer, F.: Regionales Marketing - Eine empirische Grundlagenuntersuchung zum Selbst- und Fremdimage der Region Oberfranken, Bayerisches Staatsministerium für Landesentwicklung und Umweltfragen, IHK für Oberfranken Bayreuth, Bamberg/Bayreuth (Hrsg.), 1992/93

Ministerkonferenz für Raumordnung (MKRO): Entschließung: Zentrale Orte und ihre Verflechtungsbereiche vom 8.2.1968, in: ARL (Hrsg.): Daten zur Raumplanung Teil D, Hannover 1987

MKRO: Entschließung: Zentralörtliche Verflechtungsbereiche mittlerer Stufe in der Bundesrepublik Deutschland vom 15.6.1972, in: ARL (Hrsg.): Daten zur Raumplanung Teil D, Hannover 1987

MKRO: Entschließung: Gestaltung der Ordnungsräume vom 31.10.1977, in: ARL (Hrsg.): Daten zur Raumplanung Teil D, Hannover 1987

MKRO: Entschließung: Oberzentren vom 16.6.1983, in: ARL (Hrsg.): Daten zur Raumplanung Teil D, Hannover 1987

Müller, B.; Fürst, D.: Regionalplanung in Bayern - Koordinationsprozesse und Problemverarbeitung in einem komplexen Handlungsfeld, Beiträge 13 zur räumlichen Planung der Schriftenreihe des Fachbereichs Landespflege der Universität Hannover, Hannover 1985

Osmenda, D.: Regionalplanung als regionale Entwicklungsagentur und Innovationstransferstelle, in: Informationen zur Raumentwicklung, H. 2/3, 1989, S. 131

Prager, S.: Landesplanung, in: Handwörterbuch des Wohnungswesens, Jena 1930, S. 486-492

Schmitz, G.; Treuner, P.: Herausforderungen und Aufgaben der Raumordnung, Landes- und Regionalplanung für die 90er Jahre, in: ARL (Hrsg.), FuS Bd. 186, S. 16-35, Hannover 1990

Schneider, H.: Die Freiraumfunktion Klimaschutz - Ein Beitrag der Regionalplanung zur Sicherung und Verbesserung des Siedlungsklimas, unveröffentlichte Diplomarbeit an der Universität Kaiserslautern, 1994

Staatsministerium Baden-Württemberg (Hrsg.): Verwaltungsreform in Baden-Württemberg, Erster Bericht der Regierungskommission Verwaltungsreform, Stuttgart 1993

Wahl, R.: Forschungsauftrag Eigenentwicklung, Rechtsgutachten im Auftrag des Innenministeriums Baden-Württemberg, Freiburg 1990

Gesetze und Programme

Anordnung des Innenministeriums von Baden-Württemberg zur Aufstellung von Regionalplänen, 27.6.1986, GABl. S. 646

Baden-Württembergisches Landesplanungsgesetz (LPLG) vom 10.10.1983, GBl S. 621

Baden-Württembergisches Landesplanungsgesetz (LPLG) vom 8. April 1992, GBl S. 229

Baugesetzbuch (BauGB) vom 8. Dezember 1986, BGBl I S. 225

Bayrisches Landesplanungsgesetz in der Fassung vom 4.1.82

Bundesraumordnungsprogramm (BundesROP) 1975, Schriftenreihe des Bundesministers für Raumordnung, Bauwesen und Städtebau

Gesetz über die Stärkung der Zusammenarbeit in der Region Stuttgart vom Februar 1994

Hessisches Landesplanungsgesetz (LPLG) vom 1.Juni 1970, GVBl I S. 360, geändert durch Gesetz vom 15. Oktober 1980, GVBl I S. 377

Landesentwicklungsprogramm III Rheinland-Pfalz, Entwurf Oktober 1994

Nordrhein-Westfälisches Landesplanungsgesetz (LPlG) vom 5. Oktober 1989, GV. S. 476

Landesplanungsgesetz des Landes Mecklenburg-Vorpommern (LPlG) vom 31.3.1992, GVBl S. 242

Landesplanungsgesetz Schleswig-Holstein in der Fassung vom 10.6.1992, GVOGl S. 342

Raumordnungsgesetz (ROG) vom 28.4.1993, BVGl I S. 630

Rheinland-Pfälzisches Landespflegegesetz (LPflG) in der Fassung vom 27.3.1987

Rheinland-Pfälzisches Landesplanungsgesetz (LPLG) in der Fassung vom 20.12.1994

Sächsisches Landesplanungsgesetz (LPLG) vom 24. Juni 1992, GVBl S. 259

Thüringer Landesplanungsgesetz (LPLG) vom 17. Juli 1991, GVBl S. 210

Verordnung zu §6a Abs.2 des Raumordnungsgesetzes (Raumordnungsverordnung - RoV) vom 13. Dezember 1990, BGBl I S. 2766

B. Herausforderungen für die Regionalplanung

1. Politische Veränderungen

1.1 Veränderte politische und gesellschaftliche Rahmenbedingungen

Die Rahmenbedingungen für die Raumplanung insgesamt und damit auch für die Regionalplanung haben sich in den letzten Jahren zum Teil tiefgreifend verändert. Verantwortlich dafür waren vor allem politische Veränderungen innerhalb Europas, in erster Linie die Wiedervereinigung Deutschlands und die damit verbundenen Maßnahmen zur Förderung des Zusammenwachsens der ost- und westdeutschen Bundesländer.

In diesem Zusammenhang gewinnt auch die Frage nach der Herstellung gleichwertiger Lebensbedingungen, die als raumordnerische Leitvorstellung seit jeher einen hohen Stellenwert innehat, eine neue Dimension.

Herstellung der deutschen Einheit

Mit der Wiedervereinigung wurde ein Staatsgebiet mit außerordentlichen räumlichen Ungleichgewichten zwischen dem Ost- und dem Westteil geschaffen. Raumrelevante Ungleichgewichte bestehen vor allem im Bereich von Infrastruktur und Umwelt, Städtebau und Wohnungswesen sowie Wirtschafts- und Arbeitsmarktstrukturen.[1] Erschwerend kommt hinzu, daß der Osten Deutschlands ebenso in sich eine unausgewogene Raumstruktur sowie nicht ausgeglichene Lebensverhältnisse und Entwicklungsbedingungen aufweist.

Angesichts der großen strukturellen Unterschiede zwischen dem östlichen und westlichen Teil Deutschlands leitete der im November 1992 von der MKRO verabschiedete Raumordnungspolitische Orientierungsrahmen (ORA) eine Diskussion zur Neubestimmung des Ziels der Gleichwertigkeit ein.

So wird darin die Gleichwertigkeit nicht als absoluter Maßstab, sondern als situationsabhängiges, dynamisches Ziel mit sachlichen und zeitlichen Prioritätensetzungen sowie mit längerfristigen Übergangszeiten im Osten der Bundesrepublik Deutschland verstanden (von der Heide 1993). Auch wird deutlich herausgestellt, daß Gleichwertigkeit keine pauschale Verpflichtung des Staates zum Ausgleich sein kann. Vielmehr ist die Gleichwertigkeit seitens des Staates nur auf bestimmten Feldern, etwa bei der Rechtsordnung und Sicherheit sowie bei der Daseinsvorsorge im infrastrukturellen Bereich, unmittelbar zu sichern.

61

Die zukünftige Herausforderung besteht darin, diesen umfassenden Begriff der Gleichwertigkeit entsprechend der neuen Situation zu konkretisieren und insbesondere auch durch die Landes- und Regionalplanung räumlich umzusetzen.

Der Strukturwandel in den östlichen Bundesländern vollzieht sich derzeit mit hoher und tiefgreifender Dynamik, in dessen Verlauf Industriestrukturen in allen Branchen und Regionen z.T. radikal zusammenbrechen. In kürzester Zeit führte diese Deindustrialisierung zu einer Freisetzung von Arbeitskräften im industriellen und gewerblichen Bereich sowie in der Landwirtschaft um mehr als die Hälfte des Ausgangsniveaus.

Dieser Strukturumbruch und der Aufbau neuer Strukturen werden jedoch überwiegend durch äußere Einflüsse getragen (Betriebsneugründungen, Kapital und Investitionen von außerhalb der Region, Aufbau durch staatliche Fördermittel u.a.). Die Regionalplanung ist zwar räumlich in erheblicher Weise davon betroffen, hat aber auf o.g. Prozesse wenig Einfluß. Für eine entscheidende Mitwirkung fehlten ihr bislang der rechtliche und verwaltungsmäßige Organisationsrahmen, die planungsgesetzlichen und materiellen Grundlagen für die Aufstellung regionaler Planungsziele und vor allem ein entsprechender zeitlicher Planungsvorlauf.

Die Schnelligkeit und Komplexität des Strukturwandels in den östlichen Bundesländern beschränken Planungsentscheidungen auf ein problemorientiertes Reagieren. Erschwerend kommt hinzu, daß auch die Regionalplanung westdeutscher Prägung nur begrenzt Vorbild sein kann, denn auch ihr fehlen Erfahrungen und Routinen im Umgang mit derart komplizierten gesamthaften Systemveränderungen.

Für die Regionalplanung in den ostdeutschen Bundesländern zeichnen sich folgende Schwierigkeiten und Herausforderungen ab:

- Die relativ geringen raumplanerischen Einflußmöglichkeiten auf die starken Veränderungskräfte zwingen zu einem pragmatischen Planungsansatz.

- Die hohen Unsicherheiten und die sozioökonomischen Rahmenbedingungen, unter denen in der Übergangsphase Entscheidungen und Investitionen erfolgen müssen, lassen eher eine problemorientierte Koordinationsplanung gefragt sein als eine langfristige Ordnungsplanung.

- Die geringen eigenen Entwicklungskräfte lassen in vielen Regionen wenig Spielraum für eine eigenständige und stärker entwicklungsorientierte Regionalplanung.

- Die kurz- und mittelfristig auftretenden starken Widersprüche zwischen umweltpolitischem Handlungsbedarf und sozioökonomischen Handlungszwängen schaffen Konflikte, die von der Regionalplanung allein nicht lösbar sind.

Unter diesen Voraussetzungen ist es für die Regionalplanung in den östlichen Bundesländern weitaus schwieriger als in den westlichen Bundesländern, die legitimierte

Mitwirkung an Planungsentscheidungen in den Regionen einzufordern und das politische Interesse auf den Aufbau eines verbindlichen langfristigen Zielrahmens für die Regionalentwicklung zu lenken.

Auf alle Fälle sind potente Partner gefragt, und zwar solche, die wie die Regionalplanung selbst fachübergreifend angelegt sind und die dazu noch über Mittel finanzieller Art verfügen, um sich den vielfältigen Herausforderungen effektiv zu stellen. Hier geht es zuvorderst um die Verknüpfung der Regionalplanung mit der regionalen Struktur- und Finanzpolitik.

Öffnung des Ostens

Die tiefgreifenden politischen und ökonomischen Veränderungen in den meisten mittel-, ost- und südosteuropäischen Staaten haben die Bundesrepublik Deutschland geopolitisch in eine neue „Mittellage" innerhalb Europas gebracht. Es bilden sich neue räumliche Verflechtungen zwischen West- und Osteuropa und auch zwischen Nord- und Südeuropa. Deutschland kommt dabei eine „neue" Brückenfunktion zu; dies gilt vor allem für die östlichen Bundesländer.

Die Entwicklung der Grenzregionen im Osten des Bundesgebietes wird erheblich davon beeinflußt sein, in welchem Tempo und in welcher Form die östlichen Nachbarstaaten politisch und ökonomisch vorankommen. Die enormen sozio-ökonomischen Disparitäten zwischen den jeweiligen Grenzräumen lösen Spannungen aus, die politische und raumordnerische Konsequenzen erfordern sowohl im Hinblick auf großräumige Migrationsbewegungen als auch im Hinblick auf soziale und wirtschaftliche Disparitäten entlang der Grenzen. Wichtige raumordnungspolitische Abstimmungen müssen hier im überstaatlichen Maßstab erfolgen, der sich an einer gesamteuropäischen Konzeption orientiert. Erst wenn diese Voraussetzungen gegeben sind, läßt sich eine grenzüberschreitende Regionalplanung aufbauen (siehe dazu Kap. B.7.).

Europäische Union (EU)[2]

Im Gegensatz zu den schlagartigen Veränderungen, die sich mit der Herstellung der deutschen Einheit und der Öffnung des Ostblocks einstellten, sind die Entwicklungen zu einem gemeinsamen Binnenmarkt in Westeuropa ein langfristiger und langsamer Prozeß. Er wurde schon mit dem Abschluß der Römischen Verträge im Jahre 1957 angelegt. Zum 1. Januar 1993 wurde das mit der Verabschiedung der einheitlichen Europäischen Akte 1987 festgeschriebene Ziel realisiert, die Integration über den industriellen Bereich hinaus auf alle Branchen, vor allem auf die Dienstleistungsbereiche, auf den Kapital- und auf den gesamten Arbeitsmarkt auszudehnen.

Mit dem Maastrichter „Vertrag über die Europäische Union" (EU-Vertrag) vom 7. Februar 1992[3] wird der Einstieg in die „Politische Union Europas" vorbereitet.

Aus Sicht der Raumordnung liegt die Bedeutung des Maastrichter Vertrages zur Europäischen Union in der neuen Ausgestaltung der bereits bestehenden Politikbereiche auf der Ebene der Gemeinschaft und in den neuen Beschlüssen und Möglichkeiten zur Mitwirkung an der Ausgestaltung europäischer Politik[4] (siehe Kap. B.1.).

Der EU-Vertrag enthält zwei Elemente, die eine gewisse „Machtbalance" zwischen der Europäischen Kommission und den Mitgliedstaaten und deren Regionen herstellen sollen: das Subsidiaritätsprinzip und ein eigenständiges Regionalorgan, den Ausschuß der Regionen. Dem Regionalausschuß wird aus deutscher Sicht wegen der heterogenen Interessenstruktur der mitgliedsberechtigten Regionen keine hohe Bedeutung beigemessen. Für die Bundesrepublik Deutschland sind die Bundesländer mitgliedsberechtigt. Sie haben über den neuen Art. 23 GG[5] sowie ihre Verbindungsbüros in Brüssel bessere Zugriffsmöglichkeiten auf die EU als über den Regionalausschuß.

Die politische Idee des Gemeinsamen Europas ist getragen von den Erwartungen, daß sich für alle Mitgliedsstaaten gesamtwirtschaftliche Vorteile ergeben, die wirtschaftliches Wachstum und Wohlstand erzeugen. Die zunehmende Integration der Märkte in allen Bereichen läßt jedoch in allen Regionen die Konkurrenz wachsen, erhöht den Wettbewerbsdruck, steigert die Anforderungen an Verkehr und Kommunikation und erhöht die konsum- und produktionsbedingten Umweltbelastungen. Der Rationalisierungsdruck führt zu rascherer Strukturanpassung, zur Freisetzung von Arbeitskräften und zu einem hohen Bedarf an Weiterqualifizierung, an neuen Berufsprofilen und angepaßten Arbeitszeitstrukturen. Von dieser Entwicklung ist keine Region ausgenommen, dennoch sind die Betroffenheiten und die Möglichkeiten der Strukturanpassung sowie die Voraussetzungen für Problembewältigung regional sehr unterschiedlich.

Regionsangepaßt und problemgerecht zu planen, bedeutet demnach künftig eine noch stärkere „Individualisierung" der Regionalplanung. D.h. regionale Planungsschwerpunkte und die Art und Weise, wie Regionalplanung betrieben wird, werden im regionalen Vergleich wahrscheinlich noch unterschiedlicher bzw. noch vielfältiger ausfallen als bisher.

Die EU-weite Angleichung der Konkurrenzbedingungen erfordert in vielen Planungsbereichen internationale Abstimmungen, vor allem im Hinblick auf Planungsinstrumente und verbindliche Regelungen und Normen der Zulässigkeit von Nutzungen. Die sich nach der Regel der gegenseitigen Anerkennung und dem Ursprungsprinzip inzwischen durchsetzende Integrationsstrategie, wonach alles, was in einem Mitgliedsland zugelassen ist, auch in allen anderen Mitgliedsländern erlaubt ist, stellt möglicherweise auch materielle Ziele und Verfahrensabläufe des deutschen Planungssystems in Frage. Die Befürchtung, der Binnenmarkt führe zu einer Angleichung der Planungsstandards auf niedrigstem Niveau insbesondere im Hinblick auf Maßstäbe zur Umwelt- und Sozialverträglichkeit von Planungsvorhaben, ist in diesem Zusammenhang nicht unbegründet. Die Landes- und Regionalplanung muß sich daher stärker darauf konzentrieren, mit innovativen Ansätzen standort- und nutzungsbezogene Planungs- und Umweltkosten in Standortvorteile und Vorteile optimierter räumlicher Konfliktlösung umzusetzen (siehe Kap. B.2.).

Raumstrukturelle regionale Veränderungen infolge der europäischen Integration

Raumrelevante und regional bedeutsame Veränderungen werden vor allem im Zusammenhang mit den regionalen Auswirkungen des Europäischen Binnenmarktes erwartet. Nach bisherigen Untersuchungsergebnissen (z.B. BMBau 1991, Schriftenreihe Forschung, Nr.488) ist von folgenden Entwicklungen auszugehen:

- Die vorgegebenen Entwicklungslinien werden sich in ihrer Richtung nicht wesentlich verändern; zu rechnen ist jedoch mit einer selektiven Verstärkung und Beschleunigung derzeit zu beobachtender Trends.

- Es ist davon auszugehen, daß bestehende Ungleichgewichte im nationalen wie im internationalen Rahmen zumindest im nächsten Jahrzehnt nicht ausgeglichen werden können. Es muß sogar davon ausgegangen werden, daß es mehr Anzeichen dafür gibt, daß es auch in Westdeutschland zu einer weiteren Ausdifferenzierung dieser Verhältnisse kommen wird.

- Die Entwicklung der Grenzräume wird in bezug auf die Nutzung der durch die Verwirklichung des Europäischen Binnenmarktes möglichen positiven Potentiale entscheidend davon abhängen, ob es in der jeweiligen Grenzregion private und öffentliche Akteure gibt, die die Chancen gemeinsam, d.h. über kommunale Gemeindegrenzen hinweg, aufgreifen.

Die verbleibenden Unsicherheiten in der Abschätzung regionaler Entwicklungschancen machen deutlich, daß Kommunikation und Information für die Raumordnungspolitik eine immer stärkere Bedeutung gewinnen werden. Demzufolge ist das auf Kommunikation und Information beruhende Instrumentarium der Raumordnung zu stärken und effektiver zum Einsatz zu bringen. Es kommt künftig darauf an, laufend aktuelle und immer bessere Informationen über Raumentwicklungsprozesse zu argumentativen Einflußnahmen auf Sektorpolitiken und zur Untermauerung von Politikempfehlungen verfügbar zu haben und verfügbar zu machen. Hierbei ist es wichtig, die entsprechenden Handlungsträger zu erreichen, durch eine zielgruppenorientierte Öffentlichkeitsarbeit eine argumentative Wirkung zu erzielen und in der Region Netzwerke von Verbündeten aufzubauen, die es ermöglichen, raumordnerische Interessen durchzusetzen (siehe Kap. B.6. und C.4.).

Gesellschaftspolitischer Wandel

Nicht nur die - vor dem Hintergrund der bisherigen politischen Wahrnehmung - als Einschnitte begriffenen nationalen und internationalen Ereignisse bedingen Veränderungen im bisherigen System materieller Verteilungsstrukturen, räumlicher Entwicklungspotentiale und politischer Schwerpunktsetzung, auch der weniger oder kaum wahrnehmbare Prozeß des steten gesellschaftspolitischen Wandels erfordert von der Planung ein Reagieren und sich Einstellen auf veränderte Rahmenbedingungen. Von diesen sind nach Fürst (1993, S. 552-559) vor allem folgende für die Regionalplanung bedeutsam:

- veränderte Anforderungen an den Staat,
- Verlust staatlicher Steuerungsfähigkeit,
- wachsende Vielfalt und Autonomie der Akteure,
- die Rolle der Zeit.

Der Staat hat zunehmend die Funktionen Orientierungshilfe und Risikoabsicherung zu leisten. Diese Funktionen sind jedoch innerhalb der klassischen staatlichen Aufgabenwahrnehmung nicht zu erbringen. Gebraucht werden deshalb entsprechende neue Problemverarbeitungsstrukturen. Daraus erwachsen neue Anforderungen, die sich auch an die Regionalplanung richten. Regionalplanung soll verstärkt Entwicklungs- und Orientierungshilfe für ihre Region geben. Regionalplanung soll regionale Kooperationsprozesse organisieren und moderieren und den Aspekt der Risikoabsicherung stärker in die Planung einbeziehen, u.a. in einer ökologisch orientierten Planungskomponente (Fürst 1993, S. 553).

Mit dem zunehmenden Verlust staatlicher Steuerungsfähigkeit gewinnen Kooperation und das gezielte Einwerben von Mitwirkung an Bedeutung. In allen Fachpolitiken wird daher der Zwang zur Regionalisierung größer. Für die Regionalplanung ergibt sich daraus die Konsequenz, daß sie enger in die staatliche Politikgestaltung eingebunden und in das Management sektorübergreifender Politikgestaltung auf regionaler Ebene einbezogen wird (Fürst 1993, S. 553).

Die zunehmende Vielfalt und Autonomie der Akteure haben für die Regionalplanung in erster Linie die Konsequenz, daß Zielstrukturen mehrdimensional und komplexer werden, daß Zielkonflikte an Zahl und Intensität zunehmen, daß sie eine Vielzahl von Kollektivbelangen verarbeiten und regional verhandelbar machen muß. Die Regionalplanung braucht dafür geeignete Formen der Konfliktlösung, der Moderation und der Planung (siehe Kap. B.5., C.1. und C.4.).

Der Faktor Zeit gewinnt in der Planung zunehmend an Bedeutung, denn in Phasen schnellen Strukturwandels, hohen Innovationsdrucks und kurzer betrieblicher Reaktionsphasen ist rasche Anpassung an sich verändernde Gegebenheiten häufig von existentieller Bedeutung. Weil in einer zunehmend vernetzten Welt politische Entscheidungen und Planungsprozesse jedoch eher mehr Zeit benötigen, kann Regionalplanung in Phasen schnellen Zeitflusses blockierend für die Entwicklung wirken. In der Konsequenz führt dies zu der Forderung nach Beschleunigung und Vereinfachung von Planungsprozessen, Entfeinerung von Plänen, Abbau von Beteiligungs- und Mitwirkungsrechten und Vorklärungsprozessen in der Planung. Regionalplanung verliert dadurch leicht an Konfliktregelungskapazität, weil die Ergebnisse formaler Abwägungs- und Koordinierungsverfahren bedingt durch Zeit- und Entscheidungsdruck häufig nicht mehr die Qualität verbindlicher Vorentscheidungen erreichen und Planungsprozesse dadurch ihre konsensstiftende Kraft verlieren können (Fürst 1993, S. 554).

Veränderte sozio-ökonomische Rahmenbedingungen

Quantifizierbare Konsequenzen veränderter sozio-ökonomischer Rahmenbedingungen ergeben sich für die Regionalplanung in erster Linie aus der Bevölkerungsentwicklung.

Drei wesentliche Trends sind kennzeichnend für die langfristige Veränderung der Bevölkerungsstruktur in der Bundesrepublik Deutschland:

- die demographisch bedingte Alterung und anhaltende Bevölkerungsabnahme durch Geburtendefizit bei der deutschen Bevölkerung,
- die Stabilisierung der Bevölkerungszahl durch Zuwanderungen,
- der quantitative Rückgang und die qualitative Veränderung des Arbeitskräftepotentials.

Die zu erwartende Bevölkerungsentwicklung zeigt starke regionale Besonderheiten und verläuft in den westlichen und östlichen Ländern z.T. gegenläufig. Die Bevölkerungszunahme beschränkt sich auf absehbare Zeit auf die westlichen Bundesländer und die Region Berlin. Sie wird hauptsächlich bedingt durch hohe Zuzüge aus dem Ausland. In den übrigen ostdeutschen Bundesländern nimmt die Bevölkerung dagegen in allen Regionen weiterhin ab, meist bedingt durch hohe Sterbeüberschüsse und Binnenwanderungsverluste.

82% der Bevölkerungszuwächse im Westen werden für Regionen mit großen Verdichtungsräumen oder in Regionen mit Verdichtungsansätzen erwartet. Dagegen ist in den östlichen Bundesländern selbst in den großen Verdichtungsräumen und Regionen mit Verdichtungsansätzen von einer starken Bevölkerungsabnahme trotz eines Außenwanderungsgewinns für Deutschland insgesamt auszugehen.

Die längerfristige Bevölkerungsentwicklung deutet auch bei anhaltender erheblicher Zuwanderung aus dem Ausland bereits um 2010 aufgrund des wachsenden Geburtendefizits auf einen erneuten Bevölkerungsrückgang in Deutschland hin. Dadurch verstärken sich die seit längerem erkennbaren Änderungen der Altersstruktur der Bevölkerung erheblich, wiederum mit z.T. stark gegenläufigen Entwicklungen in den westlichen und östlichen Bundesländern.

Bevölkerungsentwicklung hat vielfältige Konsequenzen vor allem für die Nachfrage- und Angebotsentwicklung am Wohnungsmarkt, im Infrastrukturbereich und am Arbeitsmarkt. So ist z.B. erkennbar, daß der in einzelnen Wohnungsteilmärkten bereits bestehende Fehlbestand an „bezahlbarem" Wohnraum auch künftig ein beträchtliches gesellschaftliches Problem bleiben wird. Vor allem in den Verdichtungsräumen wird die räumliche Planung zu einem noch schwierigeren Abwägungsprozeß zwischen sozialen (Bodenpreis, städtebauliche Verdichtung, Wohnraumversorgung) und ökologischen Belangen (Freiraumsicherung, Minimierung der Inanspruchnahme von Ressourcen, negative Verdichtungsfolgen) der räumlichen Entwicklung.

Der politische und planerische Druck auf eine verstärkte Baulandausweisung zur Mobilisierung der Wohnbautätigkeit wird bestehen bleiben, und damit wächst der Bedarf an abgestimmten, konsensfähigen regionalen Siedlungsstrukturkonzepten. Der Regionalplanung kommt dabei eine zentrale Rolle zu. Sie hat die Funktion, die politische Forderung nach einer zügigen und umfangreichen Neuausweisung von Wohnbauland zu unterstützen und in den Rahmen eines Siedlungsstrukturkonzeptes der dezentralen Konzentration und kleinräumigen Funktionsmischung sowie in flächenschonende, verkehrsmindernde und städtebaulich integrierbare Lösungen einzubauen. Dies ist für die Regionalplanung keine neuartige Aufgabenstellung. Dennoch verbinden sich damit heute veränderte Anforderungen an Planungsinstrumente, an Konsensfindung, an planungspolitische Prioritätensetzung und an die Planumsetzung. Denn die bestehenden Zielkonflikte zwischen Umweltschutz und Sozialbelangen und die Diskrepanz zwischen kommunalen Eigeninteressen und regionalem Interessenausgleich sind mit den herkömmlichen Planungsmethoden und -strategien regionaler Planung kaum lösbar (BfLR 1993, Informationen zur Raumentwicklung H. 1/2) (siehe Kap. C.3.).

Angesichts der zunehmenden Diskrepanz zwischen der Entwicklung des Arbeitskräftepotentials und den Arbeitsmarktstrukturen, der Unausgeglichenheit vieler regionaler Arbeitsmärkte und angesichts der sozioökonomischen Probleme strukturbedingter Arbeitslosigkeit wird Regionalplanung wieder stärker in den Zusammenhang gestellt mit den Handlungsfeldern der staatlichen Regionalpolitik, der regionalen Strukturpolitik und Wirtschaftsförderung. In der Regionalplanung werden künftig die materiellen und sozio-ökonomischen Aspekte der Regionalentwicklung stärker zum Tragen kommen und auch mit höherer regionalpolitischer Wertung in die Planung einfließen (siehe Kap. B.4). Die Zielkonflikte zwischen sozio-ökonomischen und ökologisch orientierten Planungsbelangen werden auch in diesem Planungsfeld unweigerlich schärfer (siehe Kap. B.5.).

Hinzu kommt, daß die geplanten Strukturreformen in bisher z.T. monopolisierten Märkten, wie z.B. im Energiebereich oder bei Bahn und Post, ökonomische und fiskalpolitische Rahmenbedingungen schaffen, deren Tragweite für regionalplanerisches Handeln u.a. im Hinblick auf die regionale Ausstattung mit Diensten der Grundversorgung derzeit kaum abschätzbar ist und in den einzelnen Regionen höchst unterschiedlich sein wird.

Im Verkehrsbereich gibt es deutliche Anzeichen dafür, daß aufgrund veränderter materieller Rahmenbedingungen (z.B. neue Verkehrsverflechtungen, Nachholeffekte der Motorisierung in den neuen Bundesländern) bestehende verkehrspolitische und verkehrsplanerische Konzepte in Frage zu stellen sind. Die Leistungsfähigkeit der vorhandenen Verkehrsinfrastrukturen und Verkehrsträger gerät an ihre Grenzen, ein weiterer Ausbau kollidiert mit umweltpolitischen Zielen (z.B. zur CO_2-Minderung) oder scheitert an der staatlichen oder kommunalen Finanzausstattung bzw. politischen Prioritäten des Mitteleinsatzes. Der Bedarf an neuen Politik- und Planungskonzepten zur Lösung der Verkehrsprobleme richtet sich auch an die Regionalplanung. Die Verkehrsplanung bedarf dringend einer ebenen- und systemspezifischen Koordinierung. Regionalplanung muß sich im Rahmen ihres Querschnittsauftrages an dieser Koordinierung und an der Planung verkehrsmindernder und weniger umweltbelastender Infrastrukturangebote und Siedlungsstrukturen beteiligen (BfLR 1993, Informationen zur Raumentwicklung H. 5/6) (vgl. Kap. C.3.).

Die enormen Kosten, die für den Infrastrukturaus- und -umbau im Verkehrsbereich, aber auch für andere umweltschutzrelevante Infrastrukturausstattung vor allem in den neuen Bundesländern sowohl kurz- wie auch langfristig aufzubringen sind, übersteigen die Möglichkeiten staatlicher und kommunaler Finanzhaushalte. Angesichts der enormen Investitionsvolumina in allen Bereichen des Infrastrukturausbaus der Ver- und Entsorgung ist eine weitgehende Einschaltung privater Investoren und Betreiber unumgänglich.

Zur Ankurbelung der Wirtschaft und zur Überwindung der sozio-ökonomischen Disparitäten zwischen Ost- und Westdeutschland wurden bereits rechtliche Rahmenbedingungen geschaffen, um Planungsfristen für den Infrastrukturausbau in Ostdeutschland, insbesondere beim Ausbau der Straßen- und Schienenwege, zu verkürzen (Investitionsmaßnahmengesetz, Straßenverkehrswegeplanungsbeschleunigungsgesetz). Mit dem Aufbau von Planungsgesellschaften (Deutsche Einheit Fernstraßenplanungs- und Baugesellschaft GmbH und Planungsgesellschaft Bahnbau Deutsche Einheit GmbH) wurden neue Strukturen geschaffen, die nicht nur für die direkt betroffenen „Verkehrsprojekte Deutsche Einheit" Modellcharakter haben, sondern kennzeichnend sind für neue Überlegungen zur Organisationsform von Planungsinstitutionen, zu Verfahrensabläufen und Beteiligungsmodellen. Daraus ergeben sich Rückwirkungen auf das bisherige Verhältnis zwischen Regionalplanung und Infrastrukturplanung und Veränderungen in der Struktur der Planadressaten und der zu koordinierenden Planungsstellen. Da die Festlegungen und Maßgaben der Regionalplanung gegenüber Privaten keine direkte Bindungswirkung entfalten, ist künftig die frühzeitige Abstimmung und Zusammenarbeit mit den Kommunen und den fachlichen Genehmigungsbehörden zu intensivieren.

Konsequenzen für die räumliche Entwicklung aufgrund der Veränderungen in Deutschland und Europa

Der durch die vielfältigen Konsequenzen aus den o.g. politischen Veränderungen beschleunigte Prozeß des funktionalen Wandels und der Neubewertung von Raum- und Nutzungsstrukturen[6] betrifft auf regionaler Ebene in erster Linie

- die Richtung und Intensität der Verflechtungsbeziehungen zwischen Regionen, vor allem im ökonomischen Bereich, bei der weiteren Verkehrsentwicklung und im Hinblick auf den politischen Willen zur grenzüberschreitenden und regionalen Zusammenarbeit,

- die Standortpotentiale in Abhängigkeit der Lage zu überregionalen Märkten, Verkehrsachsen, Agglomerationen sowie im Hinblick auf regionale Disparitäten, insbesondere am Arbeitsmarkt, bei Kosten im weitesten Sinne (vor allem Umweltkosten, Transportkosten, Lebenshaltungskosten) und bei Umweltqualitäten,

- die Lebensbedingungen der Bevölkerung, ihr Mobilitätsverhalten, ihre Lebensraumbezüge, ihr räumliches und gesellschaftliches Identifikationsvermögen und ihr Bildungs- und Arbeitsmarktpotential; dies gilt vor allem für die Bevölkerung in „benachteiligten Regionen" und für die aus EU-Staaten und anderen europäischen und außereuropäischen Ländern nach Deutschland zuwandernde Bevölkerung.

1.2 Neue raumordnungs- und regionalpolitische Schwerpunktsetzungen

Förderschwerpunkt Ostdeutschland

Das soziale, wirtschaftliche und raumstrukturelle Zusammenwachsen mit den östlichen Bundesländern erfordert politische Schwerpunktsetzungen zugunsten der ostdeutschen Regionen und bedingt unterschiedliche Konsequenzen für die Planung in den ost- und westdeutschen Regionen. Erforderlich sind sowohl Hilfen zur Förderung des wirtschaftlichen Wachstums als auch zum Ausgleich der unterschiedlichen Wirtschaftskraft in den ostdeutschen Bundesländern.

In den östlichen Bundesländern liegen die Herausforderungen für die Regionalplanung in erster Linie darin, einen Beitrag zu einer effizienten, umwelt- und sozialverträglichen Steuerung der Investitionen in den Umbau vorhandener Raumnutzungsstrukturen, in den Aufbau neuer Wirtschaftsstrukturen und die Ergänzung vorhandener Siedlungs- und Versorgungsstrukturen zu leisten. Dabei geht es sowohl um eine auf vorhandene Standortpotentiale aufbauende räumlich konzentrierte Entwicklungsförderung als auch um eine ausgeglichene Förderung des Strukturumbaus in allen räumlichen und sachlichen Teilbereichen, damit die bestehenden sozio-ökonomischen Disparitäten zwischen Regionen nicht noch größer werden[7].

Mit den jüngsten Gesetzen, Programmen und Maßnahmen der Bundesregierung sind deutliche wirtschafts- und finanzpolitische Schwerpunkte gesetzt worden zugunsten eines investitionsfördernden Klimas und eines staatlichen Mitteltransfers zum Ausgleich unterschiedlicher Wirtschaftskraft zwischen den westlichen und östlichen Bundesländern sowie zur Förderung des wirtschaftlichen Wachstums in Ostdeutschland. Zu nennen sind:

- Fonds „Deutsche Einheit",
- Verkehrsprojekte „Deutsche Einheit",
- Verfahrenserleichterungen und Planungsbeschleunigungsmaßnahmen im Maßnahmegesetz zum Baugesetzbuch vom 1.6.1990 und Investitionserleichterungs- und Wohnbaulandgesetz vom 1.5.1993,
- Föderales Konsolidierungsprogramm (FKP-Gesetz zur Neugestaltung des bundesstaatlichen Finanzausgleichs ab 1995, Investitionsförderungsgesetz Aufbau Ost, Aufstockung des Fonds „Deutsche Einheit").

Daneben fließen über die EG-Strukturfonds und die Gemeinschaftsaufgabe „Verbesserung der regionalen Wirtschaftsstruktur" (GRW) europäische und nationale Fördermittel schwerpunktmäßig in die östlichen Bundesländer.

Die Bereiche, in denen schwerpunktmäßig gefördert wird, umfassen den Umweltschutz, die Energieversorgung, die Trinkwasserversorgung, die Verkehrsinfrastruktur, die Erschließung und Sanierung von Industrie- und Gewerbeflächen sowie Fremdenverkehr. Ferner werden schwerpunktmäßig gefördert der Wohnungsbau (vor allem Modernisierung und Instandsetzung), der Städtebau (Stadt- und Dorferneuerung) sowie Maßnahmen zur Aus- und Weiterbildung im beruflichen Bereich und an Hochschulen sowie kommunale Investitionen, insbesondere zum Aufbau und zur Erneuerung von sozialen Einrichtungen[8].

Rückwirkungen auf westliche Regionen

Die förderpolitische Schwerpunktsetzung zugunsten der neuen Länder und zugunsten eines Investitionen erleichternden, verfahrens- und genehmigungsbeschleunigenden „Klimas" wirkt auf die Rahmenbedingungen für die Regionalplanung innerhalb der „etablierten Planungsstrukturen" der westlichen Bundesländer zurück. Materielle und verfahrensrechtliche Auswirkungen auf die Regionalplanung ergeben sich in erster Linie aus dem Investitionserleichterungs- und Wohnbaulandgesetz[9] im Zusammenhang mit Änderungen zum Raumordnungsgesetz (ROG)[10] und aus zahlreichen fachgesetzlichen Änderungen dazu.[11]

Auch die Rücknahme bisher bestehender Förderprogramme für westliche Regionen (z.B. GRW-Mittel, Strukturhilfemittel, Grenzlandförderung, GVFG-Mittel) und die Auswirkungen des Truppenrückzuges und -abbaus in Westdeutschland haben für viele Regionen negative Effekte. Je nach regionaler Problemlage und regionalen Entwicklungszielen ergeben sich daraus spezifische regionale Betroffenheiten, mit Rückwirkung auf die Regionalplanung. Abzusehen sind Anpassungen, die vor allem abstellen auf

- eine stärkere Verknüpfung mit der Regionalpolitik und der regionalen Strukturpolitik, insbesondere in den Regionen, in denen aufgrund des reduzierten Mittelumfanges für raumstrukturrelevante Investitionen - vor allem im Hinblick auf kommunal/ staatlich finanzierte Infrastrukturprojekte - regionale Alternativen und mehr regionale Eigeninitiative gefordert sind;

- eine stärkere Verknüpfung mit der Bauleitplanung, Landschaftsrahmenplanung und Verkehrsplanung insbesondere in den Regionen mit erhöhtem Bedarf an Wohnraum und erhöhter Inanspruchnahme von Wohnbauflächen, mit Bedarf an Umstrukturierungsmaßnahmen im Verkehrsbereich, die die Minderung des Verkehrsaufkommens, die Verlagerung vorhandener Verkehrsströme auf weniger umweltbelastende Verkehrsträger und eine effizientere Kombination unterschiedlicher Verkehrsträger und deren Verknüpfung in dafür geeigneten Standorten (z.B. Güterverkehrszentren, Güterverteilzentren) zum Ziel haben;

- eine Stärkung der verfahrensbezogenen Planung i.S. einer Stärkung der Koordinations-, Bündelungs- und Abwägungsfunktion bei regional bedeutsamen Maßnahmenplanungen, insbesondere vor dem Hintergrund der Bestrebungen zur Planungs- und Verfahrensbeschleunigung.

Neuformulierung der Bundesraumordnungspolitik

Die veränderte Ausgangslage für die Raumordnungspolitik im vereinten Deutschland gab Anlaß, die Bundesraumordnungspolitik neu zu formulieren. Mit dem Raumordnungsbericht 1990 und dem Raumordnungsbericht 1991 hat die Bundesregierung eine räumliche Bestandsaufnahme als Grundlage für die Neuorientierung ihrer Raumordnungspolitik vorgelegt. Auf dieser Grundlage wurde ein raumordnungspolitischer Orientierungsrahmen mit fünf Leitbildern (Leitbild Siedlungsstruktur, Leitbild Umwelt und Raumnutzung, Leitbild Verkehr, Leitbild Europa, Leitbild Ordnung und Entwicklung) für die räumliche Entwicklung in Deutschland erarbeitet und mit den Ländern abgestimmt. Die Leitbilder beinhalten Elemente einer sachbezogenen Bestandsaufnahme verknüpft mit normativ-wertenden Zielaussagen und neuen Entwicklungsstrategien.

Das Konzept der dezentralen Konzentration in der Entwicklung der Raum- und Siedlungsstrukturen wird durch ein Modell der Städtenetze und großräumigen Vernetzung flächiger Umweltpotentiale räumlich konkretisiert. Das abstrakte großräumige Achsenkonzept wird weiterentwickelt/modifiziert zu einem Verkehrsleitbild, das die bestehenden Verbindungen und Transportkorridore, auf denen vorrangig eine Verkehrsverlagerung von der Straße zur Schiene erfolgen soll, darstellt und die Räume kennzeichnet, in denen integrierte Verkehrskonzepte und der Ausbau des ÖPNV zur Reduzierung der Umweltbelastungen und zur Bewältigung der Verkehrsmengen erforderlich sind. (Krautzberger 1992, S. 911ff)

Der perspektivische Charakter der Entwicklungsleitbilder dient dazu, planungspolitische Prioritäten deutlich zu machen, und ist als Orientierungshilfe für die Ausformulierung weitergehender Handlungskonzepte gedacht. Als Orientierungsrahmen dafür richtet er sich an die Kooperationsbereitschaft der Landes- und Regionalplanung in den Ländern und sollte dabei auf regionale Eigenentwicklung, regionalen Interessenausgleich und regionale Vernetzung als Lösungsstrategien setzen.

Von Bund und Ländern werden z.Z. im Rahmen der Ministerkonferenz für Raumordnung weitergehende Konzepte im Sinne eines Handlungsrahmens für die Bereiche dezentrale Raum- und Siedlungsstruktur/Städtenetze, raumwirksame Förderinstrumente, Verkehrsbewältigung, -verlagerung und -vermeidung und raumordnungspolitischer Umwelt- und Ressourcenschutz erarbeitet (BMBau 1993).

Politische Aufwertung der Landesplanung

Auf Länderebene hat die Raumordnung und Landesplanung aus mehreren Gründen eine politische Aufwertung erfahren, die sich in unterschiedlichen Feldern niederschlägt.

Zum einen gibt es - nicht nur bedingt durch den Planungsaufbau in den neuen Bundesländern und die Schaffung der dafür notwendigen rechtlichen und planerischen Grundlagen - eine neue Generation von Landesplanungsprogrammen und Landesentwicklungsplänen.[12] Die Landesplanung befindet sich z.Z. in einer Phase, in der bundesweit politische Gremien auf allen Planungsebenen, Fachplanungsträger und gesellschaftliche Interessenvertreter über raumordnerische Zielsetzungen der Landesentwicklung und Rahmenbedingungen für ihre Umsetzung diskutieren. Die neue Generation der Programme und Pläne der Landesplanungen läßt deutliche Akzentverschiebungen erkennen hin zu

- einer stärker ökologisch orientierten Landes- und Regionalplanung im Hinblick auf den Schutz der natürlichen Lebensgrundlagen,

- einer stärkeren Betonung klein- und großräumiger funktionaler Verflechtungen und Ergänzungen, dies gilt insbesondere im Verkehrsbereich, für Arbeitsmarktverflechtungen, räumlich funktionale Beziehungen der Wohn- und Arbeitsstättenzuordnung und der Versorgungsstrukturen,

- einer konsequenteren Ordnungsplanung in den Verdichtungsräumen im Hinblick auf die Lösung von Raumnutzungskonflikten, insbesondere im engeren Stadt-Umland-Bereich, und Differenzierung raumordnerischer Ziele und landesplanerischer Instrumente für verdichtete und ländliche Räume,

- einer Stärkung der Komponente der Siedlungsentwicklung im Hinblick auf Konzepte der dezentralen Konzentration im Rahmen des vorhandenen zentralörtlichen Systems und im Hinblick auf die Integration regionaler Verkehrskonzepte, insbesondere des schienengebundenen ÖPNV, und regionaler Freiraum- und Bodenschutzkonzepte,

- einer stärkeren Betonung der Bedarfe grenzübergreifender Planung und Kooperation (interregionale Zusammenarbeit, grenzübergreifende Planungsorganisation, Vernetzung der Teilräume),

- einer stärkeren Betonung des Entscheidungsbedarfs und der -pflichten auf regionaler Planungsebene und des Bedarfs an teilräumlicher und problemspezifischer Betrachtung und Abwägung von Nutzungskonflikten und Entwicklungsalternativen (Regionalisierung).

Zum anderen sind die gesetzlichen Grundlagen der Landesplanung zwischenzeitlich mehrfach Gegenstand der politischen Diskussion und gesetzlicher Änderungsverfahren gewesen, so z.B. im Zusammenhang mit den Bestimmungen zum Raumordnungs-verfahren (ROV) und zur UVP im ROV. Auch im Zusammenhang mit den Zielsetzun-gen zur Verfahrensbeschleunigung bei großen Einzelmaßnahmen des Verkehrsinfra-strukturausbaus (Verkehrsprojekte Deutsche Einheit), zur Beschleunigung der Bauland-bereitstellung und des Wohnungsbaus (Wohnbaulanderleichterungsgesetz) und mit den geplanten Änderungen im Umweltrecht (BNatSchG, Umweltgesetzbuch, Umwelt-leitplanung) standen die Raumordnung und Landesplanung in der politischen Diskussi-on. Unter diesen Voraussetzungen waren die Länder mehrfach gefordert, im Hinblick auf den Stellenwert der Landes- und Regionalplanung Position zu beziehen.

In vielen Bundesländern sind inzwischen die gesetzlichen Grundlagen der Planung dahingehend geändert, daß sie Anforderungen an eine umwelt- und sozialverträgliche Raumentwicklung und Regionalplanung konkretisieren und die UVP im ROV festschrei-ben,[13] was allerdings aufgrund des derzeitig geltenden ROG nicht zwingend vorgese-hen ist. Die jüngste Änderung zum ROG, mit der die UVP im ROV nicht mehr verbind-lich geregelt, sondern ins Belieben der länderspezifischen Regelungskompetenz ge-stellt ist, wird von den Ländern nicht uneingeschränkt befürwortet und bleibt in einigen Ländern deshalb ohne Rechtswirkung.[14]

In den verschiedenen Bundesländern gibt es in Reaktion auf veränderte Rahmenbe-dingungen in Politik und Planung Bestrebungen, die sich schlagwortartig charakterisie-ren lassen, mit „mehr Spielraum für die regionale Planungsebene", „Stärkung regiona-ler Netzwerke" und „Flexibilisierung der Organisationsstrukturen der inner- und inter-regionalen Zusammenarbeit und Planung" (siehe Kap. B.6.).

Entwicklung einer europäischen Raumordnungspolitik

Die o.g. Aktivitäten sind z.T. eine „Gegenreaktion" auf die zunehmende „Europäi-sierung" wesentlicher Politikbereiche. So weisen Bund und Länder deutlich darauf hin, daß die Europäische Kommission keine eigenständige Kompetenz für den Bereich „Raumordnung" hat[15], gleichwohl sind Vorstellungen über raumrelevante Entwicklun-gen im Gemeinschaftsgebiet im Vertrag von Maastricht durch folgende Zielsetzungen festgelegt:

- Schaffung eines Raumes ohne Binnengrenzen (Titel I, Art. B),
- Förderung eines ausgewogenen und dauerhaften wirtschaftlichen und sozialen Fort-schritts (Titel I, Art. B),
- Verringerung der Unterschiede im Entwicklungsstand der verschiedenen Regionen und des Rückstandes der am stärksten benachteiligten Gebiete einschl. ländlicher Gebiete (Titel XIV, Art. 130a),
- Auf- und Ausbau transeuropäischer Netze (Verkehrs-, Energie- und Telekommuni-kationsinfrastruktur) (Titel XII, Art. 1296, Abs. 1),
- Erhaltung und Schutz der Umwelt sowie Verbesserung deren Qualität (Titel XVI, Art. 130a Abs. 1),

- umsichtige und rationelle Verwendung für natürliche Ressourcen (Titel XVI Art. 130r Abs. 1),
- Wahrung der nationalen und regionalen Vielfalt (Titel IX, Art. 128 Abs. 1),
- Entwicklung einer qualitativ hochstehenden Bildung (Titel VIII, Kap. 3, Art. 126 Abs. 1).

Bei der notwendigen Koordinierung ihrer Fachpolitiken hat die Europäische Union die in den Mitgliedstaaten bestehenden Ziele der Raumordnung und Landesplanung zu beachten. Rechtlich ist das Tätigwerden der Europäischen Union in der Raumordnung auch durch das Subsidiaritätsprinzip eingeschränkt. Danach kann die Gemeinschaft in allen Bereichen, in denen eine konkurrierende Zuständigkeit zwischen Gemeinschaft und Mitgliedstaaten besteht, nur tätig werden, sofern und soweit die Ziele der in Betracht gezogenen Maßnahmen auf der Ebene der Mitgliedstaaten nicht ausreichend erreicht werden können. Für die europäische Raumordnungspolitik bedeutet dies, daß die Festlegung von Zielen zur Raumentwicklung auf europäischer Ebene vorrangig Aufgabe der Mitgliedstaaten ist, die diese untereinander und mit der Europäischen Kommission abstimmen müssen.

Aus deutscher Sicht hat die Europäische Kommission vorrangig die Funktion, die Rahmenbedingungen für die Raumentwicklung in Europa zu analysieren und zur Diskussion zu stellen. Mit dem 1990 von der damaligen EG-Kommission vorgelegten Dokument „Europa 2000 - Perspektiven der künftigen Raumordnung der Gemeinschaft", das sich derzeit unter dem Arbeitstitel „Europa 2000 +" in Fortschreibung befindet, sind erste Schritte dahingehend erfolgt.

Aus den darin aufgezeigten Entwicklungslinien werden zusammen mit den Mitgliedstaaten und der Kommission Grundlagen für eine europäische Raumentwicklungspolitik erarbeitet, die auf abgestimmten Raumordnungsgrundsätzen und -zielen fußen (BMBau 1993).

Unter dem Blickwinkel eines über die EU hinausgehenden Europas soll Raumordnungspolitik auf europäischer Ebene aus deutscher Sicht (BfLR 1993, Informationen zur Raumentwicklung, H. 9/10) folgenden Zielen dienen:

- Erhaltung und Stärkung eines dezentralen bzw. polyzentrischen, abgestuften Systems von Stadtregionen, die wichtige europäische Funktionen im wirtschaftlichen, kulturellen, wissenschaftlichen oder technologischen Bereich in sich konzentrieren;

- Herstellung ausreichender Verbindungen zwischen den europäischen Stadtregionen durch geeignete umweltfreundliche Verkehrsmittel (transeuropäische Netze). Raumordnung auf europäischer Ebene soll Leitvorstellungen sowohl zum europaweiten umweltgerechten Ausbau leistungsfähiger Verkehrsinfrastrukturen als auch zur Verknüpfung unterschiedlicher Verkehrsträger und Netzebenen, die die angestrebte dezentrale Siedlungsstruktur in allen europäischen Teilräumen sichern und stärken, entwickeln;

- Wahrung und Verbesserung der natürlichen Lebensgrundlagen in ganz Europa, u.a. durch Erhaltung der noch naturnahen Räume und ihre ökologisch wirksame Vernetzung in sämtliche anderen Teilräume, insbesondere in die verdichteten Industrieregionen hinein. Ein europäisches Leitbild zur langfristigen Sicherung der natürlichen Lebensgrundlagen in allen Teilräumen Europas soll darauf abzielen, Umweltbelastungen abzubauen und Umweltpotentiale von europäischer Bedeutung auch für künftige Generationen zu erhalten und zu sichern;

- Verbesserung der staatlichen regionalen und kommunalen grenzüberschreitenden Zusammenarbeit an den Binnen- und Außengrenzen der Gemeinschaft durch Aufstellung von raumordnerischen Leitbildern für die Entwicklung der Grenzräume;

- Weiterentwicklung dezentraler regionaler Verwaltungsorganisationen und politischer Entscheidungsstrukturen zur Verbesserung von regionaler Raumplanung;

- Ausweisung dynamischer, umweltsanierter Entwicklungsregionen (Aktionsräume) als Stütze einer dezentral ausgerichteten Raum- und Siedlungsentwicklung.

Zur Verwirklichung dieser Ziele auf europäischer Ebene soll

- die mitgliedstaatliche Zusammenarbeit auf dem Gebiet der Raumordnung als eine wichtige Grundlage nationaler Raumordnungspolitiken im europäischen Kontext gestärkt werden,

- die Europäische Kommission auf der Basis abgestimmter Ziele für die Raumentwicklung (raumordnerische Leitbilder) ihre raumwirksamen Politikbereiche auf europäischer Ebene koordinieren,

- der grenzüberschreitenden Zusammenarbeit auf den Gebieten der Raumordnung und zwischen Fachplanungen im Rahmen der Raumordnungs- und Integrationspolitik auf europäischer Ebene besondere Bedeutung zukommen,

- die Weiterentwicklung einer dezentral organisierten Raumplanung durch Zusammenarbeit der europäischen Staaten untereinander und durch die Kommission unterstützt werden,

- Informationsstrategien als wichtiges Instrument europäischer Raumordnung gestärkt werden.

Notwendige Voraussetzung dafür ist, daß die Kommission ihre Politiken und Einzelmaßnahmen künftig auf der Basis abgestimmter Vorstellungen zur räumlichen Entwicklung von Regionen, Teilräumen, Staatsgebieten und der gesamteuropäischen Ebene frühzeitig bewerten und koordinieren kann. Dazu bedarf es einer engen Kooperation zwischen der Kommission und den Mitgliedstaaten und zwischen den Mitgliedstaaten und deren Regionen sowie geeigneter Planungsinstrumente, um gemeinsam aufeinander aufbauende raumordnerische Grundsätze und Perspektiven zur räumlichen Entwicklung des Gemeinschaftsraumes zu erarbeiten, festzulegen und aktuell zu halten. Der Regionalplanung erwachsen daraus neue Gestaltungs- und Mitwirkungsmöglichkeiten. Denn sowohl die politischen Zielsetzungen als auch die Förderschwerpunkte und -programme der EU stärken die Bedeutung der regionalen Ebene und ihre Kooperations- und Innovationsleistungen.

1.3 Einfluß europäischer und nationaler Fachpolitiken auf die Regionalplanung

Die Europäische Kommission hat die Kompetenz, in raumbedeutsamen Fachpolitiken, wie z.B. der Landwirtschaftspolitik, der Verkehrspolitik und der Umweltpolitik, europaweit tätig zu werden.

Durch ihre Politik wirkt sie in zunehmendem Maße auf raumrelevante Entscheidungen und raumordnerische Belange der Mitgliedstaaten ein. Dies gilt insbesondere für

- die Agrarpolitik und Fischereipolitik mit entscheidendem Einfluß auf ländliche Räume und die Küstengebiete,

- die Handels- und Industriepolitik mit Auswirkungen auf besonders strukturschwache Regionen und alte Industriegebiete,

- die auswärtige Politik, die durch Handelsabkommen und durch wirtschaftliche und entwicklungspolitische Zusammenarbeit mit Drittländern auch die Wirtschafts- und Bevölkerungsentwicklung der europäischen Region beeinflußt,

- die europäische Umweltpolitik, die insbesondere durch die medialen Umweltschutzbereiche Bodenschutz, Gewässerschutz und Schutz vor Luftverschmutzung die Belange der Raumordnung, Landes-, Regional- und Flächennutzungsplanung der Mitgliedstaaten berührt,

- die Politik zur Entwicklung des Humankapitals und zur beruflichen Bildung; sie beeinflußt die Standortattraktivität von Regionen und berührt die Zielsetzungen des raumordnerischen Disparitätenausgleichs,

- die europäische Regionalpolitik, die direkt raumordnungspolitische Entscheidungen der Gemeinschaft und ihrer Mitgliedstaaten berührt, da sie die Förderung einer harmonischen Gesamtentwicklung in der Gemeinschaft zum Ziel hat.

Vielfältige sachliche und regionalpolitische Zusammenhänge und Wechselwirkungen bestehen somit zwischen der Raumordnungspolitik der Bundesrepublik Deutschland, ihrer Bundesländer und Regionen und den raum- und strukturrelevanten Fachpolitiken der Europäischen Union. Zunehmende Einflußnahme auf die regionsnahen Planungsebenen deutet sich in der Agrar-, Verkehrs-, Energie-, Arbeitsmarkt- und Strukturpolitik an.

Aufgabenwahrnehmung der EU in der Regional- und Strukturpolitik

Die Regionalpolitik ist ein wesentliches Aktionsfeld der EU. Sie hat ihre Grundlage im Art. 130 des EG-Vertrages und soll den Abstand zwischen den verschiedenen Regionen und insbesondere den Rückstand der am wenigsten begünstigten Gebiete verringern. Instrumente der Regionalpolitik sind vor allem Darlehen durch die Europäische Investitionsbank, die Technologiepolitik zugunsten der Randregionen und die Strukturfonds.

Seit der Reform der EG-Regionalpolitik 1989 wird eine bessere Koordinierung der verschiedenen strukturpolitischen Vorhaben und eine stärkere Konzentration auf die schwächsten Gebiete verfolgt. Die nachdrückliche Förderung des wirtschaftlichen und sozialen Zusammenhangs, ausgedrückt mit dem Begriff „Kohäsion", wurde durch die Maastrichter Beschlüsse und die Einrichtung eines Kohäsionsfonds zur Finanzierung von Umweltschutz- und Verkehrsinfrastrukturmaßnahmen in besonders schwachen Mitgliedstaaten (Pro-Kopf-Bruttosozialprodukt (BSP) von weniger als 90% des Gemeinschaftsdurchschnittes) erneut unterstrichen.

Das wichtigste Förderinstrument für die Entwicklung von strukturschwachen Regionen sind die Strukturfonds. Sie setzen sich zusammen aus dem Regionalfonds (EFRE), dem Sozialfonds (ESF) und dem Ausrichtungsfonds für die Landwirtschaft (EAGFL). Die finanzpolitische Bedeutung der Strukturfonds ist erheblich gestiegen. Gemäß den Beschlüssen des Europäischen Rates von Edinburgh 1992 entfallen im Zeitraum 1993/1999 ca. 1/3 der Ausgaben der Gemeinschaft auf strukturpolitische Maßnahmen. Darin enthalten ist auch der Kohäsionsfonds.

Die EG-Förderkulisse besteht aus drei Hauptzielgebieten:

- Die „Gebiete mit allgemeinem Entwicklungsrückstand" (Ziel-1-Gebiet) erhalten die stärkste Förderung. Gefördert werden Maßnahmen zur wirtschaftsstrukturellen Anpassung. Seit 1993 gehören die ostdeutschen Bundesländer einschließlich des Ostteiles von Berlin zu den Förderregionen der Zielgruppe 1. Westdeutsche Regionen fallen nicht in die Gebietskulisse der Ziel-1-Gebiete. Daraus kann sich für benachbarte westdeutsche Regionen ein nicht unerhebliches Fördergefälle ergeben, von dem die künftige Wirtschaftsentwicklung in den Grenzräumen nicht unbeeinflußt bleiben wird.

- „Industriegebiete mit Umstellungsproblemen" (Ziel-2-Gebiet), in denen sich die Industrie rückläufig entwickelt hat, sind die zweitwichtigsten Zielgebiete der EG-Regionalpolitik. Gefördert werden produktive Investitionen, alternative Beschäftigungsmöglichkeiten und Klein- und Mittelbetriebe in neuen Wirtschaftssektoren sowie berufliche Bildung. Die Ziel-2-Förderung betrifft Altindustriegebiete in den Ländern Nordrhein-Westfalen, Bremen, Niedersachsen, Rheinland-Pfalz, Saarland und im Westteil Berlins.

- Die drittwichtigste regionalpolitische Förderkategorie sind Maßnahmen in Agrargebieten zugunsten nichtlandwirtschaftlicher Betriebszweige (Ziel-5b-Gebiet). Gefördert werden Handwerk, Dienstleistungen, mittelständische Unternehmen sowie Ausbildungs- und Qualifizierungsprogramme. Diese Förderprogramme sind nicht Teil der gemeinsamen Argarpolitik der EG. Die Ziel-5b-Förderung betrifft acht der alten Bundesländer mit Schwerpunkten in Bayern und Niedersachsen.[16]

Im Rahmen der Strukturfonds hat die Europäische Kommission die Möglichkeit, aus eigener Initiative „den Mitgliedstaaten vorzuschlagen, einen Antrag auf Beteiligung an Aktionen zu stellen, die für die Gemeinschaft von besonderem Interesse sind".[17] Gemeint sind damit Initiativen der Kommission zur Lösung schwerwiegender Probleme, die sich aus der Verwirklichung anderer Gemeinschaftspolitiken ergeben und zur Lösung gemeinsamer Probleme bestimmter Regionstypen beitragen.[18]

Diese sogenannten „Gemeinschaftsinitiativen im Rahmen der Strukturfonds" geben der Europäischen Kommission relativ breiten Spielraum für flexible und innovative Ansätze problem- und regionstypenbezogener Programme und Förderungen, wie dies z.B. bislang im Rahmen der Programme zur Förderung grenzübergreifender Zusammenarbeit und Netzwerke (INTERREG I und II sowie REGEN), zur Diversifizierung der Wirtschaftätigkeit in Industrieregionen, die stark von Krisensektoren abhängen (RECHAR, RETEX, KONVER), oder zur Verknüpfung von Vorhaben zur wirtschaftlichen Entwicklung des ländlichen Raumes (LEADER) geschah.[19]

Die Vergabe der Gelder der Europäischen Gemeinschaft auf die Regionen erfolgt nach dem Prinzip der Zusätzlichkeit (Additionalität), d.h., daß den programm- bzw. projektbezogenen Fördermitteln der Gemeinschaft mindestens in gleicher Höhe Mittel aus dem Empfängerland (Komplementärmittel) hinzuzufügen sind. Deshalb ist eine enge Kooperation zwischen Region und Projektträger erforderlich, um die entsprechenden Finanzmittel frühzeitig in die Haushaltsplanungen einzustellen. Derzeit werden aus regionaler Sicht ein erheblicher Mangel an inhaltlicher und organisatorischer Abstimmung zwischen der europäischen und der nationalen Regionalpolitik, vor allem bei der Abgrenzung der Fördergebiete, und die Ungleichgewichtigkeit beider Politikebenen beklagt (BfLR 1993, Mitteilungen zur Raumentwicklung, H. 54). Denn aus der EG-Regionalpolitik ergeben sich für die Regionalpolitik in Deutschland erhebliche Konsequenzen. So hat die Europäische Kommission die in Angriff genommene Unterstützung der ostdeutschen Regionen mittelfristig nur unter der Bedingung einer weiteren Förderreduktion im westdeutschen Bereich akzeptiert. Die Fördergebiete der Gemeinschaftsaufgabe „Verbesserung der regionalen Wirtschaftsstruktur" wurden daraufhin in den westlichen Bundesländern entsprechend reduziert.

Die Beihilfekontrollverfahren der Europäischen Kommission lassen immer weniger Spielraum für eigenständige regionalpolitische Förderansätze des Bundes und der Länder. Zudem wirken die fachpolitischen Kompetenzverlagerungen an die EU etwa in den Bereichen der Agrar-, Energie- und Umweltpolitik zusätzlich einengend. Daher ist es besonders wichtig, für die Regionen einen eigenständigen regionalpolitischen Handlungsspielraum zu sichern und eine effektivere Mitwirkung an den Zielsetzungen der EG-Regionalförderpolitik und ihrer instrumentellen Umsetzung zu erreichen.

Die Initiativen der einzelnen Bundesländer gehen daher in diese beiden Richtungen. Vor allem die unter den Themen „Regionalisierung der Strukturpolitik", „Regionalkonferenzen" und „Regionale Entwicklungskonzepte" laufenden Bemühungen regionalisierter Zusammenarbeit innerhalb bestimmter Räume und zwischen Regional- und Landesebene sind derzeit kennzeichnend für die Ansätze regionaler Struktur- und Entwicklungspolitik (siehe Kap. B.6.). Die regionale Politik- und Planungsebene erfährt dadurch eine erhebliche Aufwertung sowohl in der landespolitischen Wahrnehmung als auch in der Wahrnehmung regionaler Akteure.

Anforderungen an die Infrastruktur- und Verkehrspolitik

Ende 1990 hat die EG-Kommission dem Rat und dem Europäischen Parlament ein Aktionsprogramm der EG „Auf dem Weg zu einer europäischen Infrastruktur" vorgelegt. Darin wird hervorgehoben, daß der Binnenmarkt seine vollen politischen, wirtschaftlichen und sozialen Wirkungen nur dann entfalten kann, wenn die notwendigen transeuropäischen Infrastrukturnetze in den Bereichen Verkehr, Telekommunikation und Energie vorhanden sind. Eine Schlüsselstellung nimmt dabei das Programm für den Verkehrsinfrastrukturausbau ein.

Auszugehen ist von einer fortschreitenden internationalen Arbeitsteilung, von einer Intensivierung des Warenaustausches und von einer starken Zunahme grenzüberschreitender Verkehre. Da die Ausbaumöglichkeiten der Verkehrswege, und hier insbesondere der Straßen, begrenzt sind, werden das Zusammenwirken und die Vernetzung der Verkehrsträger immer wichtiger.

Um das anwachsende Verkehrsaufkommen zu bewältigen, wird eine Kombination leistungsfähiger Verkehrsträger vorgeschlagen, die ein europäisches Hochgeschwindigkeitsbahnnetz einschließt. Es dient der Verbindung bedeutender Wirtschaftszentren und Agglomerationen auch auf nationaler Ebene.

Für Deutschland ergibt sich bedingt durch die zentrale Lage und die polyzentrische Siedlungsstruktur eine relativ hohe Netzdichte. Durch die Einbindung der großen Verkehrsflughäfen sollen Teile des regionalen und des kontinentalen Luftverkehrs überflüssig gemacht werden. Die jeweiligen Haltepunkte im Schienennetz sollen durch regionale Zubringerdienste so bedient werden, daß eine raumordnungspolitisch erwünschte Verbesserung der Erreichbarkeitsverhältnisse zwischen Stadtregionen bei gleichzeitiger Schonung der Umwelt unter Einbeziehung der „Fläche" ermöglicht wird.[20]

Die Europäische Kommission sieht sich dabei als Koordinator der nationalen Strategien für den Aufbau eines solchen transeuropäischen Netzes und will sich an der Finanzierung beteiligen. Dabei soll der Subsidiaritätsgrundsatz beachtet werden und nicht in die Kompetenz der Mitgliedstaaten eingegriffen werden. Die Hauptverantwortung für eine Infrastrukturplanung, die sich an den Dimensionen des Binnenmarktes orientieren soll, liegt bei den Mitgliedstaaten sowie den regionalen und lokalen Gebietskörperschaften.

Im Güterverkehr gilt das Hauptziel, eine Verlagerung des wachsenden Straßentransportaufkommens auf Schiene und Wasserstraßen und eine Entlastung hochverdichteter Transitregionen und europäischer Stadtregionen zu erreichen. Zur Engpaßbeseitigung im transnationalen Transportsystem sind Prioritätensetzungen zugunsten eines Netzes kombinierter Ladungsverkehre und geeigneter Standorträume mit Schnittstellenfunktion notwendig.[21]

Hierbei ergibt sich erheblicher raumordnerischer Handlungsbedarf im Hinblick auf die großräumige Bestimmung geeigneter Standortsysteme von Güterverkehrszentren (GVZ), die regionale Festlegung von nachgeordneten Güterverteilzentren und Zentren des kombinierten Ladungsverkehrs und im Hinblick auf die notwendige kleinräumige Flächensicherung und infrastrukturelle Standorterschließung.

Das im raumordnungspolitischen Orientierungsrahmen entwickelte Leitbild Verkehr stellt primär ab auf eine Verkehrsmengenbewältigung durch Neustrukturierung des großräumigen Verbindungsnetzes im vereinten Deutschland, durch bessere Vernetzung und Entzerrung groß- und kleinräumiger Verkehre und Neuausrichtung der großräumigen Verkehrsströme. Eine Verkehrsentlastung soll durch einen entsprechenden Ausbau der Raum- und Siedlungsstruktur erreicht werden.

Die verkehrspolitischen Ziele, wie sie im Bundesverkehrswegeplan 1992 zum Ausdruck kommen, deuten zwar auf eine stärkere Gewichtung von Umweltbelangen hin, leiten aber keine Trendumkehr in der Verkehrsplanung und im Verkehrsaufkommen ein. So wird im Güterverkehr von 1991 bis 2010 mit einem Wachstum auf der Straße um 45%, auf der Schiene um 125% (gemessen in Tonnen-Kilometer) gerechnet.

Der Bundesverkehrswegeplan ist jedoch nur eine politische Entscheidung darüber, ob ein nach Netzverknüpfung, Ausbautyp und Investitionskosten beschriebenes Projekt planerisch weiter zu verfolgen ist und nachfolgende Schritte zu seiner Realisierung einzuleiten sind. Er kann Entscheidungen auf den nachfolgenden Planungsstufen nicht vorwegnehmen oder ersetzen, d.h. die anschließenden Planungsstufen der Raumordnung, Linienbestimmung sowie der Planfeststellung werden nach den gesetzlichen Vorschriften entsprechend Bundes- und Landesrecht und den darin festgelegten Zuständigkeiten durchgeführt.

Hier liegt der entscheidende Mitwirkungs- und Gestaltungsspielraum der Regionalplanung, sowohl im konzeptionellen Bereich, wenn es um die Aufstellung regionaler integrierter Verkehrsprogramme, um ÖPNV-Konzepte und Ausbauplanungen geht, als auch im Bereich der maßnahmenbezogenen Planungsverfahren, wenn die umweltverträglichste Alternative zu suchen und mit anderen Belangen abzustimmen ist (vgl. Kap. C.3.).

Fast in jedem Land gibt es allerdings widersprüchliche Darstellungen im Verkehrswegenetz zwischen Bundesverkehrswegeplan und Landesverkehrsprogrammen bzw. Landes-/Raumordnungsplänen und Regionalplänen. Auch vorhandene Unstimmigkeiten zwischen Bund und Ländern sowohl hinsichtlich der Bewertung der Dringlichkeit einzelner Projekte des Bundesverkehrswegeplans als auch hinsichtlich der Strukturreform der Bahn und der Regionalisierung des ÖPNV machen es der regionalen Planungsebene nicht einfach, Planungsprioritäten zu setzen, Trassenvorsorge zu betreiben und integrierte Verkehrslösungen anzustoßen.

Die Bahnstrukturreform sieht die Fortführung des Schienenpersonennahverkehrs (SPNV) durch die Länder ab 1996 vor, die ihrerseits durch Gesetz diese Aufgabe zur Pflichtaufgabe der regionalen Ebenen oder zur freiwilligen Aufgabe für einzelne übernahmewillige Regionen oder Teilräume machen kann. Planungsrelevant sind in diesem Zusammenhang vor allem Fragen zu Nutzungsrechten an der Schieneninfrastruktur, zur Gemeinwohlverpflichtung für die Schieneninfrastruktur und das Verkehrsangebot sowie zur Finanzierung und zum Ausgleich bei Übertragung der Aufgaben- und Finanzverantwortung für den Schienenpersonenverkehr (SPNV) auf andere.

Das Erfordernis, für den regionalen ÖPNV neue Organisationsformen zu finden, ergibt sich auch aus der künftig anzuwendenden EG-Verordnung Nr. 1893/91, wonach im Nahverkehr das „Bestellerprinzip" eingeführt werden muß. Gemeinwirtschaftliche Leistungen können künftig nur noch aufgrund vertraglicher Regelungen zwischen der öffentlichen Hand und den Verkehrsunternehmen oder aufgrund von Auflagen im Wege eines Verwaltungsaktes erbracht werden. Für ihre Leistungen haben die Verkehrsunternehmen Anspruch auf ein kostendeckendes Entgelt. Die Umsetzung dieser EG-Verordnung wird durch die Bahnstrukturreform überlagert. Die darin enthaltene Regionalisierung des Schienenpersonennahverkehrs der Deutschen Bahn AG hat insbesondere wegen der finanziellen Regelungen Auswirkungen auf Handlungsspielräume künftiger Besteller und die Rahmenbedingungen und Eckwerte für die künftige Ausgestaltung des regionalen ÖPNV.

Leitvorstellung für die Regionalisierung und Reorganisation des ÖPNV muß es sein, Strukturen zu schaffen, die eine hohe Qualität bei der Bewältigung der Mobilitätsbedürfnisse der Bevölkerung zulassen und zugleich Spielraum für die Gestaltung des öffentlichen Verkehrsangebotes vor Ort in der Verantwortung des Bestellers ermöglichen. Die Aufgabe der Regionalplanung liegt hierbei vor allem in der Erstellung konsensfähiger, verbindlicher Planungsziele zur ÖPNV-Erschließung und -Bedienung, auf deren Grundlage fachliche Konzepte erarbeitet werden können, die wiederum Grundlage sind für die Bündelung und Koordination der unterschiedlichen kommunalen und einzelbetrieblichen Interessen der Besteller.

Für die Regionen ist in diesem Zusammenhang vor allem die Frage der räumlichen Abgrenzung von Nahverkehrsräumen, der Grundlagenerarbeitung und planerischen Konzeption des Infrastrukturangebotes und des Dienstleistungsangebotes im Verkehrsbereich innerhalb der Regionen und deren überregionale Verknüpfung von erheblicher Bedeutung. Für die Regionalplanung ergibt sich hier die Gelegenheit, ihren Koordinationsanspruch und ihre Potentiale der Querschnittsplanung zur Geltung zu bringen (siehe Kap. C.3.).

Unterstellt man, die o.g. raumordnerischen Anforderungen würden künftig in allen struktur- und entwicklungsrelevanten Bereichen wie Verkehrstechnologie, Informationstechnologie, Ver- und Entsorgung als Rahmenbedingungen für eine koordinierte Infrastrukturpolitik auf europäischer, nationaler und regionaler Ebene Geltung erlangen, könnten durch neue räumliche Infrastrukturnetze und -techniken die Chancen einer dezentralen regionalen Entwicklung auf hohem Niveau verbessert werden. Bestehende regionale Ungleichgewichte lassen sich damit jedoch kaum wirksam beeinflussen (BfLR 1993, Informationen zur Raumentwicklung, 9/10).

Energiepolitik

Der Energiemarkt ist im wesentlichen dadurch gekennzeichnet, daß auf ihm teilweise sehr große Konzerne tätig sind, daß im Bereich der leitungsgebundenen Energie ein ausgebautes internationales Verbundnetz besteht und auf der Verteilerebene im wesentlichen geschlossene Versorgungsgebiete und damit verbunden regionale oder nationale Monopolstellungen bestehen.

In der kommunalen und regionalen Versorgungswirtschaft ist der Querverbund, d.h. die Zusammenfassung mehrerer Versorgungssparten, wie Strom, Gas, Wasser, Fernwärme, ggf. auch unter Einbeziehung des Nahverkehrs, im Rahmen eines kommunalen Unternehmens eine häufig zu findende Konstruktion.

Beim Ausbau europaweiter Netzstrukturen im Energiebereich geht es in erster Linie um das Strom- und Erdgasnetz, für das die Europäische Kommission am 22.1.1992 die Richtlinienvorschläge für die Vollendung des Binnenmarktes für Elektrizität und Gas in einem Dreistufenkonzept beschlossen hat. Wesentlich sind dabei die Vorschläge zur Aufhebung von Ausschließlichkeitsrechten und zum Zugang Dritter zum Netz.

Mit der Umstrukturierung im Energiebereich verbinden sich aus europäischer Sicht politische Forderungen hinsichtlich des Abbaus bestehender Hindernisse für den grenzüberschreitenden Austausch von Energieträgern, gemeinsame Überlegungen zur Abstimmung von Investitionen in den Kraftwerksbau, in Leitungsnetze und in die Entwicklung sicherer, kostengünstiger und umweltfreundlicher Energieversorgung. Die Europäische Union ist in diesem Bereich Gesetzgeber und auch Förderer von Projekten, die den o.g. Zielen entsprechen. Für die Richtlinien-Vorschläge der Europäischen Kommission für den Strom- und Gasmarkt gibt es derzeit keine Einigung und Übereinstimmung mit den nationalen Energieversorgungs-Konzepten (Zeitschrift für kommunale Wirtschaft 1993, S. 3), denn die Realisierung dieses Konzeptes würde tiefe Einschnitte in die Struktur der deutschen Energiewirtschaft bedeuten. Besonders problematisch scheint dabei aus regionaler Sicht, daß die Basis für kommunale Versorgungskonzepte

(Wärmekraftkopplung, Fernwärme, Nahwärme) unter Einbeziehung der regenerativen Energiequellen gefährdet sein kann. Damit sind auch wesentliche, bisher geeignete Ansätze einer dezentralen umweltverträglichen Entwicklung der regionalen Energieversorgungsstrukturen und deren Verknüpfung mit Zielsetzungen zur Siedlungsentwicklung und Verkehrsplanung (Querverbundunternehmen) in Frage gestellt.

Auf nationaler Ebene versteht sich Energiepolitik zunehmend als Teil der Umweltpolitik. Im Mittelpunkt stehen die Erschließung von Energiespar- und Umweltentlastungspotentialen und die Nutzung regenerativer Energiequellen. Damit bestehen scheinbar unüberwindliche Zielkonflikte mit der durch die Europäische Gemeinschaft eingeleiteten Energiepolitik.

Für die regionale Planungsebene bedeutsam sind nach wie vor die Überlegungen zu örtlichen und regionalen Energiekonzepten, die planerischen Möglichkeiten der Vorsorgeplanung und Standortfindung für regenerative Energienutzung, insbesondere für Windenergie (hohe Flächenansprüche), sowie die Möglichkeiten der Energieeinsparung sowohl über die programmatische Raumordnung (verkehrsmindernde Siedlungsstrukturkonzepte, Verkehrsträgerkombination) als auch über die projektspezifische Planung. Vor allem im Rahmen von ROV hat die Regionalplanung die Möglichkeit, in der verfahrensbezogenen Planung auf alternative Energieversorgungskonzepte und die Ausnutzung daraus zu gewinnender Komplementäreffekte im Energiebereich hinzuwirken.

Hilfreich scheint in diesem Zusammenhang die geplante Novellierung des Energiewirtschaftsgesetzes aus dem Jahr 1935. Vorgesehen ist eine Ergänzung des Zielkataloges um Ziele zum Umweltschutz und zur Ressourcenschonung, eine Vereinfachung des Marktzuganges und der administrativen Rahmenbedingungen für die Nutzung erneuerbarer Energien und der Kraft-Wärme-Kopplung. Für die Errichtung von Hochspannungsfreileitungen ab 110 kV soll bundeseinheitlich ein Planfeststellungsverfahren eingeführt werden. Die geplanten Änderungen lassen erwarten, daß energiepolitische Planungsziele im Regionalplan und im konkreten maßnahmenbezogenen Genehmigungsverfahren mehr Gewicht erhalten können.

Umweltpolitik

Ohne eine verstärkte Zusammenarbeit in der Umweltpolitik sind regionale, nationale und globale Umweltaufgaben nicht mehr zu bewältigen. Daher sind auf allen Ebenen eine intensive und grenzüberschreitende Auseinandersetzung und Abstimmung zu Fragen des Umweltschutzes angelaufen.

Seit dem Inkrafttreten der Einheitlichen Europäischen Akte am 1.7.1987 gibt es auf europäischer Ebene eine eigenständige Umweltpolitik. Rechtssetzungsakte der Europäischen Gemeinschaft hatten bereits erhebliche Bedeutung für Maßnahmen des Umweltschutzes in den Mitgliedstaaten, so z.B. die Einführung der UVP-Pflicht. Bei allen europäischen Rechtssetzungsakten im Umweltbereich sind die nationale Umsetzungsverpflichtung und der Umsetzungsspielraum relevant. Mitgliedstaaten können gezwungen werden, ein gesetztes Umweltschutzniveau einzuhalten, wenn sich damit das angestrebte Ziel nur auf Gesamt-EU-Ebene erreichen läßt. Auf der Grundlage des Subsidiaritätsprinzips ist jedoch sicherzustellen, daß von den Mitgliedstaaten weitergehende nationale und regionale Schutzmaßnahmen beibehalten oder eingeführt werden können und der Spielraum bleibt, regionalen Besonderheiten Rechnung zu tragen.

Das deutsche Umweltrecht berührt inzwischen alle Planungsbereiche und räumlichen Nutzungsansprüche und wirkt letztendlich durch die Klammer des UVP-Gesetzes auch in die Bereiche, in denen es keine sektorale Umweltgesetzgebung gibt (so z.B. derzeit noch im Energiewirtschaftsgesetz). Die für die Regionalplanung bedeutendsten rechtlich geregelten Umweltbereiche sind die Luftreinhaltung, der Gewässerschutz, die Abfallwirtschaft, der Naturschutz, der Bodenschutz und die Altlastensanierung.

In allen genannten Bereichen gab es in den letzten Jahren Verschärfungen und Konkretisierungen in der Gesetzgebung bzw. neue Gesetzentwürfe sowohl auf Bundes- wie auch auf Landesebene, die zum Teil erhebliche Auswirkungen auf die Inhalte und die Rechtsverbindlichkeit von Planaussagen und Zielfestlegungen der Regionalplanung haben (z.B. § 28a Niedersächsisches Naturschutzgesetz, besonders geschützte Biotope, die im Gesetz nach Biotoptypen aufgeführt sind).

Während die Umweltpolitik auf europäischer Ebene bislang einen reinen ordnungspolitischen Ansatz vertrat, ist die Umweltpolitik in Deutschland zunehmend eine Verknüpfung von Ordnungs-, Anreiz- und fiskalischer Steuerungspolitik (Gebühren, Abgaben, Steuern). Sie wird zunehmend ergänzt durch ein entsprechendes Umweltcontrolling und Umweltstrafrecht und zielt im Bereich der Anreizpolitik insbesondere auf den ökonomischen Aspekt der technologischen Umstrukturierung der Wirtschaft (Umwelttechniken), des Aufbaus des Wirtschaftszweiges Umweltschutz in der gewerblichen Wirtschaft (neu Umwelttechnologien und Beratung) und auf die Sicherung gesunder Lebens- und Arbeitsverhältnisse.

Der umweltpolitische Ansatz in der Raumordnung beruht auf dem Grundsatz des Schutzes der natürlichen Lebensgrundlagen. Die Funktion und Rolle, die die Raumordnung und Regionalplanung dabei im breiten Feld der sektoralen Umweltpolitiken und -planungen einnimmt bzw. einnehmen soll, ist nicht unstrittig, wie die Diskussion um die Einführung einer Umweltleitplanung gezeigt hat (siehe Kap. B.2.).

Es ist unverkennbar, daß die Raumwirksamkeit umweltpolitischer Instrumente erheblich zugenommen hat und auch künftig vor allem in bezug auf umweltökonomische Ansätze und im Zusammenhang mit der regionalen Anwendung von Instrumentarien der Ökobilanzierung und fiskalischer Modelle des Ausgleiches und der Kompensation von Umweltbeeinträchtigungen und -belastungen noch an Bedeutung gewinnen wird. Für die Regionalplanung erschließt sich hier ein sehr weitgehendes Handlungsfeld im Hinblick auf Informationsgewinnung und -verarbeitung, Abwägung und

Entscheidungsmitwirkung sowie konzeptionelle und verbindliche Planung in vielen umweltrelevanten Planungsfeldern (siehe Kap. B.5.).

2. Wandel im Wertegefüge der Gesellschaft

2.1 Wertewandel als kontinuierlicher Prozeß

Die zurückliegenden Jahrzehnte zeichnen sich durch eklatante Verschiebungen des Wertegefüges in der Gesellschaft aus. Die gesamtgesellschaftlichen Veränderungen finden Ausdruck im sozio-kulturellen Wandel zur Liberalisierung aller Lebensbereiche und zur regionalen Differenzierung der Bedürfnisbefriedigung. Selbstverwirklichungswerte wie Kreativität, Ungebundenheit, Gleichstellung/Emanzipation haben Werte wie Unterordnung, Disziplin oder Gehorsam abgelöst (Klages/Kmieciak 1979). Freizeit und Urlaub sind Selbstverständlichkeiten, feste und hochrangige Größen in der Werteskala der Bevölkerung geworden.

Damit sind grundsätzliche Veränderungsprozesse grob skizziert, die bei teilräumlich-differenzierter Betrachtung unterschiedliche Facetten aufweisen. Denn Wertewandel und vor allem seine Geschwindigkeit werden wesentlich beeinflußt von Faktoren, zu denen u.a. die Entwicklung der Bevölkerungsstruktur, der Einkommen und der Arbeitsmärkte, aber auch der Stellenwert und die Stabilität von Traditionen zählen.

Das Bild wird insbesondere auch dann vielgestaltig, wenn man das momentane Wertegefüge in Westdeutschland mit dem der östlichen Bundesländer vergleicht.

Unabhängig von teilräumlichen Differenzierungen zeigt sich jedoch immer deutlicher, daß sich das gesellschaftliche Wertegefüge kontinuierlich verändert und daß sich die sozioökonomischen, ökologischen und raumstrukturellen Folgen dieses Prozesses am intensivsten auf der regionalen Ebene bemerkbar machen.

Wachsende Individualisierung und Mobilität

Durch die Suche nach neuen Selbstverwirklichungswerten haben sich gravierende Veränderungen in der Familien- und Haushaltsstruktur, bei Bevölkerungszahl, -zusammensetzung und als Folge davon bei deren Wünschen ergeben. Sie finden ihren Ausdruck in umfassenden Individualisierungstendenzen, in steigenden Anteilen von Ein-Personen-Haushalten, in einer dynamischen Entwicklung beim individuellen Wohnraumbedarf, im Motorisierungsgrad (stetig wachsende Zahl von Kraftfahrzeugen), in einer zum Teil extrem hohen Mobilitätsbereitschaft und in einem enormen Bedeutungsgewinn der Freizeit.

So haben sich beim individuellen Freizeitverhalten schon in bestimmten Teilräumen spezielle Quantitäten und Qualitäten - etwa durch Überlagerung von verschiedenen

Formen der Freizeitgestaltung und des Tourismus - herausgestellt. Dieser Trend wird in Zukunft anhalten und daher von Politik und Raumordnung nachhaltige Restriktionen und ein Gegensteuern zur Reduktion des motorisierten Verkehrsbedarfes erfordern.

Die Regionalplanung kann dabei hinsichtlich der Rahmenbedingungen - etwa bei der künftigen Ausrichtung der regionalen Siedlungsstruktur - maßgeblich vorbereitend und unterstützend mitwirken. Auch kann sie durch gezielte Maßnahmen, z.B. durch sinnvolle und attraktive Verknüpfung von IV und ÖV in den Randzonen der Verdichtungsräume - wie das in den Niederlanden seit Jahren erfolgreich praktiziert wird -, zur Minderung des Verkehrsbedarfes beitragen.

Höhere Sensibilisierung der Bevölkerung für Umweltprobleme

Neben Aspekte der Wohlstandsmehrung, der Steigerung des Bildungsniveaus und der Konsumforcierung ist - mit stetig steigendem Gewicht - ein Anwachsen der Sensibilität in der Bevölkerung für Umweltprobleme - zumindest im unmittelbaren räumlichen Umfeld - und der Bereitschaft, Grenzen des materiellen Wachstums zu akzeptieren, getreten.

Die Planung, und hier insbesondere die Regionalplanung, blieben davon nicht unberührt. Für sie haben sich durch Werteverschiebungen auf diesem Feld neben zusätzlichen Aufgaben neue Chancen der Profilierung und Interventionen ergeben. Vielfältige erfolgreiche - auch weniger gelungene - Versuche der Ökologisierung der Raumplanung, ihrer Konzepte, Verfahren und Methoden (UVP im ROV, Freiraumsicherung durch gezielte Vorsorgekonzepte, Einbeziehung von Umweltqualitätszielen u.a.m.) sind Indiz dafür.

Auch beim Wertegefüge im betrieblichen Bereich kann man teilweise ähnliche raumbedeutsame Veränderungen erkennen. Bei Anforderungsprofilen standortsuchender Betriebe ist in manchen Branchen, wie an anderer Stelle näher dargestellt wird (siehe Kap. B.4.), das Standortkriterium Umweltqualität relativ weit oben in der Skala der Wertmaßstäbe angesiedelt. Die Planung reagiert auf diese Tendenzen beispielsweise durch die Ausweisung von Gewerbeparks.

Nach Ganser (1988) wird die Landschaft die Infrastrukturqualität der Zukunft sein. Es werde der nicht überleben, der davon zu wenig habe; und zwar nicht irgendeine, sondern eine ökologisch intakte und ästhetisch befriedigende Landschaft.

Je häufiger und stärker Argumente der Arbeitsplatzsicherung und -schaffung in die Waagschale geworfen werden, um so mehr ist jedoch zu bezweifeln, daß eine solche Einschätzung - mit gravierenden planerischen und planungspolitischen Konsequenzen - in bestimmten, besonders betroffenen Räumen mehrheitlich mitgetragen wird. Schon bahnt sich eine Wiederaufnahme des bereits überwunden geglaubten Streits „Ökonomie versus Ökologie" an (Verfahrensbeschleunigungen, ROV mit oder

ohne UVP?, Einschränkung der Öffentlichkeitsbeteiligung, Ausgleichs- und Ersatzmaß-
nahmen ohne sinnvolle räumliche Zuordnung u.a.m.; vgl. dazu auch Kap. B.5.).

Globalisierung und Imagepflege

Als die für Raumplanung und tatsächliche Raumentwicklung gewichtigste und grund-
legendste Veränderung stuft Lendi (1994) den Faktor Zeit ein. Die gesellschaftlichen
Entwicklungen vollziehen sich nach seiner Einschätzung derart schnell, daß räumliche
Prozesse kaum mehr gesteuert werden können. Auf betrieblicher Ebene führten die in
den letzten Jahren stark forcierten Globalisierungsschübe zu einem geradezu beispiel-
losen Bedeutungsgewinn des Faktors Zeit. Sicherlich bestehen zwischen Zeit sowie
Sozial- und Wirtschaftsstruktur immer schon sehr enge Zusammenhänge. Für zahlreiche Betriebe und Branchen hat Zeit inzwischen aber einen Stellenwert erhalten, der
über den Geldwert hinauszuschießen scheint. Wer sich an der europäischen und internationalen Spitze (den Netzknoten) halten oder dort hinkommen will, muß nach dieser
Wertephilosophie die Raumüberwindungsmöglichkeiten stetig beschleunigen (Stiens
1992). Obwohl es hier um einen eher spezialisierten (betrieblichen) Zeitgewinn geht,
reagiert die Politik postwendend, indem ein gutes Maß an Kraft zum Beispiel in den
Ausbau von Trassen für Hochgeschwindigkeitsverkehre und in den Bau neuer Flughäfen investiert wird.

Die wachsende Europäisierung und Globalisierung führt zu einer Verschärfung der
Konkurrenz zwischen einzelnen Teilräumen. Hier zeichnen sich in besonderer Weise
die Metropolregionen aus. Man kann zum Teil heftige Aktivitäten auf dem Gebiet der
Imagepflege erkennen. In Verbindung damit werden neue Wertmaßstäbe propagiert
und z.T. etabliert wie Stadtattraktivität, symbolisches Stadtkapital oder Stadtkultur als
sogenannte weiche Standortfaktoren und mittels Stadtmarketing unter das Volk gebracht.

Großstädte üben sich vermehrt im erfolgsorientierten Zugriff auf Großereignisse
wie Olympische Spiele, Weltausstellungen (EXPO), Großmessen und -kongresse, Kul-
turveranstaltungen, Stadtjubiläen und Megaprojekte in Forschung und Technologie.
Kotyza (nach Ganseforth 1991) hat in diesem Zusammenhang vom Trend zur „Festiva-
lisierung der Stadtentwicklungspolitik" gesprochen. Die Realisierung derartiger Projekte würde bei einigen der „Kandidaten" zur Gefährdung der gewachsenen Strukturen
und zur Verhinderung einer raumangemessenen planvollen Entwicklung führen.

Bei einer solchen Imageaufbesserungsstrategie kann es zu erheblichen Verdrän-
gungsprozessen regionalen Ausmaßes kommen. Ungeliebte/unpassende Funktionen
und Raumnutzungen werden aus den für Festivalisierungen besonders begehrten
Zentralbereichen der Region gedrängt, möglicherweise über die bisherigen Suburbia-
Grenzen in periphere ländliche Räume hinein, oder sie setzen einen step-by-step-
Verdrängungsmechanismus (von innen nach außen) in Gang zu Lasten der jeweils
schwächeren Funktionsträger.

Natürlich muß sich auch die Regionalplanung mit derartigen Aktivitäten auseinandersetzen. Es ist allerdings zweifelhaft, ob und mit welchen konzeptionellen, planungsrechtlichen oder sonstigen Mitteln sie hier gegensteuern kann, denn diese Wertphilosophien der Großstadtpolitik entziehen sich weitgehend ihrer Einflußnahme.

Stärkere regionale Identifikation

Neue Lebenswertgefühle sind zugleich verbunden mit der Suche nach Identifikationsmöglichkeiten, zunächst im jeweiligen Lebensraum.

Aber auch durch die Europäisierungs- und Globalisierungstendenzen hat sich als eine Art Gegenentwicklung der Wunsch beim einzelnen wie auch bei gesellschaftlichen Gruppen nach sozialer Überschaubarkeit verstärkt. Europa als Gemeinschaft wächst stetig; Entscheidungen, auch solche, die die individuelle Existenz betreffen, werden im fernen Brüssel getroffen. Begriffe wie Heimat, regionale Identität, Region als lebensräumliches Bezugssystem und als Lebensraum mittlerer Reichweite erzielen erhöhte Aufmerksamkeit. Der regionale Raum, die Region, wird zunehmend zu einem Rahmen für Identifikation und Identitätsausbildung, je globaler die wirtschaftlichen und gesellschaftlichen Beziehungen und je weniger ehemalige Grenzen integrationshemmend wirken (Spiegel 1991; Ipsen 1993).

Bei breiten Bevölkerungsgruppen wächst das Bewußtsein für den Stellenwert der konkreten räumlichen Daseinsbedingungen im Rahmen des immer härter werdenden Wettbewerbs der Regionen.

Für Regionalplanung und -politik ist eine solche positiv angelegte regionale Identität - bzw. das Bemühen um diese - sehr willkommen. Denn sie kann nicht nur Ausgangspunkt einer selbstbestimmten regionalen Entwicklung, sondern auch Richtungsgeber und Förderer für eine effektive Entfaltung sozialer, kultureller und insbesondere ökonomischer Aktivitäten sowie für Werbestrategie um Investoren sein.

Mit dem Konzept der endogenen Entwicklung wurde die Suche nach regionaler Identität zum politischen und planungstheoretischen Programm erhoben. Doch wo früher monetäre Mittel seitens der staatlichen Politik flossen oder zumindest per Gießkanne tröpfelten, um regionale Eigenentwicklung in Gang zu setzen oder zu stützen, werden heute angesichts leerer Kassen die Regionen vielfach nur durch mentale Unterstützung zur Produktion regionaler Identität, zu Regionalbewußtsein und zur konsequenteren Nutzung der regionalen Potentiale ermuntert. Dahinter verbirgt sich die Hoffnung, mittel- bis langfristig strukturelle Schwächen ausgleichen und auch den östlichen Bundesländern bei der Umschiffung der schwierigen ökonomischen Klippen helfen zu können.

Partizipation

Vorreiter für das wachsende Interesse an sowie das aktivere Einmischen in regional-planerische Vorbereitungs- und Entscheidungsprozesse sind fraglos zum einen die In-itiativen der Umweltverbände. Zum anderen ist dafür auch ein Überschwappen von Mitwirkungserkenntnissen verantwortlich, wie sie im kommunalen Raum durch Bür-gerinitiativen u.a. seit längerem, nicht zuletzt wegen der dafür sich bietenden besseren rechtlichen Möglichkeiten des Baurechts gegenüber dem Raumordnungsrecht beste-hen.

Die Umsetzung dieses Wertewandels wurde forciert durch Regelungen, die über die EU die deutsche Regionalplanungspraxis erreichten. Die Richtlinie der EU zur UVP mit doch relativ weitreichenden Möglichkeiten der Beteiligung für die Öffentlichkeit und für den einzelnen am Planungsgeschehen ist ein markantes Beispiel. Mit der No-vellierung des ROG 1989 wurde die Verknüpfung der UVP mit dem ROV vollzogen. Damit einher ging der Streit um die Art der Öffentlichkeitsbeteiligung (unmittelbar oder über die gemeindliche Beteiligung). Zwischenzeitlich wurde das ROG erneut novelliert (1993), u.a. mit dem Ergebnis, daß es den Ländern künftig freigestellt bleibt, im Rahmen des ROV eine UVP durchzuführen und damit auch eine weitgehende Einbe-ziehung der Öffentlichkeit vorzunehmen.

Diese verschiedenen gesetzlichen Initiativen haben de facto dem Interesse der Öffentlichkeit und des einzelnen an den Überlegungen und Vorhaben der Regionalpla-nung keinen Abbruch getan. Das Bedürfnis nach Beteiligung am Planungsprozeß und an der Vorbereitung von Planungsverfahren und -entscheidungen wächst stetig.

Die Regionalplanung hat mittlerweile vielfach die Notwendigkeit erkannt, Konsens-bildungsprozesse von unten zu organisieren, die Erzeugung von Akzeptanz speziell auf diesem Weg zu fördern. Sie hat erkannt, wie wichtig es gerade auch für einen zügigen und effizienten Ablauf der Planung ist, Probleme wie auch Chancen gemein-sam aufzugreifen, auszudiskutieren und adäquate Lösungen zu finden. Ausdruck hier-für sind nicht zuletzt auch die vielzähligen Regionalkonferenzen, Runden Tische oder sonstigen informellen Ansätze, bei denen die Regionalplanung häufig als Moderator agiert, worauf noch näher einzugehen sein wird (siehe Kap. B.6.). Sie alle zielen von vornherein insbesondere auch darauf ab, die Akteure einer Region möglichst früh und breit an den planerischen Vorhaben zu beteiligen und damit ein für Akzeptanz und spätere Umsetzung ganz wichtiges Vertrauensklima zu schaffen. Im dem Zusammen-hang wird bereits von einer Art partizipatorischer Revolution (Ritter et al. 1993) ge-sprochen.

Wertewandel im Planungsverständnis

Die Chancen für dezentrale regionale Lösungen bei den anstehenden Aufgaben in der Planung sind zur Zeit günstig. Es ist eine durchgängige Strömung hin zur Entstaatlichung, zur Deregulierung und zum Abbau von Vorgaben und Institutionen auszumachen (Ritter et al. 1993). Für dezentrale Aufgabenwahrnehmung auf regionaler Ebene sprechen auch die wachsende Bedeutung der Öffentlichkeitsbeteiligung an Planungsprozessen und der Entbürokratisierung, ferner die geringeren Informations- und Planungskosten oder auch der Umstand, daß das Individuum desto eher Einfluß auf die Bereitstellung öffentlicher Leistungen nehmen und seine Wertvorstellungen/Präferenzen einbringen kann, je kleiner die räumliche Bezugsebene (Gebietskörperschaft) ist.

Dieses sind wichtige Bausteine einer Regionalisierung, die sich augenblicklich in verschiedensten Politikbereichen - auch im Bereich der räumlichen Gesamtplanung - als Zielrichtung/Wertmaßstab festsetzt. In Regionalplanung und Regionalpolitik treffen die Regionalisierungstendenzen auf guten Nährboden. Die Komplexität der zu bewältigenden Aufgaben hat bei vielen Akteuren, insbesondere auch beim Staat, die Bedeutung von Kooperation auf regionaler Ebene erkennen lassen. Es hat sich verstärkt die Erkenntnis durchgesetzt, daß Probleme leichter zu lösen sind, wenn Konsens von unten, mehr Transparenz und Akzeptanz erzeugt werden. Dieses kann auch nicht durch das Wissen getrübt werden, daß bei einer Reihe von Problembereichen Konsens von unten nicht zu erzielen ist, etwa im Abfallbereich oder bei einigen Verkehrsprojekten.

In einer Reihe von Regionen hat sich durch ein stärkeres Verzahnen von regionaler Strukturpolitik und Regionalplanung oder durch Abfärbungseffekte der regionalpolitischen Instrumente und Vorgehensweisen - u.a. mit Regionalkonferenzen, Arbeitskreisen, Beratungsstellen, Entwicklungskonzepten (Ritter et al. 1993; Fürst/Ritter 1993) - ein verändertes bzw. ergänztes Planungsverständnis ergeben, das vor allem auch um Verbesserung der Kooperationsbereitschaft und um Schaffung eines Vertrauensklimas in einer Region bemüht ist.

Da davon auszugehen ist, daß weder die Problemfelder künftig einfacher zu bearbeiten sein werden, noch die gesellschaftlichen Wertegefüge und damit auch die raumplanungspolitischen Orientierungen unverändert bleiben, wird auch die Regionalisierung der Politik an Bedeutung gewinnen und somit das Planungsverständnis weiter prägen im Sinne einer von Partizipation, Konsens und Problemnähe bestimmten räumlichen Planung.

2.2 Regionalpolitische und -planerische Konsequenzen

Mit den Änderungen der gesellschaftlichen Wertmaßstäbe wandelten sich im Zeitablauf teilweise auch die Zielsysteme der Raumordnung und Landesplanung in ihrer jeweiligen Ausrichtung, Differenzierung und Gewichtung.

Die Veränderungen im gesellschaftlichen Wertegefüge führen jeweils aber auch zu unterschiedlich ausgeprägten direkten Auswirkungen auf die Raum-, Siedlungs- und Infrastrukturen der Teilräume. Viele davon sind verbunden mit neuen Flächenansprüchen zu Lasten des Freiraums, mit Umweltbeeinträchtigungen oder Abfallproblemen. Diese

91

treten damit in harte Konkurrenz zu anderen Wertmaßstäben, bei denen es um die nachhaltige Sicherung der natürlichen Lebensgrundlagen, der Naturraumpotentiale und der Leistungsfähigkeit des Naturhaushaltes geht (Nachhaltigkeit/sustainable development). Wie aktuelle Untersuchungen im Auftrag der ARL[22] zeigen, besteht hier gerade auf regionaler Ebene nach wie vor erheblicher Entscheidungsdruck und Handlungsbedarf. Die Möglichkeiten einer konsequenten Ökologisierung der Regionalplanung sind bislang noch nicht voll ausgereizt worden.

Es ist außerdem zu berücksichtigen, daß hinter neuen Lebensphilosophien nach Selbstverwirklichung, Mobilität, Umweltbewußtsein usw. beileibe nicht die Ansprüche aller Bevölkerungsgruppen stehen. Bestimmte Bevölkerungskreise suchen vorrangig nur die materielle Sicherung der Existenz, sind immobil und nichtmotorisiert (z.B. Alte, Kinder, Kranke, Schlechterverdienende, Arbeitslose). Durch den raschen Wandel im Osten Europas und die Wirtschaftsschwächen und politischen Wirren in anderen Teilen der Welt haben sich diese Bevölkerungsgruppen erheblich differenziert und vergrößert. Es ist abzusehen, daß sich diese Entwicklung noch in der Anfangsphase befindet.

Neben den Bedürfnissen dieser Kreise angepaßten verkehrspolitischen Strategien (Verkehrsangebote im ÖV) können auch raumstrukturelle Initiativen dazu führen, Mobilitätsbedarfe und -zwänge gezielt zu reduzieren. Standortplanung und -vorsorge durch die Regionalplanung auf regionaler Ebene nach Kriterien wie funktionale Bündelung und räumliche Nähe wären geeignete regionalpolitische Wege.

All diese Facetten zeigen, daß zahlreiche Problemfelder von Politik und Planung Spiegel der jeweiligen gesellschaftlichen Wertegefüge sind (Klages et. al 1979). Die Problemfelder sind heterogener geworden, weil sich die gesellschaftlichen Lebens- und Produktionsprozesse differenzierter entwickelt haben. Sie erfordern immer weniger standardisierte, einheitliche Vorgaben zentraler Programme als vielmehr dezentrale, regionale Strategien (Fürst/Ritter 1993).

Veränderte Bedürfnisse hinsichtlich Wohnen, Wohnumfeld, Freizeitgestaltung und beruflicher Fortbildung erfordern daher entsprechende Konzepte, deren Ziel es nicht sein kann, die immobilen und nichtmotorisierten Personengruppen von den Chancen für eine angemessene eigene Lebensgestaltung auszugrenzen. Daher wird sich diese Aufgabe stärker als bisher nur im konkreten räumlich-sozialen Kontext einer regionalen Bezugseinheit und auf der Grundlage raumspezifischer Konzepte der Regionalplanung erfüllen lassen.

Schließlich ist hervorzuheben, daß die Struktur und die gruppenspezifische Zusammensetzung der regionalen Bevölkerung und ihre Veränderung (insbesondere durch Wanderungsbewegungen) mit den dazu geprägten Werthaltungen künftig für die Entwicklung der Regionen an Bedeutung gewinnen werden. Sie müssen als regionale Planungsgrößen mit größerer Differenziertheit hinsichtlich sozioökonomischer, kultureller und ethnischer Ansprüche und Bedürfnisse in Planungs- und Entscheidungsprozesse der Regionalplanung eingehen.

3. Räumliche Umweltvorsorge

3.1 Anforderungen an die räumliche Umweltvorsorgeplanung

Die Anforderungen an eine ökologisch orientierte Raumplanung, die einen eigenen entscheidenden Beitrag für eine umweltgerechte Planung und ökologisch orientierte Umstrukturierung räumlicher und produktiver Nutzungsstrukturen leisten kann, sind mittlerweile relativ konkret.[23] Die Raumplanung ist daher auf allen Ebenen veranlaßt, sich an der Lösung ökologischer Fragestellungen zu beteiligen und ihren Beitrag zu einer umweltgerechten Raumentwicklung deutlich werden zu lassen. Die Möglichkeiten und die Grenzen der räumlichen Umweltvorsorge sind im bestehenden System der Raumplanung jedoch rechtlichen, institutionellen, inhaltlichen und methodischen Restriktionen unterworfen; dies gilt es zu berücksichtigen.

Aus der Diskussion um die Einführung der Umweltplanung - sei es im Sinne einer Umweltleitplanung oder eines weiter zu entwickelnden Systems raumbezogener Umweltfachplanung und deren Harmonisierung über ein entsprechendes Umweltplanungsrecht - ist hinreichend deutlich geworden, worin diese Restriktionen bestehen und worin der besondere Auftrag und der herausgehobene Stellenwert der räumlichen Gesamtplanung für einen wirksamen Umweltschutz zu sehen sind. Dennoch ist es bisher nur bedingt gelungen, diesen Stellenwert und den ökologisch orientierten Anspruch der Raumplanung nach außen entsprechend wirksam darzustellen und durchzusetzen.[24] Dieses Defizit ist jedoch nicht ausschließlich planerischer Natur, sondern entscheidend politischer Natur, denn „mehr Ökologie" bzw. der „Vorrang Ökologie vor Ökonomie" sind häufig, insbesondere auf regionaler Ebene, noch nicht mehrheitsfähig.

Ansatzpunkte für eine Verbesserung liegen daher zum einen darin, durch ein entsprechendes umweltbezogenes Planungsmanagement die Tragweite politischer Entscheidungen transparenter zu machen und dadurch im Vorfeld von Entscheidungen beeinflussend zu wirken, und zum anderen darin, immer wieder darauf hinzuweisen, daß eine isolierte Raumplanungsstrategie zur Umweltvorsorge nur geringe Wirkung und Durchsetzungskraft entfalten kann, auch dann, wenn sie ihre derzeit noch ungenutzten Potentiale (Jansen/Wagner 1993; Hübler 1993) zugunsten einer stärkeren Umweltvorsorge und einer ökologisch orientierten Steuerung der Raumnutzungsstrukturen und räumlicher Nutzungsinteressen ausschöpft (Schmidt-Aßmann 1991, S. 171).

Eine wirksame Umweltvorsorge verlangt die Nachbesserung ungünstiger sowie den Erhalt und den Neubau günstiger Raum- und Nutzungsstrukturen. Dazu ist eine horizontale, vertikale und ressortübergreifende Integration verschiedenster Instrumente aus den Bereichen der räumlichen Planung, der infrastrukturellen Fachplanung, des Ordnungsrechtes und der Preispolitik notwendig; darüber besteht inzwischen weitgehend Konsens. Wie man jedoch die Schere zwischen ökologischer Leistungsfähigkeit von Teilräumen und räumlichen Nutzungsinteressen schließt, welche Rolle dabei die räumliche Gesamtplanung vor allem auf der Ebene der Teilräume - also konkret die

Regionalplanung - hat, ist nicht abschließend geklärt (ILS-Schriften 1993b, Hübler 1993, S. 12)[25].

Seit Mitte der 70er Jahre gab es mehrere Ansätze, die Anforderungen an die Raum-ordnung und Regionalplanung aus umweltpolitischer und -fachlicher Sicht zu systema-tisieren und zu konkretisieren. Dennoch läßt sich bis heute daraus kein umfassendes und allgemein gültiges Konzept für eine ökologisch orientierte Regionalplanung oder querschnittsbezogene regionale Umweltvorsorgeplanung ableiten.[26]

Bei der Transformation der vorliegenden Ansätze auf die regionale Planungsebene zeigten sich immer wieder erhebliche Operationalisierungs- und Umsetzungsprobleme, Wissens- und Informationsdefizite sowie eine mangelnde Verknüpfung der umwelt- und regionalpolitischen Werte- und Entscheidungsebene mit der regionalen und kom-munalen Planungsebene.

Dennoch gab es in der letzten Zeit erhebliche Fortschritte sowohl im wissenschaft-lichen Bereich als auch im Bereich der rechtlichen Planungsgrundlagen und -instrumen-te sowie in der planungspraktischen Anwendung. Bereits mit der Novelle des ROG 1989 wurde u.a. der Anspruch verfolgt, die Raumordnung stärker als bisher ökologisch auszurichten. Nach § 1 Abs. 1 ROG sind der Schutz, die Pflege und Entwicklung der natürlichen Lebensgrundlagen und die langfristige Offenhaltung von Gestaltungsmöglich-keiten der Raumnutzung zwei der vier zentralen Aufgaben und Leitvorstellungen der Raumordnung. Zahlreiche Anforderungen an die Beachtung der Umweltbelange erge-ben sich direkt aus den Grundsätzen der Raumordnung in § 2 ROG, vor allem aus Nr. 2 (gesunde Lebensbedingungen sichern und entwickeln), Nr. 5 (negative Verdichtungs-folgen verhindern und beseitigen), Nr. 6 (natürliche Standortqualitäten ländlicher Räu-me sichern und verbessern), Nr. 7 (land- und forstwirtschaftliche Bodennutzung in Ein-klang bringen mit Bodenschutz und Landschaftspflege) und insbesondere aus Nr. 8 (Vorsorge für den Erhalt der Leistungsfähigkeit der Umweltmedien).

Dadurch hat sich der Auftrag der Regionalplanung zur Umweltvorsorge und zum umweltbezogenen Planungsmanagement erheblich gefestigt und wurde in vielen Be-reichen und Regionen von ihr bereits richtungsweisend aufgegriffen (vgl. Kap. B.5.).
Des weiteren kann festgestellt werden, daß durch den vermehrten Einsatz von diffe-renzierten freiraumbezogenen Planelementen in den Regionalplänen vieler Bundes-länder ein wesentlicher Beitrag zur Umsetzung der anspruchsvollen Freiraumsiche-rungs- und Umweltvorsorgeaufgabe geleistet worden ist (Kistenmacher et al. 1993, S. 1-10). Eine verbesserte Berücksichtigung der Freiraum- und Umweltbelange im Rah-men der umfassenden Abwägungsaufgabe der Landes- und Regionalplanung ist durch die Weiterentwicklung dieser Planinstrumente erreicht worden. Dennoch zeigen sich noch Defizite im Bereich der methodischen Herleitung und der fachlichen Begrün-dungsqualität sowie bei der Anwendung in den Regionalplänen.

Es ist trotz erzielter Erfolge ein erheblicher Forschungsbedarf bezüglich weiterer Aufgabenfelder räumlicher Umweltvorsorge auf der regionalen Ebene einschließlich der Einbeziehung von Umweltqualitätszielen zu konstatieren.

Anstöße zur Veränderung von Sichtweisen und Denkmustern in der Raumordnung und Regionalplanung ergeben sich derzeit auch aus den raumordnungspolitischen Diskussionen auf europäischer und bundesdeutscher Ebene. Der Europarat und die Europäische Kommission diskutieren derzeit unter dem Thema „Entwicklungsperspektiven für den größeren europäischen Raum" in breitem Rahmen die Herausforderung für die europäische Gesellschaft, die Perspektiven für „sustainable development" und die Konsequenzen daraus für die Raumplanungen in den Regionen Europas.[27]

In der Bundesraumordnung wurde mit dem Raumordnungspolitischen Orientierungsrahmen und seinem Leitbild zur Umwelt- und Raumnutzung eine Diskussion angestoßen, die den Beitrag der Raumordnung im Rahmen der räumlichen Umweltvorsorge neu definieren soll. Der Raumordnungspolitische Orientierungsrahmen nennt drei umweltpolitische Schwerpunkte in der Raumordnung:

- Erster Schwerpunkt sind der Ressourcenschutz und die ökologische Qualitätssicherung. Dazu gehören: allgemeiner Freiraumschutz, Aufbau eines ökologischen Verbundsystems, Sicherung von Gebieten für die landschaftsorientierte Erholung und Sicherung von Wasservorkommen. Planungsansatz ist eine Ordnungs- und Entwicklungsplanung mit dem Anspruch einer „erhaltensorientierten" Flächennutzung in Räumen mit besonders hohem Umweltpotential und einer „haushälterischen" Bewirtschaftung der natürlichen Ressourcen mit natürlicher Regenerationsfähigkeit. Künftig muß sich dieser Planungsansatz verknüpfen mit dem Konzept der nachhaltigen Regionalentwicklung.

- Der zweite raumordnerische Schwerpunkt ist die ökologische Qualitätsverbesserung vor allem durch Behebung von Umweltschäden und Minderung bestehender Umweltbelastungen. Dazu zählen primär Maßnahmen zur Gefahrenabwehr, zur Sanierung und zur langfristigen Umstrukturierung vor allem in Gebieten mit Luftbelastungen, in Gebieten mit belasteten Grund- und Oberflächengewässern, in Tagebaugebieten, in Gebieten mit Strahlenbelastung und schwermetallbelasteten Böden, in altindustrialisierten Gebieten und Bereichen mit militärischen Anlagen sowie in übermäßig verlärmten Bereichen.
Ansatzpunkte für die Landes- und Regionalplanung liegen hierbei im Bereich der Abwehr von Gefährdungen für Mensch und Umwelt und in der Wiederinstandsetzung, so daß eine gefahrlose Weiternutzung der Räume erreicht werden kann. In der Regel verbinden sich damit vielfältige und besondere Maßnahmen einer kurz- und langfristigen umweltentlastenden Ver- und Entsorgungsplanung (z.B. Brennstoffumstellung, Abwassermaßnahmen, Verbesserung der Trinkwasserversorgung). Dieser Planungsansatz verknüpft sich stark mit den inhaltlichen Vorstellungen, die im Zusammenhang mit Umweltqualitätsstandards für die Bereiche Luft, Boden, Wasser diskutiert werden.[28]

- Der dritte Schwerpunkt raumordnerischer Umweltpolitik ist die Bewältigung von Nutzungskonflikten im Raum. Ansatzpunkte dafür sind zum einen die bestehenden räumlichen Nutzungen, zum anderen die vorhandenen Umweltpotentiale. Der Planungsansatz entspricht dem einer restriktiven Ordnungsplanung kombiniert mit

Umweltqualitätszielen und umweltökonomischen Steuerungsinstrumenten. Die vorhandenen Umweltpotentiale und natürlichen Ressourcen gelten als regionale Entwicklungsgrundlagen, die spezifische räumliche Nutzungsstrukturen und arbeitsteilige räumliche Nutzungs- und Aufgabenverteilungen erfordern bzw. zulassen. Bei vorhandenen Raumnutzungskonflikten, bestehenden Raumnutzungsunverträglichkeiten und besonderen Belastungssituationen, die eine Nutzungsentzerrung, Nutzungsextensivierung oder eine eindeutige Prioritätensetzung zugunsten einer zulässigen Nutzung notwendig machen, ist vor allem die gezielte Koordination aller am erwünschten „Struktur- und Nutzungsumbau" beteiligten und dafür zu gewinnenden Kräfte gefragt.

Ziel muß es sein, in der Region die Möglichkeiten der Umweltentlastung und der Stabilisierung des Schutzes und der langfristigen Funktionssicherung der natürlichen Lebensgrundlagen zu erkennen und durch geeignete Planungen und Vorhaben zu nutzen zugunsten einer Optionssicherung für künftige Entwicklungsspielräume. Ein solcher Ansatz stellt sicher, daß der notwendige flexible Handlungsspielraum für kurzfristig erforderliche Abwägungen ökologischer, sozialer und ökonomischer Belange erhalten bleibt. Entwicklungsrestriktionen, die zu umbruchartigen, krisenhaften Veränderungen in der Region zwingen, können so verhindert bzw. gemildert werden.

3.2 Ansätze für eine Stärkung des Stellenwertes der Umweltbelange in der Raumordnung und ihre systematische Einbeziehung in die Regionalplanung

Eine generelle Vorrangstellung der Umweltbelange gegenüber anderen Belangen im Rahmen der raumordnerischen Abwägung läßt sich aus dem ROG nicht ableiten. Unstrittig ist jedoch, daß bei Zielkonflikten, die eine wesentliche und langfristige Beeinträchtigung der natürlichen Lebensgrundlagen bzw. eine konkrete Gefährdung menschlicher Gesundheit im Sinne eines erheblichen Risikos erwarten lassen (Besorgnisgrundsatz), den Umweltbelangen ein absoluter Abwägungsvorrang einzuräumen ist (Schmidt-Aßmann 1990, S. 175). Diese Auffassung vertrat bereits 1972 die MKRO[29], inzwischen hat sie z.T. Eingang gefunden in planungsrechtliche Grundlagen der Landes- und Regionalplanung[30].

Grundsätzlich gilt jedoch, daß Umweltbelange, wie alle anderen Belange auch, nach ihrem objektiven Gewicht in die Abwägung einzustellen sind. Das bedeutet, daß die Umsetzung von Umwelterfordernissen durch die Raumordnung zum einen entscheidend davon abhängt, wie konkret die Umweltbelange bzw. umweltbezogenen Anforderungen sind, um im Abwägungsprozeß entsprechend stark zur Geltung zu kommen, und zum anderen davon, wie bindend und konkret die raumordnerischen Zielvorgaben zur Umweltvorsorge in den Landes- und Regionalplänen/-programmen sind (Grundsätze oder Ziele bzw. konkretisierte Umweltqualitätsziele im Sinne von Umweltstandards).

Damit stellen sich weitere entscheidende Fragen: Auf welchen Handlungsebenen muß raumordnerische Umweltvorsorge ansetzen und instrumentiert werden, um tatsächlich wirksam umgesetzt werden zu können? Aus der bisherigen Diskussion läßt sich relativ eindeutig ableiten, daß sich eine Stärkung der ökologisch orientierten Gesamtplanung in erster Linie auf regionaler Ebene und in enger Verzahnung mit der Landschaftsrahmenplanung und den räumlichen Fachplanungen wie der Wasserwirtschaft und Forstwirtschaft, dem Bodenschutz und der Bauleitplanung erreichen läßt (Schmidt-Aßmann1990, S. 178; Finke 1993; Fürst 1989, S. 83ff.) (vgl. Kap. B.5.).

Oftmals wird die Frage aufgeworfen, welche weitergehenden und wirksameren Sicherungsaufgaben sowie effektiveren Entwicklungsimpulse von der Landes- und Regionalplanung als räumlicher Gesamtplanung im Verhältnis zur sektoralen Fachplanung erfüllt bzw. erzielt werden können. Weitgehend unbestritten ist, daß gerade durch das inzwischen entwickelte freiraumsichernde Instrumentarium der Regionalplanung die bestehenden Defizite der Fachplanung in diesen Bereichen zumindest teilweise kompensiert werden können. Darüber hinaus leisten diese freiraum- bzw. umweltbezogenen Planelemente einen nicht unerheblichen Beitrag zur räumlichen Umweltvorsorge, der allein durch die jeweiligen Fachplanungen nicht zu erzielen ist.[31]

So können in einigen Funktionsbereichen (Grundwassersicherung, Biotop- und Artenschutz) durch regionalplanerische Ausweisungen sowohl räumliche Ergänzungen als auch zeitlich vorlaufende Sicherungen von Naturraumpotentialen erreicht werden, während in anderen Funktionsbereichen (Erholung und Freizeit, Rohstoffsicherung, Klimaschutz) aufgrund des Fehlens von entsprechenden zielorientierten Fachplanungen der Regionalplanung mit ihren Planelementen eine besondere Aufgabe zukommt.

Nicht zuletzt ist die Aufgabe der Sicherung eines zusammenhängenden Freiraumsystems im Kontext zur siedlungsstrukturellen Entwicklung eine originäre Aufgabe der koordinierenden räumlichen Gesamtplanung. Hierbei haben sich die Regionalen Grünzüge als freiraumschützendes Planinstrument zur Beeinflussung der regionalen Siedlungsentwicklung in Verdichtungsräumen sowie in Gebieten mit starkem Siedlungsdruck insgesamt gesehen bewährt. Sie leisten einen nicht unerheblichen Beitrag zur Verbesserung der Lebensbedingungen in diesen Räumen. „Die Erforderlichkeit eines umfassenden regionalen Freiraumschutzes, wie er durch Grünzüge erreicht werden kann, ist insbesondere auch dadurch begründet, daß die Attraktivität und die siedlungsstrukturelle Funktionsfähigkeit von Verdichtungsgebieten in wachsendem Maße von der Erhaltung noch vorhandener zusammenhängender Freiräume bestimmt wird." (Kistenmacher et al. 1993, S. 247)

Über die bisherigen Aktivitäten hinaus ist für viele Bereiche (medial, nutzungs- oder funktionsbezogen), in denen eine raumordnerische Vorsorgeplanung erforderlich ist, zu prüfen, inwieweit sich der Koordinations- und Querschnittsansatz der Landes- und Regionalplanung noch effektiver ausbauen läßt. Insbesondere ist aufbauend auf den vorhandenen Instrumenten zu untersuchen, welche Ansätze zu differenzieren und weiterzuentwickeln sind, um auf der regionalen Ebene wirksamer als bisher eingesetzt werden zu können (vgl. Kap. C.3.).

Von Bedeutung ist auch die Frage, auf welches „neue" räumliche Entwicklungsleitbild hin und nach welchen Ordnungsprinzipien Regionalplanung koordinieren und steuern soll, um ihrem umfassenden Auftrag einer gerechten Abwägung aller Raumnutzungsansprüche nachzukommen. Die Leitbilder zur räumlichen Nutzungsverteilung bieten nur z.T. die Grundlagen für eine ökologisch orientierte räumliche Ordnung (Fürst 1986; Marx 1991).

Nachhaltige Regionalentwicklung

Das Konzept der nachhaltigen Regionalentwicklung im Sinne einer dauerhaften, umweltgerechten Raumentwicklung baut auf dem Prinzip des „sustainable development" auf . Der Begriff „sustainable development" ist seit dem Brundtland-Bericht 1987 und der UNCED-Konferenz in Rio 1992 zum Inbegriff einer „Überlebensstrategie" geworden, die sich auf alle räumlichen und sachlichen Ausschnitte und Abläufe naturwissenschaftlicher, sozio-ökonomischer und sozio-politischer Prozesse übertragen und anwenden läßt.

Vieles deutet inzwischen darauf hin, daß sich die vielschichtigen umweltpolitischen Aspekte der „Nachhaltigkeit", die in die Diskussion und Überlegungen zu „sustainable development" eingeflossen sind, vom ökologischen Prinzip der Nachhaltigkeit z.T. weit entfernt haben. Deshalb beurteilen Ökologen diese Entwicklung entsprechend kritisch. So hält Haber (1994, S. 13) die derzeitige Diskussion der Nachhaltigkeit für eine Schlagwort-Diskussion, die allenfalls dazu dienen kann, schlimmere Auswüchse der industriell-technischen Entwicklung der Menschheit zu verhindern. Seiner Meinung nach mache die derzeitige Diskussion zum wiederholten Male deutlich, daß es nicht gelingen kann ..." aus natürlichen Vorgaben unterschiedlicher Art sozioökonomische, von Effizienz und Gerechtigkeit beherrschte allgemeingültige Prinzipien oder gar Strategien zu entwickeln, ohne ökologische Regeln zu verletzen" (Haber 1994, S. 13).

Von dieser Erkenntnis geleitet gibt es inzwischen mehrere Ansätze und Versuche, das Prinzip des „sustainable development" als nachhaltige Entwicklung der ökologischen, ökonomischen und sozialen/politischen Dimension zu begreifen und in ein raumplanerisches Konzept einer „nachhaltigen Regionalentwicklung" oder „dauerhaften umweltgerechten Raumentwicklung" zu überführen (Spehl 1993; Klemmer 1994). Die anwendungsbezogenen Ansätze dazu sind stark empirisch und umsetzungsorientiert angelegt. Sie haben meist konkret abgegrenzte Räume als Bezugsrahmen, der Begriff „Region" wird häufig reduziert auf überschaubare oder administrativ abgegrenzte Einheiten. Der Zusammenhang mit einem bereits bestehenden regionalen Planungsraum hat dabei keine prioritäre Bedeutung.[32]

Ungeachtet dessen wird „nachhaltige Entwicklung" bzw. das Prinzip der Nachhaltigkeit zum Qualitätsmerkmal und zur politischen Forderung auf unterschiedlichsten Ebenen.[33] So macht die EU neuerdings für die Strukturförderung in "Ziel-1-, -2- und -5b-Gebieten zur Auflage, daß Entwicklungspläne, die Grundlage für die Fördermittelgewährung sind, eine Beurteilung der Umweltsituation des betreffenden Gebietes und eine Bewertung der Umweltauswirkungen der vorgesehenen Maßnahmen nach den Grundsätzen der dauerhaften Entwicklung und in Übereinstimmung mit den geltenden Gemeinschaftsvorschriften enthalten müssen. Darüber hinaus ist die Beteiligung der zuständigen Umweltbehörden anzugeben.

Hieraus wird deutlich, daß das Prinzip der nachhaltigen Entwicklung aus europäischer Sicht nicht in Zusammenhang gebracht wird mit der Querschnittsplanung und mit dem Koordinationsauftrag der Raumordnung nach deutschem Verständnis. Aus deutscher Sicht wäre es daher lohnend, die Kenntnisse und Koordinationsleistungen der Regional- und Landesplanungen instrumentell und entscheidungsbezogen mit den strukturpolitischen und fiskalischen Zielen der Förderkonzepte der EU, des Bundes und der Länder so zu verknüpfen, daß eine effektivere Programmumsetzung und ein effizienterer Fördermitteleinsatz im Sinne einer regional definierten „nachhaltigen Entwicklung" erreicht werden könnten.

Die jüngste umweltpolitische Debatte (u.a. im Zusammenhang mit den Zielsetzungen des Erdgipfels von Rio 1992, dem CO_2-Minderungsziel der Bundesregierung, u.a.) hat deutlich werden lassen, daß Umdenken und Umlenken im Wirtschafts- und Wachstumsdenken der Industriestaaten zwar begrüßt wird, andererseits aber entsprechende Konsequenzen fehlen. So wird allenthalben für notwendig gehalten, daß die Industrieländer Vorreiterfunktion übernehmen und Innovationsträger sind bei der Einführung von Stoff- und Energiebilanzen, von Umweltschutztechnik und Know-how zur Energieeinsparung und Umweltsanierung und daß ein markantes Umweltprofil für den Standort Deutschland ein neues Qualitätskennzeichen sei, das seinerseits Wachstumsimpulse setze. Aus Rücksicht auf die kurz- bis mittelfristige Stabilität des Wirtschafts- und Wohlstandsniveaus werden jedoch auf europäischer und auf staatlichen Ebenen die politischen Weichen dafür nicht oder nur zögerlich gestellt. Denn eindeutige umweltpolitische Prioritätensetzungen allein reichen für eine richtungsweisende Umsteuerung noch nicht aus. Sie müßten gekoppelt sein, an neue, international anerkannte Zukunftsvisionen einer umweltgerechten Wirtschafts- und Wohlfahrtsentwicklung mit klaren Rahmenbedingungen und Grenzsetzungen für individuelles, unternehmerisches und staatliches Handeln.

Im Zusammenhang mit der Leitbilddiskussion zum Orientierungsrahmen wurde daher kritisch zum Ausdruck gebracht, daß ein Leitbild „Umwelt und Raumordnung" nur dann raumordnerische Konsequenzen zeitigen kann, wenn es nicht bei der Zielformulierung: „entlasten, sanieren, schützen, Umweltqualitäten sichern, Umweltbelastungen vermindern" stehen bleibt, sondern aufbaut auf eine Politik klarer übergreifender Zielsetzungen zur umweltgerechten nachhaltigen Entwicklung, die in allen relevanten Fachpolitikbereichen die entsprechenden Grenzen setzt und in Frage kommende Handlungsspielräume eröffnet. Erst muß politisch - von oben nach unten und von unten nach oben - definiert werden, wieviel Straßenverkehr, wieviel Förderung des Schienenverkehrs, wieviel zusätzliche Schadstoffbelastung oder Bodenversiegelung geduldet werden soll, d.h. welche Rahmenbedingungen für Wirtschaften im Raum und für die

Geographisches Institut
der Universität Kiel

Nutzung natürlicher Lebensgrundlagen gesetzt werden. Darauf können dann Raumordnung und vor allem Regionalplanung aufbauen und eine wirksame Umsteuerung der Raum- und Nutzungsstrukturen einleiten. Gelingt es nicht, eindeutige politische Zielvorgaben zu beschließen - u.a. auf Betreiben der Regionalplanung -, kann die Regionalplanung ihre Rolle als „räumlicher Umweltschützer" mit Querschnittsanspruch nur sehr begrenzt zugunsten einer wirksam nachhaltigen Regionalentwicklung wahrnehmen.

Derzeit ist in Wissenschaftskreisen noch strittig, ob Konzepte der nachhaltigen Entwicklung von oben, d.h. als globale Konzepte, oder von unten, d.h. als regionale Konzepte, zu entwickeln seien. Die mangelnde Kenntnis zwingt daher zu pragmatischen Ansätzen und spricht aus Sicht der Raumordnung eher dafür, in konkreten Regionen und an konkreten Beispielen die ökologische und soziopolitische Dimension nachhaltiger Entwicklung in relevanten Einzelaspekten zu ermitteln und konkrete Veränderungen in Richtung auf eine „nachhaltige Entwicklung" der Region anzustoßen und zu begleiten.

Inwieweit die Regionalplanung dabei auf ihr klassisches standort- und flächenbezogenes Instrumentarium der räumlichen Funktions- und Nutzungsverteilung aufbauen kann, ist noch zu prüfen. Allerdings ist davon auszugehen, daß in vielen Bereichen eine Weiterentwicklung und Ergänzung erforderlich ist. Ebenso sind Veränderungen in der bisher geübten Praxis formaler Planungsverfahren zu erwarten.

Gefragt sind vor allem zeitlich gestufte, in Verbindlichkeit, Aussagedichte, Steuerungs- und Anreizwirkung differenzierende Planungsziele und konkrete Entwicklungs- und Entlastungskonzepte für die wichtigsten regionalen Nutzungs- und Belastungsbereiche (z.B. Verkehr - Luft, Siedlungsentwicklung - ÖPNV, Landwirtschaft - Landschaft/ Boden) sowie regionsspezifische Ansätze in Ergänzung des klassischen Feldes der Regionalplanung (z.B. Regionalkonferenzen, regionalisierte Fachkonzepte, strukturpolitische Ansätze). Ansatzpunkte für regionalplanerisches Tätigwerden wären dann neben neuen Raumnutzungsansprüchen vor allem auch darin zu sehen, die erkennbaren Chancen aufzugreifen sowie Strukturveränderungen und z.T. regionale Entwicklungen einzuleiten, die die regionale Leistungsfähigkeit im ökologischen, ökonomischen und sozialen Sinne erhöhen.

Somit muß sich Regionalplanung künftig stärker darauf konzentrieren, planungspolitisch und -strategisch günstige Situationen aufzugreifen für die Einleitung querschnittsbezogener Entwicklungskonzepte, die den Abgleich der ökologischen, ökonomischen und sozialen Belange nachhaltiger Regionalentwicklung in den wichtigsten umweltbezogenen Planungsbereichen zum Ziele haben (vgl. Kap. B.5.).

Für diesen Ansatz bietet die Regionalplanung gute Voraussetzungen. Sie kann dabei ihre auf persuasiver Planung, auf konsensualer regionaler Entwicklungsplanung und ausgleichsuchender Verteilungsplanung beruhenden Stärken einbringen (Schmidt-Aßmann 1990, Fürst 1993). Sie kann ihren Koordinationsauftrag auf die unterschiedlichen „Zeithorizonte" von Planung ausdehnen und dazu nutzen, kurzfristige handlungs-orientierte Planungskonzepte und projektbezogene Maßnahmen in eine langfristige Rahmenplanung nachhaltiger Entwicklung einzubauen. Dazu bedarf es jedoch zunächst eines normativen Rahmens für eine nachhaltige Regionalentwicklung. Wie dieser entwickelt und entschieden werden soll und welche Bestandteile daraus als richtungswei-sende Grundsätze und Zielvorgaben im Regionalplan verbindlich fixiert sein sollen, ist weder wissenschaftlich ausdiskutiert noch praktisch erprobt.

Ausgehend von diesen Möglichkeiten zeichnet sich ab, daß die Regionalplanung neue Instrumente braucht, die es ihr erlauben, ökologisch orientierte Entwicklungs-leitbilder als Soll-Zustand und somit als Ziel der regionalen Planungspolitik zu fixieren, sie konsensfähig zu machen und mit einer gewissen Verbindlichkeit auszustatten (po-litische Selbstbindung). Einen entscheidenden Beitrag dazu könnten Umweltqualitätsziele liefern (Fürst 1992a und b; Finke 1993).

Regionale Umweltqualitätsziele

Umweltqualitätsziele sollen den angestrebten Umweltzustand und die Nutzungsin-tensität natürlicher Ressourcen beschreiben und entsprechend den planerischen und instrumentellen Möglichkeiten der Landes- und Regionalplanung verpflichtend machen im Sinne der Berücksichtigung oder verbindlich im Sinne der Beachtung. Nach Fürst et al. (1992a, S. 9ff) geben Umweltqualitätsziele ganz bestimmte, sachliche, räumliche und ggf. zeitlich definierte Qualitäten von Ressourcen, Potentialen oder Funktionen an, die in konkreten Situationen erhalten oder entwickelt werden sollen.

In der bisherigen Diskussion standen Umweltqualitätsziele weitaus stärker im Zu-sammenhang mit der Entwicklung planerischer Grundlagen für die Durchführung pro-jektbezogener UVPen als im Zusammenhang mit der Weiterentwicklung des Instru-mentariums der Regionalplanung - wenn, dann allenfalls im Hinblick auf Plan-/Programm-UVP oder im Zusammenhang mit der Diskussion über Abwägungsdefizite der Raum-ordnung zu Lasten der Umweltbelange (Kloke 1987, S. 133-179; Fürst et al. 1992a; Bönker 1992).

Inzwischen liegt eine Vielzahl von Umweltstandards, vor allem zu den sektoralen Bereichen wie Luft, Wasser, Boden vor (z.B. Grenzwerte der TA Siedlungsabfall, Grenz-werte des Bundesimmissionsschutzgesetzes, wasserbezogene Richtlinien der EU). Sie sind bereits eine Konkretisierung bestehender Umweltqualitätsziele, wie sie sich aus Gesetzen, Vorschriften und Verordnungen in unmittelbarer Wirkung ergeben. Aber auch für die übergemeindliche, regionale Ebene gibt es inzwischen mehrere Ansätze, ein umfassenderes sektorübergreifendes Konzept von Umweltqualitätszielen, die in einzelnen Bereichen die Qualität von Umweltstandards erreichen können, zu entwik-keln.[34] Die Umsetzung solcher Ergebnisse in die regionale Raumordnung und konkret in Regionale Raumordnungsprogramme bringt jedoch erhebliche inhaltliche, instru-mentelle und rechtliche Schwierigkeiten (vgl. Kap. C.3.).

Nach Finke (1994, S. 2) ist die Existenz von flächendeckenden Umweltqualitätszielen eine zwingende Voraussetzung für eine umfassende Ökologisierung der räumlichen Gesamtplanung. Umweltqualitätsziele müßten von der Landesebene über die Region bis hin zur Kommune immer konkreter werden und auf kommunaler Ebene den Charakter von Umweltstandards erreichen. Umweltqualitätsstandards konkretisieren Umweltqualitätsziele hinsichtlich Maß und Zahl, indem für Indikatoren bzw. Parameter exakte Festlegungen getroffen werden.

Sowohl Umweltqualitätsziele als auch Umweltqualitätsstandards bedürfen außer einer fachwissenschaftlichen Fundierung auch des aus gesellschaftlichen Werthaltungen entsprechenden politischen Konsenses (Finke 1994, S. 2). Der Rat von Sachverständigen für Umweltfragen (SRU 1987, Tz. 88) stellt dazu fest, daß über optimale Zustände von Umweltqualität nicht wissenschaftlich entschieden werden kann. Umweltqualitätsziele enthalten daher zwar ein erhebliches Maß an politischem Entscheidungsermessen, müssen jedoch in ihrer Konkretisierung als Standards der Umweltqualität auf wissenschaftlich gesicherte oder zumindest vertretbare Annahmen gestützt sein. Entscheidend dabei ist die Frage, wie naturwissenschaftliche Erkenntnisse aus der Sachebene in die politisch-normative Wertebene transferiert werden können, für welche räumlichen und sachlichen Bereiche differenzierte Umweltqualitätsziele konkret in die Landes- und Regionalplanung einfließen und welche Verbindlichkeit und Konkretheit Umweltqualitätsziele als Instrument der Landes- und Regionalplanung erreichen sollen.

Wenn seitens des Umweltschutzes die Erwartung besteht, daß künftig die räumliche Gesamtplanung über Umweltqualitätsziele stärker als bisher ihre Steuerungs- und Koordinationsfunktion gegenüber den sektoralen Fachplanungen durchsetzen soll, dann ist dies sicherlich eine planungsrechtlich zu weit greifende Forderung. Denn zum Teil kann die Regionalplanung rechtlich normierte Umweltqualitätsziele, wie z.B. über das Bundesimmissionsschutzgesetz, oder auch allgemein anerkannte Grenzwerte, wie die DIN 18005 (Lärm im Städtebau), nicht oder nur schwer durch stringentere Vorgaben aushebeln. Des weiteren verfügt die Regionalplanung nicht oder nur in wenigen Bereichen über einen entsprechenden planungsrechtlichen und planungsinhaltlichen Spielraum zur Festlegung eigener verbindlicher Umweltqualitätsziele und deren Konkretisierung durch Umweltstandards (Fürst 1992). Ferner gilt es zu berücksichtigen, daß Umweltqualitätsziele und konkretisierende Umweltstandards bisher fast ausschließlich nur für die Bereiche des technischen Umweltschutzes allgemein akzeptiert sind, so daß die Voraussetzungen für ein flächendeckendes, sachlich und räumlich ausreichend differenziertes Konzept von Umweltqualitätszielen auf regionaler Ebene noch lange nicht erreicht sind. So lange dies der Fall ist, würde ein Einbezug von Umweltstandards für einzelne Umwelt- und Nutzungsbereiche eine gewisse Einseitigkeit in der regionalplanerischen Zielformulierung fördern.

Aus den bisherigen Erfahrungen und Kenntnissen über die Umsetzung von Umweltqualitätszielen in Regionalplänen wird deutlich, daß eine wesentliche Voraussetzung dafür eine stärkere Verknüpfung mit umweltbezogenen, sektoralen Fachprogrammen und -plänen ist. Beispielhaft dafür können die Erkenntnisse aus dem Arbeitskreis Wassergütewirtschaft und Raumplanung der Akademie für Raumforschung und Landesplanung sein. Aus der Analyse der bekannten Praxisdefizite sind zur Weiterentwicklung und Ergänzung des Instrumentariums erstens ein fortschreibbares Regelwerk „Umweltziele der Raumplanung" sowie zweitens eine größere Akzeptanz bei der Verknüpfung raumplanerischer Zielsetzungen mit umweltökonomischen Instrumenten anzustreben (ARL 19, FuS 1992, S. 244ff).

Im Hinblick auf die nach wie vor bestehenden Defizite in der wissenschaftlichen Aufarbeitung und praktischen Erfahrung mit Umweltqualitätszielen kann man bezüglich ihrer Konkretisierung in verbindlichen Plänen und Programmen der Regionalplanung noch keine allgemein gültigen Aussagen treffen. So bleibt es derzeit noch der „Innovationsfähigkeit" und dem „politischen Willen" der Planungsregionen überlassen, hier Vorreiterfunktion zu übernehmen. Hier eröffnet sich noch ein breites Erfahrungs- und Forschungsfeld, das in gewisser Weise eine Fortsetzung der bereits in den 80er Jahren erfolgten Diskussion zur ökologischen Orientierung in der Regionalplanung mit sich bringen würde (Fürst 1989). Die Weiterentwicklung der Forschungsergebnisse im Zusammenhang mit dem ARL-Arbeitskreis „Zur wechselseitigen Beeinflussung von Umweltvorsorge und Raumordnung" (ARL 1987, FuS 165) unter Einbezug der neuesten wissenschaftlichen und praktischen Erkenntnisse dazu gibt die Konturen dieses Forschungsfeldes vor.

Entscheidend für die Weiterentwicklung der Regionalplanung scheint die Frage, inwieweit es ihr gelingen kann, Umweltqualitätsziele mit Selbstbindungswirkung zu erzeugen, und inwieweit sich dadurch eine isolierte rechtlich-normierte Festsetzung von Umweltqualitätszielen für einzelne Fachplanungsbereiche erübrigt. Angesichts der offensichtlichen kommunalen und regionalen Egoismen scheint es fraglich, ob über die Regionalplanung bzw. mit Hilfe ihrer regionalen Beschlußorgane allein eine wirksame raumbezogene umweltgerechte Entwicklungs-/Nutzungssteuerung und Ressourcenbewirtschaftung erreicht werden kann. Letzteres hängt nicht unwesentlich davon ab, ob es der Regionalplanung künftig gelingen kann, ihre Potentiale der Koordination, der Konsensstiftung und Konfliktbereinigung durch ein „geschicktes" politikorientiertes, umweltbezogenes Planungsmanagement umzusetzen.

Kooperative Konfliktlösungen und umweltbezogenes Planungsmanagement

Es ist unbestritten, daß die Regionalplanung ihre bisherige Planungspraxis bereits stark auf „Management" ausgerichtet hat, ohne es als solches zu bezeichnen. Deshalb wird hier auch nicht der Anspruch erhoben, daß es sich um einen „neuen" Planungsansatz handelt. Tatsache ist jedoch, daß es darum geht, dieses Handlungspotential der Regionalplanung intensiver und gezielter zum Einsatz zu bringen. Hier tut sich ein breites Anwendungs- und Experimentierfeld für die Regionalplanung selbst und ein empirisches Forschungsfeld für die Raumplanung auf (Konze 1994).

Mit „umweltbezogenem Planungsmanagement" sind in erster Linie zwei zentrale Aufgabenbereiche der Regionalplanung angesprochen:

- die Abstimmung der verschiedenen Umweltbelange untereinander und
- die Abstimmung von Umweltbelangen mit anderen konkurrierenden Nutzungsansprüchen.

Erstgenanntes Aufgabenfeld zählt auch die Landschaftsplanung zu ihrem originären Auftrag. Daran wird bereits deutlich, wie arbeitsteilig und ergänzend umweltbezogenes Planungsmanagement angelegt sein muß, um wirkungsvoll zu sein. „Umweltbezogenes Planungsmanagement" zielt darauf ab, die Handlungspotentiale der Regionalplanung in den Bereichen auszuschöpfen, wo es darum geht,

- durch eine Flächensteuerung eine aus Sicht des Energie-, Stoff- und Flächenverbrauchs günstige Raum- und Nutzungsstruktur zu erreichen;

- durch regionale Kompensationslösungen eine Reduzierung bestehender räumlicher Umweltbelastungen zu erreichen, indem bestehende Nutzungsformen oder Nutzungsintensitäten zurückgenommen und beabsichtigte Nutzungsoptionen aufgegeben werden;

- Anreize zu schaffen, Freiraumbelastungen, Stoff- und Energieverbrauch zu mindern oder zu vermeiden;

- politische Konsensbildung zu erleichtern und tragfähige Konfliktregelungen zu sichern zugunsten eines langfristigen regionalen Ausgleichs und einer Zurücknahme konkurrierender fach- oder kommunalpolitischer Egoismen (Fürst 1994, S. 1).

„Umweltbezogenes Planungsmanagement" in der Regionalplanung muß mit zwei besonderen Schwierigkeiten fertig werden. Regionalplanung kann in der Regel nicht auf bestehende Nutzungen einwirken, zumal sich daraus rechtliche Konsequenzen (Eigentumsrecht, Bestandsschutz) und Entschädigungsforderungen ableiten lassen. Die Regionalplanung entfaltet dem einzelnen gegenüber auch keine Rechtswirkung, so daß ihre Festlegungen nicht ausreichen, um Nutzungsänderungen zu erzwingen.

Regionalplanerische Festlegungen greifen nur für neue Nutzungen oder künftige Nutzungsoptionen, und dies in zweierlei Richtung, als Restriktionen gegen oder als Angebote für Nutzungsansprüche. In beiden Fällen werden Konflikte zwischen bestehenden „Besitzständen" und künftigen Nutzungsansprüchen entstehen. Die Regionalplanung kann solche Verteilungskonflikte häufig nur durch geeignetes Planungsmanagement mindern, weil sie über keine „echten" Ausgleichsinstrumente (finanzieller Ausgleich, vertragliche Kompensationsregelungen) verfügt. Schließlich wird der Regionalplaner versuchen, Alternativen zu finden oder konstruktive Konzepte zu entwickeln, die es ermöglichen, „alle" Belange in einer umweltverträglicheren Form zu realisieren bzw. z.T. zu befriedigen.

Um solche Lösungen zu finden, sie akzeptanzfähig auszugestalten und durch Anreize umsetzungsfähig zu machen, bedarf die Regionalplanung vielfältiger Zuarbeit, fachspezifischer Unterstützung und politischer Überzeugungskraft. Regionalplanung braucht dazu vor allem auch das Zusammenspiel mit kommunalen Entscheidungsstrukturen und die Verknüpfung mit kommunalen Entwicklungszielen. Regionalplanung muß sich instrumentell, methodisch und planungspolitisch vor allem um den Ausbau von Netzwerken, um Information, Transparenz sowie um die Moderatorenrolle bei der Regulierung und Lösung harter Nutzungskonflikte bemühen (Fürst 1993, S. 57).

Günstige Wirkungen zeigen die bereits aufgebauten neuen Informationssysteme, Beratungstechniken und transparenteren Entscheidungsprozesse (Öko-Bilanzen, Energie- und Stoffbilanzen, Flächenbilanzen, geographische Informationssysteme, Umweltverträglichkeitsprüfung, Öffentlichkeitsbeteiligung). Dennoch darf dies nicht darüber hinwegtäuschen, daß es in der Regionalplanung zunehmend schwieriger wird, bei den betroffenen regionalen Akteuren durch Mitwirkung, Mitverantwortung und Selbstbindung regionalen Konsens und kollektives Handeln zu erzeugen (Fürst 1993, S. 111-117), denn die Interessengegensätze und konkurrierenden Nutzungsbelange sind z. T. so groß, daß die Abstimmung sozialer, ökonomischer und ökologischer Belange über konfliktregelnde Moderation und Koordination allein nicht mehr gelingen kann (vgl. Kap. B.5.). Immer häufiger verlangen negativ Betroffene nach konkreten Ausgleichslösungen und Kompensationen oder formieren Protesthaltungen und Verzögerungsstrategien, die planerische Lösungen blockieren. Durch geeignetes planungspolitisches „Management" (politische Verhandlungslösungen, politische Vorentscheidungen über Kompensationen, Information und Öffentlichkeitsarbeit über Planungsabsichten und -stände) lassen sich harte Konflikte vor allem zwischen ökonomischen und ökologischen Interessen zwar frühzeitig mindern und entschärfen, bewältigen lassen sie sich jedoch in der Regel nur in einem stufenweisen Planungs- und Entscheidungsprozeß, der alle betroffenen Ebenen und Beteiligten einbezieht.

4. Wandel der regionalen Wirtschaftsstruktur und Veränderbarkeit der Raumstrukturen

4.1 Dynamik des regionalen Strukturwandels

Der Wandel regionaler Wirtschaftsstrukturen („regionaler Strukturwandel") bezieht sich auf

- die regionale Branchenzusammensetzung (regionale Produktionsprofile),
- die Betriebsgrößenzusammensetzung,
- die Struktur regional ansässiger wirtschaftlicher Leistungsträger (Land- und Forstwirtschaft, industrielle Produktion, Dienstleistungen) sowie betrieblicher Funktionen (z.B. Leitungs-, Produktions-, Marketing-, Forschungsfunktionen) mit entsprechenden Folgewirkungen für die Qualifizierung der Arbeitskräfte und den Grad regionaler Fremdbestimmtheit sowie
- die Altersstruktur der Betriebe.

Die auslösenden Faktoren für den Wandel lassen sich grob in sechs Gruppen ordnen:

(1) Veränderung der relativen Inputpreise

Dazu zählen die administrativen und abgaberechtlichen Verteuerungen der früher freien ökologischen Ressourcen, die Knappheitswirkung kurz- und mittelfristig nicht vermehrbarer Kapazitäten (z.B. Staukosten der Verkehrsinfrastruktur, Bodenpreisentwicklungen), die Verteuerung des Faktors Arbeit im internationalen Vergleich und im Vergleich zu den Kapitalkosten. Die Unternehmen reagieren darauf neben produktivitätssteigernden Maßnahmen und Wandel der Produktionsprogramme vor allem mit kostensenkenden Anpassungen: Substitution von Arbeit durch Kapital, Verlagerung standardisierter Produktionsprozesse in Niedriglohnregionen, Verlagerung von Betrieben aus der Kernstadt in das Umland, Reduktion oder regionale Verlagerung von Produktionen mit hohem ökologischem Ressourcenverbrauch u.ä.

(2) Technologischer Wandel

Der Einsatz moderner Steuerungstechniken (CIM/CAM, CAD) und Telekommunikationstechniken verändert die betrieblichen Produktionsprozesse teilweise fundamental. Die Literatur diskutiert diesen Wandel zum einen unter dem Stichwort des Übergangs von der fordistischen Produktion (Fließbandfertigung mit Dequalifizierungstendenzen der Arbeit und hierarchischen betrieblichen Steuerungsstrukturen) zur post-fordistischen Produktionsweise im Sinne der „flexiblen Spezialisierung" (Fertigung kleiner Losgrößen in Abhängigkeit von Marktsegmenten; Ausgliederung von Produktionsteilen; Vernetzung der Produktionsprozesse mit denen anderer Betriebe etc.). Zum anderen führen moderne Telekommunikationstechniken zu sinkenden Raumüberwindungskosten: Die Technik ermöglicht beispielsweise in der Bekleidungswirtschaft, Entwürfe auf europäischen Bildschirmen zu erzeugen und diese in Asien produzieren zu lassen, wobei die Entwürfe über CAD/CAM-Anlagen und Telekommunikation direkt in die Produktionsprozesse vermittelt werden (Kommission der EG, 1993, S. 63). Mit solchen Techniken verbunden sind zum einen hochqualifizierte (informations- und wissensintensive) Arbeitsplätze, die entsprechendes Personal verlangen, das wiederum spezifische Standortanforderungen stellt („weiche Standortfaktoren"). Zum anderen entwickeln sich daraus wachsende räumliche Vernetzungsbedarfe von Betrieben, so daß Standortentscheidungen zunehmend auch von Logistikkosten der Zulieferer abhängen.

(3) Organisatorischer Wandel

Sowohl der durch den schärfer gewordenen internationalen Wettbewerb ausgelöste Zwang zur internationalen Konzentration (Globalisierung der Wirtschaft) und zur Kostensenkung als auch die zunehmende Spezialisierung und Neugründungen im Bereich der produktionsbezogenen Dienstleistungen (Daniels, 1991, S. 4f) haben vor allem drei organisatorische Neuerungen hervorgebracht:

- lean production: schlanke Produktion im Sinne der Abflachung von Hierarchien, Auslagerung von Funktionen auf spezialisierte Zulieferer/Dienstleister, Dezentralisierung von Steuerungsfunktionen und Selbst-Steuerung von Arbeitsgruppen, Einsatz flexibler Organisationsformen wie Projektgruppen etc.;[35]
- just-in-time: Verlagerung von Lagerhaltungskosten auf genau terminierte Zuliefertransporte und
- die Multiregionalisierung und „clusterbildung" von Unternehmen: Zweigbetriebe in vielen Regionen, mehrere Funktionen desselben Unternehmens in ausgelagerten Betrieben in der Region[36].

Alles zusammen führt ebenfalls zu räumlichen Netzwerken von Betriebskooperationen, für die räumliche Nähe - zumindest aber eine reibungslos funktionierende Logistik - Voraussetzung ist.

(4) Funktionaler Wandel

Teils durch neue Technologien, teils als Folge der räumlichen Reorganisation von Unternehmen (Verlagerung standardisierter Fertigung in Niedriglohnregionen), vor allem aber wegen der existenziellen Abhängigkeit der Wirtschaft von Information, Wissen und Forschung hat sich ein Strukturwandel im Arbeitsmarkt weg von der einfachen Güterproduktion und hin zu informations- und wissensintensiven Produktionsprozessen herausgebildet („Tertiärisierung der Wirtschaft"). Die Tertiärisierung betrifft alle Sektoren der Wirtschaft (Marshall/Wood 1992, S. 1264). Dieser Prozeß entwickelt sich sowohl außerhalb der Unternehmen (Expansion der produktionsbezogenen Dienstleistungen) als auch innerhalb der Unternehmen (Abnahme der Massenfertigung, Zunahme der dienstleistungsintensiveren Produkte und innerbetrieblichen Dienstleistungen). Damit einher geht eine räumliche Arbeitsteilung zwischen betrieblichen Funktionen[37]: Dienstleistungen sowie Informations- und wissensintensive Funktionen (Konzernmanagement, F.- u. E.- Prozesse u.a.) konzentrieren sich eher in Agglomerationsräumen (Ausnutzung der informationsbezogenen Agglomerationsvorteile), während fertigungstechnische Funktionen und standardisierbare Dienstleistungen stärker an lohnkostenniedrige Standorte verlagert werden.

(5) Wandel von Lagevorteilen

Mit der Öffnung politischer Grenzen erweitern sich die Märkte nach Osteuropa und im EG-Binnenraum. Damit einher gehen Verschiebungen von Lagevorteilen in dem Sinne, daß einzelne, bisher periphere Räume stärker in das Zentrum neuer Interaktionsnetze rücken, daß räumlich periphere Räume zunehmend auch ökonomisch peripher werden und daß überall die Regionen-Konkurrenz intensiver wird (z.B auch mit lohn- und umweltkostenniedrigeren osteuropäischen Ländern).

(6) Mobilitätszunahme von Kapital und hochqualifizierter Arbeit

Die früher mit Betriebsverlagerungen verbundenen hohen Transaktionskosten sind im Gefolge multiregionaler Unternehmensorganisationen drastisch gesunken. Die Kapitalmobilität nimmt deutlich zu. Auch qualifizierte Arbeitskräfte dehnen über Mehrsprachigkeit den Radius ihres „Marktes" deutlich aus. Konkurrierten die Regionen früher um Produkte, so jetzt um Standortqualitäten. Dabei werden im nationalen Rahmen mit zunehmender Ubiquität der infrastrukturellen Voraussetzungen solche Standortvorteile ausschlaggebend, die eher naturgegeben sind (Klima, Landschaft), geopolitische Lagen betreffen, hochwertige haushaltsnahe Infrastruktur voraussetzen („weiche" Standortfaktoren) und vor allem politisch-administrativer Natur sind (z.B. sozialer Frieden, Regelungsdichte, staatliche Förderprogramme[38]). Etwas überzeichnet läßt sich sogar behaupten, daß die nicht beeinflußbaren Standortunterschiede eher für großräumige Konkurrenzen gelten, während der kleinerräumige Regionenwettbewerb immer mehr von Standortfaktoren bestimmt wird, die politisch-administrativ gestaltbar sind.

Die wichtigsten raumstrukturellen Änderungen, die mit diesen sechs Einflußfaktoren verbunden sind, lassen sich stichwortartig wie folgt skizzieren:

- zunehmende Disparitäten zwischen begünstigten und benachteiligten Räumen[39];

- zunehmende funktionsräumliche Arbeitsteilung und räumliche Vernetzungen, verstärkt über die räumliche Organisationsmacht der multiregionalen Unternehmen: Dabei führt der Wandel zu informations- und wissensintensiven Produktionsprozessen zu einer deutlichen Höherschätzung der Verdichtungsräume (Martinelli/Moulaert 1993, S. 5; Marshall/Wood 1992, S. 1258 u. 1265);

- Nebeneinander von räumlichen Zentralisierungs- und Dezentralisierungstendenzen: Während auf der einen Seite die Globalisierung der Wirtschaft seit Mitte der 70er Jahre auch die produktionsbezogenen Dienstleistungen erfaßt hat (Daniels 1991)[40], nimmt auf der anderen Seite die räumliche Vernetzung von Betrieben zu. Allerdings wird die traditionelle Diskussion „räumliche Zentralisierung vs. Dezentralisierung"[41] heute differenzierter geführt. Erstens werden solche Prozesse überlagert von zunehmender funktionsräumlicher Arbeitsteilung und Vernetzung über multiregionale Unternehmen und Städtenetze (Daniels et al. 1992, S. 1746f.); zweitens löst sich in solchen Netzen die traditionelle Städtehierarchie Zentraler Orte in ein System „multipler Hierarchien" auf, und zwar abhängig von unterschiedlichen Funktionen (Jaeger/Dürrenberger 1991, S. 122f.). Drittens beobachtet man sog. „Inversionsprozesse", d.h. die Umlenkung von Wachstumsimpulsen aus traditionellen Wachstumsregionen in neue Regionen mit flexibleren, anpassungsfähigeren Wirtschaftsstrukturen (Maillat/Lecoq 1992, S. 3). Viertens zeigen sich offenbar immer deutlicher für bestimmte soziale Gruppen und wirtschaftliche Funktionen Re-Urbanisierungsprozesse (Lever 1993, S. 271f.)[42]. Generell aber verteilen sich die Entwicklungschancen ungleich, wenn Regionen in zunehmendem Maße fremdbestimmt werden[43].

4.2 Regionale Modernisierungskapazität

Regionalpolitisch ist damit verbunden, daß der Standortwettbewerb intensiver, aufwendiger, aber auch stärker vom Management der Regionen selbst abhängig wird, um bei zunehmender Homogenität der Standorte für den Standortsuchenden merkliche Standortvorteile bieten zu können. Andererseits verschlechtert sich die Kosten-Nutzen-Relation einer traditionellen Strategie des Standortwettbewerbs für alle Regionen, besonders aber für solche mit ungünstigen Ausgangsbedingungen: Die Relation zwischen Ansiedlungsgewinn und Ansiedlungskosten wird mit der Zahl der Wettbewerber und dem wachsenden Wettbewerbsaufwand immer unattraktiver, zumal die steuerlichen Vorteile der Ansiedlung teilweise auch anderen Gebietskörperschaften zugute kommen (Bund, Land) und die Multiplikatoreffekte in der Region eher kleiner werden (geringere Einkommenseffekte durch hohe Kapitalintensität; Versickerung von betrieblichen Einkommenseffekten in überregionalen Netzwerken der Unternehmen). Deshalb ist es für Regionen vielfach vorteilhafter, „in-situ-Strategien" anzuwenden und den regionalen wirtschaftlichen Strukturwandel zu beschleunigen. Folglich wird für Regionen die „regionale Modernisierungskapazität" entscheidend, worunter folgendes verstanden werden soll:

- die Flexibilität der Wirtschaftsstruktur gegenüber Änderungsbedarf:
  Können Neugründer leicht Fuß fassen (z.B. Angebot an „Wagnis-Kapital"); existieren alte Großstrukturen, die Neuerungen gegenüber abgeneigt sind;[44] finden sich Initiativzentren und innovatorische Kräfte in ausreichendem Maße; sind die Kosten zur Entfernung alter Strukturen erheblich (Anpassung von baulichen und infrastrukturellen Voraussetzungen, Altlastensanierung, mentaler Wandel) etc. Dabei wird vor allem den Klein- und Mittelunternehmen hohe Bedeutung zugeschrieben (Maillat/ Lecoq 1992, S. 5; ACS 1992; Jaeger/Dürrheimer 1991, S. 120f.);

- die Kooperationsfähigkeit der Akteure:
  Aufgaben des regionalen Strukturwandels verlangen bei den arbeitsteiligen Strukturen mehr Kooperation und Vernetzung der Akteure, um die dem Strukturwandel entgegenstehenden Probleme des „Gefangenendilemmas", also der Entscheidungs-Risiken, Informationsdefizite etc., abzubauen.[45] Solche „Systementscheidungen" müssen immer häufiger im Zusammenspiel zwischen Unternehmen, regionalen Kammern und Verbänden, staatlichen und kommunalen Behörden sowie wissenschaftlichen und gemeinnützigen Einrichtungen gelöst werden;

- die politisch-administrative Reaktions- und Entscheidungsgeschwindigkeit:
  Hierzu gehören nicht nur die inzwischen überbewertete Verfahrensschnelligkeit, sondern vor allem die Regelungsintensität, der Grad der Institutionenerstarrung und die Lernfähigkeit von institutionalisierten Akteuren;

- Ressourcenverfügbarkeit und Verjüngungsfähigkeit:
  Dieser relativ unpräzise Begriff, zu dem neben den fiskalischen Ressourcen (intern erzeugbare und extern mobilisierbare[46]) auch die Qualifikation von Arbeitskräften,

die Verfügbarkeit innovatorischer Kräfte (z.B. Forschungseinrichtungen, „dynamische Unternehmer"), organisatorisches Know-How etc. gehören, ist im Vergleich zu den vorangegangenen Elementen eher von geringerer Bedeutung, sofern unterstellt werden kann, daß die meisten Ressourcen mobil und „importierbar" sind. Zwar entstehen dann Importkosten, aber i.d.R. dürften auch diese relativ unbedeutend bleiben.

Gegen eine Dezentralisierung oder „Regionalisierung" der Strukturpolitik sprachen in der Vergangenheit die vermuteten sinkenden regionalen Gestaltungsspielräume, bedingt durch:

-   zunehmende Fremdbestimmtheit der Regionen als Folge der Zentralisierung von Steuerungsfunktionen auf Hauptverwaltungen multiregionaler Unternehmen[47] und durch Zentralisierung der staatlichen Steuerung; auch die Telekommunikation wird inzwischen von vielen als zentralisierend empfunden (Lever 1993, S. 271);

-   zunehmende Abhängigkeit von überregionalen Wirtschaftsentwicklungen (Globalisierung der Wirtschaft) und wachsende Kapitalmobilität;

-   zunehmende Globalisierung auch in der Zulieferverflechtung („global sourcing"), zu Lasten der regionalen Zulieferer (Phelps 1993, empirisch für Großbritannien).

Aber in der jüngeren Literatur, vor allem der amerikanischen, mehren sich die Beiträge, die von eher wachsenden regionalpolitischen Gestaltungsspielräumen der Regionen und insbesondere der Kommunen ausgehen. Konsequent werden dann auch mehr (staatliche und) kommunale Steuerungsleistung gefordert: Man spricht von „rise of the entrepreneurial state" (Eisinger 1988), von „community entrepreneurship" (Johannisson 1990), von „kommunalen Moderatoren" („community brokers": Cromie et al. 1993), von „politischen Unternehmern" (Schneider/Teske 1992) etc.

Die gewachsenen dezentralen Gestaltungsspielräume werden vor allem in folgenden Entwicklungen vermutet:

-   Im Zuge der Flexibilisierung von Institutionen und Organisationen wird immer mehr Entscheidungskompetenz dezentralisiert. Das finden wir nicht nur bei Unternehmen (lean production), sondern auch im öffentlichen Bereich.

-   Mit lean production und just-in-time-Strukturen nimmt auch der Vernetzungsbedarf zwischen Betrieben zu, und es kommt dann darauf an, diesen regional zu befriedigen.

-   Mit zunehmender Abhängigkeit der Regionen von wissensbasierten Produktionsprozessen (Forschung, Ausbildung, Beratung, Managementleistungen, Kulturleistungen etc.) wird die Wachstumsdynamik von Regionen auch davon bestimmt, wie gut sie die darin liegenden Synergieeffekte ausschöpfen können, d.h. die „Wissensinseln" zu kreativen Netzwerken verknüpfen. Gleichzeitig werden damit Städtenetze wichtiger, in welche die regionalen „Wissens- und Denknetze" integriert werden. Wenn Städte/Regionen aus diesen Netzen herausfallen oder im Status absinken, drohen Abwanderungen von wichtigen Trägern dieser Netzarbeit (Knight 1993).

- Die wachsende Bedeutung von Netzen zwischen Betrieben, aber auch zwischen Gemeinden kann produktiver genutzt werden, wenn es „Makler" oder „Manager" gibt, die mit geeigneten Organisations- und Orientierungskonzepten die Netzwerkarbeit gestalten; solche „Manager" können Personengruppen (z.B. Runde Tische) sein.

Städte und Gemeinden sind die Hauptanbieter der „weichen Standortfaktoren", insbesondere der Angebote, die intellektuell-geistige sowie sozio-politische Bedürfnisse befriedigen (Behrmann/Rondinelli 1992) [48].

Die kommunale Ebene und damit die regionale Zusammenarbeit gewinnen aber auch insofern wachsende Bedeutung, weil wir uns in einem gesellschaftlichen Umbruch befinden, in dem das Zusammenleben zwischen Menschen von der lokalen Ebene her neu organisiert werden wird - im Kampf gegen Gewalt, Kriminalität und Entsolidarisierung zugunsten verstärkter Selbststeuerungssysteme, solidarischer Netze und kreativer offener Arbeitszusammenhänge (vgl. die „Kommunitarismus"-Diskussion (Honneth 1993); die Ethik-Diskussion; die Diskussion zur Selbstregulation von Systemen).

Die kommunalen Gebietskörperschaften müssen immer häufiger Führungsfunktionen ausüben, indem sie kollektive Entwicklungsvisionen anbieten und die Unternehmen für die regionalen Entwicklungsbelange engagieren.[49]

Infolgedessen werden - wiederum primär in den USA - inzwischen neue, von der Region ausgehende Entwicklungsstrategien propagiert (Behrmann/Rondinelli 1992, S. 123f.; Ettlinger 1992, S. 121f.; Clarke/Gaile 1992; Mair 1993)[50], woraus sich auch neue Moderatoren- und Steuerungsfunktionen für Regionalplaner ableiten (Albrecht 1991). Die Grundidee beruht darauf, daß

- Strukturwandel vor allem von Klein- und Mittelunternehmen getragen wird, die einen regionalen Vernetzungsbedarf haben. Dieser begründet sich zum einen aus dem hohen Bedarf an Risikoabsicherung, Informations- und Serviceleistungen. Zum anderen zeichnet sich ab, daß Zukunftsmärkte in „intelligenten Systemangeboten" liegen, wo Produkte verschiedener Hersteller unter Nutzung hoher Anteile von quartären Funktionen (z.B. Ingenieurleistungen, Planung) zu problemspezifischen Lösungen verkoppelt werden;

- trotz der sehr unterschiedlichen Netzformationen von Unternehmens-Kooperationen (Storper/Harrison 1991, S. 415ff.) „milieu-Effekte" für innovatorischen Strukturwandel eine immer wichtigere Rolle spielen (Maillat/Lecoq 1992, S. 14ff.; Magatti 1993)[51];

111

- über regionale Milieus in Verbindung mit hochwertigen produktionsbezogenen Dienstleistungen (Jaeger/Dürrheimer 1991, S. 116) auch "spinoff-Effekte" erzeugt werden können (z.B. Verselbständigung neuer Dienstleistungen);

- auch die Unternehmen zunehmend Freiheitsgrade haben, welche Zweigstellen sie fördern, welche regionalen Vernetzungsstrukturen sie aufbauen und welche Fertigungstiefe sie in einer Region realisieren wollen;

- die arbeitsteilige Struktur von Gemeinden und teilweise von Regionen immer häufiger gemeinsame Entwicklungsvisionen verlangt, die wiederum auf einem entwickelten Bewußtsein regionaler Zusammengehörigkeit, gemeinsamer Zielorientierung und effektiven politisch-administrativen Steuerungsstrukturen basieren.

Regionen erhalten damit Optionen, ihre eigenen Entwicklungspfade zu definieren (Cox 1993). Sie können dafür zunehmend auf die Unterstützung der Betriebe rechnen, weil diese mit Vernetzung in die Region hinein Interesse am positiven Entwicklungsverlauf der Region gewinnen.[52] Die zunehmende Betriebsvernetzung vor allem der Klein- und Mittelunternehmen macht diese „more interested in region building than in „cruising" the horizon for lower taxes" (Acs 1992, S. 44), weil sie

- die Beziehungen zu ihren Partnern resp. Zulieferern („Systemzulieferern") pflegen müssen,
- von einem funktionsfähigen Arbeitsmarkt und einer flexiblen regionalen Wirtschaftsstruktur profitieren (Externalisierung der Flexibilitätskosten) und
- generell in die Netzwerke viel Wissen, Vertrauensbildung und Kooperationserfahrung investieren („sunk costs"), was man nicht leichtfertig aufgibt.

Ohnehin zeigt sich immer häufiger, daß die Kooperationsfähigkeit von Regionen ein erheblicher Standortfaktor (Behrmann/Rondinelli 1992, S. 122)[53], aber auch eine große Zukunftschance sein kann (Brusco 1982).

Sicherlich klafft zwischen der theoriegeleiteten Euphorie und der Wirklichkeit eigenständiger Regionalentwicklung noch eine erhebliche Lücke.[54] Aber alle Zeichen des gesellschaftlichen Strukturwandels deuten auf die großen Chancen einer „regionalen Strukturpolitik", zumal die bekannten Schwächen einer interventionistischen Regionalpolitik und die dramatische Finanznot der Länder den Regionen keine ernst zu nehmende Alternative bieten. Eher werden die Möglichkeiten der „regionalen Strukturpolitik" vom Staat zur Zeit noch behindert, indem er den interkommunalen Finanzausgleich vernachlässigt, falsche Preise für die Boden- und Umweltpolitik setzt und das unternehmerische Verhalten von Gemeinden eher restringiert.

Daraus ergeben sich Konsequenzen für die zukünftige Regionalplanung:

Der regionale Vernetzungsbedarf kann gegenwärtig - wegen unzureichender Institutionalisierung der Region - von keinem Träger besser aufgegriffen werden als von der Regionalplanung. Jedoch muß Regionalplanung dann politischer werden, was dreierlei bedeutet: Sie muß

- sich als politisch abgestimmten regionalen Entwicklungsprozeß begreifen,
- ein Forum bieten, um Interessenkonflikte zum Ausgleich bringen zu lassen,
- sich für Akteure öffnen, die nicht „Träger öffentlicher Belange" sind, aber die regionale Entwicklung nennenswert prägen.

Regionalplanung wird zusätzlich zur Planung Managementaufgaben wahrnehmen müssen: Sie muß sich daran beteiligen, Regionalplanung in einen Prozeß zur Formulierung eines Regionalen Entwicklungskonzepts einzubinden und diesen gegebenenfalls zu organisieren, zu moderieren und inhaltlich zu orientieren. Sie muß zudem die Verbindung zwischen Planung und Umsetzung intensivieren und die Kooperationsbeziehungen zu den Umsetzern produktiv gestalten.

Dabei wird Planung immer mehr den Charakter von „strategischer Planung" annehmen müssen. Das bedeutet:

- inhaltlich, die Potentiale der Region so zu entfalten, daß die Wettbewerbsposition der Region sozial- und umweltverträglich verbessert wird;
- organisatorisch die Vernetzung der Akteure zu produktiver Kooperation;
- methodisch den kollektiven Entwurf einer regionalen Entwicklungsvision auf der Grundlage einer nach Stärken und Schwächen bewerteten Potentialanalyse unter Berücksichtigung der extern vorgegebenen Chancen und Risiken.

Ein solches Konzept strategischer Planung basiert auf Prämissen zunehmender Regionalorientierung von kommunalen Gebietskörperschaften und Unternehmen. Aber die Rahmenbedingungen der 90er Jahre zwingen diese Akteure zu Änderungen.

Das Rollenverständnis vor allem der Gemeinden muß die enge Sicht institutioneller Eigeninteressen überwinden, und Unternehmen müssen regionale Verantwortlichkeit entwickeln, wenn das „Netzwerk Region" im interregionalen Wettbewerb bestehen will.

5.   Kollisionen zwischen ökologischen, ökonomischen und sozialen Belangen als Anforderungen für eine Weiterentwicklung der Regionalplanung

Fast alle Tätigkeiten eines Menschen oder einer Gesellschaft haben räumliche Auswirkungen, sie sind raumwirksam. Daher umfaßt der Gegenstand der Raumplanung eine ungeheure Breite und Komplexität. Die Zahl der Disziplinen, der Akteure und Betroffenen, die zeitlichen Dimensionen und die Verbindung zur Politik auf unterschiedlichsten Ebenen verdeutlichen die Schwierigkeit, einen Überblick zu behalten, räumliche Probleme rechtzeitig wahrzunehmen und sich über viele Grenzen hinweg zu verständigen, Tätigkeiten effizient zu organisieren und einen Beitrag zur Problemlösung zu leisten.

Raumwirksame Tätigkeiten[55] sind immer durch Interessen begründet, sie enthalten jeweils unterschiedliche soziale und ökonomische Komponenten. Diese Interessen von einzelnen oder Gruppen kollidieren dann, wenn sie sich beispielsweise auf dieselbe Fläche beziehen oder sich in ihren Wirkungen direkt oder indirekt negativ berühren.

Räumliche Nutzungskonflikte treten in Form von Kollisionen unterschiedlicher Interessen hervor.

Mit zunehmender Nutzungsintensität und erheblichen Investitionen in einem Raum steigt die Wahrscheinlichkeit möglicher räumlicher Konflikte und Kollisionen. Dies wird besonders deutlich bei ökologischen und ökonomischen Belangen.

Die Notwendigkeit raumplanerischer Koordination ist dann gegeben, wenn unterschiedliche Interessen oder Nutzungsansprüche/Nutzungen auftreten, die sich gegenseitig beeinträchtigen oder gar ausschließen. Die soziale Dimension kommt z.B. zum Tragen, wenn durch Standortentscheide Bewohner verdrängt werden, sei es durch Emissionen eines Betriebes oder einer Infrastruktur oder durch steigende Mieten aufgrund des gestiegenen „Verwertungsdrucks" eines Quartiers.

Die Begrenztheit der natürlichen Ressourcen, wie z.B. der Fläche (Stichwort: Unvermehrbarkeit des Bodens), und gesellschaftlich und/oder politisch gesetzte Prioritäten (Stichworte: gewünschte Entwicklung, Gleichwertigkeit, Sozialverträglichkeit) bilden den Rahmen für die raumplanerische Koordination. Innerhalb dieses Spektrums müssen Lösungen gefunden werden. Die räumlich koordinierende Gesamtplanung muß dabei Randbedingungen für eine Entwicklung unterstützen, die erwünscht und sozial verträglich ist und die die Grenzen der natürlichen Ressourcen berücksichtigt[56]. Dabei müssen raumplanerische Vorschläge die Akteure überzeugen und dadurch veranlassen, ihre raumwirksamen Tätigkeiten entsprechend durchzuführen.

Die Raumplanung insgesamt sowie die Regionalplanung im besonderen bewegen sich in dem bereits mehrfach erwähnten Spannungsfeld zwischen Ökonomie, Ökologie und sozialer Verträglichkeit.

Dabei führen

- die Begrenztheit der natürlichen Ressource Raum und unterschiedliche Interessen der Raum- und Ressourcennutzung zu Kollisionen;
- die Zahl der Disziplinen, der Akteure und Betroffenen zu sehr unterschiedlichen Bewertungen und Werthaltungen darüber, was für einen Raum „gut" oder „schlecht" ist und welche „Lösung" anzustreben wäre.

Im praktischen Alltag entsteht daher i.d.R. ein ganzes Geflecht von Kollisionen und Interessengegensätzen. Dies kann am Beispiel der „Mobilität" verdeutlicht werden.

Die Mobilität hat sich in den vergangenen Jahren als „klassisches" Spannungs- und Konfliktfeld mit großer Raumwirksamkeit entwickelt. Sie erhält immer mehr Bedeutung und stellt ein wichtiges Maß für die ökonomische Leistungsfähigkeit einer Gesellschaft dar (Beispiel: Europäische Schnellbahnen). Hohe Mobilität setzt einen hohen Standard an Verkehrsinfrastruktur voraus. Flächen werden als Verkehrsflächen genutzt, Gewerbegebiete und Wohnbereiche erreichbar gemacht, freie Flächen zerschnitten; erhebliche öffentliche Mittel werden gebunden. Verkehr erzeugt Emissionen - die Immissionen beeinträchtigen andere Nutzungen oder vorhandene natürliche Ressourcen oder ökologische Potentiale. Gleichgewichte werden gestört, soziale Ungleichgewichte zwischen Positiv- und Negativbetroffenen verschärfen sich.

Ein zunehmender Zwang zur räumlichen Mobilität und Flexibilität ist beobachtbar. Pendeldistanzen zum Arbeitsplatz steigen. Interessanterweise geht dies mit einer ständigen Verbesserung der Kommunikationsmöglichkeiten einher. Typische soziale Konflikte einer mobilen Gesellschaft entstehen überall dort, wo einzelne oder Gruppen an dieser Mobilität nicht teilnehmen können, wenn die Kosten für den individuellen oder öffentlichen Verkehr zu hoch werden und ein sozialer Abstieg droht oder wenn einzelne oder Gruppen an dieser Mobilität nicht teilnehmen wollen, weil u.a. die Pendelzeiten zu lang werden.

Für diejenigen, die mobil sind, ergeben sich völlig neue soziale Räume, beispielsweise wenn Fernpendler nur noch die Wochenenden bei ihrer Familie verbringen. Während der Woche entwickelt sich am Arbeitsort ein neues soziales Umfeld.

In diesem Netz ökonomischer, ökologischer und sozialer Wechselbeziehungen sind durch die Art der räumlichen Nutzung immer mehr negative Beeinträchtigungen der natürlichen Ressourcen beobachtbar. Dies führt bzw. führte zum Verlust des ökologischen Gleichgewichtes. Daraus wird sich mittelfristig weltweit ein sich verschärfendes zentrales Problem des Menschen ergeben. Gerade die natürlichen Lebensgrundlagen bilden die Basis für einen wirtschaftlichen Wohlstand und ein soziales Gleichgewicht. Der nachhaltige Umgang mit diesen Grundlagen bedeutet daher eine enorme Herausforderung auch oder gerade für die Regionalplanung.

5.1 Polarisierung von Ökonomie und Ökologie

Angesichts der großen Komplexität des Gegenstandes der Regionalplanung treten Schwierigkeiten auf, den Überblick zu behalten und unterschiedliche Konsequenzen von Maßnahmen für einen Raum abzuwägen. Der Aufgabenbereich der Regionalplanung wird daher oftmals auf bestimmte Teilbereiche reduziert, bzw. es werden einzelne Sektoren mehr oder weniger getrennt und sehr unterschiedlich intensiv betrachtet. Dabei spielen selbstverständlich politische Wünsche eine große Rolle.

Besonders deutlich trat dies bei der Regionalplanung der 1. Generation hervor.

Der Schwerpunkt dieser Regionalpläne lag im Bereich der „Siedlungsplanung". Für die wirtschaftliche Entwicklung im weitesten Sinne - dies umfaßte zumindest vom Anspruch her auch eine soziale Ausgeglichenheit[57] - sollten entsprechende räumliche Rahmenbedingungen geschaffen werden. Parallelen hierzu sind heute in den neuen Bundesländern beobachtbar. Für den „Aufbau Ost" wird zunächst einmal davon ausgegangen, daß der Bedarf an Neubauflächen gedeckt werden muß. Dies geschieht derzeit vorwiegend auf Kosten des unbesiedelten Freiraumes. Innere Entwicklungspotentiale werden im Rahmen dieses enormen Umstrukturierungsprozesses nur sehr unzureichend genutzt. Hier wird eine wichtige Chance vertan.

In der bestehenden bundesdeutschen Planungspraxis wurden ökologische Belange erst allmählich verstärkt in die Regionalplanung einbezogen. Die zentrale Bedeutung natürlicher Ressourcen und Potentiale für eine gesamträumliche Entwicklung wird, wie bereits mehrfach betont, stärker (Stichwort: Ökologisierung der Regionalplanung);[58] nach wie vor werden jedoch Konsequenzen für einzelne Nutzungsformen und -ansprüche im regionalpolitischen Willensbildungsprozeß nur zögerlich und eher halbherzig gezogen. Wichtig ist dabei, daß eine Trennung und Polarisierung zwischen dem Siedlungsraum als Interessensraum der „Ökonomie" und dem Freiraum als Domäne der „Ökologie" überwunden wird. Die Ökologisierung der Regionalplanung darf nicht zur Umkehrung einer gewissen Einseitigkeit der 1. Regionalplangeneration führen, indem nun der Arbeitsschwerpunkt vom „Siedlungsraum" unter dem Vorzeichen der Ökologie auf den „Freiraum" als den zu schützenden Raum verschoben wird.

Ziel einer zukunftsorientierten Regionalplanung muß die Gesamtbetrachtung sein bzw. bleiben.

Der aus dem Naturschutzgedanken abgeleitete Ansatz, daß für „ökonomisch bedingte" Eingriffe ein entsprechender „ökologischer Ausgleich" geschaffen werden soll, widerspricht einer notwendigen integrativen Betrachtungsweise. Diese muß dazu führen, daß ökologische und ökonomische Belange auch auf konkurrierenden Flächen viel enger miteinander verbunden werden. Nutzungen müssen verträglicher gestaltet werden, die Gesamtbelastung ist zu reduzieren, denn jeder Eingriff in einen Lebensraum hat Auswirkungen; aus ökologischer Sicht sind sie i.d.R. negativ. Ein ökologischer Ausgleich ist streng genommen nicht möglich. Weiterhin findet er normalerweise im mehr oder weniger unbelasteten Bereich statt.

Gerade aufgrund der zunehmend erkennbaren Komplexität raumbeeinflussender Prozesse besteht die Gefahr, daß die Integration von ökologischen und ökonomischen Belangen erschwert wird. Darüber hinaus verlangt die Politik mehr denn je nach einfachen und griffigen, den Legislaturperioden anpaßbaren „Lösungen". Zum Ausdruck kommt dies in der Sorge, daß

- vor dem Hintergrund einer wirtschaftlich eher schwierigen Phase der Wirtschaftsstandort Deutschland durch zu hohe Umweltstandards gefährdet sei;
- ökologische Belange wirtschaftliches Wachstum behindern;
- Umweltauflagen sich kostensteigernd auswirken und die Genehmigungsverfahren verlängern.

Diese Ängste sind vom Fehlen einer mittel- und langfristigen Perspektive geprägt. Kosten werden nicht als gesellschaftliche oder volkswirtschaftliche, sondern lediglich als betriebswirtschaftliche und damit als kurzfristige und individuelle Größen behandelt. Ressourcen, die über ganze Erdzeitalter entstanden sind (z.B. Kohle, Öl, Torf, Gips, Sand, Kies etc.), werden in riesigen Ausmaßen verschleudert. Weitgehend unberücksichtigt bleibt, daß für die Wiederherstellung, Sicherung oder Entwicklung von zerstörten natürlichen Ressourcen in Zukunft enorme Mittel benötigt werden, soweit es sich um regenerationsfähige Ressourcen handelt. Nicht außer acht bleiben darf, daß auch mit Geld und Technik existenzbedrohende Umweltzerstörungen nicht ausgleichbar oder wiederherstellbar sind (Stichworte: CO_2, Ozon, Altlasten, flächenhafte Verunreinigung des Grundwassers, Waldsterben etc.); vieles ist bereits irreversibel zerstört.

Es ist gerade deshalb die zentrale Herausforderung der kommenden Jahre, Entwicklung so zu gestalten, daß langfristig die Voraussetzungen für dauerhaft vertretbare Lebensbedingungen geschaffen werden können. Wenn dies nicht gelingt, besteht die Gefahr einer Gefährdung der existenziellen menschlichen Lebensgrundlagen.

Vor diesem Hintergrund müssen die Akteure der Regionalplanung versuchen, die räumliche Entwicklung durch ökologisch orientiertes Planen zu gestalten.

5.2 Erfordernisse für einen Ausgleich zwischen ökonomischen, ökologischen und sozialen Belangen im Rahmen der Regionalplanung

Nachfolgend werden einige Anforderungen und Handlungsfelder für die Weiterentwicklung einer Regionalplanung skizziert, die ökologische, ökonomische und soziale Belange integriert.

Regionalplanung muß wesentlich stärker als in der Vergangenheit eine gesamträumliche Entwicklung initiieren, die die Empfindlichkeiten natürlicher Ressourcen berücksichtigt und deren Regenerationsfähigkeit nicht dauerhaft beeinträchtigt. Räumliche Entscheide müssen mehr als bisher unter Abwägung aller Umstände und Möglichkeiten auf einem hohen Wissensstand in bewußter Verantwortung für die Menschen erfolgen. Vor allem dadurch werden Chancen für eine nachhaltige und dauerhafte Raumentwicklung geschaffen[59]. Eine derartige Entwicklung muß an den ökologischen, ökonomischen und sozialen Bedürfnissen der Menschen in einem Raum ausgerichtet sein, ohne daß dies auf Kosten entsprechender Bedürfnisse der Menschen in einem anderen Raum geht.

Das System Erde hat stoffliche Grenzen. Die Forderung nach einem beispielsweise unbegrenzten wirtschaftlichen Wachstum steht im Widerspruch zu diesen Grenzen; ein derartiges Wachstum wird sich immer mehr gegen andere, „schwächere" Räume richten und so einen wie oben angedeuteten nachhaltigen Ansatz blockieren.

Regionalplanung muß als Beitrag zu einer verträglichen Entwicklung ständig neu die schon immer unbestrittene und überaus anspruchsvolle Querschnittsaufgabe annehmen und erfüllen. Daher sollte Bewährtes durchaus fortgeführt, aber auch weiterentwickelt werden[60].

Folgende Anforderungen erscheinen für eine Weiterentwicklung einer so verstandenen Regionalplanung wichtig.

Verminderung fachplanerischer und kommunaler Egoismen

Ein erhöhter Problemdruck führt zu erhöhten Anforderungen einzelner Fachdisziplinen (Siedlungsplanung, Landschaftsplanung, Verkehrsplanung etc.); dadurch ist auch aus der Sicht der Regionalplanung eine gewisse Konkurrenz zur Fachplanung unvermeidlich. Entscheidend ist aber die querschnittsorientierte Koordination fachlicher, überörtlicher und regionaler Interessen durch die Regionalplanung. Dies stellt sehr hohe Anforderungen an die Regionalplanung, insbesondere an ihre Methodik und Transparenz, sowie an ihre Akteure, aber auch an ihre Kompetenz.

Der Regionalplaner muß nach wie vor Allroundplaner und kreativer Manager sein, allerdings vor dem Hintergrund bestimmter fachlicher Schwerpunkte. Angesichts immer vielfältigerer Probleme und Anforderungen muß die vertiefte Fachkompetenz verstärkt von außen integriert werden; dafür müssen aber auch Mittel zur Verfügung stehen bzw. dort, wo zusätzliche Kosten für Planung politisch nicht durchsetzbar sind, geeignete Formen der arbeitsteiligen Kooperation und der Integration externer Kräfte mit ihrer Information und ihrem Wissen gesucht werden. Berührungsängste und Kompetenzstreitigkeiten behindern dies gelegentlich.

Oft schwerwiegender wirken sich die kommunalen Egoismen aus. Immer mehr Gemeinden wollen alles dürfen und so ihre Eigenständigkeit gegenüber anderen unter Beweis stellen. Ein wichtiger Motor für diese Haltung ist nach wie vor die bestehende Gewerbesteuerregelung als wichtige kommunale Einnahmequelle. Gleichzeitig sind aber immer mehr Problembereiche kommunal nicht mehr lösbar. Klassische Beispiele bilden die Abfallentsorgung und die Wasserversorgung. Zusammenschlüsse verschiedener Gebietskörperschaften zu Zweckverbänden sind seit langem die Regel. Hier gibt ein konkreter Zweck den Ausschlag für die Zusammenarbeit in einem ganz bestimmten Sektor. Damit wird noch längst keine bereichsübergreifende Koordination angestrebt oder erreicht. Zunehmend zeigt sich jedoch, daß unterschiedliche Körperschaften mit der Lösung der sie betreffenden Aufgaben überfordert sind. Probleme verschieben sich hin zur höheren Ebene. Zugleich wird deutlich, daß beispielsweise eine überörtliche und regional koordinierte Abfallwirtschaftspolitik nicht existiert.

Knapper werdende geeignete Flächen und ein zumindest derzeit enger Investitionsmarkt verdeutlichen die Notwendigkeit, vor allem Gewerbe- und Industrieflächen vermehrt gemeindegrenzenübergreifend zu nutzen bzw. auszuweisen. Auch hier existieren bereits Beispiele. Es besteht aber großer Koordinationsbedarf. Ansätze müssen über eindimensionale Zweckverbandslösungen hinausgehen. Ein wichtiger Anstoß außerhalb regionalplanerischer Überlegungen wäre hierbei eine Änderung der Gewerbesteuerregelung. Eine Reduzierung des direkt bei der Gemeinde verbleibenden Anteils zugunsten einer Umverteilung würde Ansiedlungskonkurrenzen abbauen.

Bei derartigen Überlegungen geht es nicht um die Aushöhlung kommunaler Kompetenzen. Nach wie vor müssen kommunale Belange auch auf der kommunalen Ebene bearbeitet werden. Ein erhöhter Problemlösungsdruck bei den Gemeinden verlangt aber mehr und mehr eine überörtliche Koordination. Hier ist die Regionalplanung gefordert. Wird diese Chance nicht umgesetzt, so besteht die Gefahr, daß in zunehmendem Maß andere Akteure mehr kommunales Vertrauen besitzen als eine nur geduldete Regionalplanung.

Verbesserung der Akzeptanz der Regionalplanung

Raumplanerische Koordination kann wesentlich verbessert werden, wenn die Akzeptanz der Regionalplanung erhöht wird. Solange sie mehr geduldet als gewünscht wird, bestehen hier erhebliche Defizite.

Die räumliche Koordination stellt einen aktiven und vorausschauenden Planungsprozeß dar. Durch ihn müssen Chancen für eine nachhaltige Entwicklung aufgezeigt und umgesetzt werden. Im Rahmen dieses Planungsprozesses können, beispielsweise durch räumlich konkrete Entwicklungsstrategien, positive Aussagen zu räumlichen Nutzungen erarbeitet werden. Oftmals wird in der raumplanerischen Praxis auf räumliche Prozesse mit dem Ziel reagiert, ggf. bestimmte umweltschädigende Projekte „ökologisch" zu verhindern[61]. Durch einen Regionalplanungsprozeß, der kreativ räumliche Entwicklungsmöglichkeiten entwirft und prüft, d.h. der die ökologische und die ökonomische Leistungsfähigkeit eines Raumes intensiv einbezieht und damit verstärkt agiert, werden neben ökologisch notwendigen Restriktionen klare Aussagen zu sozioökonomischen Nutzungsmöglichkeiten selbstverständlich.

Entscheidend ist dabei die Erkenntnis, daß ein durch vorausschauende Planung gestalteter Umbau eines Raumes oder einer Landschaft neue und auch bessere gesamträumliche Qualitäten schaffen kann. Regionalplanerische Vorschläge müssen dabei die Akteure überzeugen und veranlassen, ihre raumwirksamen Tätigkeiten entsprechend durchzuführen. Unzählige Erfahrungen zeigen immer wieder, daß direkte Vorgaben und enge Restriktionen allein nur in sehr einfachen Fällen zum Erfolg führen.

Dies führt zur Forderung nach mehr Transparenz und Nachvollziehbarkeit der regionalplanerischen Argumentation im Planungsprozeß.

Verbesserung der Transparenz regionalplanerischer Argumentation

Mehrfach wurde bereits die zunehmende Komplexität des regionalplanerischen Betätigungsfeldes angesprochen. Gerade deshalb kommt der Nachvollziehbarkeit und Transparenz regionalplanerischer Argumentation ein sehr hoher Stellenwert zu.

Planerische Aussagen sollten soweit wie möglich graphisch untermauert werden. Beispielsweise können mit Hilfe von einfachen kartographischen Überlagerungen ver-

119

schiedener Nutzungen oder Nutzungsinteressen im gleichen Raum Kollisionen unterschiedlicher Interessen verdeutlicht werden; es können dadurch Konfliktkarten erstellt werden, die eine regionalplanerische Argumentation auch für Nichtexperten erleichtern.

Hier bringen die Möglichkeiten von EDV-gestützten Planungsinformationssystemen erhebliche Verbesserungen - auch bezüglich der zeitlichen Dynamik von Plänen. Allzuoft ist der Informationsgehalt der Pläne bei ihrer Veröffentlichung bereits veraltet. Regionalplanung muß sich durch den Einsatz geeigneter Hilfsmittel der Veränderungsdynamik des Raumes stellen.

Zur Weiterentwicklung dieses Angebots führt z.B. der Regionalverband Hochrhein-Bodensee derzeit ein durch die EU und das Land Baden-Württemberg im Rahmen des INTERREG-Programmes Bodensee-Hochrhein gefördertes grenzüberschreitendes Pilotprojekt durch. Zusammen mit dem Kanton Schaffhausen und dem schweizerischen Bundesamt für Raumplanung in Bern wird der Aufbau eines grenzüberschreitenden räumlichen Informationssystems getestet. Basis bildet das raumplanerische Informationssystem INFOPLAN, das seit mehreren Jahren durch das Bundesamt für Raumplanung in Bern entwickelt wird.

Mit Hilfe derartiger Systeme kann die laufende Planungsarbeit wirksam unterstützt werden. Räumliche Zusammenhänge und Konflikte können für die fachliche und öffentliche planerische Argumentation transparent gemacht werden. Die leichte Anpassung an neue Gegebenheiten ist dabei Bedingung für die Tauglichkeit des eingesetzten Instrumentariums.

Ein erhebliches Defizit besteht in der Aufbereitung von räumlich positiven wie auch möglichen negativen Wirkungen planerischer Ziele oder Maßnahmen im Zusammenhang mit dem Planungsprozeß. Hier geht es um die planerische Abwägung bei Entscheidungsprozessen, d.h. um die Frage: was passiert wenn?[62] Beispielsweise können durch das Arbeiten mit Szenarien die Annahmen, Bedingungen und Grundlagen für planerische Entscheidungsprozesse, und dadurch die Nachvollziehbarkeit der planerischen Argumentation, deutlich verbessert werden.

Ausbau der Regionalplanung als Dienstleistungsanbieter

Aus den bisher skizzierten Anforderungen kann abgeleitet werden, daß Regionalplanung auch eine wichtige Funktion und Chance als Anbieter von Dienstleistungen hat.

Die Regionalplanung verfügt über Kenntnisse zu sehr vielen Sachverhalten und Prozessen, die vielfach wesentlich besser aufbereitet werden sollten. Die oben angedeutete kartographische Überlagerung von räumlichen Nutzungen sollte z.B. als problemorientierte Montage von raumplanerisch relevanten Informationen weiterentwickelt werden. Hier besteht auch deshalb Handlungs- und Entscheidungsbedarf, da immer mehr private Dienstleistungsunternehmen in diesem Bereich aktiv werden.

Der aktive Ausbau des Themenfeldes „Problemorientierte Informationsaufbereitung" ist neben der Moderation von räumlichen Prozessen eine wesentliche Voraussetzung für eine erfolgreiche räumliche Koordination.

Landschaftsrahmenplanung als Chance für die Weiterentwicklung der Regionalplanung

Die Landschaftsrahmenplanung, wenn sie als Teil von Regionalplanung verstanden wird, bietet eine hervorragende Gelegenheit, Anlässe und Situationen zu schaffen, um die oben skizzierten Anforderungen umzusetzen und weiterzuentwickeln und so die Akzeptanz der Regionalplanung wesentlich zu verbessern.

Für die baden-württembergische Region Hochrhein-Bodensee wird z.B. derzeit versucht, ein Konzept einer querschnittsorientierten und sektorübergreifenden Regionalplanung, die durch eine Landschaftsrahmenplanung in Form eines mehrphasigen und durchgehenden Planungsprozesses ergänzt wird, umzusetzen. Der Landschaftsrahmenplan soll dabei nicht separat erarbeitet und vorgelegt und ggf. fortgeschrieben werden. Vielmehr soll die Landschaftsrahmenplanung als fester Bestandteil der Regionalplanung verstanden und dadurch dauernder Prozeß werden.

Dieser Prozeß gliedert sich in mehrere Arbeitsphasen. Zunächst wird versucht, Umweltqualitätsziele im Sinne raumbezogener Zielvorgaben für die Region zu entwerfen. Die damit verbundenen Probleme wurden bereits in Kap. B3 erörtert. Auf der Basis dieser Ziele soll dann ein ökologisch verträgliches Funktions- und Raumnutzungsmuster entwickelt werden. Schließlich wird das ganze Spektrum der räumlichen Nutzungen und Ressourcen aus gesamtökologischer Sicht geprüft und bewertet. Die Ergebnisse sind regionalplanerisch abzuwägen und werden damit Bestandteil der Regionalplanung. Sie bilden die Basis für die neue Generation des Regionalplanes.

Es geht dabei darum, einen gesamtökologischen Bewertungs- und Entwurfsprozeß zu initiieren. Dieser ist wie bei den meisten Verwaltungen ohne eine externe Unterstützung in Form von ökologischem Sach- und Fachverstand nicht durchführbar.

Als wesentliche Arbeitsschritte dieses Bewertungsvorgangs können die folgenden angesehen werden:

- Realnutzungskartierung und ständige Weiterführung als EDV-gestütztes raumplanerisches Informationssystem;
- Potentialorientierte Präzisierung und Weiterführung des bestehenden Freiraumkonzeptes der Region;
- Ermittlung und Bewertung des Leistungsvermögens, der Empfindlichkeiten, der bestehenden Beeinträchtigungen und Konflikte, der Entwicklungsmöglichkeiten der Landschaftspotentiale sowie der räumlichen Nutzungen;

- Verträglichkeitsuntersuchung und Weiterentwicklung des gesamten Nutzungsmusters der Region

  - mit Entwicklung eines Leitbildes,
  - Verträglichkeitsuntersuchung des bestehenden Regionalplanes
  - und Maßnahmenkonzept als Grundlage für den Regionalplan der nächsten Generation.

Entscheidend für diese Arbeit ist, daß sie als transparenter Arbeitsprozeß in Form einer ständigen Dienstleistung der Regionalplanung unter Einbeziehung ihrer Gremien und der Öffentlichkeit durchgeführt wird. Die ständige regionalplanerische Abwägung ist dabei ein wichtiger Bestandteil dieses Prozesses und Aufgabe dieser Gremien.

Die Gesamtkonzeption sollte, wie im vorliegenden Fall, eine sehr enge Zusammenarbeit zwischen den Planern der Planungsverwaltung und externen Beratern/Gutachtern vorsehen. Dafür muß über einen längeren Zeitraum ein gewisser Mitteleinsatz erfolgen. Angesichts der knappen personellen Ressourcen der meisten Regionalverbände bzw. Planungsverwaltungen wird die Regionalplanung dadurch aber in die Lage versetzt, flexibler auf neue Problemstellungen reagieren und besser konzeptionell agieren zu können. Die Zusammenarbeit mit externen Planern wirkt zudem der Gefahr von Betriebsblindheit und der jeder Verwaltung innewohnenden Verkrustung entgegen.

Durch dieses Vorgehen kann gewährleistet werden, daß Landschaftsrahmenplanung als ein durchgehender Prozeß betrieben wird. Durch die optimale Inanspruchnahme eigener Kapazitäten kann zudem die Kostenbelastung für den Auftraggeber minimiert werden.

Bemerkenswert scheint dieser Ansatz vor allem deshalb zu sein, weil die derzeitigen gesetzlichen Grundlagen über Form und Inhalt der Regionalpläne in einigen Bundesländern (z.B. Baden-Württemberg) eher wenig Handlungsspielraum für eine wirksame Weiterentwicklung der Regionalplanung bieten. Die Gliederung ist durch die Landesplanung abschließend vorgegeben. Durch diesen Höchstinhalt bestehen wenig Gestaltungsmöglichkeiten, regionale Besonderheiten können daher nur ungenügend berücksichtigt werden. Um so wichtiger sind angesichts dieser finalen und trotz kommunaler Verfassung sehr hierarchischen Ausrichtung der Regionalplanung neben grundlegenden Änderungserfordernissen offene und entwickelbare regionalplanerische Instrumente. Der Landschaftsrahmenplanung kommt vor diesem Hintergrund eine große Bedeutung zu. Gerade wegen ihrer formalen Unverbindlichkeit besteht durch sie eine enorme Chance, die Regionalplanung als kreativen Planungsprozeß weiterzuentwickeln.

Diese Chance wurde bisher zu wenig wahrgenommen. Der Auftrag an die Landschaftsrahmenplanung im BNatSchG und ROG sowie in den Ausformungen der Länder stellt bereits höhere Ansprüche, als die meisten bisherigen Ansätze zeigen. Gefordert wird die Prüfung der Umweltverträglichkeit des gesamten Nutzungsmusters. Dadurch könnte und sollte eine fachlich stärkere querschnittsorientierte und sektorübergreifende Regionalplanung erreicht werden.

Die Landschaftsrahmenplanung sollte als multifunktionales Informationssystem und Depot weiterentwickelt werden, das die Probleme in ihrer ganzen Bandbreite aufzeigt und auf deren Basis alternative Handlungskonzepte sowohl für das bestehende als auch für das geplante Nutzungsmuster entworfen werden können. Landschaftsrahmenplanung hat dabei keine koordinierende, sondern eine kooperierende Aufgabe. Der regionalplanerische Abwägungsprozeß ist und bleibt Aufgabe der Regionalplanung, er ist nicht Teil der Landschaftsrahmenplanung. Sie muß aber zur Fundierung und Transparenz dieses Prozesses beitragen. Fragen der Integrationsform in die Regionalplanung sind damit sekundär. Die Landschaftsrahmenplanung stellt im Gegensatz zum Regionalplan einen nicht formalisierten Bestandteil der Regionalplanung dar, sie sollte prozessualer Bestandteil einer nachhaltigen Raumentwicklung oder Regionalplanung und damit eine Daueraufgabe sein. Hierin liegen enorme Chancen zur Umsetzung der oben skizzierten Anforderungen und damit zu einer Weiterentwicklung der Regionalplanung.

Eine weitere Möglichkeit für die Umsetzung der oben skizzierten Anforderungen liegt in einer stärkeren Orientierung auf eine „projektorientierte Regionalplanung". Damit ist ein offensiveres und agierendes Vorgehen gemeint. Räumliche Prozesse sollten weit im Vorfeld konkreter Entscheidungssituationen aufgegriffen werden, um daraus Initiativen zu entwickeln, die ihrerseits wieder räumliche Prozesse einleiten. Schließlich sei auch auf das in Kapitel C.4.3. beispielhaft erwähnte „Strukturmodell Hochrhein" verwiesen.

6. Wandel im Verständnis von Planungspolitik und Planungsfunktionen auf regionaler Ebene

6.1 Der gesellschaftliche Auftrag der räumlichen Querschnittsorientierung und Koordinierung

Die in den Kapiteln B.1. bis B.5. dargestellten Veränderungen der Rahmenbedingungen und Erfordernisse gesellschaftlicher Problembearbeitung weisen der Regionalebene auf der einen Seite eine wachsende Bedeutung in der Koordination und konstruktiven Verknüpfung von Handlungsfeldern zu (a). Auf der anderen Seite zeigen sie aber auch, daß der Handlungsspielraum der Regionalebene von immer mehr externen Einflüssen beeinflußt und auch beeinträchtigt wird (b).

Zu (a): Der Koordinationsauftrag an die Regionalplanung geht, wie die bisherigen Ausführungen gezeigt haben, über die traditionelle administrative Form der „negativen Koordination" (Abgleichungsvorgang) hinaus. Er ist auch weiter zu fassen als die „Bündelungsfunktion" von Mittelinstanzen. Koordination über die Regionalplanung stellt einen konstruktiven Problemlösungsprozeß dar und ist Teilfunktion von Planung im zeitgemäßen Verständnis:[63] Um den Problemlösungsraum zu erweitern, genügt es nicht, eine Problemlösung durch Modifikation konsensfähig zu machen, sondern es kommt auf den Prozeß an, in dem der Problemlösungsraum in einem möglichst kreativen Akt erweitert und so gut wie möglich ausgeschöpft wird, um die verschiedenen Belange zu einer konsensfähigen Lösung zusammenzubringen. Koordination bedeutet dabei für die Regionalplanung zunehmend auch: Übernahme von Initiativ- und Moderations-funktionen, gelegentlich sogar Funktionen der Konflikt-Mediation.

Da solche Aufgaben in unseren sektoralisierten Politikstrukturen angesichts des zu-nehmenden Vernetzungsbedarfs immer dringlicher werden, bilden sich auch vermehrt Konkurrenten heraus, die diese Funktionen wahrnehmen: staatliche Mittelinstanzen, Umweltplanung/Landschaftsplanung, neue „intermediäre Organisationen".[64] Dabei kommt Regionalplanung unter Druck, sich konzeptionell und verfahrensmäßig neu zu orientieren.[65]

Zu (b): Die Relevanz dieser externen Einflüsse hängt von den einzelnen Einflußfakto-ren und dem jeweiligen Handlungskontext ab: Einige Einflußfaktoren sind als Datum hinzunehmen und entziehen sich regionaler Einflußnahme; hier muß sich die Region anpassen (Beispiel: EU-Politik, Standortwettbewerb im globalen Maßstab). Andere sind in Grenzen beeinflußbar, aber nur, wenn die Region als gemeinsamer Akteur auftritt und diese Einflußfaktoren in konstruktive Entwicklungskonzepte einbindet (Beispiel: Regionalisierung von Fachpolitiken, Regionalisierung multiregionaler Unternehmen).

Angesichts der zunehmenden Koordinations- und Kooperationsaufgaben wird die auf Landesebene möglicherweise noch durchzuhaltende Trennung von Raumordnungs- und Raumentwicklungspolitik auf der Regionalebene immer unpraktikabler: Denn auf der einen Seite können immer mehr kommunale Aufgaben im regionalen Kontext ef-fektiver und teilweise auch effizienter wahrgenommen werden (Beispiele: öffentlicher Nahverkehr, Abfallbeseitigung, Energieversorgung, aber auch Arbeitsmarktpolitik, Flächenhaushalts-/ Bodenvorratspolitik, Freiraumentwicklungskonzepte, Standortvorsor-ge). Hierfür reicht jedoch ein regionalplanerisches Ordnungskonzept nicht mehr aus, sondern diese Aufgaben müssen in ein regionales Entwicklungskonzept integriert wer-den. Auf der anderen Seite konfligieren ordnungspolitische Funktionen bei knapper werdenden Siedlungsflächen immer häufiger mit Entwicklungsfunktionen der Regional-planung (z.B. Preiseffekte planerischer Flächenverknappungen) und verlangen integrierte, konstruktive Lösungen.

Gesucht werden folglich Verfahren und institutionelle Arrangements, die es wirksa-mer als bisher erlauben, solche koordinierten regionalen Entwicklungsprozesse zu ge-stalten.

Zwar hat die koordinierende regionale Gestaltungsaufgabe die Regionalplanung seit ihren Ursprüngen begleitet[66], aber Regionalplanung wird heute weniger denn je bean-spruchen, die zunehmende Komplexität sich unkontrolliert entwickelnder Rahmenda-ten noch mit räumlich, sachlich, zeitlich und finanziell integrierten Entwicklungsplänen erfassen zu können. Regionalplanung bedarf heute mehr als früher konzeptioneller und institutioneller Handlungsfähigkeit, um einerseits dem Druck zu mehr regionaler Entwicklungssteuerung, andererseits den in den letzten Jahren geschaffenen Chancen zur eigenständigen Regionalentwicklung gerecht werden zu können. Druck zu mehr regionaler Entwicklungssteuerung entwickelt sich vor allem

- im Rückzug des Wohlfahrtsstaates zugunsten der Weckung dezentraler Selbststeuerungskräfte („Regionalisierung der Strukturpolitik"),
- in der Regionalisierung von Fachpolitiken und im Durchgriff der EU auf die Regionen im Rahmen der EU-Strukturfonds,
- im wirtschaftlichen Zwang zu höherer Zeitrationalität, unter dem Planung vorschnell zum Investitionshemmnis stigmatisiert wird,
- in der zunehmenden Konfliktintensität zwischen raumordnungspolitischen Restriktionen, wirtschaftlichen Entwicklungsbedarfen und sozialen Ausgleichszielen.

Chancen für eigenständige Regionalentwicklung resultieren vor allem aus (vgl. Kap. B.4.)

- der Dezentralisierung von Steuerungsfunktionen in Groß-Institutionen („lean production", Regionalisierung von Fachpolitiken),
- der wachsenden Bedeutung von regionalen Netzwerken sowohl zwischen Betrieben als auch zwischen politischen Akteuren,
- der Bedeutung der Umweltpolitik für den wirtschaftlichen Strukturwandel und die Standortkonkurrenz von Regionen („weiche Standortfaktoren"),
- der Aufwertung der Region als Identifikationsbezug und politische Handlungsebene im Wettbewerb der Regionen.

Diese Koordinations- und Vernetzungsleistung deckt der traditionelle Planungsbegriff nicht mehr ausreichend ab. Dieser Planungsbegriff ist im Kern statisch, auf einen finalen Plan (das „design"), ein Ordnungskonzept für die räumliche Entwicklung sowie auf die gedankliche und politische Vorbereitung konkreter Handlungen ausgerichtet. Die technische Problembearbeitung steht im Vordergrund, verstärkt durch rechtliche Regelungen, wie Pläne zu erstellen und umzusetzen sind und wie der staatliche Wille bis zur kommunalen Ebene hinunter zu sichern ist (Fürst 1993).

Demgegenüber muß sich der für die gegenwärtige Regionalplanung zweckmäßige Planungsbegriff am zentralen Engpaß komplexer post-industrieller Gesellschaften orientieren[66]: an der sinkenden Konsens- und Akzeptanzfähigkeit sowie dem wachsenden Vernetzungsbedarf der Akteure.

Das heute gültige Verständnis von Regionalplanung tendiert in Richtung Konsensmoderation im Wege kollektiver Zielfindungsprozesse bei stärkerer Orientierung an den „machbaren" als an den idealen Leitbildern. Es wird folglich bestimmt von Merkmalen wie (Ritter 1987, S. 345ff.): prozeßhaftes Vorgehen, aktive Konsensbildung, strategische Orientierung, „verkraftbare" Zielsetzungen, Konzentration auf Schwerpunkte, flexible Instrumentierung.

125

6.2 Die Bedeutung langfristiger Zielorientierung und Rahmensetzungen für die gesellschaftliche Entwicklung

Planung - auch Regionalplanung - wird, wie auch die Ausführungen in Abschnitt B.5. zeigten, folglich eher als „Diskurs" aufgefaßt. Planung dient zwar formal der Politikvorbereitung, aber ihr entscheidendes Element ist die organisierte Kommunikation zwischen Akteuren, um kollektives Handeln möglich zu machen. Solche Diskurse müssen insofern institutionalisiert werden, als ihr Ergebnis bindende Beschlüsse sein sollen, seien es formale Entscheidungen oder Selbstbindungen der beteiligten Akteure. Bindende Beschlüsse lassen sich leichter projektorientiert organisieren als über abstrakte restriktive Ordnungsprogramme. Aber Regionalplanung kann auf den gesamträumlichen Ordnungs- und Entwicklungsansatz nicht verzichten, ohne das gesamte zugunsten des einzelnen zu vernachlässigen. Dieses Spannungsverhältnis verlangt nach neuen institutionellen Arrangements, welche den erweiterten Funktionen der Regionalplanung Rechnung tragen (Fürst/Ritter 1993, S. 188f.), d.h.

- der Orientierungsfunktion im Sinne eines „Orientierung schaffenden Planungsprozesses";
- der Moderationsfunktion im Sinne von Regionalplanung als „Netzwerk" und Verhandlungssystem;
- der Organisationsfunktion, um diskursive Interaktionsprozesse zu organisieren und über die Institution auch zu legitimieren;
- der Koordinationsfunktion im Sinne der konstruktiven Verknüpfung von unterschiedlichen Belangen zu einem kollektiven Handeln.

Oben wurde bereits angesprochen, daß sich die Regionalplanung in dem Dilemma bewegt, einerseits langfristige Ordnungs- und Entwicklungskonzepte festschreiben zu müssen, andererseits in immer komplexeren Handlungsfeldern tätig zu sein und auf ein hochgradig „turbulentes" Umfeld kurz-/mittelfristig reagieren zu müssen. Dieses Dilemma ist zwar allen Planungen immanent, aber im Falle der Regional- wie der Landesplanung wegen ihres Langfristcharakters besonders brisant. Regional- und Landesplanung haben in der Vergangenheit auf zweierlei Weise darauf reagiert: zum einen durch kontinuierliche Planfortschreibung, in einzelnen Ländern auch mit sog. „Abweichungsverfahren"; zum anderen durch Rücknahme der - der Umfeldturbulenz stärker ausgesetzten - Entwicklungssteuerung zugunsten des Ausbaus der (längerfristig stabileren) Ordnungssteuerung (z.B. über das Vorrangkonzept).

Hinter diesem Planungsdilemma steckt ein allgemeines gesellschaftliches Dilemma: Je komplexer Gesellschaften werden, um so mehr bedarf ihre Entwicklung einer langfristigen Strukturierung (Zielorientierung), aber um so weniger gelingt diese. Darauf kann man in zweierlei Weise reagieren. Zum einen leiten die der Chaosforschung und Systemtheorie (Theorie selbststeuernder Systeme) nahestehenden Theoretiker daraus ihre Überzeugung ab, daß moderne Gesellschaften überhaupt nicht mehr planbar seien, sondern sich „spontan" entwickeln, wobei sich durch die checks-and-balances der zahllosen Systemelemente selbststeuernd Entwicklungsrichtungen herauskristallisieren (Landfried 1993). Zum anderen kann man so wie die neuere Planungsdiskussion reagieren:

Sie folgt eher den modernen Netzwerkkonzepten unter der Annahme, daß die gesell-schaftliche Steuerung zunehmend über problem-/bereichsspezifische Netzwerke von betroffenen Akteuren gestaltet wird (Healey 1992).

In der räumlich koordinierenden Gesamtplanung kann dieser Ansatz nur mit Ein-schränkungen verfolgt werden. In den Niederlanden wird der Netzwerkansatz relativ konsequent angewandt, und es wird auf verbindliche räumliche Ordnungspläne weit-gehend verzichtet. Aber damit wird riskiert, daß Regionalplanung zu einem Ergebnis von Gruppeneinflüssen wird und Kollektivbelange unberücksichtigt bleiben. In Deutsch-land kann vor allem die Regionalplanung über das Ordnungskonzept mit Verbindlich-keitscharakter die Kollektivbelange wirksam schützen, bleibt dann aber in dem oben genannten Dilemma. Sie kann dieses Dilemma nur bedingt auflösen,

- indem sie die Verbindlichkeit der langfristigen Ziele einschränkt und sie durch unver-bindliche „Regionale Entwicklungsprogramme" ersetzt - dieser Ansatz wird teilwei-se in den sog. Regionalkonferenzen (z.B. Nordrhein-Westfalen) verfolgt - oder
- indem in den Planzielen stärker zwischen den langfristig „konstanten", d.h. sich nur langsam ändernden Zielaussagen, und den „variablen", d.h. kurzfristig schnelleren Veränderungen unterworfenen Zielen unterschieden wird. Die Praktikabilität hängt dann davon ab, ob es gelingt, erstens diese Trennung kategorial zu definieren und zweitens in den langfristigen Zielen in Ausnahmefällen eine problembezogene Flexibilität mit kurzer Anpassungsfrist zu erreichen (z.B. über die Planabweichungs-regelung).

Diese Diskussion ist noch keineswegs abgeschlossen, sondern Kern einer allgemei-neren gesellschaftlichen Steuerungsdiskussion, die für marktliche Systeme typisch ist (Plan-versus-Markt-Debatte), folglich in vielen gesellschaftlichen Handlungsfeldern im-mer wieder neu belebt und in unterschiedlichen historischen Phasen auch unterschied-lich entschieden wird[68]: Soll sich die Wirtschaftspolitik auf eine gesteuerte Industriepo-litik einlassen oder sich auf ordnungspolitische Kategorien zurückziehen; soll die staatli-che Steuerungsintensität zugunsten des „ökologischen Umbaus der Gesellschaft" intensi-viert werden oder sollen ordnungsrechtliche und finanzrechtliche Restriktionen ausrei-chen; soll der Staat im Sinne der „Kommunitarismus"-Bewegung aktiv in die Werte- und Normenentwicklung des sozialen Zusammenlebens eingeschaltet werden, oder kann man die Entwicklung der Werte dezentralen Selbststeuerungsstrukturen überlas-sen?

6.3 Kooperationsformen und Formen der Institutionalisierung von kooperativer Planung auf der regionalen Ebene

Wenn unbestreitbar ist, daß auf regionaler Ebene die Kooperation zwischen der Regionalplanung und den Fachressorts sowie den Kommunen und nicht-staatlichen Akteuren intensiviert werden muß, so sind institutionelle Lösungen zu suchen, die ei-nerseits diese Kooperation begünstigen, andererseits nicht so hohe Kosten der Konsensfindung erzeugen, d.h. so schwerfällig werden, daß sie die Kooperation erschweren. Wir haben es hier wiederum mit einem Dilemma zu tun. Kooperation wird institutionell begünstigt, wenn der institutionelle Rahmen so wenig wie möglich in die Autonomie der Akteure eingreift und so wenig wie möglich deren Einflußchancen auf das Kooperationsergebnis diskriminiert. Dafür werden zunehmend Netzwerkkonzepte favorisiert - deren wachsende Bedeutung legt die Vermutung nahe, „daß das Aufkommen von interorganisatorischen Netzwerken eine allgemeine Begleiterscheinung des Strukturwandels in modernen Gesellschaften ist; es scheint sogar ein Grundmerkmal gesellschaftlicher Modernisierung zu sein." (Mayntz 1992, S. 21).

Aber solche offenen Strukturen mit einer minimalen Institutionalisierung führen i.d.R. nur zu unverbindlichen Ergebnissen und leben folglich davon, daß die beteiligten Akteure an einem kollektiven Handlungsergebnis interessiert sind. Das Ideal einer „Evolution der Kooperation" (Axelrod 1989) ist jedoch in solchen Handlungsfeldern schwer zu erzielen, die in relativ hohem Maße Verteilungskonflikte implizieren, aber wenig individualisierbare Vorteile aus der Kooperation erwarten lassen. Das betrifft insbesondere die Regionalplanung als Ordnungskonzept. Zwar ist unbestreitbar, daß es Kooperationsmodelle und Kooperationsarrangements auch dann geben kann, wenn der einzelne durch die Kooperation nur restringiert wird, aber ein Interesse an der Erhaltung der Ressource hat („Allmende-Problematik")[69]: So zeigen die alten Wasserbewirtschaftungsreglements (Wasserverbände), daß sich Akteure kooperativ restringieren können (Ostrom 1990). Aber solche „von unten entwickelten" Arrangements setzen die Einsicht der Akteure in ihr „wohlverstandenes Eigeninteresse" voraus. Dieses kann man in der langfristigen Sicherung der Wasserversorgung leichter hervorrufen als in der Regionalplanung. Denn wohlverstandenes Eigeninteresse ist problem-/projektbezogen leichter zu entwickeln als über abstrakte Raumordnungspläne.

Kooperationsarrangements in der Regionalplanung können dann entweder nur entstehen, wenn der Staat sie organisiert (das war in der Vergangenheit überwiegend der Fall) oder wenn sich die Regionalplanung mit „Zusatznutzen" für die Akteure ausstattet. Solche Zusatznutzen können

- in den über institutionalisierte Kooperationsformen möglichen „Paketlösungen" liegen, die allen Beteiligten Vorteile bringen;

- in überlegenem Projektmanagement begründet werden (z.B. in Verbindung mit Raumordnungsverfahren und UVP, Verfahrensbeschleunigung), wodurch Regional- und Landesplanung Dienstleistungsfunktion wahrnehmen;

- in staatlichen Anreizen bestehen, die für regional abgestimmte Handlungsprogramme geschaffen werden;

- in Zusatzfunktionen liegen, die der Organisation der Regionalplanung zugeordnet und von den Akteuren als so attraktiv angesehen werden, daß Regionalplanung im „Huckepackverfahren" mitgeschleppt wird.

Der Zusatznutzen realisiert sich primär über flexible Formen der Kooperation. Für die neuere Fortentwicklung der herkömmlichen Kooperationsmodelle[70] ist nun typisch, daß sie ihre „Netzwerkfunktion" deutlich ausbauen: Sie reduzieren die restringierende Wirkung des Institutionenrahmens und versuchen, durch Intensivierung der Kommunikation zwischen den Akteuren, durch Konzepte des „informellen Planens" und durch projektgebundene Zusammenarbeit das „Wir-Gefühl" der Akteure zu stärken.

7. Grenzüberschreitende Regionalplanung

Grenzüberschreitende Regionalplanung bzw. planerische Zusammenarbeit spielt sich in verschiedenen räumlichen, administrativen und teilweise auch rechtlichen Bezugsfeldern ab. Binnenstaatlich kann sie zwischen Regionen innerhalb eines Bundeslandes oder über die Grenzen von Bundesländern hinweg erfolgen. Ein weiteres Kooperationsfeld, das nunmehr erheblich an Bedeutung gewinnt, erstreckt sich über die Staatsgrenzen.

Die Notwendigkeit zur grenzüberschreitenden Regionalplanung zeigte sich schon früh, vor allem in den Verdichtungsräumen, da viele raumwirksame Maßnahmen und Planungen überregional wirksam sind. Sie wird verstärkt durch weiter zunehmende Verflechtungen und Vernetzungen. Trotz frühzeitiger Initiativen, auf die hier nicht näher eingegangen werden kann, ist die grenzüberschreitende Regionalplanung und Zusammenarbeit bisher, insgesamt gesehen, nur langsam vorangekommen. Dies ist vor allem auf die dabei zu überwindenden speziellen Probleme zurückzuführen, die noch darzustellen sein werden.

Neue Entwicklungen wie der zunehmende Standortwettbewerb im regionalen Rahmen und die verschiedenen Initiativen der EU, wobei vor allem die Interreg-Programme zu nennen sind, fördern die staatsgrenzenüberschreitende Zusammenarbeit im regionalen Rahmen. Gleichzeitig zeigt sich eine erhebliche Erweiterung der Kooperationsbereiche über die Regionalplanung im engeren Sinne hinaus.

Bei der Fülle bestehender Ansätze zur interregionalen Kooperation (s. Bundes-Raumordnungsbericht 1994), die außerordentlich heterogen sind, weil sie von jeweils unterschiedlichen Kontextbedingungen bestimmt werden, ist ein systematischer Überblick nur schwer herzustellen. Deshalb bezieht sich das Nachfolgende zwar hauptsächlich auf die planerische Kooperation, allerdings mit flexibler Grenzziehung zur regionalpolitischen Zusammenarbeit, weil sich die planerische Kooperation häufig projektbezogen gestaltet.

Ein weiterer, schwer zu fassender Themenbereich bezieht sich auf die Institutionalisierung. Ein Großteil der grenzüberschreitenden Kooperation verzichtet bisher wegen der im folgenden noch zu skizzierenden Probleme der Institutionalisierung auf eine förmliche Organisation. Informelle Planer-Kooperation steht im Vordergrund, selbst dort, wo förmliche Institutionalisierungen existieren. Denn gerade im grenzüberschreitenden Planungsfeld ist entscheidend, daß Personen miteinander kommunizieren und kooperieren können - die institutionellen, rechtlichen und administrativen Hürden der Kooperation lassen sich auf der informellen Ebene teilweise überspielen.

Gleichwohl steht im folgenden die institutionalisierte grenzüberschreitende Regionalplanung im Vordergrund, weil über eine adäquate Institutionalisierung die Dauerhaftigkeit der Arbeit, die Regelmäßigkeit der Kooperation, die politisch-administrative Autorität und Legitimation sowie Verbindlichkeit in den Zielaussagen und der Zugang zu Ressourcen besser gewährleistet sein dürften. Zudem ist auch die symbolische Bedeutung der Institutionalisierung wichtig. Eine Institution symbolisiert eine gemeinsame Klammer, i.d.R. auch eine bestimmte als kollektive Verpflichtung empfundene Aufgabe und eine „institutionalisierte Absichtserklärung" mit Binnenwirkung, d.h. die Selbstverpflichtung der Mitglieder durch die Absichtserklärung zu vertiefen. Diese formale Verankerung reicht aber allein nicht aus.

7.1 Der Prozeß der Institutionalisierung

Die Institutionalisierung der grenzüberschreitenden Zusammenarbeit kann auf nationaler Ebene, Länderebene, Regional- oder Kommunalebene stattfinden. Hier steht die Regionalebene im Vordergrund.

Der Prozeß der Institutionalisierung der grenzüberschreitenden Kooperation erweist sich generell als schwierig. Widerstände und Restriktionen resultieren zumeist aus

- dem Autonomiebedarf der kooperierenden Akteure,

- dem Grad der institutionellen Zersplitterung eines Kooperationsraumes (je mehr Akteure mit unterschiedlichen Interessen zu vereinigen sind, um so weniger wahrscheinlich wird eine Kooperation),

- Ungleichheiten im Kooperationsbedarf: Kerngemeinden/-regionen haben i.d.R. aufgrund zunehmender arbeitsteiliger Abhängigkeit von ihrem Umland einen intensiveren Kooperationsbedarf als Umlandgemeinden/-regionen,

- rechtlichen Inkompatibilitäten (Die kooperierenden Partner sind unterschiedlichen Planungs- und Rechtssystemen unterworfen) oder Unterschieden in der Rechtssouveränität (Die Kooperation kann in grenzüberschreitenden Regionen von vorgängigen Staatsverträgen, mindestens von Genehmigungsvorbehalten einer höheren Ebene abhängen),

- erheblichen Unterschieden im verfassungsrechtlichen und administrativen Status der kooperierenden Organisationen[71] (Die Kooperation muß dann entweder auf dem Nenner der Kompetenz des schwächsten Partners ablaufen, oder die übergeordnete Staatsebene ist als Akteur einzubeziehen[72]).

Aber auch nach erfolgter Institutionalisierung gibt es oftmals zahlreiche Schwierigkeiten im konkreten Planungsprozeß. Zusätzlich prozeßbehindernd wirken

- Konflikte über die Verteilung der Belastungen (Kosten) aus der gemeinsamen Planung bei fehlendem Finanzausgleich,

- planungspolitische Inkompatibilitäten verschiedener Art,

- fachpolitische Behinderungen, etwa wenn die Anreizsysteme der regionalen Wirtschaftspolitik verschiedener Länder im gemeinsamen Planungsraum konkurrieren,

- eine Reihe eher situativer Probleme, z.B. Sprachprobleme bei der internationalen Zusammenarbeit; fehlende Lernbereitschaft, sich mit dem anderen Institutionen-, Rechts- und Planungssystem hinreichend vertraut zu machen; häufiger Personalwechsel.

Besondere Probleme der grenzüberschreitenden Planung werfen Agglomerationsräume auf, wenn sie Staats- bzw. Ländergrenzen überschreiten (z.B. Basel, Halle-Leipzig, Berlin-Brandenburg, Hamburg-Niedersachsen). Dafür sind wirksame Formen der Institutionalisierung notwendig, um (wie es der Staatsvertrag zwischen Hamburg resp. Bremen und Preußen zur Gemeinsamen Landesplanung schon 1930 ausdrückte) „die hierzu erforderlichen Maßnahmen in gemeinsamer Arbeit so zu treffen, als ob Landesgrenzen nicht vorhanden wären".[73] Eine besondere Problematik stellt sich im Verhältnis der deutschen Stadtstaaten zu ihrem Umland dar. Hier liegt zwar aufgrund der intensiven Verflechtungen ein hoher Kooperationsbedarf vor, aber eine gemeinsame Planung scheitert vor allem an tiefgehenden institutionellen Inkompatibilitäten[74]: Finanzausgleichsfragen werden durch den Länderstatus der Kernstädte erschwert[75], Stadtstaaten organisieren die Kooperation lieber auf der Ebene der Landesplanung, blenden damit aber gerade die Themen aus, die in der Region relevant sind: Themen der Regional- und Flächennutzungsplanung. Zudem treten „atmosphärische" Störungen auf, weil Stadtstaaten die Kreisebene nicht kennen und deshalb mit den Landkreisen selten verkehren, obwohl diese wesentliche Umlandplanungen zu leisten haben.

Für die Institutionalisierung der Zusammenarbeit gibt es zwar ein weites Bündel von organisatorischen Möglichkeiten. In der Praxis wird aber der Arbeitsgemeinschaft (als weichster Form) oder einer privatrechtlichen Lösung (überwiegend: Verein) bisher der Vorzug gegeben, vor allem wenn die Initiative von Kommunen ausgeht und die Kooperation Landes- oder gar Staatsgrenzen übergreift[76]. Insbesondere fehlten den Kommunen bisher die rechtlichen Möglichkeiten, öffentlich-rechtliche Organisationsformen über die Staatsgrenzen hinweg zu institutionalisieren (Gabbe 1992b, S. 177f.).

Wenn das Land die Initiative ergreift oder wenn öffentlich-rechtliche Aufgaben Gegenstand sein sollen, dominiert die öffentlich-rechtliche Vereinbarung, nur in besonderen Fällen wird vom Zweckverband oder einer Variante dazu (Planungsverband) Gebrauch gemacht (s. unter (b) und (c)).

131

Anhand von Beispielen der Institutionalisierung der grenzüberschreitenden Zusammenarbeit[77] sollen einige der möglichen Problemlösungen für die regionale Kooperation aufgezeigt werden:

(a) innerhalb eines Bundeslandes: Hier ist in fast allen Ländern mit der Institutionalisierung der Regionalplanung eine erste Ebene der - bezogen auf Kommunen - grenzüberschreitenden Planung geschaffen worden. Da diese Institutionen aber i.d.R. durch staatlichen Oktroi eingerichtet wurden, neigen die beteiligten Kommunen dazu, ihnen keine zusätzlichen Aufgaben zu übertragen. Deshalb entwickeln sich häufig neben der Regionalplanung andere Kooperationsformen, etwa über Vereine, Zweckverbände oder öffentlich-rechtliche Vereinbarungen, die sich auf übergemeindliche „Gemeinschaftsaufgaben" beziehen, vorwiegend Infrastrukturmaßnahmen (Verkehr, Abfallwirtschaft, Kultur- sowie Freizeitangebote), Regional-Marketing und - ansatzweise - eine gemeinsame „Außenpolitik".

(b) zwischen Bundesländern: Solche Kooperationsformen finden sich zwar primär, wie bereits dargelegt, in Verdichtungsräumen, aber es gibt sie auch unter besonderen Rahmenbedingungen im ländlichen Raum. Hier sind u.a. beispielhaft zu nennen: Deuregio Ostfalen e.V. (Kreis Helmstedt mit den Kreisen Haldensleben-Wolmirstadt und Wanzleben-Oschersleben in Sachsen-Anhalt), Regionalverband Harz e.V. (Kreise Goslar und Osterode mit den Kreisen Halberstadt, Wernigerode und Sangerhausen in Sachsen-Anhalt). Die bisher gewählten Modelle belassen - mit Ausnahme des Donau-Iller-Verbandes - den beteiligten Akteuren weitgehend ihre Autonomie. Die neue Koordinationsebene hat i.d.R. indikativ-planerische Kompetenz, wobei allerdings durch Selbstbindung der beteiligten Akteure die Absprachen faktisch verbindlich werden[78]. Für die regionalplanerische Koordination über Ländergrenzen hinweg sind Staatsverträge erforderlich.

(c) zwischen Nationalstaaten: Hier werden überwiegend weiche Formen der Kooperation gesucht, die faktisch nicht mehr als Konferenzen sind. Auf Bundes- und Landesebene gibt es inzwischen mit nahezu allen westlichen Nachbarländern Raumordnungskommissionen, die auf Staatsverträgen beruhen (ARL-FuS 188/1992)[79]. I.d.R. handelt es sich hierbei um Koordinations- und Kooperationsforen auf Staatsebene (Beteiligung Bund und Länder), ohne daß dafür bisher besondere Verwaltungseinrichtungen geschaffen wurden, was sich durch Einrichtung gemeinschaftlicher Sekretariate nunmehr jedoch teilweise ändert. Sie bilden teilweise auch den Rahmen und das Stützkorsett für die praktische Kooperation auf der regionalen Ebene. In einigen Fällen (z.B. Deutsch-Französisch-Schweizerische Regierungskommission für den Oberrhein) sind sie Träger von Initiativen zur Abstimmung von Raumordnungsplänen und teilweise auch Fachplanungen, zur Vorbereitung von Projekten etc. (Kistenmacher/Maier 1992).

Besonders intensiv und mit langer Tradition arbeitend ist einerseits die Kooperation zwischen den Niederlanden und der Bundesrepublik und andererseits diejenige am Oberrhein. Beispiele für den ersten Raum sind die Kooperationsregion MHAL[80], die Euregio Rhein-Maas, die Grenzregion Euregio Rhein-Maas-Nord, die Euregio Rhein-

Waal sowie die EUREGIO Twente Oost-Gelderland[81]. Beispiele für die Kooperation am Oberrhein (Kistenmacher/Saalbach 1992, S. 490ff.) sind neben der bereits erwähnten Deutsch-Französisch-Schweizerischen Regierungskommission und informellen Planertagungen u.a. die durch elsässische Regionalpolitiker erweiterte Arbeitsgemeinschaft Mittlerer Oberrhein/Südpfalz (PAMINA-Region)[82] und in ihrer Wirkungsweise (wenn auch nicht der Organisation nach) auch die Regio Basiliensis. Letztere ist ein von den Kantonen Basel Stadt und Land initiierter Verein, der inzwischen mehr als 500 Mitglieder hat und über die Grenze hinweg in die Anrainerländer hineinwirkt, selbst aber keine Regionalplanung betreibt[83].

Die zunächst weich institutionalisierten Kooperationsformen werden mit zunehmender Kooperationsintensität und mit wachsendem Gewicht der „regionalen Außenpolitik" gegenüber Staat und EU fester institutionalisiert. So wurde die Region Rhein-Waal als öffentlich-rechtlicher Zweckverband organisiert, die EUREGIO Maas-Rhein Anfang der 80er Jahre über ein Sekretariat „härter" institutionalisiert, und auch PAMINA verfügt über ein Sekretariat (Kistenmacher/Saalbach 1992). Die zunehmende Institutionalisierung der grenzüberschreitenden Zusammenarbeit wird durch EU-Programme, aber auch Landesprogramme gefördert.

Ebenfalls bedeutsam sind die Kooperationen zwischen Gemeinden. Allerdings geht es hier vorwiegend um die Abstimmung und Initiierung grenzüberschreitender Projekte, vor allem im Bereich der Infrastruktur.

Zu Anrainerländern außerhalb der EU bilden sich auf regionaler Ebene ebenfalls grenzüberschreitende Kooperationen, nicht immer durch staatliche Raumordnungskommissionen abgedeckt (Malchus 1992). Zu nennen sind als Beispiele: die Internationale Bodenseekonferenz (seit 1972) oder die Planung im Dreiländereck Bayern/Sachsen/Böhmen (Euregio Egrensis: Maier/Weber 1992).

Neben diesen planerischen Kooperationsformen im engeren Sinne gibt es besondere Formen der grenzüberschreitenden Zusammenarbeit, die weniger planerische als politische Koordinationsleistungen erbringen sollen, z.B. ARGE ALP[84]. Sie gehören nicht mehr zur Gruppe der hier interessierenden Kooperationsformen.

Gesellschaftliche Gruppen (IHKs, Hochschulen, Gewerkschaften u.a.) werden bei der grenzüberschreitenden Planung und Kooperation häufig beratend hinzugezogen; lediglich die Regio Basiliensis läßt eine engere Bindung über Vereinsmitgliedschaften zu. Dabei zeigt allerdings die Praxis, daß von dieser Möglichkeit primär wirtschaftliche Gruppen aktiven Gebrauch machen[85].

7.2 Erfahrungen mit der grenzüberschreitenden Planung und Zusammenarbeit

Erfahrungen mit der grenzüberschreitenden Planung sind bisher noch nicht systematisch ausgewertet worden. Aber aus Untersuchungen von Regionalkonferenzen in Nordrhein-Westfalen, Stadt-Umland-Verbänden in Verdichtungsräumen, einer vom Europarat in Auftrag gegebenen Studie[86] sowie aus vorliegenden Erfahrungsberichten lassen sich einige Schlüsse ziehen:

(a) Formale institutionelle Regelungen sind, wie bereits dargestellt wurde, wichtig, aber ihre Bedeutung für die Planungspraxis wird gelegentlich überschätzt. Entscheidend ist die jeweilige Kooperationsbereitschaft und das Kooperationsverhalten der Akteure. Institutionen können diese nicht zur Kooperation zwingen; umgekehrt zeigen informelle Planungsprozesse zumindest zeitweilig ein hohes Niveau wechselseitiger Koordination und Kooperations-Effektivität.

Institutionelle Regelungen lösen folglich nur einen Teil der Kooperationsprobleme, können aber neue schaffen, wenn die Institutionalisierung Konflikte über Autonomie der Mitglieder, Beteiligungsrechte, Repräsentanz der Akteure etc. hervorruft, über welche die inhaltlichen Fragen in den Hintergrund rücken. Zudem sind in der Planungspraxis vor allem die zwischen den Nationalstaaten bestehenden planungssystematischen und planungsparadigmatischen Unterschiede gravierender, z.B.

- Unterschiede in Steuerungsumfang (Regelungsinhalte) und Verbindlichkeitsgrad,
- Unterschiede in der Steuerungstiefe (Kompetenzen der überörtlichen Raumplanung gegenüber Fachplanungen und Gemeinden),
- unterschiedliche administrative Ebenen in der Planträgerschaft (z.B. stärkerer staatlicher Einfluß in einzelnen Nachbarländern),
- Unterschiede im Planungsverständnis[87].

(b) Die intensivste grenzüberschreitende Kooperation findet auf Kommunal- und Regionalebene statt. Dabei ist die „richtige" Regionsabgrenzung mitunter problematisch. Wenn die Initiative von einem Bundesland ausgeht, werden häufig sozio-ökonomische Verflechtungsbeziehungen oder formal-administrative Raumabgrenzungen (Raumabgrenzungen der Mittelinstanzen) gewählt, die vielfach zu statisch und nicht genügend problemadäquat sind. Wenn die Initiative „von unten" ausgeht, so wird die Regionsabgrenzung pragmatisch nach der Bereitschaft zur Kooperation vorgenommen. Das ist i.d.R. eine „dynamische" Abgrenzung, offen für weitere Beitritte und zudem handlungsorientierter.

(c) Die grenzüberschreitende Kooperation wird bisher relativ weich institutionalisiert, um den Autonomiebedürfnissen der Mitglieder Rechnung zu tragen. Das gilt insbesondere bei staatsgrenzenüberschreitender Zusammenarbeit, wobei hier rechtliche Probleme hinzutreten[88]. Es fehlt meist am einheitlichen Rechtssystem, aus dem öffentlich-rechtliche Verbandsgründungen abgeleitet werden könnten (Gabbe 1992, S. 177f.). Deshalb wurde bisher selten ein öffentlich-rechtlicher Verband gegründet[89], vielmehr begnügte man sich mit privatrechtlichen Kooperationsformen. Bessere rechtliche Voraussetzungen wurden erst in jüngster Zeit geschaffen[90]. Im Vordergrund der Bemühungen solcher relativ offenen Organisationen steht weniger ein gemeinsamer Plan als der permanente Abstimmungsvorgang (und zwar auch im Vorfeld konkreter Planung), teilweise ablauforganisatorisch unterstützt (vgl. § 9 Abs. 2 LPlG Baden-Württemberg). Wichtig ist ferner eine gemeinsame „Außenpolitik" gegenüber dem Land, dem Bund und zunehmend der EU. Aber erfolgreich sind solche Kooperationen letztlich erst dann, wenn sie ein gemeinsames Regional-Sekretariat unterhalten, das Initiativ- und Moderationsfunktion wahrnimmt und das auch projektbezogene Mittel einwerben und bewirtschaften kann (z.B. von der EU). So unterhält die erste EUREGIO an der deutsch-niederländischen Grenze ein Sekretariat mit einem Jahresbudget von mehr als 1 Mio. DM und erheblichem Potential, EU-Mittel einzuwerben (Gabbe 1992).

(d) Auf der Regionalebene wird die grenzüberschreitende Planung zwischen zwei Bundesländern häufig von Kommunen initiiert, i.d.R. allerdings mit Unterstützung der betreffenden Länder, zumal diese wegen des öffentlich-rechtlichen Regelungsbedarfes als zusätzliche Akteure einzubeziehen sind.

Die grenzüberschreitende Planung über die Nationalgrenzen hinweg machte früher die Beteiligung des Bundes notwendig, wenn Institutionen mit öffentlich-rechtlichen Aufgaben geschaffen werden sollen. Seit 1992 gilt Art. 24, Abs. 1a Grundgesetz, wonach die Länder für staatliche Aufgaben, für die sie zuständig sind, mit Zustimmung des Bundes Hoheitsrechte auf grenznachbarschaftliche Einrichtungen übertragen dürfen.

(e) Die Kooperationsgüte hängt - wie bereits mehrfach betont - primär von Personen und deren Kooperationsbereitschaft ab. Wichtige fördernde Rahmenbedingungen sind u.a. der institutionalisierte Zweck der Kooperation, eine eigene Geschäftsstelle mit hochqualifiziertem Geschäftsführer, eine gute Ressourcenausstattung und eine relativ offene Aufgabendefinition (oder im Falle eines Verbandes: Öffnungsklausel), die genügend Raum für eigene Initiativen läßt. Besonders problematisch ist es, wenn in Partnerorganisationen die Bezugspersonen häufig wechseln[91].

(f) Grenzüberschreitende Regionalplanung und Kooperation ist ein Prozeß wachsenden Vertrauens und wachsender Einsicht in wechselseitige Abhängigkeit sowie in „Synergieeffekte" der Zusammenarbeit. Wird lediglich der Plan (als Ergebnis) in den Vordergrund gestellt, kann die Kooperation scheitern, weil die Vorteile für die Beteiligten zu wenig sichtbar sind, eher Verteilungskonflikte die Kooperation belasten und „Planung als Prozeß" mangels Engagement der Beteiligten schnell entwertet wird. Umgekehrt wird ein projektbezogener Kooperationsansatz unzureichend bleiben, wenn er nicht in eine gemeinsame regionale Konzeption eingebunden wird. Projektbezogene Kooperation als Motivation und Einbindung in eine regionalplanerische Perspektive als Rahmenkonzept dürfte ein erfolgreicherer Ansatz sein.

(g) Zwar ist die Kooperation unter administrativen Fachleuten leichter, sachrationaler und ergebnisorientierter zu erzielen (Netzwerke der Kooperation); aber die Akzeptanz der Ergebnisse muß politisch hergestellt werden. Die Integration von Politikern in den Prozeß regionaler Planung erweist sich i.d.R. als nützlich, nicht zuletzt auch unter dem Aspekt, ein gemeinsames Regionalbewußtsein zu entwickeln.

(h) Bei der grenzüberschreitenden Planungs-Kooperation wird der Erfolg der Zusammenarbeit von bestimmten Rahmenbedingungen begünstigt:

Ein erheblicher Vorteil ist dann zu sehen, wenn die Regionalplanung ganz oder als Rahmenwerk auf eine gesonderte grenzüberschreitende Institution übertragen wird. Bleibt die grenzüberschreitende Planung lediglich auf Abstimmungs-/Koordinationsfunktionen beschränkt, wobei die zu koordinierenden Regionalpläne von den Mitgliedern autonom entwickelt werden können, so formiert sich die gemeinsame Raumordnung nur langsam. Denn in den zu koordinierenden Regionalplänen verfestigen sich Interessen, die über die nachträgliche Angleichung der Planentwürfe nur schwierig wieder „verflüssigt" werden können.

Die Zusammenarbeit wird wesentlich erleichtert, wenn auf überregionaler Ebene (Land/Staat) die Kooperation unterstützt wird (siehe dazu auch Kapitel A.2).

Es ist förderlich, wenn sich ergänzende grenzübergreifende Netzwerke bilden. So kooperieren z.B. in der Euregio Maas-Rhein nicht nur die belgischen und holländischen Provinzen sowie der Regierungspräsident, sondern auch die großen Städte (MHAL), die Arbeitsverwaltungen, die Kammern, die Gewerkschaften, die Polizei und die Hochschulen (ALMA-Abkommen) (Soeters 1993, S. 642).

Die grenzüberschreitende Regionalplanung leidet bisher vor allem unter Kommunikationsproblemen, die auf unterschiedliche Verwaltungs- und Entscheidungsstrukturen der Partner, unterschiedliches Planungsverständnis und unterschiedliche Erfahrungen mit der Steuerungskraft der Pläne zurückgehen. Im Falle der staatsgrenzenüberschreitenden Zusammenarbeit kommt besonders erschwerend die weit verbreitete Unkenntnis des jeweils anderen Systems dazu. Diese Kommunikationsschwierigkeiten haben sich teilweise erst nach dem 2. Weltkrieg herausgebildet, als die Modernisierung der Nationalstaaten auch zu stärkerer Binnenzentrierung führte: So waren z.B. die Einwohner der Maas-Rhein-Region vor 1939 häufig mehrsprachig aufgewachsen, hatten Währungen von Holland, Belgien und Deutschland in der Tasche und informierten sich über fremdsprachige Zeitungen (Soeters 1993, S. 640). Teilweise sind die Kommunikationsschwierigkeiten auch auf Mentalitätsunterschiede zurückzuführen[92].

Es werden vielfach verstärkte Anstrengungen unternommen, um die verschiedenen Kommunikationsbarrieren abzubauen, so u.a. durch gemeinsame Planergespräche, Konferenzen etc.. Auch der Aufbau gemeinsamer Datenbanken und ähnliche Aktivitäten sind zu erwähnen.

8. Zusammenfassende Folgerungen für die Regionalplanung

8.1 Zunehmende Komplexität der Herausforderungen für die Regionalplanung

Aufgrund ihrer Querschnittsorientierung unterliegt die Raumplanung im allgemeinen und die Regionalplanung mit ihrer spezifischen horizontalen und vertikalen Mittlerfunktion im besonderen steten Veränderungen der Rahmenbedingungen ihres Wirkens. Daraus ergeben sich Konsequenzen sowohl für den theoretisch-methodischen Unterbau als auch für die Praxis regionalplanerischer Tätigkeit. Solange die Veränderungen des regionalplanerischen Umfeldes partiell vorhersehbar und in ihren Auswirkungen einschätzbar sind, läßt sich hierauf frühzeitig vorbeugend bzw. vorbereitend reagieren, lassen sich Ziele, Konzeptionen und Instrumente bedarfsgerecht ausgestalten. Anders stellt es sich hingegen in einer Zeit dar, in der sich die Rahmenbedingungen quasi „bündelweise" und zum Teil unerwartet verändern, wie dies gegenwärtig der Fall ist (vgl. z.B. Kap. B.1und 4).

Wie die Ausführungen in Kap. B zeigen, sieht sich die Regionalplanung seit einiger Zeit und voraussichtlich noch auf Jahre hin mit einer Vielzahl von Veränderungen in nahezu allen Einflußbereichen regionalplanerischer Aufgabenwahrnehmung konfrontiert und damit in bisher nicht gekannter Massierung und Intensität vor Herausforderungen gestellt, denen zu entsprechen ihr nur im Rahmen einer Weiterentwicklung und zum Teil Neuorientierung sowohl in bezug auf ihr Selbstverständnis, ihre Funktionen und Aufgaben als auch hinsichtlich ihrer Konzeptionen, Ziele, Instrumente und Organisations- bzw. Kooperationsformen gelingen wird. Dies gilt, was gerne übersehen wird, in ähnlicher Weise auch für die vor- und nachgelagerten Ebenen räumlicher Planung.

Kennzeichnend für die gegenwärtige, die Regionalplanung in besonderem Maße herausfordernde Situation sind die außerordentliche Komplexität der sich vollziehenden Veränderungen sowie das Zusammentreffen bzw. Zusammenwirken vielfältiger Faktoren mit jeweils mehr oder weniger spezifischen Konsequenzen für die Regionalplanung.

Unter Verzicht auf den Versuch einer systematischen Darstellung dieser Komplexität seien hier zusammenfassend die Schwerpunkte der regionalplanerisch relevanten Entwicklungen bzw. Herausforderungen dargestellt.

Zu den einschneidendsten Entwicklungen der jüngeren Vergangenheit zählen ohne Zweifel die geopolitischen Veränderungen sowohl auf nationaler (Deutsche Vereinigung) als auch auf internationaler Ebene (Europäische Integration, Öffnung nach Mittel- und Osteuropa) (vgl. Kap. B.1.). Neben diesen zum Teil umbruchartigen Veränderungen zeitigen aber weitere, mehr oder weniger kontinuierlich ablaufende Entwicklungen weitreichende Konsequenzen für die Regionalplanung. Zu nennen sind hier insbesondere der wirtschaftliche Strukturwandel (vgl. Kap. B.4.) mit teilweise überraschend starken Einbrüchen, demographische sowie gesellschaftspolitische Veränderungen im Zeichen eines tiefgreifenden Wertewandels (vgl. Kap. B.2.). Wie bereits angedeutet, unterscheiden sich die die Regionalplanung aktuell herausfordernden Entwicklungen u.a. in ihrer Vorhersehbarkeit bzw. ihrer Verlaufsdauer mit der Konsequenz, daß im einen Fall im Hinblick auf zumindest grob kalkulierbare Rahmenbedingungen gezielt agiert werden kann (Europäische Integration), im anderen Fall hingegen das „Überraschungsmoment" der Veränderung eine „antizipierende Reaktion" nicht zuläßt und zu temporären Orientierungsproblemen führen kann (Ostdeutschland).

Ein anderes Differenzierungsmerkmal ist in der räumlichen Betroffenheit von Veränderungen in den genannten Bereichen zu sehen. Die deutsche Vereinigung stellt zunächst und in erster Linie für die sich erst konstituierende Regionalplanung in Ostdeutschland eine Herausforderung dar. Die Regionalplanung in Westdeutschland war hiervon insoweit mitbetroffen, als sie einerseits begleitend bzw. beratend tätig werden konnte und andererseits die Auswirkungen der Vereinigung in Form zugunsten der neuen Länder veränderter Förderprioritäten zu spüren bekam. Zudem waren die besonderen Aufgabenstellungen in den neuen Bundesländern auch Anlaß, über Ziele und Wege der Regionalplanung neue und weiterführende Überlegungen anzustellen.

Anders als die deutsche Vereinigung wirken sich in räumlicher Hinsicht die Entwicklungen auf europäischer Ebene sowie der wirtschaftliche Strukturwandel aus. Diese führen im wesentlichen zu einem verschärften Standortwettbewerb auf der regionalen Ebene (vgl. Kap. B.4.), begünstigen dabei tendenziell die Verdichtungsräume zu Lasten der - insbesondere peripheren - ländlichen Räume und tragen somit interregional zu einer Verschärfung bestehender räumlicher Disparitäten und intraregional zu einer Verschärfung der Stadt-Umland-Problematik bei. Speziell die europäische Integration birgt darüber hinaus spezifische Chancen für die Grenzräume in sich, wobei hier wiederum dahingehend zu differenzieren ist, daß sich Entwicklungschancen in erster Linie für Grenzregionen benachbarter EU-Mitgliedstaaten abzeichnen, während bei der grenzüberschreitenden Kooperation an den EU-Außengrenzen insbesondere mit Osteuropa meist größere Probleme zu überwinden sind (vgl. Kap. B.7.).

In ihrer Wirkungsrichtung und damit auch in ihren Konsequenzen für die Regionalplanung sind die gegenwärtig ablaufenden und sich gegenseitig überlagernden Entwicklungen ausgesprochen heterogen. Die Regionalplanung ist dabei insoweit besonders gefordert, als sie sich auch mit tendenziell gegensätzlichen Anforderungen und Handlungsbedarfen konfrontiert sieht sowie Mittel und Wege suchen muß, diese gegeneinander abzuwägen und vor allem miteinander in Einklang zu bringen. Beispielhaft erwähnt seien hier

- die gleichermaßen sachlich begründeten wie emotional geprägten Forderungen nach einer weitergehenden Ökologisierung einerseits (vgl. Kap. B.3.) und die im Zuge des sich verschärfenden „Regionenwettbewerbs" und des wirtschaftlichen Strukturwandels sich verdichtenden Forderungen nach einer engeren Verzahnung der Regionalplanung mit der regionalen Wirtschaftspolitik bzw. -förderung andererseits (vgl. Kap. B.4.);

- zunehmende Raumnutzungsansprüche und -konflikte (vgl. Kap. B.5.), wachsende Vielfalt und Autonomie der regionalen Akteure mit der Konsequenz einer Erschwerung der regionalplanerischen Koordination auf der einen Seite sowie die zum Teil mit Blick auf die europäischen Nachbarländer erhobenen Forderungen nach schnelleren und vereinfachten Planungs- und Entscheidungsabläufen auf der anderen Seite.

Schließlich ist zu beachten, daß die vielfältigen, in zentralen Einfluß- und Wirkungsbereichen sich vollziehenden Entwicklungen die Regionalplanung in verschiedener Hinsicht herausfordern. Während beispielsweise im Kontext der Forderungen nach einer weitergehenden Ökologisierung der Regionalplanung im wesentlichen die Inhalte im Sinne von Konzeptionen und Zielen der Regionalplanung angesprochen werden, stehen in anderen Zusammenhängen in erster Linie Verfahrens- und Organisationsfragen im Vordergrund. Teils sieht sich die Regionalplanung in ihrem klassischen Aufgabenfeld bzw. in bezug auf ihre gesetzlich fixierten Pflichtaufgaben herausgefordert (z.B. Anpassung der Inhalte des Regionalplans, Weiterentwicklung der Planelemente und -instrumentarien), teils sieht sie sich vor weitgehend neue Aufgaben und Funktionen gestellt (u. a. regionale Entwicklungssteuerung mit stärkerem Handlungsbezug, Moderations-, Beratungs- und Informationsaufgaben) (vgl. Kap. A.2.2). Zu deren Wahrnehmung bedarf es neuer Organisations- und Kooperationsformen und, hiermit verbunden, auch einer Neupositionierung der Regionalplanung nach innen (Selbstverständnis) und außen (Rolle und Akzeptanz der Regionalplanung als regionaler bzw. regionalpolitischer Akteur) (vgl. Kap. B.5.).

Letztendlich führt kein Weg an der Erkenntnis vorbei, daß die Regionalplanung in dieser durch Wandel und Umbrüche verschiedenster Art geprägten Zeit nicht nur in konzeptioneller und methodisch-instrumenteller Hinsicht herausgefordert ist, sondern daß hier in weit umfassenderem Sinne die Regionalplanung als Institution vor weitreichenden Aufgaben und damit auch vor einer neuen Bewährungsprobe steht.

Die Regionalplanung sollte diese Bewährungsprobe nicht defensiv, sondern in dem Sinne offensiv angehen, daß die Herausforderungen als Chance für einen durchaus selbstkritischen Weiterentwicklungs- bzw. Erneuerungsprozeß begriffen werden, aus dem die Regionalplanung letztlich gestärkt hervorgehen kann. Diese Chance für eine sach- bzw. problemgerechte Stärkung der Regionalplanung liegt insoweit in den zu einer Neuorientierung veranlassenden Entwicklungen selbst, als diese einen weitreichenden Bedeutungszuwachs der Region sowohl als Ebene planerischen und politischen Entscheidens und Handelns als auch als Wirtschaftsstandort sowie als Identifikations- und „überschaubarer Lebensraum" nach sich ziehen. Zunehmende Differenzierung und gleichzeitig zunehmende Komplexität von Problemsituationen und Zielstrukturen erfordern mehr denn je regional angepaßte, spezifische Strategien und Lösungen. In Verbindung mit einem sich aus einem basisdemokratischen Politikverständnis nährenden zunehmenden Interesse breiter Personenkreise an Partizipation und Mitgestaltung ihrer Lebens- bzw. Umfeldbedingungen ergeben sich hier reale Chancen für eine künftig stärkere Unterstützung der bis dato nicht gerade akzeptanzverwöhnten Regionalplanung.

Über die Unterstützung und Akzeptanz „von unten" bzw. aus der Region heraus bedarf die Regionalplanung im Zuge ihrer Weiterentwicklung darüber hinaus auch einer adäquaten Unterstützung einerseits durch die Landesplanung (u. a. Gewährleistung hinreichender Spielräume für eine regionalspezifische Aufgabenwahrnehmung), andererseits durch die raumbedeutsamen Fachplanungen und die Kommunen als den primären Partnern der Regionalplanung (v. a. Erfordernis der Offenheit für neue Formen kooperativer bzw. arbeitsteiliger Aufgabenwahrnehmung).

Die Ausführungen in Kap. B kennzeichnen ein breites Feld von Herausforderungen, denen die Regionalplanung sich künftig zu stellen hat. Ohne Anspruch auf eine den in den einzelnen Unterkapiteln thematisierten Aspekten gleichermaßen Rechnung tragende Zusammenfassung seien nachfolgend die zentralen, gewissermaßen übergeordneten Veränderungen des regionalplanerischen Umfeldes und die hieraus jeweils resultierenden Konsequenzen für die Regionalplanung im Überblick dargestellt.

8.2 Besondere Aufgaben der Regionalplanung in den neuen Bundesländern

Die Regionalplanung hat den teilweise auf Jahre hinaus bestehenden Unterschieden in den Aufgabenschwerpunkten und Rahmenbedingungen zwischen den alten und neuen Bundesländern Rechnung zu tragen.

Dabei ist hinsichtlich der neuen Bundesländer vor allem zu berücksichtigen:

- daß die Regionalplanung ihre räumlichen Koordinierungsaufgaben aufgrund zunächst fehlender planungsgesetzlicher und materieller Grundlagen in der ersten Zeit nach der Vereinigung noch nicht umfassend wahrnehmen konnte;

- die besonderen Aufgaben der räumlichen Steuerung der Investitionen im Rahmen einer weitreichenden Umgestaltung der Raumnutzungs-, Siedlungs- und Versorgungsstrukturen im Spannungsfeld zwischen der schnellen Realisierung von Entwicklungsimpulsen und der Gefahr einer weiteren Disparitätenverschärfung;

- die enge Verknüpfung mit der regionalen Förderpolitik, insbesondere auch von seiten der Europäischen Union (vgl. Kap. B.1.).

Die Erstellung eines verbindlichen langfristigen Zielrahmens im Sinne räumlicher Ordnungsplanung muß deshalb zunächst gegenüber pragmatischen Planungsansätzen in Richtung einer problemorientierten, schnell wirksamen Koordinierungsplanung in den Hintergrund treten.

Die bisherige Regionalplanung in den alten Bundesländern kann daher nur in sehr begrenztem Maße Vorbild sein, da sie bezüglich derartiger grundlegender Systemveränderungen keine Erfahrungen besitzt. Es ist daher auch nicht sinnvoll, westdeutsche Regionalplanungssysteme und Konzeptionsmodelle mehr oder weniger schematisch auf die ostdeutschen Bundesländer übertragen zu wollen, wie dies vielfach geschehen ist. Demgegenüber kann die Regionalplanung in Westdeutschland durchaus auch aus den bei der Aufbauphase in Ostdeutschland gesammelten Erfahrungen lernen.

Weit mehr als bisher sind aufgabenspezifische Ansätze zu entwickeln, die jeweils vor Ort erarbeitet werden müssen. Von seiten der westdeutschen Praxis und Wissenschaft können und müssen dazu Beiträge erbracht werden, die jedoch der problemorientierten Umsetzung bedürfen. So kann auch die vorliegende Untersuchung nur einen relativ bescheidenen Beitrag zur Bewältigung der regionalplanerischen Aufgaben in den neuen Bundesländern leisten, da sie vornehmlich auf Erkenntnissen der westdeutschen Fachdiskussion beruht. Für die ostdeutsche Regionalplanung sollten - wie teilweise schon geschehen - spezielle, primär von den dortigen Planern getragene Arbeitsgruppen gebildet werden mit dem Ziel, den Erfahrungsaustausch zu verbessern und die westdeutschen Erkenntnisse und Vorschläge kritisch zu verarbeiten.

8.3 Herausforderungen von seiten der Europäischen Union

Wie aus den einzelnen Abschnitten von Kap. B hervorgeht, wirken sich die Politik der Europäischen Union und die damit einhergehenden Veränderungen im nationalen Bereich - wenn auch meist indirekt, so doch in wachsendem Maße - auf die Arbeitsbedingungen und Wirkungsmöglichkeiten der Regionalplanung aus (vgl. Kap. B.1.). Sie kann auf diese Entwicklungen kaum Einfluß nehmen. Deshalb ist es notwendig, die daraus jeweils zu erwartenden Veränderungen der Rahmenbedingungen für die Regionalplanung frühzeitig zu erkennen, um darauf im Sinne der Sicherung bzw. Verbesserung der regionalplanerischen Aufgabenwahrnehmung reagieren zu können.

Dabei ist zu beachten, daß die Beschlüsse und Vorgaben der Europäischen Union in erster Linie durch das französische Planungssystem geprägt sind, das bekanntlich erhebliche Unterschiede zur deutschen Raumplanung aufweist und zudem die Regionalplanung, wie sie in Deutschland betrieben wird, nicht kennt.

Die Auswirkungen der Regional- und Umweltpolitik der Europäischen Union werden in anderem Zusammenhang angesprochen. Unter planungspolitischen Gesichtspunkten zeigt sich die Notwendigkeit, darauf hinzuwirken, daß im Zuge der EU-weiten Angleichung der Konkurrenzbedingungen bewährte Ziele und Verfahrensweisen der deutschen Raumplanung und hierbei insbesondere der Regionalplanung im Rahmen einer Angleichung der Planungsstandards auf niedrigstem Niveau nicht relativiert oder gar aufgehoben werden, was partielle Veränderungen und Weiterentwicklungen nicht auszuschließen braucht. Es ist vor allem Aufgabe der Bundesraumordnung in Verbindung mit den Ländern, darauf zu achten; aber die Regionalplanung hat dazu auf der Grundlage gesammelter Erfahrungen und Erkenntnisse in offensiver Weise fachliche Beiträge und Argumentationshilfen zu liefern und mit innovativen Ansätzen ihre Kompetenz auch im europäischen Rahmen unter Beweis zu stellen.

In dem noch nicht hinreichend geklärten Regionenverständnis der Europäischen Union hat die deutsche Regionalplanung bisher keinen Platz. Im Ausschuß der Regionen sind bekanntlich die deutschen Bundesländer als „Regionen im europäischen Maßstab" vertreten. Dieselbe Problematik zeigt sich auch bei der sehr diffusen Regionalisierungsdiskussion, die in zunehmendem Maße mit meist problematischen Folgerungen die Erörterungen über die deutsche Regionalplanung überlagert.

Es erweist sich daher als notwendig, daß sich die deutsche Regionalplanung mit ihrem speziellen regionalen Aufgabenverständnis trotz ihrer unterschiedlichen Planungsräume in diese Diskussion einbringt und auch das Subsidiaritätsprinzip für ihr Anliegen in Anspruch nimmt (vgl. Kap. B.1.).

8.4 Ausbau der grenzüberschreitenden Regionalplanung insbesondere an den Staatsgrenzen

Neben der Weiterentwicklung der innerdeutschen grenzüberschreitenden Regionalplanung über Landesgrenzen hinweg (insbesondere im Bereich der Stadtstaaten), wozu schon langjährige Erfahrungen vorliegen, stellt die Entwicklung der regionalplanerischen Arbeit über die Staatsgrenzen hinweg angesichts des Wegfalls der Grenzen im Westen und ihrer Öffnung im Osten eine weitreichende und teilweise neuartige Herausforderung für die Regionalplanung dar (vgl. Kap. B.7.). Die Rahmenbedingungen und Problemstrukturen erweisen sich dabei insbesondere zwischen den östlichen und den westlichen Grenzgebieten angesichts der enormen wirtschaftlichen Disparitäten bezüglich der östlichen Nachbarländer als sehr unterschiedlich.

Hinzu kommen die größtenteils verschiedenartigen Verwaltungs-, Rechts- und Planungssysteme in den einzelnen Nachbarländern, woraus sich unterschiedliche raumordnungsrelevante Kompetenz- und Entscheidungsstrukturen und ein dementsprechend anderes Verständnis von Raumplanung einschließlich der Steuerungswirkung von Planaussagen ergeben. Besonders hervorzuheben ist dabei, daß es eine Regionalplanung deutscher Ausprägung in den meisten Nachbarländern nicht gibt.

Mit einer Angleichung der unterschiedlichen Raumplanungssysteme und der planungsrelevanten administrativen Rahmenbedingungen ist innerhalb der Europäischen Union in absehbarer Zeit nicht zu rechnen. Es kann lediglich von einem weiteren Abbau der die Kooperation einschränkenden nationalen Bestimmungen ausgegangen werden.

Die deutsche Regionalplanung muß daher in den meisten Fällen grenzüberschreitende Kooperations- und Koordinationsstrukturen ohne einen gleichartigen Partner im Nachbarland aufbauen. Hinzu kommt die Notwendigkeit, neuartige, jeweils konsensfähige Formen der grenzüberschreitenden regionalplanerischen Aufgabenwahrnehmung sowohl in konzeptioneller als auch instrumenteller Hinsicht zu entwickeln. Dies erfordert ein hohes Maß an Lernbereitschaft und Innovationsfähigkeit nicht nur hinsichtlich der Sprache des Nachbarn und der Klärung von Begriffsunterschieden sowie der verschiedenartigen Rahmenbedingungen, sondern auch bezüglich des schrittweisen Aufbaues geeigneter planerischer Kooperationsformen unter adäquater Beteiligung der kommunalen Ebene.

Bundesraumordnung und Landesplanung sind hier ebenfalls gefordert; die wesentliche Arbeit muß jedoch von seiten der Regionalplanung geleistet werden, wozu dieser der erforderliche Handlungsspielraum und entsprechende Unterstützung zu gewähren sind.

Neben der planerisch-konzeptionellen Aufgabenerfüllung hat die Regionalplanung insbesondere auch grenzüberschreitende Initiativ- und Moderationsfunktionen wahrzunehmen, um öffentliche und private Akteure zusammenzuführen, interkommunale Zweckverbände etc. zu gründen und grenzüberschreitende Entwicklungs- und Planungseinrichtungen im regionalen Rahmen zu schaffen (vgl. Kap. B.7.). Dabei ist stets eine behutsame, die Empfindlichkeiten des Nachbarn respektierende Vorgehensweise geboten.

Eine wesentliche Unterstützung für diese Aktivitäten bieten die INTERREG-Programme der Europäischen Union, die es aufgrund der Erfahrungen mit INTERREG I in verstärktem Maße bei INTERREG II zu nutzen gilt. Diese Programme sind, wie schon der Name sagt, regional angelegt. Regionale Planungsräume im Sinne oberzentral ausgerichteter deutscher Planungsregionen bieten dafür, wie sich gezeigt hat, den richtigen räumlichen Bezugsrahmen.

Die verstärkte Programmorientierung von INTERREG erfordert die Einbindung der projektbezogenen Kooperationsansätze in grenzüberschreitende zielorientierte Rahmenkonzepte. Ihnen kommt insofern hohe Bedeutung zu, weil sich die Orientierung an gemeinsamen Entwicklungs- und Ordnungsvorstellungen, auch wenn diese zunächst unverbindlich sind, als weit wirkungsvoller erweist als die gegenseitige Abstimmung der an den Grenzen endenden Pläne. Hier liegen besondere Chancen für die Regionalplanung, mit EU-Unterstützung grenzüberschreitende Entwicklungsvorstellungen und Rahmenkonzepte zu erarbeiten und in Verbindung damit Koordinationsfunktionen für die verschiedenen raumrelevanten Einzelprojekte zu übernehmen. Gleichzeitig können dabei auch grenzüberschreitende Planungs- und Koordinierungseinrichtungen geschaffen werden.

Es erweist sich meist als sinnvoll, im Vorfeld der anzustrebenden öffentlich-rechtlichen Einrichtungen zunächst privatrechtliche Kooperationsformen zu wählen.

8.5 Forderungen nach verstärkter Verknüpfung der Regionalplanung mit regionaler Wirtschafts- und Strukturpolitik einerseits sowie nach einer weitergehenden ökologischen Ausgestaltung andererseits

Die in den vorhergehenden Abschnitten in verschiedenen Zusammenhängen angesprochenen Forderungen nach verstärkter Verknüpfung der Regionalplanung mit regionaler Wirtschafts- und Strukturpolitik einerseits (vgl. Kap. B.4.) und nach einer weitergehenden ökologischen Ausgestaltung andererseits (vgl. Kap. B.3.) sind jeweils berechtigt. Sie werden hier bewußt im Zusammenhang angesprochen, da sie angesichts des umfassenden räumlichen Koordinierungsauftrages der Regionalplanung im Spannungsfeld zwischen ökonomischen und ökologischen Ansprüchen nur im Rahmen einer Zusammenschau angemessen bewertet und umgesetzt werden können (vgl. Kap. B.5.).

In beiden Aufgabenbereichen zeigen sich zudem wachsende Einflüsse der Europäischen Union sowohl bei der Regionalen Wirtschaftspolitik als auch bei der Umweltpolitik, die es frühzeitig aufzugreifen gilt (vgl. Kap. B.1.).

Zunächst ist grundsätzlich hervorzuheben, daß eine weitgehend isoliert voneinander betriebene regionale Wirtschafts- und Umweltpolitik, bei der das jeweils andere Aufgabenfeld primär als Störfaktor begriffen wird, gerade im räumlichen Bezugsfeld sehr schnell zu Konflikt-Konstellationen führt, die rasche und sinnvolle Lösungen, wie viele Beispiele zeigen, nicht mehr zulassen. Deshalb ist auch den immer wieder auftretenden Tendenzen separater raumbezogener Planungen mit eigenem Durchsetzungsanspruch entgegenzuwirken.

Befriedigende Lösungen lassen sich nur durch frühzeitige Abstimmung der jeweiligen Planungs- und Nutzungsziele finden. Hierin liegt nicht nur eine schwierige Aufgabe für die Regionalplanung, sondern auch die Chance, ihre räumliche Koordinierungskompetenz zur Wirkung zu bringen. Unter diesen Aspekten stellen die teilweise noch erforderliche stärkere Ökologisierung der Regionalplanung (vgl. Kap. B.3.) und eine aktive Standortvorsorge für die Erfordernisse der Wirtschaft nicht notwendigerweise einen Gegensatz dar, sondern bedingen sich zumindest teilweise gegenseitig, gerade auch bei Konfliktlösungsansätzen. Die Regionalplanung muß also in beiden Richtungen ihre Aktivitäten verstärken. Die wirksame Nutzung der regionalplanerischen Koordinierungsmöglichkeiten setzt allerdings auch die Stärkung der Kompetenzen voraus.

Im Kontext einer engeren Verknüpfung mit der regionalen Wirtschafts- und Strukturpolitik besteht eine wesentliche Aufgabe der Regionalplanung darin, den sich zunehmend auf regionaler Ebene vollziehenden bzw. auswirkenden Wandel der Wirtschaftsstrukturen (vgl. Kap. B.4.) unter Berücksichtigung der regionalspezifischen Ausprägung dieses Prozesses teils moderierend zu begleiten und zu unterstützen, teils steuernd zu beeinflussen. Eine Steuerung des regionalen Strukturwandels wird insbesondere insoweit erforderlich, als die zugrundeliegenden Entwicklungen technologischer, organisatorischer und funktionaler Art, gewandelte Standortbewertungsmuster bzw. Lagevorteile im Zuge der politischen Entwicklungen auf internationaler Ebene sowie die zunehmende Mobilität zentraler Produktionsfaktoren sich in raumstruktureller Hinsicht u. a. in Form einer zunehmenden funktionsräumlichen Arbeitsteilung und Vernetzungsstrategie vor allem zugunsten der Verdichtungsräume auswirken. Damit gehen dort allerdings auch wachsende Umweltbelastungen einher.

Vor diesem Hintergrund bedarf es von seiten der Regionalplanung räumlich differenzierender, die Potentiale aktivierender Entwicklungsstrategien. Zudem ist zu beachten, daß in Anbetracht der für viele Standortfaktoren mittlerweile zu konstatierenden Ubiquität die Chancen, sich in einem verschärften Standortwettbewerb und einem breiter gewordenen Konkurrenzfeld behaupten zu können, zunehmend von der Existenz und Qualität eines regionalen Managements abhängen (vgl. Kap. B.6.). Diesbezüglich ist auch die Regionalplanung gefordert, organisierend, moderierend und steuernd auf eine aktive Wahrnehmung dezentraler Gestaltungsspielräume hinzuwirken und vor allem die intraregionale Kooperationsfähigkeit zu verbessern. Weitere Aufgabenfelder der Regionalplanung im Zusammenwirken mit der regionalen Wirtschafts- und Strukturpolitik sind außerdem in der Koordination und Hilfestellung bei der Umsetzung von Förderprogrammen sowie im planerisch-konzeptionellen Bereich der Standortvorsorge für wirtschaftliche Aktivitäten zu sehen.

Im Umweltbezug gilt es, aus den bisherigen Erfahrungen Folgerungen zu ziehen und insbesondere die nunmehr vorliegenden Vorschläge zur Verbesserung der Verfahrensweisen und des Instrumentariums umzusetzen. Weitergehende Ansätze wie die Anwendung regionaler Umweltqualitätsziele (vgl. Kap. B.3.) bedürfen noch der besseren Fundierung. Schließlich gilt es, das Konzept der nachhaltigen Regionalentwicklung im Sinne einer dauerhaften umweltgerechten Raumentwicklung (vgl. Kap. B.3.) auch in kritischer Auseinandersetzung mit den bisherigen ökologischen Ausgleichsprinzipien inhaltlich auszufüllen und schrittweise der konkreten Anwendung zuzuführen, wobei ökologische, ökonomische und soziale Belange gleichermaßen einzubeziehen sind (vgl. Kap. B.5.).

8.6 Regions- und strukturraumspezifische Anforderungen an die Regionalplanung

Die schon bisher bestehenden unterschiedlichen regions- und strukturraumspezifischen Anforderungen an die Regionalplanung gewinnen im Zuge tiefgreifender Veränderungsschübe, wachsender internationaler Verflechtungen und tendenziell sich verschärfender räumlicher Disparitäten noch mehr an Bedeutung (vgl. Kap. B.4.). Dies gilt sowohl für die alten als auch für die neuen Bundesländer, wenn auch in verschiedener Ausprägung.

Es wurden dazu schon vor Jahren Vorschläge in die regionalplanerische Fachdiskussion eingebracht, wie z.B. unterschiedliches Gewicht der ordnungs- und entwicklungsplanerischen Elemente, unterschiedlicher Verbindlichkeitsgrad der Inhalte von Regionalplänen etc., aber stets im Rahmen einheitlicher Mindeststandards.

Nunmehr kommen weitere Erfordernisse insbesondere im Bereich informeller Aktivitäten hinzu, so u.a. hinsichtlich einer verstärkten Entwicklungs- und Orientierungshilfe in Verbindung mit der regionalen Struktur- und Förderpolitik für die ländlichen peripheren Gebiete und hinsichtlich des Aufbaues erweiterter bzw. neuer Planungs- und Kooperationsformen in den großstädtischen Verdichtungsräumen. Angesichts erheblich verschärfter Konflikte bei der Siedlungs- und Raumnutzungsplanung bedarf es hier vor allem einer Änderung und teilweise auch einer Erweiterung bisheriger Planungsmethoden und -strategien einschließlich des Planungsinstrumentariums sowie einer stärkeren und effizienteren Verknüpfung der Regionalplanung mit der Bauleitplanung und der Landschaftsrahmenplanung sowie mit anderen relevanten Fachplanungen.

Teilweise neuartige Aufgaben ergeben sich für die Regionalplanung in den Metropol- bzw. Großstadtregionen, die sich in einem zunehmenden internationalen Standortwettbewerb befinden (vgl. Kap. B.4.). Dies erfordert die verstärkte Berücksichtigung und konzeptionelle Umsetzung international dominierender Standortprofile und Standards bis hin zum direkten Kontakt zu weltweit agierenden Unternehmen, ohne dabei wichtige Koordinations- und Schutzprinzipien aufzugeben. Dabei gilt es auch, Verschiebungen in der Gewichtung der verschiedenen Standortfaktoren frühzeitig zu erkennen und darauf zu reagieren. Die neueren Tendenzen zugunsten der verschiedenen „weichen" Standortfaktoren dürften den auf einen angemessenen Nutzungs- und Funktionsausgleich ausgerichteten regionalplanerischen Koordinierungsauftrag erleichtern.

Natürlich sind auch Bundesraumordnung und Landesplanung durch diese Internationalisierungstendenzen gefordert. Sie können der Regionalplanung jedoch nicht ihre diesbezüglichen regionsspezifischen Aufgaben abnehmen, sie aber bei deren Wahrnehmung insbesondere hinsichtlich der jeweiligen raumwirksamen Fachpolitiken wirksam unterstützen.

Auch durch die neuen interkommunalen Kooperationsaktivitäten in Richtung vernetzter Städtesysteme im Funktionsverbund ist die Regionalplanung in besonderer Weise gefordert. Die Realisierung derartiger, bisher vielfach erst in Ansätzen erkennbaren Vernetzungsstrukturen kann nicht von oben konzipiert bzw. verordnet, sondern muß aus kommunalen und regionalen sowie privatwirtschaftlichen Initiativen heraus schrittweise aufgebaut werden. Dies kann auch nicht im Alleingang der großen Zentren geschehen, sondern ist stets im regionalen Rahmen vorzubereiten und zu realisieren.

8.7 Forderungen nach Beschleunigung bzw. Flexibilisierung der Planungs- und Koordinierungsprozesse

Vor dem Hintergrund verschärfter Zielkonflikte und der bereits aufgezeigten zusätzlichen Ansprüche an die Regionalplanung stellt die Forderung nach Beschleunigung und Vereinfachung der regionalen Planungsprozesse eine besonders schwierige Herausforderung dar, da die Regionalplanung dabei in die Gefahr gerät, ihre Konfliktregelungskapazität teilweise zu verlieren. Der öffentliche Druck und auch zum Teil interessengeprägte Forderungen in dieser Richtung werden stärker.

Hierzu ist zunächst grundsätzlich festzustellen, daß die Regionalplanung ihre mittel- und langfristig ausgerichtete gesamträumliche Ordnungs- und Entwicklungsfunktion nicht aufgeben darf. Es bieten sich jedoch unter Wahrung dieser Notwendigkeit verschiedene Möglichkeiten der zeitlichen und der damit verbundenen inhaltlichen Flexibilisierung an, die teilweise schon seit Jahren in der Diskussion stehen und verstärkt aufgegriffen werden sollten.

Sie werden in Kapitel B.6. näher dargestellt und sollen hier zusammengefaßt kurz genannt werden:

- stärkere Trennung zwischen langfristig gültigen Planzielen und kurzfristigen, problemorientierten Zielformulierungen, die relativ schnell verändert werden können;
- ergänzend dazu eine stärkere Ausrichtung auf unverbindliche „Orientierungsschaffende Planungsprozesse" mit realistischen Zielsetzungen, der Konzentration auf Schwerpunktaufgaben und flexibler Instrumentierung sowie Konsensmoderation, worauf anschließend noch näher eingegangen wird.

Solche Planungsprozesse mit verbindlichen Zielaussagen einerseits und dienendem, empfehlendem Charakter andererseits können in verschiedener Weise miteinander verknüpft werden. Die dazu bereits erarbeiteten Ansätze sollten schnell weiterentwickelt werden.

Neben einer derartigen, verstärkt auf den Faktor Zeit ausgerichteten Weiterentwicklung der Regionalplanung sollten von ihrer Seite auch deutlichere Akzente in der dazu geführten, meinungsbildenden Diskussion gesetzt werden, so z.B. hinsichtlich der wesentlichen Verursacher zeitlicher Verzögerungen im Planungsprozeß oder der von seiten der Fachbehörden und der Politik erhobenen zusätzlichen Anforderungen mit ihren zeitlichen Auswirkungen. Auch die aus typischen Interessenpositionen heraus auf eine Schwächung der Regionalplanung gerichteten Forderungen, wie sie z. B. im Rahmen der „Entfeinerungsdiskussion" teilweise geäußert wurden, sollten deutlicher als solche kritisiert werden. Gleichzeitig sind jedoch die Bemühungen um eine schwerpunktmäßige inhaltliche Ausrichtung auf das Wesentliche zu verstärken.

8.8 Erfordernisse der Erweiterung des regionalplanerischen Handlungsrahmens im informell-konzeptionellen Bereich

Wie die Ausführungen in Kap. B unter verschiedenen Aspekten zeigen, können die zunehmenden und komplexer werdenden Koordinationserfordernisse im regionalen Rahmen nur dann bewältigt werden, wenn die Regionalplanung ergänzend zu ihren Kern- bzw. Pflichtaufgaben und diese unterstützend im informell-konzeptionellen Bereich weitergehende Aufgaben übernimmt, d. h. sie ist gefordert, sich hier ein zweites

Standbein zu schaffen. Dabei kann sie auf teilweise schon bisher praktizierten Aktivitäten aufbauen und sich die bereits gesammelten Erfahrungen als Dienstleistungsanbieter nutzbar machen (vgl. Kap. B.5).

Wichtige Aktivitätsfelder stellen dabei Information und Kommunikation dar, insbesondere als Orientierungs- und Argumentationsgrundlage sowie zur Gewinnung von Verbündeten.

Außerdem bedarf es der Erweiterung der Koordinationstätigkeit durch verstärkte Übernahme von Initiativ-, Moderations- und Organisationsfunktionen. Dies gilt insbesondere für wichtige Aufgaben in kommunaler Trägerschaft, die nur noch im regionalen Rahmen befriedigend gelöst werden können, wie ÖPNV, Abfallbeseitigung, Naherholung, Bodenvorratspolitik etc.

Hier ist die Regionalplanung in vieler Hinsicht dazu prädestiniert, gemeinsame Konzepte und Kooperationsstrukturen vorzubereiten bis hin zu interkommunalen Trägerorganisationen. Dabei bietet sie die Vorteile einer flexiblen Aufgabenwahrnehmung auch im räumlichen Bezugsfeld, ohne daß kommunale Aufgaben wegen des überörtlichen Koordinationsbedarfes auf übergeordnete Träger mit zwangsläufig starren Strukturen übertragen werden müssen. Dasselbe gilt auch für Kooperationen im Rahmen von public-private-partnership.

Die Regionalplanung steht in diesem Aufgabenfeld in Konkurrenz zu anderen Institutionen. Daher gilt es, ihre spezifischen Kompetenzen dafür deutlich zu machen.

Zur Unterstützung derartiger regionalplanerischer Aktivitäten sowie zur Ergänzung der verbindlichen Pläne bedarf es der Erarbeitung regionaler Entwicklungskonzepte nicht mit dem überzogenen Anspruch der früheren integrierten Entwicklungsplanung, sondern prozeßhaft ausgerichtet als Orientierungsgrundlage für die bereits genannten Moderations-, Organisations- und Koordinierungsaktivitäten sowie für Strategien eigenständiger Regionalentwicklung und Standortaufwertung. Dazu zählen auch die sog. Teilraumgutachten.

Anmerkungen zu Kapitel B

[1] Vgl. dazu Bundesministerium für Raumordnung, Bauwesen und Städtebau (BMBau), Raumordnungsbericht 1991 und Raumordnungsbericht 1993.

[2] Am 1. November 1993 trat der Vertrag über die Europäische Union vom 7. Febr. 1992 (BGBl. 1992 II S.1251) in Kraft (BGBl. 1993 I S.1780). Damit gilt fortan für die im Zusammenhang mit dem „Unionsvertrag" stehenden und für die dadurch veränderten oder erweiterten Kompetenzen der bisherigen EG die Bezeichnung EU.

[3] Vgl. Bulletin der Bundesregierung Nr.16 vom 12.2.1992 (S. 113 ff).

[4] MKRO: Entschließung der Ministerkonferenz für Raumordnung „Zum Vertrag über die Europäische Union und daraus abgeleitete Anforderungen aus der Sicht der Raumordnung" vom 27. November 1992, Nds. MBl. Nr.11/1993, S. 274.

[5] Der neue Artikel 23 des Grundgesetzes regelt die Mitwirkung der Länder in Angelegenheiten der Europäischen Union. Die Bundesregierung muß künftig die Stellungnahmen des Bundesrats bei der Festlegung ihrer Verhandlungsposition gegenüber der EU berücksichtigen. Bei bestimmten Vorhaben, die die Gesetzgebungsbefugnisse der Länder berühren, ist eine maßgebliche Berücksichtigung vorgesehen. Bei bestimmten Angelegenheiten ist die Verhandlungsführung auf einen Vertreter der Länder zu übertragen.

[6] Vgl. BfLR 1991, Informationen zur Raumentwicklung H.11/12; BMBau, Raumordnungsbericht 1993.

[7] BMBau 1991, Raumordnungsbericht, S. 12-14.

[8] BMBau 1993, Raumordnungsbericht, S. 97-104.

[9] Gesetz zur Erleichterung von Investitionen und der Ausweisung und Bereitstellung von Wohnbauland (Investitionserleichterungs- und Wohnbaulandgesetz) vom 22. April 1993 (BGBl. I, S. 466).

[10] Grundsatz zur Wohnraumversorgung § 2 (1), 13; Verfahren zur Zielabweichung § 5 (5) und Freiwilligkeit der Umweltverträglichkeitsprüfung im Raumordnungsverfahren § 6a.

[11] Siehe BMBau 1993, Raumordnungsbericht, S. 2-4.

[12] In Schleswig-Holstein wird der Landesraumordnungsplan von 1979 neu konzipiert. In Niedersachsen wurde das Landes-Raumordnungsprogramm von 1982 im Gesetzes- und Verordnungsteil neu aufgestellt, im Sommer 1994 wird das neue Landes-Raumordnungsprogramm insgesamt rechtskräftig. In Rheinland-Pfalz wird der LEP III zum dritten Mal grundlegend novelliert (1968, 1980, 1993). In Bayern wurde das LEP 1993 insgesamt fortgeschrieben. In Nordrhein-Westfalen befinden sich z.Z. der LEP III von 1987 (Umweltschutz durch Sicherung von natürlichen Lebensgrundlagen) und der LEP VI i.d.F. von 1984 (Festlegung von Gebieten für flächenintensive Großvorhaben) in der Fortschreibung, ein neuer, alle bisherigen LEPs umfassender Gesamt-LEP ist in Vorbereitung.

[13] Z.B. Zweites Gesetz zur Änderung des Niedersächsischen Gesetzes über Raumordnung und Landesplanung vom 2. März 1994, Artikel I § 2 u. § 14, Nieders. GVBl. Nr.5/1994, ausgegeben am 9.3.1994.

[14] Das Land Niedersachsen hält am Gesetzentwurf v. 6.4.1993 (Landtagsdrucksache 12/4761) fest. Bei der Befassung des Bundesrats zur ROG-Änderung stimmten mehrere Länder gegen den Änderungsentwurf der Bundesregierung.

[15] Vgl. BMBau: Raumordnungspolitiken im europäischen Kontext, a.a.O.; BfLR: Raumordnung in Europa, I.z.R. 9/10, 1993.

[16] Darüber hinaus fördert die EU noch folgende Gebiete im Rahmen ihrer Ziele für die gesamte Gemeinschaft:
- Ziel-3-Gebiete: Bekämpfung der Langzeitarbeitslosigkeit und berufliche Eingliederung von Jugendlichen
- Ziel-4-Gebiete: Vorbeugende Maßnahmen für die Anpassung der Arbeitnehmer an den industriellen Wandel und an Produktionsveränderungen
- Ziel-5a-Gebiete: Anpassung der Agrar- und Fischereistrukturen im Rahmen der Reform der gemeinsamen Agrarpolitik.

[17] Art.11 der Verordnung Nr.4253/88 (Koordinierungsverordnung).

[18] Art.3 Abs.2 der Verordnung Nr. 254/88 (EFRE-Verordnung).

[19] Mitteilung der Kommission der Europäischen Gemeinschaften: Die Zukunft der Gemeinschaftsinitiativen im Rahmen der Strukturfonds (KOM (93) 282 endg.; Ratsdokument 7638/93), Bundesrat Drucksache 534/93 N. 7.7.1993.

[20] MKRO: Raumordnungspolitik im europäischen Kontext, S.4.

[21] MKRO: Raumordnungspolitik im europäischen Kontext, S.4.

[22] Vgl. Finke et al., 1993; Kiemstedt et al., 1993; Kistenmacher et al., 1993.

[23] Siehe stellvertretend als Beispiel für politische Anforderungen:
Umweltforschungsbericht 1990 - 1993 des Umweltbundesamtes; dieser enthält eine Zusammenstellung der Forschungsvorhaben, die zur räumlichen Umweltplanung aus Mitteln des Umweltforschungsplanes des Bundesumweltministeriums gefördert wurden und diesem als Entscheidungsgrundlage und -hilfe für umweltpolitische Maßnahmen der Bundesregierung dienen.
BfLR: Raumentwicklung. Politik für den Standort Deutschland. Dokumentation eines Kongresses am 30./31. März 1993 in Bonn, Materialien zur Raumentwicklung, H. 57, 1993
Töpfer, K.: Leitlinien einer umweltverträglichen Landnutzungsplanung, in: Umwelt Nr. 11/1993, S.433-437
Siehe stellvertretend als Beispiele für fachliche Anforderungen:
Jansen, P. G.; Wagner, D.: Kriterienkatalog zur Prüfung von Plänen und Programmen der Raumordnung und Landesplanung unter Umweltaspekten, unveröffentlichter Forschungsbericht des Umweltbundesamtes Nr. 10102085, Berlin 1993.

[24] Siehe stellvertretend dafür:
Kloepfer, M.; Rehbinder, E.; Schmidt-Aßmann, E.; Kunig, P.: Umweltgesetzbuch, erster Teil, Berichte des Umweltbundesamtes 7/90, Berlin 1991
Schmidt-Aßmann, E.: Struktur und Gestaltungselemente eines Umweltplanungsrechts, in: DÖV, 5/1990, S.169-179
Sendler, H.: Brauchen wir ein Umweltgesetzbuch (UGB)? Wenn ja: Wie sollte es aussehen? In: Deutsches Verwaltungsblatt, 17, 1992, S.112-113.

[25] Mit diesem Problem befaßt sich gegenwärtig der Arbeitskreis „Räumliche Aspekte umweltpolitischer Instrumente" der Akademie für Raumforschung und Landesplanung.

[26] Siehe stellvertretend: ARL 1987, FuS 165; Fürst 1990; Finke 1993; ARL 1993, Beiträge 123-126.

[27] Europarat/Kommission der Europäischen Gemeinschaft: Entwicklungsperspektiven für den größeren europäischen Raum, Berichte zur gemeinsamen Konferenz vom 15. - 16. Nov. 1993 in Dresden.

[28] Siehe stellvertretend: ILS (Hrsg.): Qualitätsstandards für den Verkehr, ILS-Schriften, 77, 1994.

[29] MKRO-Entschließung Raumordnung und Umweltschutz vom 15. Juni 1972.

[30] Siehe stellvertretend dafür: Gesetz zur Landesentwicklung (Landesentwicklungsprogramm - LEPro) in der Fassung der Bekanntmachung vom 5.10.1989 für Nordrhein-Westfalen und Zweites Gesetz zur Änderung des Nieders. Gesetzes über Raumordnung und Landesplanung i.d.F.v. 2.3.1994 und Gesetz über das Landes-Raumordnungsprogramm - Teil I - i.d.F.v. 2.3.1994.

[31] Vgl. hierzu die Ausführungen von Kistenmacher et al. 1993.

[32] Siehe stellvertretend dafür: Spehl, H.: Ansatzpunkte für eine nachhaltige Entwicklung in der Region Trier, Beitrag zum Symposium „Regionale Konzepte auf dem Weg zu einer nachhaltigen Wirtschaftsweise" am 2.11.1993 in Graz, unveröffentlichtes Manuskript.

[33] Siehe stellvertretend dafür: Deutscher Bundestag 12. Wahlperiode, Antwort der Bundesregierung auf die Große Anfrage zum Thema „nachhaltige Entwicklung", Drs. 12/2286 vom 18.3.1992.
Jochimsen, R.: Raumentwicklung in Deutschland - Deutsche Einheit und europäischer Einigungsprozeß als neue Herausforderung für Politik, Wirtschaft und Umwelt, in: BfLR, Materialien zur Raumentwicklung, H. 57, 1993, S. 3-13.

[34] Vom UBA geförderte Studien dazu im Landkreis Osnabrück und im Landkreis Wesermarsch.

[35] Vgl. Strutynski, 1993.

[36] Vgl. Henzler, 1993, S. 9.

[37] Vgl. Daniels 1991, S. 10f.; Jaeger/Dürrenberger 1991, S. 118 f.

[38] Staatliche Förderprogramme werden nicht zuletzt auch deshalb zunehmend wieder als standortsteuernd empfunden, weil mit dem beschleunigten technologischen Wandel und der allmählich greifenden Umweltpolitik Kapitalgüter schneller entwertet werden, d.h. die Abschreibungsfristen sich verkürzen, so daß Förderprogramme die Wirtschaftlichkeitsrechnungen nennenswert beeinflussen können.

[39] Allerdings ist hierzu die Diskussion noch nicht entschieden. Es lassen sich auch Stimmen finden, die von Konvergenzchancen sprechen, weil mit der Ubiquität der Standortfaktoren das regionale Management von wirtschaftlichen Entwicklungsprozessen immer wichtiger wird.

[40] Inzwischen mehren sich die Untersuchungen, die im Bereich Finanzen, Versicherungen, Rechtsanwalts- und Wirtschaftsprüfungsbüros, Wirtschafts- und Ingenieur-Consulting, Werbung, Handel, Architekturbüros etc. solche Globalisierungen nachzeichnen (Überblick im Sammelband Daniels 1991a).

[41] Vgl. Lipshitz 1992.

[42] Re-Urbanisierung bedeutet allerdings keinen völligen Umschwung der Sub- und Des-Urbanisierungsprozesse, die seit etwa Mitte der 70er Jahre typisch geworden sind. Re-Urbanisierung heißt lediglich, daß die Kernstädte für bestimmte Menschen und wirtschaftliche Funktionen wieder an Attraktivität gewonnen haben (Lever 1993, S. 269).

[43] Diese in der Literatur vielfach anzutreffende These (Potter 1993, S. 194) beruht auf der Beobachtung, daß Zweigstellen stark fremdbestimmt sind, deren Steuerungszentren sich in den Verdichtungsräumen befinden, und die höherqualifizierten Arbeitsplätze folglich ebenfalls primär den Verdichtungsräumen vorbehalten bleiben. Aber bezogen auf die quantitative Beschäftigung handelt es sich bei den Zweigstellen häufig um relativ große Betriebe mit hohen Beschäftigungszuwächsen (Potter 1993, S. 195).

[44] Vgl. Magatti 1993.

[45] Vgl. Brown/Butler 1993, S.103f.

[46] Intern erzeugbar: eigene Abgaben; extern mobilisierbar: Zuweisungen des Staates, Kreditmarktmittel.

[47] Vgl. u.a. Tyler 1993.

[48] „In the future, the dynamic cities will be those that „get it right" in perceiving, projecting, and guiding change - by observing trends in the city and in the larger international environment, developing a vision of improvement, and taking appropriate action. The vision must be that of achieving and maintaining a balance in community development among the three major aspects of life - work, contemplation, and action - reflected in the economic, intellectual-spiritual, and sociopolitical environment of the community" (Behrmann/Rondinelli 1992, S. 122).

[49] Vgl. Behrmann/Rondinelli 1992, S.123f.; Ettlinger 1992, S.121f.

[50] Für ähnliche aus der Diskussion zu endogenen Entwicklungsstrategien geborene neue Ansätze wurden sogar eigene Zeitschriften gegründet: Economic Development Quarterly; Local Economy; Entrepreneurship and Regional Development.

[51] Die „milieu-Theorie" geht von Beobachtungen aus, daß Regionen mit kleinteiligen Produktionsstrukturen, einer technisch-innovativen Produktionskultur, durch soziale Bindungen abgestützte inter-betriebliche Netzwerke und einer Vielzahl innovatorischer Akteure besonders strukturflexibel sind (Beispiel: „Drittes Italien", z.B. Region Emilia Romagna).

[52] Mair (1993, S. 212) zitiert das Beispiel Pamplona: Eine Abordnung von regionalen Politikern verhandelte mit VW-Wolfsburg und Zulieferern über eine gemeinsame Ansiedlungsstrategie für den Bau des Polo im SEAT-Werk Pamplona. U.a. boten sie an, für die deutschen Manager ein deutschsprachiges Gymnasium aufzubauen.

[53] „One of the qualities often cited in World Trade magazine's selection of the top 10 urban locations for international companies, for example, is the ability of local groups to work together to attract new investment" (Behrmann/Rondinelli 1992, S. 122).

[54] Vgl. die Erfahrungen mit Pittsburgh und Sheffield: Beauregard et al. 1992 oder den Regionalkonferenzen in Nordrhein-Westfalen: Fürst 1994.

[55] Der Begriff „raumwirksame Tätigkeiten" ist vor allem in der Schweiz gebräuchlich. Er ist Bestandteil des schweizerischen Bundesgesetzes über die Raumplanung von 1979.

[56] Zum Stichwort nachhaltige Regionalentwicklung vgl. das Kapitel B.3.

[57] Vgl. hierzu die Diskussion über „gleichwertige Lebensbedingungen".

[58] Lit. u.a.: ARL-Arbeitsmaterial, Zur Umsetzung ökologischen Wissens in die regionalplanerische Praxis, Hannover 1992, S. 192.

[59] Vgl. hierzu das Kapitel B.3.: Nachhaltige Regionalentwicklung.

[60] So wurde beispielsweise beim Regionalverband Südlicher Oberrhein bereits in den 70er Jahren an einer zukunftsorientierten Konzeption von Vorrangbereichen sowie an Bausteinen zur Landschaftsrahmenplanung gearbeitet, und es gelang, dies in den Regionalplan der 2. Generation umzusetzen.

[61] Vgl. hierzu Kap.B.6.: „negative Koordination".

[62] Weiterführende Literatur hierzu:
Maurer, J.: Von der 1. zur 2. Generation der Richtplanung, Zürich 1988
Behn and Vaupel: Quick Analysis for Busy Decision Makers, New York 1982
Hoffmann, K.H.: Experimenteller Werkzeugkasten Simulationen, Zürich 1990.

[63] Vgl. Weyl 1979, S.48ff.

⁶⁴ Z.B. Regionalkonferenzen, siehe auch: Konze 1994.

⁶⁵ Vgl. Fürst 1991.

⁶⁶ Zu den Problemen, die mit einer integrierten gesellschaftlichen Entwicklungsplanung verbunden sind, vgl. u.a.: den „Weg zur Knechtschaft" zu bereiten (F.v.Hayek), mit holistischen Gestaltungsansätzen die gesellschaftliche Kreativität zu zerstören (K. Popper) oder der Hybris einer „ideellen Gesamtbürokratie" zu verfallen (vgl.Waldhoff/Fürst/Böcker 1994).

⁶⁷ Ursächlich sind u.a. die zunehmende Pluralisierung von Werten und die Individualisierung der Akteure; der Verlust traditioneller Grundwerte und die unzureichenden gesellschaftlichen Strukturen, neue gemeinsame Grundwerte zu bilden; die zunehmende faktische Vetomacht von Akteuren als Folge gesicherter Rechtspositionen; die höhere Bedeutung von Basis-Initiativen als Folge ihrer drastisch gesunkenen Organisations- und Artikulationskosten; die wechselnden Mehrheiten in politischen Gremien. Zum Konzept der „post-industriellen Gesellschaft" und zum „Wertewandel": Klages 1991; Gerlach 1992.

⁶⁸ Der staatliche Steuerungsbedarf wächst regelmäßig in Krisenzeiten, insbesondere in Strukturkrisen, wenn neue Richtungsentscheidungen für die gesellschaftliche Entwicklung notwendig werden.

⁶⁹ Die Literatur zur sog. „tragedy of the commons" ist inzwischen relativ umfangreich geworden. Das Problem ist folgendes: Der Allgemeinheit offenstehende Ressourcen mit begrenzter Nutzbarkeit (z.B. Allmende-Wiesen) haben die Tendenz, durch ungezügeltes egoistisches Verhalten sehr schnell unbrauchbar zu werden. Im Beispiel: Jeder beweidet die Wiese so intensiv, bis zum Schluß die Weidefunktion zerstört ist.

⁷⁰ Vgl. Asche/Krieger 1990; Fürst et al. 1990; Rengeling 1982; vgl. auch Kap.B.7.

⁷¹ Dieses Problem tritt binnenstaatlich im Verhältnis von Stadtstaaten zu Flächenländern auf: In den Flächenländern verteilen sich die Kompetenzen auf drei Gebietskörperschaftsebenen (Land, Kreis, Gemeinden), die im Stadtstaat vereint sind. Das Problem ist noch erheblich gravierender im internationalen Bezug, wenn z.B. - wie in der Saar-Lor-Lux-Westpfalz-Trier-Kooperation - Nationalstaaten (Luxemburg) mit Ländern (Saarland), Planungsregionen (Westpfalz, Trier) und frz.Regionen (Lothringen) zusammentreffen.

⁷² Da die Stadtstaaten-Problematik neben Berlin/Brandenburg vor allem im Verhältnis zu Niedersachsen relevant ist, wo die Kreise Träger der Regionalplanung sind, führt das dazu, daß Bremen oder Hamburg mit dem Land Nds. bzgl. Landesplanung, den Kreisen bzgl. Regionalplanung und den Gemeinden bzgl. Flächennutzungsplanung verhandeln müssen.

⁷³ Hier: Art. 1 des Vertrages Bremen/Preußen vom 2. August 1930, Ges.Bl. der Freien Hansestadt Bremen 1930, Nr. 38, S. 169.

⁷⁴ Stadtstaaten trennen zwar formal zwischen staatlicher und kommunaler Ebene, aber die kommunale Ebene ist deutlich schwächer ausgebildet als in Flächenstaaten. Zudem fehlt die Kreis- und Mittelinstanz-Ebene völlig.

⁷⁵ Wenn ein Einwohner aus Bremen in das Umland zieht, mindert sich nicht nur die Finanzsumme der Kernstadt, sondern auch der Region, weil die pro Einwohner zu erwartenden Zuwächse an Finanzausgleichszahlungen des Landes an eine Umlandgemeinde geringer sind als die Finanzausgleichsverluste der Kernstadt aus dem Bund-Länder-Finanzausgleich.

⁷⁶ Für die Institutionalisierung der Zusammenarbeit kommen alle Rechtsformen in Frage, die auch innerhalb eines der beteiligten Länder oder Staaten möglich sind. Bisher durchgesetzt haben sich jedoch nur zwei Formen: die privatrechtliche Form des Vereins (z.B. Regionalverband Harz) und der Planungsverband - letzterer allerdings mit Varianten: es gibt sowohl den klassischen Planungsverband (Donau-Iller), einen föderalisierten Planungsverband (Raumordnungsverband Rhein-Neckar) und Verbandsformen besonderer Art (die Gemeinsamen Landesplanungen im Bereich der Stadtstaaten Bremen und Hamburg).

[77] Vgl. ARL-FuS Bd.188/1992; Bundesraumordnungsbericht 1994, S. 204f.

[78] Auch im Raumordnungsverband Rhein-Neckar wird der Raumordnungsplan, der die nachgeordneten Träger der Regionalplanung koordinieren soll, nur indikativ verbindlich: „Nach der Bekanntmachung der Zustimmung (der obersten Landesplanungsbehörden, D.F.) ist der Raumordnungsplan von den Trägern der Regionalplanung im Rhein-Neckar-Gebiet zu beachten" (§ 24 (2) Verbandssatzung).

[79] Wie z.B. Deutsch-Belgische Raumordnungskommission, Deutsch-Frz.-Luxemburgische Regierungskommission, Deutsch-Französisch-Schweizerische Regierungskommission.

[80] Maastricht, Heerlen, Aachen, Lüttich, Hasselt, Genk. Diese Kooperation arbeitet sehr intensiv, vor allem aufgrund von holländischen Initiativen. Die Kooperation lebt allerdings von engagierten Persönlichkeiten - ohne diese wäre sie nicht überlebensfähig.

[81] Raum Twente, Oost-Gelderland, Drente, Westmünsterland, Grafschaft Bentheim, südliches Emsland; die Kooperation ist auf die wirtschaftliche und infrastrukturelle Entwicklung der Region ausgerichtet; sie ist „weich" organisiert, wenn auch nach dem Muster eines Verbandes: Einem EUREGIO-Rat steht als Exekutivorgan die EUREGIO-Arbeitsgruppe gegenüber, unterstützt durch ein Sekretariat.

[82] Auf der Grundlage eines Staatsvertrages zwischen Baden-Württemberg und Rheinland-Pfalz wurde diese Arbeitsgemeinschaft 1974, insbesondere zur Abstimmung der Regionalplanung über Ländergrenzen hinweg, gegründet. Die Koordination von Planungsaufgaben wird gemeinsam vom Regionalverband Mittlerer Oberrhein und der Koordinierungsstelle Südpfalz der Planungsgemeinschaft Rheinpfalz wahrgenommen. Seit 1991 sind in die Arbeitsgemeinschaft neben acht badischen und acht pfälzischen auch acht elsässische „Gewählte" zunächst ohne spezielle rechtliche Regelung als Mitglieder aufgenommen worden, u.a. der Präsident des Generalrates der Région Bas-Rhin (PAMINA=Palatinat/Mittlerer Oberrhein/Nord-Alsace).

[83] Die Regio Basiliensis hat z.Zt. mehr als 500 öffentliche und private Mitglieder und eine Organisationsstruktur mit Generalversammlung, Vorstand, Vorstandsausschuß und Geschäftsführer. Außerdem besitzt sie eine Begleitgruppe (Beratungsorgan) sowie einen daraus gewählten Begleitausschuß und ist in eine Vielzahl von Arbeitsgemeinschaften/Koordinationsforen eingebunden. Der Apparat ist klein. Ihr Wirkungsfeld umfaßt neben dem Raum Basel die angrenzenden badischen und elsässischen Gebiete.

[84] Zusammenarbeit seit 1972 auf der Ebene der Länder/Kantone/Regionen: Bayern, Tirol, Salzburg, Vorarlberg, Graubünden, Südtirol und Lombardei.

[85] Sie sind i.d.R. besser organisiert, verfügen über mehr finanzielle und personelle Ressourcen und verbinden mit der Kooperation klarer definierte Interessen.

[86] Fürst et al., 1990; Heinze et al., 1992; Europarat 1993.

[87] Beispiel: projekt- und gebietsbezogenes „Entwicklungsmanagement" mit staatlichen Zuschüssen (Frankreich) vs. flächendeckende räumliche Ordnungskonzepte (Deutschland) (Kistenmacher/Saalbach 1992; Kistenmacher/Marcou/Clev 1994); verrechtlichtes Planungssystem in Deutschland vs. Konzept der interaktiven „strategischen Planung" in Holland (vgl. Dekker 1993; Soeters 1993, S.650 f.; Meyer/Jansen 1992).

[88] Eine staatsgrenzüberschreitende Handlungskompetenz lokaler Gebietskörperschaften ist bisher verfassungsrechtlich nicht vorgesehen. Privatrechtliche Verträge werden ersatzweise herangezogen, haben aber nur begrenzte Reichweite. Staatsverträge sind notwendig, wenn öffentlich-rechtliche Formen der Institutionalisierung geschaffen oder rechtlich bindende Pläne entwickelt werden sollen. Offenere Formen der Kooperation, die Beschlüsse mit Selbstbindung, aber ohne rechtliche Bindung anstreben, können über privatrechtliche Vereinbarungen oder Verträge auch ohne vorangegangene Staatsverträge geschaffen werden.

[89] Ausnahme beispielsweise: Region Rhein-Waal.

⁹⁰ So haben das Land NRW, das Land Niedersachsen, die Bundesrepublik und das Königreich der Niederlande 1991 ein Abkommen über institutionelle Möglichkeiten der grenzüberschreitenden Zusammenarbeit getroffen (LT-Drs.NRW 11/1970). Danach sind Zweckverbände, öffentlich-rechtliche Vereinbarungen und kommunale Arbeitsgemeinschaften grenzüberschreitend möglich. Weitere Abkommen dieser Art sind in Vorbereitung.

⁹¹ Beispiel: Die übliche kurzfristige Personalrotation in der französischen Verwaltung.

⁹² So meint Soeters, 1993, S. 651, daß in der Region Maas-Rhein die Kommunikation nicht immer gut funktioniere, weil die Deutschen zu stark auf formale Regelungen beharren, während die Holländer Konsensfindung über Diskussionen bevorzugen; daß Belgier Unsicherheiten in Entscheidungssituationen dadurch vermeiden, daß sie Verantwortung abschieben, während Holländer und Deutsche sie abarbeiten wollen etc.

Literatur zu Kapitel B

Aberle, G.: Mobilität läßt sich nicht beherrschen, in: Vademecum Ingenieur Nachrichten Juni 1993

Acs, Z.-J.: Small business economics, A global perspective, in: Challenge 1992

Albrecht, L.: Changing roles and positions of planners, in: Urban Studies 28 (1991)

Amberger, J.: Regionale Kooperation als neues Instrument der kommunalen Wirtschaftsförderung am Beispiel des Rhein-Main-Gebiets, in: Raumforschung und Raumordnung, 1992

ARL (Hrsg.): Ausgeglichene Funktionsräume - Grundlagen für eine Regionalpolitik des mittleren Weges, 1. Teil, Forschungs- und Sitzungsberichte, Band 94, Hannover 1974

ARL (Hrsg.): Ausgeglichene Funktionsräume - Grundlagen für eine Regionalpolitik des mittleren Weges, 2. Teil, Forschungs- und Sitzungsberichte, Band 116, Hannover 1976

ARL (Hrsg.): Funktionsräumliche Arbeitsteilung, Teil I, Allgemeine Grundlagen, Forschungs- und Sitzungsberichte, Band 138, Hannover 1981

ARL (Hrsg.): Strategien des regionalen Ausgleichs und der großräumigen Arbeitsteilung. Beiträge, Band 57, Hannover 1981

ARL (Hrsg.): Gleichwertige Lebensbedingungen durch eine Raumordnungspolitik des mittleren Weges, Indikatoren, Potentiale, Instrumente, Forschungs- und Sitzungsberichte, Band 140, Hannover 1983

ARL (Hrsg.): Funktionsräumliche Arbeitsteilung, Teil II, Ausgewählte Vorrangfunktionen in der Bundesrepublik Deutschland. Forschungs- und Sitzungsberichte, Band 153, Hannover 1984

ARL (Hrsg.): Wechselseitige Beeinflussung von Umweltvorsorge und Raumordnung, Forschungs- und Sitzungsberichte, Band 165, Hannover 1987

ARL (Hrsg.): Zur Umsetzung ökologischen Wissens in die regionalplanerische Praxis, Arbeitsmaterial, Hannover 1992

ARL (Hrsg.): Grenzübergreifende Raumplanung, Erfahrungen und Perspektiven der Zusammenarbeit mit den Nachbarstaaten Deutschlands, Forschungs- und Sitzungsberichte, Band 188, Hannover 1992

ARL (Hrsg.): Wassergütewirtschaft und Raumplanung - Probleme der Zusammenarbeit und Lösungsansätze, FuS, Band 192, Hannover 1992

ARL (Hrsg.): Entwicklungsperspektiven für die ländlichen Räume, Thesen und Strategien zu veränderten Rahmenbedingungen, Arbeitsmaterialien EV 197, Hannover 1993

Asche, M.; Krieger, F.: Interkommunale Zusammenarbeit, Dortmund 1990 (ILS-Schriften 41)

Axelrod, R.: Die Evolution der Kooperation, München 1989

Beauregard, R. A.; Lawless, P.; Detrick, S.: Collaborative strategies for reindustrialization: Sheffield and Pitts-burgh, in: Economic Development Quarterly 6/1992

Behn and Vaupel: Quick Analysis for Busy decision Makers, New York 1982

Behrmann, J. N.; Rondinelli, D. A.: The cultural imperatives of globalization: Urban economic growth in the 21st century, in: Economic Development Quarterly 6/1992

Beirat für Raumordnung: Die Gültigkeit der Ziele des Raumordnungsgesetzes und des Bundesraumordnungs-programms unter sich ändernden Entwicklungsbedingungen. Empfehlungen vom 16. Juni 1976. Veröffentli-chung des BMBau (Hrsg.), Bonn 1976

BfLR (Hrsg.): Neuorientierung der Raumordnungspolitik, Aktuelle Daten und Prognosen zur räumlichen Ent-wicklung, Informationen zur Raumentwicklung, H. 11/12, 1991

BfLR (Hrsg.): Perspektiven der künftigen Bevölkerungsentwicklung in Deutschland, Teil 1: Fakten und Hypothe-sen, Information zur Raumentwicklung, H. 9/10, 1992

BfLR (Hrsg.): Perspektiven der künftigen Bevölkerungsentwicklung in Deutschland, Teil 2: Regionale Bevölke-rungsprognose 2000 der BfLR, Information zur Raumentwicklung, H. 11/12, 1992

BfLR (Hrsg.): Raumentwicklung. Politik für den Standort Deutschland, Materialien zur Raumentwicklung, H. 57, 1993

BfLR (Hrsg.): Die Abgrenzung ländlicher Räume im Rahmen der Regionalpolitik der Europäischen Gemein-schaft. Materialien zur Raumentwicklung, H. 54, 1993

BfLR (Hrsg.): Flächen sparen und Boden schonen, Strategien und Handlungsansätze, Information zur Raument-wicklung, H. 1/2, 1993

BfLR (Hrsg.): Raumordnung in Europa, Information zur Raumentwicklung, H. 9/10, 1993

BfLR (Hrsg.): Verkehr in Stadt und Region, Information zur Raumentwicklung, H. 5/6, 1993

BfLR: Regionale Bevölkerungsprognose 2000 der BfLR im Rahmen der Raumordnungsprognose 2010, vorläufi-ger Abschlußbericht; März 1993

BMBau (Hrsg.): Raumordnungsbericht 1990, BT-Drs. 11/7589, Bonn 1990

BMBau (Hrsg.): Raumordnerische Aspekte des EG-Binnenmarktes, Schriftenreihe Forschung, Nr. 488, 1991

BMBau (Hrsg.): Raumordnungsbericht 1991, BT-Drs. 12/1098, Bonn 1992

BMBau (Hrsg.): Baulandbericht 1993, Bonn 1993a

BMBau (Hrsg.): Raumordnungspolitischer Orientierungsrahmen. Bonn, Februar 1993b

BMBau (Hrsg.): Raumordnungspolitiken im europäischen Kontext. Beratungsgrundlage, Bonn, August 1993c

BMBau (Hrsg.): Raumordnungsbericht 1993, BT-Drs. 12/2143, Bonn 1994

BMU (Hrsg.): Umweltschutz im Europäischen Binnenmarkt, in: Umwelt Nr.1, 1993

BMU: Umweltbericht 1990, Bundesanzeiger 1990, Nr. 145 a

Bönker, C.: Die verfassungs- und europarechtliche Zulässigkeit von Umweltstandards in Verwaltungsvorschriften, in: Deutsches Verwaltungsblatt, Jg. 107, Nr. 12, 1992

Bönker, C.; Hoppe, W.: Umweltstandards in Verwaltungsvorschriften, 1992

Brown, B.; Butler, J. E.: Networks and entepreneurial development: The shadow of borders, in: Entrepreneurship and Regional Development, 5/1993

Brusco, S.: The Emiliana model: Productive decentralisation and social integration, in: Cambridge Journal of Economics, 6/1982

Bundesminister des Innern: Modellrechnungen zur Bevölkerungsentwicklung im vereinten Deutschland bis zum Jahr 2040 (Entwurf), Bonn 1992

Bundesminister für Verkehr: Bundesverkehrswegeplan 1992 (BVWP'92), Beschluß der Bundesregierung vom 15. Juli 1992, Bonn 1992

Bundesregierung Deutschland: Bulletin Nr.16, 12.2.92

Clarke, S. E.; Gaile, G. L.: The next wave: Postfederal local economic development strategies, in: Economic Development Quarterly 6/1992

Cox, K. R.: The local and the global in the new urban politics: a critical view, in: Environment and Planning D: Society and Space, 11/1993

Cromie, S.; Birley, S.; Callaghan, I.: Community brokers: their role in the formation and development of business ventures, in: Entrepreneurship and Regional Development 5/1993

Czichon, G.: Europas Energiepolitik steht auf dem kommunalen Prüfstand. Zu den Richtlinienentwürfen der Europäischen Gemeinschaft, in: Demokratische Gemeinde, 3/1993

Daniels, P. W.: Service sector restructuring and metropolitan development: Processes and prospects, in: Daniels 1991

Daniels, P. W. (Hrsg.): Services and metropolitan development. International perspective, London und New York 1991

Daniels, P. W.; Van Dinteren, J. H. J.; Monnoyer, M. C.: Consultancy services and the urban hierarchy in Western Europe, in: Environment and Planning A, 24/1992

Dekker, A.: Grenzüberschreitende Abstimmung von räumlichen Planungen und Raumplanungspolitik - aus der Sicht der niederländischen Praxis, in: W. Hoppe, W. Appold (Hrsg.), Juristische Möglichkeiten für eine gemeinsame grenzüberschreitende Regionalplanung. Wissenschaftliche Beiträge zum 25jährigen Bestehen der Deutsch-Niederländischen Raumordnungskommission, Münster 1993 (Beiträge zum Siedlungs- und Wohnungswesen und zur Raumplanung, Bd.150)

Deutscher Bundestag, 12. Wahlperiode: Antwort der Bundesregierung auf die große Anfrage der Abgeordneten (...) zum Thema „Umwelt und Entwicklung - Politik für eine nachhaltige Entwicklung", Drs. 12/ 2286 vom 18.3.1992

Dieckmann, M.: Umweltschutz im Spannungsfeld zwischen nationalem Recht und europäischer Gemeinschaft, in: DVBl. v. 1. Sept. 1991

Eisinger, P.: The rise of the entrepreneurial state, Madison/Wi. 1988

Ellwanger, G.; Wilckens, M.: Hochgeschwindigkeitsverkehr gewinnt an Fahrt, Netz wird weiter ausgebaut, in: Internationales Verkehrswesen, 45/1993

Ettlinger, N.: Modes of corporate organization and the geography of development, in: Papers in Regional Science, 71 (1992)

Europäische Gemeinschaft: Aktionsprogramm: Auf dem Weg zu einer europäischen Infrastruktur, 1990

Europäische Kommission: Richtlinienvorschläge für die Vollendung des Binnenmarktes für Elektrizität und Gas, 22.1.1192

Europäische Kommission: Die Zukunft der Gemeinschaftsinitiativen im Rahmen der Strukturfonds (KOM (93) 282 endg.; Ratsdok. 7638/93, Bundesrat Drucksache 534/93 n. 7.7.1993

Europäische Union: Beschlüsse des Europarates, Edinburgh 1992

Europäische Union: Vertrag über die Europäische Union, in: BGBl. 1992 II, S.1251 und BGBl. 1993 I, S.1780

Europarat: Großstädte und ihre Umgebung. Zusammenarbeit und koordinierte Verwaltung, Straßburg 21.1.1993 (CDLR (92) 19 Neuf.)

Europarat/Kommission der Europäischen Gemeinschaft: Entwicklungsperspektiven für den größeren europäischen Raum, Berichte zur gemeinsamen Konferenz vom 15.-16. November 1993 in Dresden

Finke, L.; Reinkober, G.; Siedentop, S.; Strotkemper, B.: Berücksichtigung ökologischer Belange in der Regionalplanung in der Bundesrepublik Deutschland. Beiträge der ARL, Band 124, Hannover 1993

Finke, L.: Landschaftsökologie, Reihe Das geographische Seminar, 2. Aufl., Braunschweig 1994

Fürst, D.: Die Problematik einer ökologisch orientierten Raumplanung. Raumplanung als Instrument einer präventiven Umweltpolitik? In: Umwelt-Raum-Politik. Ansätze zu einer Integration von Umweltschutz, Raumplanung und regionaler Entwicklungspolitik, 1986

Fürst, D.: Neue Herausforderungen an die Regionalplanung, in: Informationen zur Raumentwicklung, Nr. 2/3, 1989

Fürst, D. et al.: Stadt-Umland-Verbände im Vergleich, Schriften zur Innenpolitik und zur kommunalen Wissenschaft und Praxis, Bd.4, Baden-Baden 1990

Fürst, D.: Koordination in der Raumplanung, in: Jahrbuch zur Staats- und Verwaltungswissenschaft 5 (1991)

Fürst, D.: Die Verzahnung raumbezogener Fachplanungen im Umweltbereich mit umweltökonomischen Instrumenten, in: Informationen zur Raumentwicklung, Nr. 2/3, 1992

Fürst, D.: Von der Regionalplanung zum Regionalmanagement? In: Die öffentliche Verwaltung, 46 (1993)

Fürst, D.: Regionalkonferenzen zwischen offenen Netzwerken und fester Institutionalisierung, in: Raumforschung und Raumordnung (im Erscheinen)

Fürst, D. et al.: Umweltqualitätsziele für die ökologische Planung. 1. Abschlußbericht. 2. Dokumentation der Fachgespräche am 24.11. und 8.12.1989 in Berlin, 1992

Fürst, D.; Ritter, E.-H.: Landesentwicklungsplanung und Regionalplanung. Ein verwaltungswissenschaftlicher Grundriß, (2. Aufl.), Düsseldorf 1993

Fürst, D.; Müller, B.; Schefold, D.: Weiterentwicklung der Gemeinsamen Landesplanung Bremen/Niedersachsen, in: Schriften zur Innenpolitik und zur kommunalen Wissenschaft und Praxis, Bd.10, Baden-Baden 1994

Gabbe, J.: EUREGIO - Regionale grenzüberschreitende Zusammenarbeit an der Basis, in: ARL: Grenzübergreifende Zusammenarbeit, FuS 188, Hannover 1992a

Gabbe, J.: Institutionelle Aspekte der grenzüberschreitenden Zusammenarbeit, in: ARL: Grenzübergreifende Zusammenarbeit, FuS 188, Hannover 1992b

Ganseforth, H.: Problemraum Großstadtregion. In: Großstadtregionen in Deutschland vor dem Hintergrund europäischer Entwicklungen. Veröffentlichungen der ARL (Hrsg.), Hannover 1991

Ganser, K.: Internationale Bauausstellung Emscher-Park. In: Stadtbauwelt 1988

Gerlach, I.: Wertewandel, in: U. Anderson, W. Woyke (Hrsg.), Handwörterbuch des politischen Systems der Bundesrepublik Deutschland, Opladen 1992

Gesamtverband der Wohnungswirtschaft: Erfurter Erklärung zur Wohnungspolitik in Deutschland, beschlossen auf dem GdW-Verbandstag am 29.10.1992 in Erfurt, Materialien 31, Köln 1993

Giesen, E.: Weiterentwicklung der europäischen Regionalpolitik, in: Stadt und Gemeinde, H. 3, 1993

Grotefels, S.: Gemeinsame grenzüberschreitende Regionalplanung zwischen den Niederlanden und Nordrhein-Westfalen, in: Hoppe, W.; Appold, W. (Hrsg.): a.a.O.

Haber, B.: Technisch wissenschaftliche Arbeitsgruppen des BWK, in: BWK-intern, Nr. 5, 1994

Harte, R.; Schürmann, K.: Europäischer Binnenmarkt und kommunale Selbstverwaltung, in: Stadt und Gemeinde, H.5, 1993

Haber, W. et al.: Quantifizierung raumspezifischer Entwicklungsziele des Naturschutzes dargestellt am Beispiel des Kartenblattes 7435 Pfaffenhofen. Beiträge der ARL, Band 125, Hannover 1993

Healey, P.: Planning through debate. The communicative turn in planning theory, in: Town Planning Review 63/1992

Heide, H.-J. von der: Raumordnungspolitischer Orientierungsrahmen des Bundes. In: Raumforschung und Raumordnung. Heft 1/1993

Heinze, R. G. et al.: Prozessuale Begleitforschung der Regionalisierung der Strukturpolitik in Nordrhein-Westfalen, Düsseldorf 1992 (Ministerium f. Wirtschaft, Mittelstand und Technologie)

Henzler, H.: Kritische Würdigung der Debatte um den Wirtschaftsstandort Deutschland, in: Zeitschrift f. Betriebswirtschaft 63/1993

Hesse, H. J.: Europa auf dem Weg in die Wirtschafts- und Währungsunion, in: NLT, H.1, 1993

Hey, Ch.: Maastricht und die Folgen, in: Naturschutz heute, H. 4/1992

Hoffmann, K. H.: Experimenteller Werkzeugkasten Simulationen, Zürich 1990

Honneth, A. (Hrsg.): Kommunitarismus. Eine Debatte über die moralischen Grundlagen moderner Gesellschaften, Frankfurt/New York 1993

Hoppe, W.; Appold, W.: Juristische Möglichkeiten für eine gemeinsame grenzüberschreitende Regionalplanung, Beiträge zum Siedlungs- und Wohnungswesen und zur Raumplanung, Bd. 150, 1993

Hübler, K.-H.; Scharmer, E.; Weichtmann, K.; Wirz, S.: Zur Problematik der Herstellung gleichwertiger Lebensverhältnisse. Abhandlungen der ARL, Band 80, Hannover 1980

Hübler, K.-H.: Boden - das vergessene Umweltmedium, in: Informationen zur Raumentwicklung, Nr. 1/2, 1993

Ingenieurkammer Niedersachsen und Sachsen-Anhalt (Hrsg.): Ingenieur Nachrichten, Juni 1993, darin u.a. VDI-Memorandum Verkehr

ILS (Institut für Landes- und Stadtentwicklungsforschung) (Hrsg.): Staatsgrenzen überschreitende Zuammenarbeit des Landes NRW, Schriften zur Landesentwicklung Bd.1.036, Dortmund 1985

ILS (Hrsg.): Ökologisch nachhaltige Entwicklung von Verdichtungsräumen. Umweltqualitätsziele als Entscheidungsgrundlage für Stadtplanung, Regionalentwicklung und Wohnungsbau, in: ILS-Schriften, Dortmund 1993

ILS (Hrsg.): Qualitätsstandards für den Verkehr, ILS-Schriften, Nr. 77, 1994

Institut für Wirtschaftsforschung (Hrsg.): Europa der Regionen - eine Bestandsaufnahme, ifo Schnelldienst 17-18, München 1992

Ipsen, D.: Regionale Identität, in: Raumforschung und Raumordnung, H. 1/1993

Jaeger, C.; Dürrenberger, G.: Services and counterurbanization: The case of central Europe, in: P.W. Daniels 1991a

Jansen, P.G.; Wagner, D.: Kriterienkatalog zur Prüfung von Plänen und Programmen der Raumordnung und Landesplanung unter Umweltaspekten, Zusammenfassende Darstellung und Ergebnisse des UBA-Vorhabens Nr. 101 02 085, Köln 1992

Jochimsen, R.: Raumentwicklung in Deutschland - Deutsche Einheit und europäischer Einigungsprozeß als neue Herausforderung für Politik, Wirtschaft und Umwelt, in : BfLR, Materialien zur Raumentwicklung 1993

Johannisson, B.: Community entrepreneurship - cases and conceptualisation, in: Entrepreneurship and Regional Development 2/1990

Karrenberg, H.; Münstermann, E.: Gemeindefinanzbericht 1993, Der Städtetag H.2/1993, Sonderdruck

Kiemstedt, H.; Horlitz, Thomas; Ott, Stefan: Umsetzung von Zielen des Naturschutzes auf regionaler Ebene. Beiträge der ARL, Band 123, Hannover 1993

Kistenmacher, H.; Saalbach, J.: Beispiele praktischer grenzüberschreitender Zusammenarbeit im Raum Südpfalz/Mittlerer Oberrhein/Nordelsaß, in: Die Verwaltung 25/1992

Kistenmacher, H.; Saalbach J.: PAMINA - grenzüberschreitende Zusammenarbeit im Raum Südpfalz/Mittlerer Oberrhein/Nordelsaß, in: Chr. Jentsch (Hrsg.), Europäische Region Oberrhein, Mannheim 1992 (Institut f. Landeskunde und Regionalforschung der Universität Mannheim)

Kistenmacher, H.; Maier, W.: Grenzüberschreitende Zusammenarbeit bei der Raumplanung am Oberrhein zwischen Baden-Württemberg, Rheinland-Pfalz, Elsaß sowie Basel-Stadt und -Landschaft, in: ARL: Grenzübergreifende Raumplanung, 1992

Kistenmacher, H.; Domhardt, H.-J.; Geyer, Th.; Gust, D.: Planinhalte für den Freiraumbereich - Handlungsmöglichkeiten der Regionalplanung zur Differenzierung von Planinhalten für den Freiraumbereich. Beiträge der ARL, Band 126, Hannover 1993

Kistenmacher, H.; Marcou, G.; Clev, H. G.: Raumordnung und raumbezogene Politik in Frankreich und Deutschland, Paris-Hannover 1994

Kistenmacher, H.; Geyer, Th.; Hartmann P.: Regionalisierung in der kommunalen Wirtschaftsförderung, Deutscher Gemeindeverlag, Aufgaben der Kommunalpolitik 10, Köln 1994

Klages, H.; Kmieciak, P. (Hrsg.): Wertewandel und gesellschaftlicher Wandel. Frankfurt, New York 1979

Klages, H.: Post-industrielle Gesellschaft, in: D. Nohlen (Hrsg)., Wörterbuch Staat und Politik, München 1991

Klemmer, P.; Hamm, R.: Ansatzpunkte und Möglichkeiten einer Modifizierung der regionalen Strukturpolitik,
Kurzbericht, in: Kurzberichte aus der Bauforschung, Jg. 35, Nr. 1, 1994

Kloepfer, M; Rehbinder, E.; Schmidt-Aßmann, E.; Kunig, P.: Umweltgesetzbuch, erster Teil, Bericht des Umweltbundesamtes 7/90, Berlin 1991

Kloke, A.: Umweltstandards. Material für Raumordnung und Landesplanung, in: Wechselseitige Beeinflussung
von Umweltvorsorge und Raumordnung, 1987

Knapp, W.: „Europa 2000": Raumordnung als Appendix der Binnenmarktstrategie? In: Raumforschung und
Raumordnung, H. 1/1993

Knight, R. V.: Sustainable development - sustainable cities, in: International Social Science Journal 135/1993

Koll, R. et al.: Die Auswirkungen der Internationalen Wanderungen auf Bayern, Forschungsvorhaben des Bay.
Staatsministeriums für Landesentwicklung und Umweltfragen, München 1992

Kommission der Europäischen Gemeinschaft (Gruppe für prospektive Analysen): Europa und die Bevölkerungsentwicklung (Auftrag vom 21. Juni 1989), Arbeitsdokument der Kommissionsdienststellen, Brüssel, Juni
1990

Kommission der Europäischen Gemeinschaften: Europa 2000. Ausblick auf die Entwicklung des Gemeinschaftsraumes, BT-Drucksache 12/4640 vom 26.3.1993

Konze, H.: Regionalkonferenzen, in: ARL (Hrsg.): Aktuelle Fragen der Landesentwicklung in Nordrhein-Westfalen, Forschungs- und Sitzungsberichte, Band 194, Hannover 1994

Kotyza, G. in: Ganseforth, H.: Problemraum Großstadtregion. In: Großstadtregionen in Deutschland vor dem
Hintergrund europäischer Entwicklungen. Veröffentlichungen der ARL (Hrsg.), Hannover 1991

Kracke, R. et al.: Verbesserungsmöglichkeiten der Flächenanbindung an die überregionalen Verkehre, ARL
Beiträge Bd. 119, Hannover 1992

Krautzberger, M.: Orientierungsrahmen für die Raumordnungspolitik in der Bundesrepublik Deutschland, DÖV,
H. 21, 1992

Krautzberger, M.: Zum Stand der Bundesraumordnung für die neuen Bundesländer, in: DÖV, H. 3, 1992

Krautzberger, M.: Gleichwertige Lebensverhältnisse in ganz Deutschland - Realität oder Utopie? Veröffentli-
chung des Deutschen Verbandes für Wohnungswesen, Städtebau und Raumordnung e.V. Jahrestagung
1993, Bonn 1993

Landfried, C.: Politikorientierte Folgenforschung. Zur Übertragung der Chaostheorie auf die Sozialwissenschaf-
ten, Speyerer Forschungsberichte 100, 3. Aufl., Speyer 1993

Lendi, M.: Neue Anforderungen an das Raumplanungsrecht. Die Bedeutung des Rechts für Raumplanung und Raumordnung - Der Gesichtspunkt der Gesetzgebung. Veröffentlichtes Manuskript eines Vortrags vom 11.4.1994, Zürich 1994

Lennep v., H.G.: Kommunale Mitsprache im Europarat gefährdet?, in: Stadt und Gemeinde, H. 5/1993

Lever, W.F.: Reurbanisation - the policy implications, in: Urban Studies 30(1993)

Lipshitz, G.: Divergence versus convergence in regional development, in: Journal of Planning Literature, 7(1992)

Lüers, H.: Naturschutzrechtliche Eingriffs- und Ausgleichsregelungen und Bauleitplanung. Zur Neuregelung durch das Investitionserleichterungs- und Wohnbaulandgesetz, in: Stadt und Gemeinde H. 5/1993

Magatti, M.: The market and social forces. A comparative analysis of industrial change, in: International Journal of Urban and Regional Research, 17(1993)

Maier, J.: Wege aus der Krise der landesgrenzenüberschreitenden Zusammenarbeit in Norddeutschland, in: Raumforschung und Raumordnung, 50(1992)

Maier, J.; Weber, W.: Euregio Egrensis - Teilraum Oberfranken und nördliche Oberpfalz: Entwicklungen und Strukturen unter besonderer Berücksichtigung der Auswirkungen der Grenzöffnung, in: Maier, J. (Hrsg.), Euregio Egrensis - Binationaler Verflechtungsraum der Zukunft, Reihe Arbeitsmaterial zur Raumordnung und Raumplanung der Uni Bayreuth, Heft 100, Bayreuth 1992

Maillat, D.; Lecoq, B.: New technologies and transformation of regional structures in Europe: The role of the milieu, in: Entrepreneurship and Regional Development 4/1992

Mair, A.: New growth poles? Just-in-time manufacturing and local economic development strategy, in: Regional Studies 27/1993

Malchus, V. Frhr. v.: Raumordnerische Zusammenarbeit der Bundesrepublik Deutschland mit dem benachbarten Ausland, in: ARL, a.a.O.

Marshall, J.N.; Wood, P.A.: The role of services in urban and regional development, recent debates and new directions, in: Environment and Planning A, 24/1992

Martinelli, F.; Moulaert, F.: The location of advanced producer services firms: Theory and illustrations, in: Geographische Zeitschrift, 1993

Marx, D. et al.: Zur ökologischen Orientierung der Landesplanung, in: Raumplanung in den 90er Jahren, Festschrift für Karl Ruppert, Augsburg 1991

Maurer, J.: Von der 1. zur 2. Generation der Richtplanung, Zürich 1988

Maurer, W.; Geyer, Th.: Bevölkerungsentwicklung und Wohnungsbedarf 2005. Ergebnisse der Bevölkerungs-, Haushalts- und Wohnbauflächenbedarfsprognose der Planungsgemeinschaft Region Trier, in: Region Trier Info, Jg. 17, 1991

Mayntz, R.: Modernisierung und die Logik von interorganisatorischen Netzwerken, in: Journal für Sozialforschung 32

Meyer, R.; Jansen, P G.: Raumordnerischer Zielvergleich Nordrhein-Westfalen/Niederlande, Dortmund 1992 (ILS-Schriften 59)

MKRO-Entschließung Raumordnung und Umweltschutz vom 15. Juni 1972

MKRO: Entschließung zum Vertrag über die Europäische Union und daraus abgeleitete Anforderungen aus der Sicht der Raumordnung vom 27. Nov.1992, Nds. MBl. Nr. 11/1993

Ostrom, E.: Governing the commons. The evolution of institutions for collective action, Cambridge/Mass. 1990

Phelps, N.A.: Branch plants and the evolving spatial division of labour, A study of material linkage change in the northern region of England, in: Regional Studies 27/1993

Potter, J.: External manufacturing investment in a peripheral rural region, The case of Devon and Cornwell, in: Regional Studies 27/1993

Rat von Sachverständigen für Umweltfragen: Umweltgutachten 1987, Bonn Februar 1987

Rat von Sachverständigen für Umweltfragen: Umweltgutachten 1994 („Für eine dauerhaft-umweltgerechte Entwicklung"), Bonn Februar 1994

Rengeling, H.-W.: Grundlagen der interkommunalen Zusammenarbeit, in: G.Püttner (Hrsg.): Handbuch der kommunalen Wissenschaft und Praxis, Berlin 1982

Ritter, E.-H.: Staatliche Steuerung bei vermindertem Rationalitätsanspruch? Zur Praxis der politischen Planung in der Bundesrepublik Deutschland, in: Jahrbuch zur Staats- und Verwaltungswissenschaft 1/1987

Ritter, E.-H.; Fürst, D.; Goedecke, O.; Rautenstrauch, L.; Roch, I.; Scholich, D.: Regionalisierung, in: Raumordnungspolitik in Deutschland, ARL Forschungs- und Sitzungsberichte Band 197, Hannover 1993

Sauberzweig, D.; Schmidt-Eichstaedt, G.: Die rechtlichen und organisatorischen Voraussetzungen einer gemeinsamen Landes- und Regionalplanung für Berlin und Brandenburg, Gutachten im Auftrag der Senatskanzlei des Landes Berlin und der Staatskanzlei des Landes Brandenburg, Berlin, Okt. 1992

Scharpf, F. W.; Benz, A.: Zusammenarbeit zwischen den norddeutschen Ländern. Gutachten im Auftrag der Senatskanzlei Hamburg und der Staatskanzlei Schleswig-Holstein, Köln 1990

Schink, A.: Die europäische Regionalisierung - Erwartungen und deutsche Erfahrungen, in: DÖV, H. 9/1992

Schmidt-Aßmann, E.: Struktur und Gestaltungselemente eines Umweltplanungsrechts, in: DÖV, 5/1990

Schmidt-Aßmann, E.; Kloepfer, M.; Rehbinder, E.; Kunig, P.: Umweltgesetzbuch, erster Teil, Bericht des Umweltbundesamtes 7/90, Berlin 1991

Schmitz, G.: Raumordnungsverband Rhein-Neckar. Planung und Kooperation über Landesgrenzen hinweg, in: Jentsch, C. (Hrsg.): Europäische Region Oberrhein, Institut f. Landeskunde und Regionalforschung der Universität Mannheim, Mannheim 1992

Schneider, M.; Teske, P.: Toward a theory of the political entrepreneur: Evidence from local government, in: American Political Science Review 86/1992

Scholz; Langer: Europäischer Binnenmarkt und Energiepolitik, Berlin 1992

Schotten, Th.: Das Grundgesetz nach Maastricht, in: Verwaltungsrundschau, H. 3/1993

Selke, W.: Europäisches Raumentwicklungskonzept als Ergebnis mitgliedstaatlicher Zusammenarbeit, in: Stadt und Gemeinde, H. 11/1993

Sendler, H.: Brauchen wir ein Umweltgesetzbuch (UGB)? Wenn ja: Wie sollte es aussehen? In: Deutsches Verwaltungsblatt, 17/1992

Soeters, J. L.: Managing Euregional Networks, in: Organization Studies 14/1993

Spehl, H.: Ansatzpunkte für eine nachhaltige Entwicklung in der Region Trier, Beitrag zum Symposium „Regionale Konzepte auf dem Weg zu einer nachhaltigen Wirtschaftsweise" am 2.11.1993 in Graz, unveröffentlichtes Manuskript

Spiegel, E.: Region und Regionalbewußtsein. In: Großstadtregionen in Deutschland vor dem Hintergrund europäischer Entwicklungen. Veröffentlichungen der ARL (Hrsg.), Hannover 1991

SRU (Rat von Sachverständigen für Umweltfragen) (1987): Umweltgutachten 1987, Stuttgart/Mainz (auch BT-Drs. 11/1568)

Staatskanzlei Rheinland-Pfalz (Hrsg.): Handbuch der grenzüberschreitenden Zusammenarbeit in Rheinland-Pfalz, Mainz 1992

Starzacker, K.: „Europa - Ende des Föderalismus?, in: Verwaltungsrundschau, 39. Jg., H. 7/1993

Statistisches Bundesamt (Hrsg.): Datenreport 1992, Zahlen und Fakten über die Bundesrepublik Deutschland, Bundeszentrale für politische Bildung Schriftenreihe Bd. 309, Bonn 1992

Steffen, H.: Marktorientierte Stadt- und Regionalentwicklung oder Kommunale Wirtschaftspolitik in der Region, in: Stadt und Gemeinde, Heft 9/1992

Stiens, G.: Raumordnung in der Bundesrepublik Deutschland - Auswirkungen und Wandel ihrer Grundsätze und Organisationsstrukturen. In: Geographische Rundschau, Heft 1/1988

Stiens, G.: Großräume und Regionen unter dem Druck neuer Zeitregimes, in: Raumforschung und Raumordnung H. 6/1992

Storper, M.; Harrison, B.: Flexibility, hierarchy and regional development: The changing structure of industriel production systems and their forms of governance in the 1990s, in: Research Policy 20/1991

Struff, R.: Regionale Lebensverhältnisse, Teil 1, Wohnen, Arbeiten und Sozialhilfe in Stadt und Land, Schriftenreihe der Forschungsgesellschaft für Agrarpolitik und Agrarsoziologie, H. 293, Bonn 1993

Strutynski, P. (Hrsg.): Schlanke Produktion, Regionalentwicklung und Industriepolitik. Auswirkungen neuer Produktionskonzepte auf Arbeit, Umwelt und Verkehr, Düsseldorf 1993

Thiel, E.: Einheitlichkeit der Lebensbedingungen und Finanzausgleich. In: Materialien zur Fortentwicklung des Föderalismus in Deutschland. Arbeitsmaterial der ARL, Nr. 200, Hannover 1993

Töpfer, K.: Leitlinien einer umweltverträglichen Landnutzungsplanung, in: Umwelt Nr. 11/1993

Thoss, R.: Großräumige Funktionszuweisungen und Ausgeglichene Funktionsräume. In: ARL-Beiträge, Band 57, Hannover 1981

Tyler, G.: The nation-state vs. the global economy, in: Challenge 1993

Umweltbundesamt: Umweltforschungsbericht 1990, Bonn 1990

Umweltbundesamt: Umweltforschungsbericht 1991, Bonn 1991

Umweltbundesamt: Umweltforschungsbericht 1992, Bonn 1992

Umweltbundesamt: Umweltforschungsbericht 1993, Bonn 1993

Waldhoff, H.-P.; Fürst, D.; Böcker, R.: Entwicklung und Einfluß der Landesplanung. Die niedersächsische Landesplanung 1945-1960, ARL-Abhandlungen, Hannover 1994

Weyl, H.: Funktion und Wirkungspotential der Raumordnung, Abhandlungen der ARL, Bd.79, Hannover 1979

Wieczorek, B.: Das EG-Übergangsrecht in den neuen Ländern, in: Umwelt, H. 7-8/1993

Wissenschaftliche Gesellschaft zum Studium Niedersachsens (Hrsg.): Um- und Neubewertung der räumlichen Entwicklung durch die veränderten europäischen Rahmenbedingungen, Neues Archiv für Niedersachsen, H. 3-4, Hannover 1992

Zeitschrift für kommunale Wirtschaft (Z.f.k.W.) v. 2.2.1993

Zentralverband des Deutschen Baugewerbes (Hrsg.): Analysen + Prognosen '93, Bauwirtschaftlicher Bericht 1992/1993, Schriftenreihe 37, Bonn 1993

Zimmermann, H.; Müller, W.: Auswirkungen des Europäischen Binnenmarktes auf die regionale Finanzstruktur, in: Raumforschung und Raumordnung, 50. Jg., H. 5/1992

Gesetze und Programme

Baden-Württembergisches Landesplanungsgesetz (LPLG) vom 10.10.1983, GBl S.621

Baden-Württembergisches Landesplanungsgesetz (LPLG) vom 8. April 1992, GBl S.229

Baugesetzbuch (BauGB) vom 8. Dezember 1986, BGBl I S.225

Bayrisches Landesplanungsgesetz in der Fassung vom 4.1.82

Bayerisches Nahverkehrsgesetz (BayÖPNVG) vom 24. Dez. 1993, Bayerisches Gesetz- und Verordnungsblatt Nr. 33/1993, S. 1052 - 1057

Deutscher Bundestag: Ausschuß für Raumordnung, Bauwesen und Städtebau, Entwurf eines Gesetzes zur Vereinfachung der Planungsverfahren für Verkehrswege (Planungsvereinfachungsgesetz - PlVereinfG (Drucksache 12/4328)), Pkt. 4 der Tagesordnung der Sitzung vom 28.4.1993; Protokoll Nr. 57

Gesetz über die Zusammenarbeit von Bund und Ländern in Angelegenheiten der Europäischen Union vom 12. März 1993, Bundesgesetzblatt, Jg. 1993 Teil I, S. 313-315

Gesetz zur Erleichterung von Investitionen und der Ausweisung und Bereitstellung von Wohnbauland (Investitionserleichterungs- und Wohnbaulandgesetz) vom 22. April 1993, BGBl. I, S. 466

2. Gesetz zur Änderung des Niedersächsischen Gesetzes über Raumordnung und Landesplanung i.F.v. 2.3.1994

Gesetz über Landes-Raumordnungsprogramm - Teil I - i.d.F.v. 2.3.1994

Gesetz zur Neuordnung des Eisenbahnwesens (Eisenbahnneuordnungsgesetz - ENeuOG) vom 27.12.1993, Bundesgesetzblatt, Jg. 1993, Teil I, S. 2378 - 2428

Hessisches Landesplanungsgesetz (LPLG) vom 1. Juni 1970, GVBl I S.360, geändert durch Gesetz vom 15. Oktober 1980, GVBl I S. 377

Landesentwicklungsprogramm (LEPro) Nordrhein-Westfalen, in der Fassung vom 5.10.1989, GVBl. 1989, S. 648

Landesplanungsgesetz des Landes Mecklenburg-Vorpommern (LPlG) vom 31.3.1992, GVBl S. 242

Landesplanungsgesetz Schleswig-Holstein in der Fassung vom 10.6.1992, GVOGl S. 342

Maastrichter „Vertrag über die Europäische Union" (EU-Vertrag) vom 7. Februar 1992

Niedersächsisches Naturschutzgesetz vom 2.7.1990

Raumordnungsgesetz (ROG) vom 28.4.1993, BVGl I S. 630

Sächsisches Landesplanungsgesetz (LPLG) vom 24. Juni 1992, GVBl S. 259

Vertrag über die Europäische Union vom 7. Febr. 1992 (BGBl. 1992 II S. 1251), in Kraft getreten am 1. November 1993 (BGBl. 1993 I S. 1780)

Zweites Gesetz zur Änderung des Niedersächsischen Gesetzes über Raumordnung und Landesplanung vom 2. März 1994, Nieders. GVBl. Nr. 5/1994

C. Fortentwicklung der Regionalplanung

Die Aufgabe der Regionalplanung ist besonders vielgestaltig. Im Spannungsfeld zwischen örtlichen und überörtlichen (regionalen) Interessen, zwischen einzelfachlichen und überfachlichen bzw. gesamträumlichen Standort- und Flächenansprüchen, zwischen individuellen und gemeinwohlorientierten Bedürfnissen in der Region ist die Regionalplanung auf den Ausgleich zwischen ihren Adressaten angelegt (Schmitz 1993). Die Adressaten sind zum einen die gesetzlich zur Beachtung der verbindlichen Ziele aufgerufenen Institutionen und zum anderen auch die gesellschaftlichen Gruppen, die Investoren und die Bürger der Region, die als Planungsbetroffene sich an der Regionalplanung orientieren. In all diesen Institutionen mit ihren unterschiedlichen Belangen sind Menschen mit der Wahrnehmung der entsprechend unterschiedlichen Interessen beauftragt.

Will die Regionalplanung ihre Aufgabe als vorausschauender Vermittler und Koordinator der die regionale Entwicklung beeinflussenden Akteure unter den Rahmenbedingungen der neuen Herausforderungen auch künftig erfolgreich wahrnehmen, müssen die Regionalplaner verstärkt das Selbstverständnis dieser Partner bedenken und für ihre eigene regionalplanerische Arbeit ein weitergefaßtes Selbstverständnis entwickeln.

1. Neues Selbstverständnis der Regionalplaner

Die Zukunft läßt sich nicht planen. Wir wissen aufgrund unserer Erfahrungen, daß der Blick in die Zukunft auch durch immer mehr Wissen begrenzt bleibt.

Je zahlreicher die vermeintlichen oder tatsächlichen Bestimmungsfaktoren in euphorisch erdachte und gar rechnerunterstützte Gesamtmodelle einbezogen wurden, um so größer waren die Enttäuschungen über „unerwartete Wirklichkeiten". Unsichere Wahrscheinlichkeiten und wahrscheinliche Unsicherheiten begleiten auch die räumliche Planung auf allen Ebenen.

Die Einsicht in die fehlende Macht über das Unkalkulierbare ist allerdings die Voraussetzung für die notwendige Kraft, sich auf das Mögliche und Nötige zu beschränken. Die Konsequenz planerischer Schwierigkeiten ist nicht die Planlosigkeit.

Es geht nicht um mehr, sondern um bewußtere regionale Planungsaktivitäten. So gesehen sind Regionalplaner nicht nur die Bearbeiter der Regionalpläne in den Verwaltungen, sondern ebenso - in der Wahrnehmung ihrer Verantwortung für die Region - die Mitglieder in den zuständigen politischen Entscheidungsgremien; die Regionalplanung ist ihr Gemeinschaftswerk. Eine Voraussetzung für den Erfolg der Regionalplanung ist schon von daher ein zumindest verwandtes Selbstverständnis sowohl des hauptamtlichen Planers als auch des für regionale Planungsentscheidungen legitimierten Mandatsträgers.

Der Planer muß sich bewußt sein über die Verantwortung, die er mit seiner Planung trägt; dazu gehört das Bewußtsein über das nötige Verständnis, das er für die Betroffenen, die Beteiligten, die Problemlagen, die Problemlösungen und deren Folgen aufzubringen hat. „Begründetes Gespür für Entwicklungen und deren potentielle Folgen ist wichtiger als die Verfeinerung extrapolierter Zahlenreihen" (Böhret 1989, S. 36).

Jeder Planer steht in seiner Zeit. Komplexe Problemlagen und hohe Erwartungen an „endgültige" Lösungen erzeugen Handlungsdruck. Die künftigen Herausforderungen verlangen nach strategischen Antworten; die Mehrdimensionalität und die Multikausalität räumlicher Entwicklungen erzwingen mehr und mehr ganzheitliche Betrachtungs- und Handlungsweisen: „Global Denken, regional Planen und lokal Handeln".

Es wird nicht um ein völlig neues Selbstverständnis der Regionalplanung gehen. Querschnittsdenken, Vorsorge, Langfristigkeit und Überörtlichkeit waren schon immer wichtige regionalplanerische Leitkriterien. Was nötig sein wird, ist eine Neugewichtung und Weiterentwicklung der für regionalplanerisches Handeln maßgeblichen Leitlinien. Statische Pläne an sich reichen nicht aus. Regionalpläne müssen neuen Entwicklungen Rechnung tragen können, und zwar nicht nur durch nachträgliche, sich anpassende Änderungsverfahren. Pläne müssen regionalspezifisch und handlungsorientiert angewendet und umgesetzt werden können!

Erarbeitung des Planes, Anwendung des Planes und Verwirklichung bzw. Umsetzung des Planes in konkrete Maßnahmen müssen durch die planenden und handelnden Personen in gegenseitiger Kenntnis und im gegenseitigen Bewußtsein der besonderen Anforderungen und Schwierigkeiten der jeweiligen Verwaltungsebene erfolgen.

Voraussetzung dafür ist eine entscheidungsleitende Regionalplanung, die insbesondere Prüf- und Abwägungskriterien für die Anwendung in konkretisierenden Fachplanungsverfahren (verbindlicher Teil), in umsetzenden Politikprogrammen (Verteilung von Fördermitteln) und in regionalen Entwicklungskonzepten enthält (empfehlender Teil). Zu bedenken ist dabei, daß die Planverwirklichung bzw.- umsetzung die konzeptionelle Ausgestaltung der regionalplanerischen Rahmensetzung durch eine strukturwirksame, fachübergreifende Entwicklungspolitik ist. Planverwirklichung bzw. -umsetzung meint daher nicht die technische Projektrealisierung, sondern stellt quasi deren qualitative Vorstufe dar.

Eine reine Übernahme „fachplanerischer Vorgaben" in eine gemeinsame Karte ist ein Kataster; dies ist kein Plan, der Entwicklungen im Sinne einer Vorsorgeplanung erfolgreich beeinflussen will. Erfolglos muß ein Regionalplan auch bleiben, der (zu) umfassende fachplanerische Einzelvorgaben formuliert. Nicht nur wegen der sehr schnell fehlenden Aktualität, sondern vorrangig wegen der fehlenden Akzeptanz der für die Fachplanung zuständigen Stellen wird die Planumsetzung dann ein „frommer Wunsch" bleiben.

Ein Regionalplan, seine (eher) formale Anwendung und seine - mit Konzeptionen ausgestaltete - Umsetzung müssen mindestens für eine Mehrheit aller Beteiligten und Planbetroffenen letztlich erkennbaren Nutzen haben. Auf jeden Fall sollten notwendige Einsichten erbracht werden für bzw. durch akzeptable Koordinierungsvorschläge (akzeptierte Entscheidungskompetenz für regionale Probleme). Anliegen des Regionalplaners und Ziel des Regionalplanes müssen der Ausgleich der regionalen Belange und letztlich der regionalen Interessen sein.

Ein von anderen Akteuren umzusetzender Regionalplan ist nur dann wirklich anwendbar und umsetzbar erarbeitet worden, wenn dies von den Regionalplanern mit Blick auf eine konzeptionelle Umsetzung z.B. durch regionale Entwicklungskonzepte geschieht. Im Sinne der Subsidiarität sind die inhaltlichen Schwerpunkte zwischen Landesplanung, Regionalplanung und kommunaler Planung in gegenseitiger Abstimmung und möglichst im Konsens (neu) zu bestimmen. Diese gegenseitige Abstimmung sollte vom gemeinsamen Ziel geleitet sein, sich in der Regionalplanung auf die tatsächlich regionalbedeutsamen Fälle zu beschränken und den Umfang des Regionalplanes zu entfrachten.

Angesichts stark zunehmender Belastungsfaktoren für die Umwelt wie Flächenversiegelung, Rohstoffausbeutung sowie Wasser-, Boden- und Luftverschmutzung und ebenso stark zunehmender Engpaßfaktoren wie Flächenknappheit, Finanzknappheit und Infrastrukturausstattungen sind nach wie vor traditionelle, aber sich verschärfende Konfliktthemen unter anderem die Stadt-Umland-Beziehungen, die Verkehrspolitik sowie die planerische Absicherung der Ver- und Entsorgungseinrichtungen.

Eher neue Konfliktbereiche sind die Auswirkungen der Konkurrenz der Regionen im EG-Binnenmarkt (Abgrenzung, Kompetenz, Politik (Sachbereichs-)schwerpunkte), die Auswirkungen der „neuen Armut der öffentlichen Haushalte" (regionale Förderpolitik mit Nutzung der endogenen Kräfte), die Auswirkungen „regionsferner Konzernentscheidungen" auf regionale Wirtschaftsstrukturen (Ausgleichsmaßnahmen, Strukturprogramme, Politikbeeinflussung).

Die Regionalplanung hat natürlich nicht zu allen Konflikten einen Beitrag zu leisten. Nicht alle Anforderungen, die von außen an die Regionalplanung herangetragen werden, kann und muß sie übernehmen. Dennoch kommt es gerade bei einer angemessenen Beschneidung der Regionalplanung auf „ihre" Themenfelder wesentlich darauf an, sich über ihren Stellenwert und ihre Einbindung in den gesellschaftlichen Willensbildungsprozeß klar zu sein. Da Abwägungsentscheidungen in hohem Maße normativ bestimmt sind, kann Regionalplanung nicht unpolitisch sein. Sie muß daher als wesentlicher Bestandteil einer umfassenden Gesellschaftspolitik verstanden werden. Ihre Entscheidungen haben weitreichende Konsequenzen auch für viele andere Lebens- und Gesellschaftsbereiche. Schon in der Ausbildung der Planungsfachleute sollte dem Aspekt eines aus der Sache abgeleiteten planungspolitischen Engagements mehr Gewicht gegeben werden!

Handlungs- bzw. politikorientierte Aufgaben können von der Regionalplanung aber nur dann wahrgenommen werden, wenn sie Lösungen anbieten oder das Auffinden von Lösungen erleichtern kann. Dafür braucht sie politische Akzeptanz; dafür muß sie eingebunden sein in politische und verwaltungsmäßige Entscheidungsabläufe; dafür braucht sie personelle und finanzielle Potenz. Handlungsmöglichkeiten - ob Informieren, Moderieren, Koordinieren oder Initiieren - müssen abgeleitet sein aus der planungsspezifischen (echte Querschnittsplanung) und zum Teil organisatorischen bzw. institutionellen Stärke (z.B. durch gleichberechtigte Eingliederung in eine Bündelungsbehörde mit kommunalpolitischer „quasi-parlamentarischer" Kontrolle) der Regionalplanung (siehe dazu auch Abschnitt C 4).

In diesem Zusammenhang sind Fragen einer neuen Finanzverteilung (z.B. Paritätsprinzip der EU-Regionen) ebenso zu prüfen wie Reformen der staatlichen Förderpolitik (z.B. „Dezentralisierungsanteile" der Förderprogramme zur eigenverantwortlichen Verwendung durch die „Regionen" entsprechend ihrer regionalen Entwicklungskonzepte).

Zielorientiertes Handlungserfordernis ist wohl unstrittig die rahmensetzende Vorsorgeplanung; strittiger ist - wenngleich ebenso nötig - schon der Initiierungs-, Moderierungs- bzw. Koordinierungsauftrag bei raum-, funktions- und sachbereichsgrenzüberschreitenden Interdependenzen.

Um diese Aufträge erfüllen zu können, muß der Regionalplaner ein Interesse daran haben, die Planung effizienter und politikorientierter auszugestalten, ohne die bisher und auch künftig wichtigen Leitlinien einer überörtlichen, übergeordneten und zusammenfassenden Planung zu übergehen.

Bei allem Pragmatismus läßt es die planerische Verantwortung gegenüber unseren nachfolgenden Generationen nicht zu, vermeintlich unlösbare Zielkonflikte aufzuschieben oder nach überkommenen Werten stereotyp althergebrachte Abwägungsmechanismen anzuwenden.

Die Komplexität regionalplanerischer Aufgaben und die damit verbundene Vielschichtigkeit der Anforderungen für Lösungen erfordern einen Einfühlungswillen in gesellschaftspolitische Prozesse und für ihre Auswirkungen auf sozio-ökonomische, infrastrukturelle und räumliche Entwicklungen.

Regionalplanung ist keinesfalls nur technokratisch; es gibt nicht nur den einen fertigen Plan, der das Ziel mit „einem großen, abschließenden Federstrich" erreicht. Wegen sich schneller verändernder Rahmenbedingungen ändern sich auch die Ziele bzw. Zukunftsperspektiven. Die Regionalplanung muß darauf mit flexiblen kleinen Schritten antworten, wie mit konzeptionellen Perspektiven, die den Zusammenhang im Auge behalten - denn: Wer tut es sonst? (Ganser 1993, S. 102)

Ganzheitliches Denken und Planen raumrelevanter Entwicklungen heißt, den gesamten „Organismus" vor- und nachgelagerter Lebensbereiche wahrzunehmen und diese bei allen Planungen einzubeziehen. Der berühmte Blick über den Tellerrand eigener Zuständigkeiten und einengender Planungshorizonte eröffnet den Weg für notwendige Entscheidungen zur Sicherung der natürlichen Lebensgrundlagen ebenso wie für mutige Visionen als Entwicklungschancen künftiger Generationen.

Jede Situation hat ihre Zukunft; jede neue Planungsentscheidung verändert mehr oder weniger diese Zukunft. Jeder Regionalplaner ist daher der Region, den darin lebenden Menschen und sich selbst gegenüber verpflichtet, vor neuen planerischen Entscheidungen den aus der bestehenden Situation sich ergebenden Entwicklungsprozeß zu verdeutlichen, die aus einer beabsichtigten Planung sich ergebenden Folgen und Veränderungen abzuschätzen und letztlich den Entscheidungsträgern Vorschläge für eine dauerhafte, zugleich sozio-ökonomisch und ökologisch vertretbare Entwicklungsplanung und realisierbare Entwicklungspolitik zu machen.

Von daher sind die Kommunikation, Kooperation und Koordination mit allen anderen regionalen gesellschaftspolitischen Akteuren und Handlungs- und Verantwortungsträgern ein unabdingbares Muß. Regionalplanung wird nicht für sich als Fachdisziplin entschieden, sondern dient als systematische Vorbereitung politischer Entscheidungen.

Eine breite Diskussion mit den betroffenen Teilen der Gesellschaft soll deshalb nicht nur rechtliche Verpflichtung sein; sie soll frühzeitig informieren und erklären, soll das Verstehen ermöglichen und Akzeptanz bewirken, sie soll Mitverantwortung einbeziehen und schließlich Ängste abbauen. Mitsprache und Mitwirkung der Betroffenen und Beteiligten gehören zusammen. Kritik an der Planung üben und Lehren aus dieser Kritik ziehen, das wird die Planung verbessern und kann ihre Akzeptanz nur erhöhen.

Wesentlicher Anspruch eines jeden Regionalplaners an sich selber muß also sein, zunächst Verständnis für andere „Akteure" und für das Zusammenspiel der gesellschaftlichen Kräfte zu entwickeln. Selbstverständlich gilt dieser Grundsatz der Zusammenarbeit für alle an der Regionalplanung und -politik verantwortlichen Personen gleichermaßen. In diesem Sinne gilt es, verantwortbare Planungsvorschläge für verwirklichungsfähige Maßnahmen von allen Akteuren in verständlicher Sprache zu formulieren, um auch richtig verstanden zu werden.

Der Planer muß vor allem die räumlichen Auswirkungen verschiedener Maßnahmen und Nutzungsansprüche abschätzen und bewerten können und auch mögliche Alternativen für die anzustrebende räumliche Entwicklung aufzeigen. Gerade die Diskussion über Probleme und alternative Problemlösungen wird wegen der nur bedingt steuerbaren sozio-ökonomischen Entwicklung eher Szenarien anstelle von Status-quo-Prognosen erfordern.

Der Planer wird mehr und mehr zum Berater für die Politik bzw. die jeweiligen Entscheidungsträger. Vom Regionalplaner erfordert dieses neben fachlicher Kompetenz auch soziales Engagement. Er muß seine Pläne für die regionale Entwicklung mit unterschiedlichen Fach- und Politikinteressen abgleichen und kommt damit zukünftig immer stärker in die Rolle des Moderators, eines „Regionalkoordinators" bzw. eines „Regional-Diplomaten" (Albers, S. 13f). Der Regionalplan kann in diesem Bereich allerdings nur dann erfolgversprechend tätig sein, wenn von seiten der regionalen Akteure und Politiker seine Kompetenz auch geschätzt und angenommen wird.

Ob der Regionalplaner in regionale „Führungsaufgaben" hineinwächst, ist insbesondere mit abhängig von den institutionellen Voraussetzungen, um auf regionale Entwicklungsprozesse und auf politikbestimmende Organe bzw. -umsetzende Behörden/ Stellen einwirken zu können.

So verlangen die räumlichen Entwicklungen am Beginn eines neuen Jahrtausends nicht den nach engen administrativen und rechtlichen Vorschriften arbeitenden „Planungstechniker", sondern schon aus Gründen der Effektivität und Effizienz eine stärkere Orientierung auf die Anwendung und Umsetzung des Planes. Es ist der Regionalplaner gefordert, der schon aus seinem Selbstverständnis heraus nicht nur planerisch, sondern zugleich politisch denkt. Der Regionalplaner muß strategisch, d.h. von der wissenschaftlichen Information bis zur politischen und fachlichen Umsetzung denken; er muß Sensibilität für ganzheitliche Zusammenhänge und für Folgen entwickeln; er muß den Kontakt zu den Menschen suchen, Bezüge zu gesellschaftlichen Strukturen herstellen und die Politiker beraten wollen und dürfen. Der Regionalplaner muß mehr Dienstleister werden, der sein „Produkt", die Regionalplanung, im Sinne einer umfassenden Marketing-Strategie erfolgreich und überzeugend seinen doch zahlreichen Zielgruppen zur Verfügung stellt.

2. Ansätze für effektivere Planungsprozesse

2.1 Aufstellungs- und Fortschreibungsverfahren bei Regionalplänen

2.1.1 Neue Verfahren bei der Aufstellung regionaler Programme und Pläne

Längst ist es an der Zeit, in der Regionalplanung auch über Verfahrensfragen zu diskutieren. Das Thema stellt sich in den alten Bundesländern vornehmlich im Hinblick auf die Fortschreibung der mittlerweile überall vorliegenden Regionalpläne der ersten bzw. vielfach einer folgenden Generation. In den neuen Bundesländern gilt es, bei der erstmaligen Aufstellung der Regionalpläne möglichst von vornherein jene Fehler und Schwerfälligkeiten zu umgehen, die für eine Aufstellungsdauer von nicht selten bis zu einem Jahrzehnt bei den Regionalplänen mitverantwortlich waren. Die dabei anfallenden Erkenntnisse werden wiederum für die Fortschreibungen in den alten Ländern Verfahrenserleichterungen bringen können - ein Gewinn von hohem Wert angesichts einer allerorts erheblichen „Fortschreibungsintensität".

Die Effizienz und Akzeptanz der Regionalplanung insgesamt leidet unter der Langwierigkeit und Kompliziertheit der Aufstellungsverfahren. Regionalplanung gehört als Teil der Raumordnung und Landesplanung zu den am stärksten durchnormierten Planungssystemen. Die zunehmende Verrechtlichung hat zur Komplizierung der Verfahren geführt. Auf der einen Seite vergeht daher kaum eine Entscheidung in verbandlichen Planungsgremien ohne vorgeschaltete Rückkoppelung mit der gewählten kommunalen Entsendungsebene. Gleichzeitig hat die Regionalplanung auf der anderen Seite große Mühe, sich auf das zunehmend stärkere Vordrängen informeller, regionaler Meinungs- und Konsensbildungsprozesse einzustellen; dazu gehört ein gewachsenes Beteiligungsinteresse auf der Ebene der Bürgerinitiativen und der Bürgerbeteiligung ganz allgemein. Hier fallen der Regionalplanung neue Kooperations- und Konsensfindungsaufgaben zu (siehe dazu Abschnitt C 4).

Unverändert bleibt das Dilemma zwischen Partizipation und Verfahrensökonomie. Die Gefahr besteht, daß die Entscheidungskompetenz der Regionalplanung an die Länder verlorengeht, wenn die Komplexität der Verfahren inakzeptabel groß wird. Politik kann sich Verfahrenserschwernisse nicht lange leisten.

Dies gilt, nach der ersten Phase der Regionalpläne, neben der grundsätzlichen Problematik auch deshalb, weil die Fortschreibungsfrequenzen sich immer mehr erhöhen und gleichzeitig neben umfangreiche Fortschreibungsvorhaben für ganze Themenbereiche bzw. Kapitel des Regionalplans (z.B. Siedlung, Freiraumsicherung, Verkehr) immer häufiger ganz konkrete, spezifische Fortschreibungsanliegen für einzelne Zielaussagen mit einem sehr engen Kreis von Beteiligten und Betroffenen treten. Gerade solche Anliegen sind in der Regel von starken regional- oder kommunalpolitischen Interessen getragen, die wenig Verständnis für Dauer und Art des Verfahrens zeigen. Dadurch entsteht die Gefahr eines zunehmenden Desinteresses am regionalplanerischen Instrumentarium generell - nicht selten mit dem Ergebnis, daß lieber auf eine Festlegung im Regionalplan ganz verzichtet wird, bevor man sich der Mühsal ihrer potentiellen Änderung zu irgendeinem Zeitpunkt unterzieht. Dies aber entwertet den Regionalplan, der sich gerade auch dadurch legitimieren muß, daß er auf Änderungsbedarf rasch reagieren kann.

Verfahrensvereinfachung tut also not, wenn das Kind Regionalplanung nicht mit dem Bad seiner Regularien ausgeschüttet werden soll. Möglichkeiten dazu sind durchaus in der Diskussion, Vorschläge einschlägiger Fachkommissionen liegen vor, Anfänge sind gemacht. Sie betreffen die Abstimmungs- und Beschlußphase ebenso wie die Vorlage und das Verfahren zur Verbindlicherklärung der Regionalpläne:

Geradezu überfällig erscheint vor allem eine Vereinfachung der Abstimmung mit dem Bund. Die Regelungen der Ministerkonferenz für Raumordnung dazu gehen zurück in das Jahr 1977 und entsprechen heute sowohl dem erkennbar notwendigen Abstimmungsbedarf als auch dem tatsächlichen inhaltlichen Beitrag des Bundes zum Regionalplan nicht mehr. Unabhängig von der nach wie vor zwischen Bund und Ländern kontroversen Auffassung über die rechtliche Bindung des Bundes an den Regionalplan sollte eine Beteiligung nur noch zu solchen Punkten erfolgen, die den Aufgabenbereich des Bundes unmittelbar oder mittelbar berühren. Dies wird regelmäßig bei Fragen der Landesverteidigung der Fall sein, künftig im Hinblick z.B. auf die Privatisierung von Post und Bahn nur noch eingeschränkt bei Fragen des Verkehrs und der Kommunikation. Die Beteiligung sollte dann aber auch direkt durch die regionalen Planungsverbände ohne Einschaltung der obersten Landesplanungsbehörden vorgenommen werden.

Ansätze für eine Beschleunigung der Verfahren bieten ebenso die einzelnen Ausarbeitungsschritte bei der Änderung von Regionalplänen. Sie stellen sich in den Bundesländern sehr unterschiedlich dar - von der verwaltungsinternen Anpassung bis hin zum vielstufigen Fortschreibungsverfahren durch alle Gremien der Planungsverbände einschließlich eines umfassenden Anhörungsverfahrens unter Beteiligung aller Verbandsmitglieder. Hier könnten sich Einschränkungen des Beteiligtenkreises, Verkürzung der Beteiligungsfrist oder Ausschlußfristen ebenso wie Abweichungsverfahren bzw. Öffnungsklauseln oder Verwaltungsprüfverfahren anstelle besonderer Planänderungsverfahren anbieten. Diese Möglichkeiten sind allerdings hinsichtlich der gegebenen landesplanerischen Rahmenbedingungen und auf ihre jeweiligen Auswirkungen hin im Einzelfall zu prüfen.

In den Bundesländern, in denen z.B. wegen strikter rechtlicher Bindungswirkung regionalplanerischer Ziele sehr häufig mit formellen Fortschreibungen der Regionalpläne gearbeitet werden muß und der Planungsausschuß satzungsgemäß notwendiges Organ des regionalen Planungsverbandes ist, bieten sich Überlegungen an, eine wesentliche Beschleunigung bei der Beschlußfassung durch eine Verlagerung der abschließenden Beschlußzuständigkeit von den größten Verbandsgremien wie der Verbandsversammlung auf den Planungsausschuß zu erreichen. Allerdings muß dabei wohl gewährleistet bleiben, daß dies nur bei einzelnen Zielen des Plans möglich ist, die die Grundzüge der anzustrebenden räumlichen Ordnung und Entwicklung einer Region nicht wesentlich berühren. Ebenso muß die Zustimmung der betroffenen Verbandsmitglieder vorliegen. Es wäre denkbar, den Planungsausschuß für einen derartigen Beschluß entsprechend zu erweitern.

Gleichermaßen kann man sich Gedanken machen über eine Möglichkeit zur kurzfristigen Suspendierung offensichtlich falsch gewordener oder überholter Planungsziele durch geeignete Verbandsgremien oder besser wohl durch die Landesplanungsbehörden. Der Regionalplan könnte auf diese Weise vom Eindruck der Realitätsferne oder gar Scheinlegalität bewahrt werden. Eine wesentliche Voraussetzung dafür ist durch die im Mai 1993 erfolgte Novellierung des Bundesraumordnungsgesetzes geschaffen worden. Im neuen § 5 Abs. 5 ROG werden nunmehr die Länder beauftragt, Rechtsgrundlagen für ein Verfahren zur Abweichung von Zielen der Raumordnung und Landesplanung zu schaffen. Bis zu diesem Zeitpunkt kann die zuständige Landesplanungsbehörde im Einvernehmen mit den fachlich berührten Stellen und im Benehmen mit den betroffenen Gemeinden im Einzelfall Abweichungen zulassen, wenn die Abweichungen unter raumordnerischen Gesichtspunkten vertretbar sind und die Grundzüge der Planung nicht berührt werden. Befürchtungen, daß von dieser Regelung zu extensiv Gebrauch gemacht werden könnte, haben sich nach den bisherigen Erfahrungen als unbegründet erwiesen. So haben sich die Verfahren und die Zahl der zugelassenen Abweichungen beispielsweise in Baden-Württemberg bislang auf Einzelfälle beschränkt.

Nach der Beschlußfassung durch die Verbandsgremien sollte der Regionalplan auf direktem Weg, wie in einigen Bundesländern bereits praktiziert, zur Verbindlicherklärung vorgelegt werden. Dies spart den Umweg über eine Vorprüfungsinstanz, deren Arbeit die Prüfung der obersten Landesplanungsbehörde nicht ersetzen und, wie die Praxis gezeigt hat, in nur wenigen Fällen zeitlich beschleunigen kann.

Der bayerische Gesetzgeber z.B. fordert zur Verbindlicherklärung der Regionalpläne durch die oberste Landesplanungsbehörde das Einvernehmen aller übrigen Ministerien. Andere Länder haben auch in diesem Punkt andere Regelungen getroffen. In der Tat ist ein Verzicht auf das Einvernehmen - wie z.B. in Baden-Württemberg 1983 mit der Novelle des Landesplanungsgesetzes geschehen - im Interesse der Verfahrensbeschleunigung wohl überprüfenswert; zumindest aber dessen Ersatz durch eine Einvernehmens- oder gar nur Benehmensregelung mit jenen Ressorts, deren Aufgabenbereich berührt ist. Kaum Chancen auf Erfolg dürfte im Hinblick auf das Ressortprinzip hingegen die Überlegung haben, Meinungsunterschiede zwischen den Ministerien über Ziele des Regionalplans durch Mehrheitsbeschluß auf Kabinettsebene zu entscheiden.

Schließlich könnte an eine verbindliche Fristvorgabe für die Verbindlicherklärung geänderter Planziele oder einer Gesamtfortschreibung des Regionalplans gedacht werden, die grundsätzlich auf einen Zeitraum von bis zu sechs Monaten zu bemessen wäre. Die Wirksamkeit einer derartigen Vorgabe ist aber - wenn überhaupt - wohl nur im Zusammenwirken mit einer Ausschlußfristenregelung beim Einvernehmen der Ressorts denkbar.

Die Palette möglicher Verfahrensänderungen und -erleichterungen für die Aufstellung regionaler Programme und Pläne beinhaltet stillschweigend als Voraussetzung das Zugeständnis erweiterter Zuständigkeiten und erhöhter Selbständigkeit der regionalen Planungsträger. Die Chancen dafür scheinen angesichts einer zunehmenden Politisierung der Planung durch die Betroffenen nicht ungünstig. Sie können ein wichtiger Schritt auf dem Weg von der restriktiven Ordnungsplanung hin zur regionalpolitischen Moderations- und Managementfunktion der Regionalplanung sein.

2.1.2 Bedeutung und inhaltliche Ausgestaltung räumlicher und fachlicher Teilfortschreibungen

In der praktischen Arbeit der Regionalplanung stehen die räumlichen und fachlichen Teilfortschreibungen der Regionalpläne heute eindeutig im Vordergrund. Der ursprüngliche Gedanke periodischer Gesamtfortschreibungen hat durch die schon frühzeitig und in zunehmender Häufigkeit aufgekommenen Fortschreibungsanliegen an Bedeutung verloren. Wenn heute - wie z.B. in Bayern - erneut über eine Gesamtfortschreibung nachgedacht wird, liegt der Grund in der aktuell abgeschlossenen Gesamtfortschreibung des in der Planungsebene übergeordneten Landesentwicklungsprogramms und den daraus resultierenden Anpassungserfordernissen für die Ebene der Regionalplanung. Aber auch unter diesem Aspekt zeichnet sich zumindest in den „entwicklungsintensiven" Regionen ab, daß diesem Anpassungsbedarf sukzessive durch zahlreich laufende Teilfortschreibungen wenigstens in etwa Rechnung getragen werden kann.

Damit stellt sich allerdings auch die grundsätzliche Frage des Zeithorizonts der Regionalplanung. Der komplexe Inhalt regionalplanerischer Gesamtkonzepte, die große Zahl der „Partner" im Planungsprozeß (Gegenstromprinzip) und die „Trägheit" räumlicher Strukturen legen allenfalls einen zeitlichen Planungsrahmen zwischen zehn und zwanzig Jahren nahe. Daneben ist jedoch wie bereits mehrfach dargelegt ein Bedarf an kürzerfristigen, handlungsorientierten regionalplanerischen Problemlösungsangeboten unbestreitbar. Er resultiert vor allem aus konkreten, sachlichen Standort- oder Teilraumfragen - wie z.B. in bezug auf Abfallwirtschaft, Freiraumsicherung, Kiesabbaugebiete, Konversionsflächen, Lärmschutzbereiche. Vielfältige Erfahrungen deuten darauf hin, daß die Regionalplanung für derartige kurz- und mittelfristige Innovations- und Koordinationsbedürfnisse tauglicher gemacht werden muß - etwa durch die bereits erwähnte Unterscheidung zwischen langfristigen (verbindlichen) Orientierungskonzepten und kurz- bis mittelfristigen Handlungskonzepten in Form von räumlichen oder fachlichen Teilfortschreibungen (zu dieser grundsätzlichen Frage siehe Abschnitt C 5). Dies hat weitreichende Auswirkungen auch auf die Verfahrensfragen des Planungsprozesses.

Räumliche und fachliche Teilfortschreibungen unterscheiden sich in ihrer Bedeutung und inhaltlichen Ausgestaltung sowie durch den Kreis der Betroffenen und Beteiligten. Räumliche Teilfortschreibungen befassen sich in der Regel thematisch mit mehreren, inhaltlich verknüpften Kapiteln des Regionalplans bezogen auf einen Teilraum der Region. Schwerpunktthemen sind die Bereiche Siedlung, Freiraumsicherung, Verkehr, Energie und Bodenschätze.

Prominente Beispiele sind Fortschreibungen für das Umland des neuen Flughafens München oder für die Sicherung und Gewinnung von Kies- und Sandvorkommen am unteren Niederrhein:

Im ersten Fall wird den besonderen Entwicklungsvoraussetzungen Rechnung getragen, die im nördlichen Bereich des großen Verdichtungsraums München vorliegen. In diesem Teilraum, der bereits in den zurückliegenden Jahren eine weit überdurchschnittliche, ungleichgewichtige Zunahme von Bevölkerung und Arbeitsplätzen zu verzeichnen hatte, wird durch die räumlichen Auswirkungen des neuen Flughafens auch künftig mit einem erheblichen Entwicklungsdruck gerechnet. Die Ergänzung und Konkretisierung der regionalplanerischen Ziele sollen dazu beitragen, eine räumlich ausgewogene Verteilung des Entwicklungspotentials durch eine integrierte Betrachtungsweise der Belange von Siedlungsentwicklung, Verkehrsentwicklung und Freiraumsicherung zu bewirken.

Am unteren Niederrhein ergeben sich beachtliche Flächenbeanspruchungen mit zahlreichen Nutzungskonflikten durch die regionale Konzentration der Rohstoffvorkommen von Kies und Sand. Bei einem unbegrenzten Abbau ist das Ende der Rohstoffausbeute in der nächsten oder übernächsten Generation absehbar, wenn nicht sogar international bedeutsame Naturschutzgebiete gefährdet werden sollen.

Um gleichermaßen eine langfristige Nutzung der vorhandenen Ressourcen und deren ökologisch vertretbare Gewinnung im sensiblen Naturraum am unteren Niederrhein zu ermöglichen, erarbeitet die Bezirksregierung als Planungs-, Landschafts- und Wasserbehörde in enger Zusammenarbeit mit den betroffenen Kommunen, dem Fachverband Kies und Sand und den Naturschutzverbänden ein gemeinsames Konzept. Durch einen tragfähigen Kompromiß zwischen Naturschutz und Rohstoffnutzung sollen die Abbauvorhaben konzentriert, die Rekultivierungsmöglichkeiten und die unterschiedlichen Folgenutzungen festgelegt, die planerische Einbindung in die großräumige Landschaftsstruktur erreicht und die berechtigten Belange der Kies- und Sandindustrie mit ihren Aufgabenstellungen für die übrige Wirtschaft und die Siedlungsentwicklung gewahrt werden.

Grundlage und Auslöser zahlreicher räumlicher Teilfortschreibungen von Regionalplänen ist vielfach ein neues Instrument der Landesentwicklungspolitik, das bereits mehrfach erwähnte Teilraumgutachten, auch „Inselgutachten" genannt. Dabei werden durch einen neutralen Gutachter auf Wunsch vor allem der kommunalen Mandatsträger für bestimmte neuralgische Teilräume unterhalb der Regionsebene Leitlinien für die zu bewältigenden Aufgaben abgesteckt und gutachterliche Empfehlungen für die Lösung der jeweiligen räumlichen Probleme erarbeitet. Die Ergebnisse derartiger Gutachten bilden u.a. die Grundlage entsprechender fachübergreifender, rechtsverbindlicher Zielaussagen in den Regionalplänen.

Fachliche Teilfortschreibungen von Regionalplänen befassen sich mit der Änderung und Ergänzung einzelner Fachkapitel für das gesamte Regionsgebiet. Der Fortschreibungsbedarf hängt dabei immer deutlicher von der Effizienz regionalplanerischer Ziele in den jeweiligen Fachbereichen ab. Die Erfahrung zeigt, daß über derartige Teilfortschreibungen in der Regel eine deutliche Konzentration regionalplanerischer Zielaussagen auf tatsächlich raumbedeutsame Fortschreibungsanliegen erreicht wird - bis hin zum völligen Verzicht auf ganze Fachkapitel des ursprünglichen Regionalplans.

Die Gefahr ist dabei wohl nicht ganz von der Hand zu weisen, daß über die Summe derartiger einzelner, fachlicher Teilfortschreibungen der überörtliche, konzeptionelle Anspruch des regionalplanerischen Instrumentariums unterlaufen wird. Das gilt vor allem dann, wenn der unterschiedliche, zeitliche Planungsrahmen von Regionalplanung und Bauleitplanung keine hinreichende Beachtung findet. Die Regionalplanung muß sich jedoch ihres Charakters eines rahmensetzenden, überörtlichen und langfristigen Zielkonzepts der Raumordnung bewußt bleiben. Teilfortschreibungen können kein vollständiger Ersatz für die Gesamtfortschreibung eines Regionalplans sein. Die Gesamtfortschreibung wird immer erforderlich werden, wenn

- neue landesplanerische Vorgaben entstanden sind (z.B. Landesentwicklungspläne),
- wesentliche Fachplanungsgrundlagen neu vorgelegt wurden (z.B. Landschafts-rahmenplanung) oder

- ein angemessen langer Zeitraum seit der letzten Gesamtfortschreibung vergangen ist (ca. 10 - 12 Jahre).

Von der äußeren Gestaltung her wird die Loseblattsammlung möglicherweise die Zukunftsform des Regionalplans sein können, um dem Leser (und Adressaten) den Überblick über das Regelwerk zu sichern.

2.2 Methoden zur Unterstützung regionalplanerischer Abwägungsprozesse

Der Abwägung zwischen unterschiedlichen Nutzungsoptionen oder Funktionszuweisungen kommt nach wie vor eine zentrale Rolle im Prozeß der räumlichen Planung zu. So geht z.B. auch fast jeder Festlegung (sei es als Ziel oder Grundsatz) bei der Erstellung eines Regionalplanes eine Entscheidung voraus, bei der unterschiedliche Festlegungsmöglichkeiten gegeneinander abgewogen werden.

Es ist daher erforderlich, auf geeignete methodische Ansätze zurückzugreifen, die zur Unterstützung der komplexen regionalplanerischen Abwägungsaufgabe genutzt werden können. Im folgenden wird zunächst ein kurzer Überblick zu den in diesem Zusammenhang wesentlichen Aspekten des Abwägungsverfahrens und weiteren Ansätzen zur Konfliktlösung gegeben; anschließend erfolgt dann eine kurze Darstellung der wichtigsten methodischen Hilfsmittel, die bei regionalplanerischen Koordinierungs- und Abwägungsaufgaben zum Einsatz kommen können.

2.2.1 Aufgaben und Ablauf von Abwägungsverfahren

Die wichtigsten regionalplanerischen Abwägungsaufgaben lassen sich näherungsweise durch folgende Dreiteilung systematisieren, wobei der Schwerpunkt auf b) und c) liegt:

a) Abwägung bei System- bzw. Konzeptentscheidungen:

Beispiele:
- Festlegungen zum System der Zentralen Orte,
- Vorgaben für die weitere Siedlungsentwicklung wie z.B. Entwicklung einer polyzentralen Siedlungsstruktur;

b) Abwägung zwischen sich gegenseitig ausschließenden Freiraumfunktionen bzw. -nutzungen:

Beispiel:
- schutzbedürftige Bereiche für die Wasserwirtschaft gegenüber schutzbedürftigen Bereichen für die Landwirtschaft;

c) Abwägung zwischen Standort- bzw. Trassenalternativen von Siedlungs- und Infrastrukturprojekten:

Beispiel:
- Festlegung von Standorten für die weitere Siedlungsentwicklung.

Die zu solchen Abwägungsaufgaben gehörenden Abwägungsverfahren sind in ihren Verfahrensabläufen oft heterogen und durch sehr viele Rückkoppelungsschleifen gekennzeichnet. Trotzdem läßt sich für diese Verfahren ein gemeinsames Grundmuster herausarbeiten, das folgende 2 Elemente enthält:

Entscheidungsvorbereitung
Dazu gehören vor allem folgende Punkte:
- Zusammenstellung des sogenannten Abwägungsmaterials (Abwägungsbelange),
- Inbezug-Setzung der Abwägungsbelange (Gewichtungsvorschläge) und Informationsverdichtung der Aussagen des Abwägungsmaterials,
- Auslotung von Kompromißmöglichkeiten zwischen den beteiligten Akteuren.

Entscheidungsvorgang
Hier fällt die eigentliche politische Abwägungsentscheidung, wobei in diesem Zusammenhang darauf hingewiesen werden muß, daß Entscheidungsvorbereitung und Entscheidungsvorgang oft sehr eng miteinander verzahnt sein können.

Die im folgenden zu erörternde Frage lautet: Welche Hilfestellungen können wissenschaftliche Verfahren und Methoden für solche Abwägungsverfahren bieten? Drei Antworten lassen sich darauf geben:

a) Klärung der juristischen Rahmenbedingungen, an die sich Abwägungsverfahren halten müssen (vgl. Gassner 1993);
b) Bereitstellung von Verfahren der kollektiven Konfliktregelung („mediation") sowie konstruktive Formen der partizipativen Problemlösung etc. (vgl. Kostka 1993);
c) Bereitstellung von Verfahren zur Informationsverdichtung und zur Bewertung von Entscheidungsalternativen. Diese methodischen Verfahren können auf verbal-argumentativer Ebene arbeiten (vgl. Otto-Zimmermann 1989) oder auch aus formalisierten, mehrkriteriellen Entscheidungsmodellen (vgl. Weber 1993) bestehen.

Der zukünftige Schwerpunkt für die Fortentwicklung und die stärkere Praxisverwertung der insbesondere unter b) und c) genannten Hilfestellungen hängt sehr stark vom jeweiligen Verständnis von Planung ab (vgl. Kap. B.6. und C.1.), das heißt von den Aufgaben und Schwerpunkten der regionalen Planung und von der Rolle des Planers. Wie mehrfach in diesem Buch zum Ausdruck kommt, muß sich der Regionalplaner stärker dem Aufgabenfeld der Kooperation der Akteure zuwenden, wobei „die Fähigkeit zur Moderation ein Teil des Berufsbildes wird" (ORL-Institut der ETH Zürich 1993, S. 80 sowie Koschnitz 1993). Gleichzeitig muß er aber auch der wachsenden Komplexität räumlicher Aufgabenstellungen und Wirkungen gerecht werden (ORL-Institut der ETH

Zürich 1993, S. 78). Dabei wird die Fähigkeit zum Umgang mit mehrkriteriellen Entscheidungssituationen sowie zur Bewertung komplexer Folgewirkungen wichtig.

Geht man davon aus, daß beide genannten Aspekte für die zukünftige Regionalplanung gleichrangig sind, so ist auch die Praxisanwendung und weitere Fortentwicklung der unter b) und c) dargestellten

- Verfahren der kollektiven Konfliktregelung etc. und
- Verfahren zur Informationsverdichtung und zur Bewertung von Entscheidungsalternativen

gleich bedeutend. Die folgenden beiden Abschnitte befassen sich mit diesen Verfahren.

2.2.2 Verfahren der kollektiven Konfliktregelung, Formen der partizipatorischen Problemlösung etc.

Methodische Verfahren zur Informationsverdichtung und zur Bewertung von Folgewirkungen und alternativen Handlungsmöglichkeiten sollen innerhalb von Abwägungsverfahren ein Mindestmaß an „fairness" festlegen, wobei die These beachtet werden sollte: „Nichts ist dauerhaft geregelt, wenn es nicht fair geregelt ist" (Scharpf 1992, S. 77).

Gleichwohl reichen solche Regelungen nicht allein aus, wenn sie nicht abgestützt werden

- durch ein legitimierendes Verfahren, das zumindest sicherstellen muß, daß die von der Planung Betroffenen bzw. an der Planung Beteiligten sowohl an der Regelsetzung als auch an der endgültigen Auswahl im Prinzip gleichberechtigt, gleich gewichtet und gleich befähigt beteiligt werden;
- durch Verfahren, um auftretende Konflikte effektiver zu regeln;
- durch flexiblere und problemgerechtere administrative Genehmigungsverfahren.

In der Planungspraxis, allerdings bisher weniger im Bereich der Aufstellung bzw. Fortschreibung von Regionalplänen, sondern primär im Bereich umweltrelevanter Infrastruktureinrichtungen (z.B.: Raumordnungsverfahren für Entsorgungseinrichtungen), wird deshalb immer häufiger mit Verhandlungen (im Sinne von „negotiation" = Tauschprozessen), mit Techniken der kollektiven Konfliktregelung („mediation") und konstruktiven Formen der partizipativen Problemlösung gearbeitet (vgl. Kostka 1993).

a) Verhandlungen: In der rechts- und verwaltungswissenschaftlichen Literatur wurde die Aufmerksamkeit in den letzten 10 Jahren verstärkt auf „informales Verwaltungshandeln" gelenkt. Zwar handelt es sich dabei nicht um ein neues Phänomen (Bulling 1989), wohl aber darum, daß diese Erscheinungen an Zahl und Bedeutung zugenommen haben und inzwischen aus dem Zwielicht des „Außerrechtlichen" in die Sphäre des ak-

zeptierten Verwaltungshandelns getreten sind (vgl. Dose 1993). Für die Planungsprozesse, die es selten mit bilateralen Verhandlungssituationen, sondern i.d.R. mit multila-
teralen Situationen, d.h. großen Zahlen von Betroffenen, zu tun haben, kommt es hierbei zunehmend darauf an, im Verhandlungswege Konsens über Kriterien und Verfahrensregeln der Projektentwicklung und Alternativenauswahl zu gewinnen.

b) Mediation: Konfliktvermittler (Schlichter, Schiedsrichter) gehören zum „zweitälte-
sten Gewerbe" der Menschheit (Ozawa 1993, S. 103). Aber die Mediationsverfahren
weichen davon insofern ab, als sie auf kooperatives Problemlösen ausgerichtet sind.
Das Konzept wurde aus den USA importiert und arbeitet mit Erkenntnissen aus der
Gruppendynamik, Konfliktforschung und sozio-psychologischen Kommunikationsfor-
schung (vgl. Glasl 1990, Eckert/Willemsens 1992). Ziel ist es, konstruktive Prozesse der
Problembearbeitung einzuleiten und die dabei auftretenden Verteilungskonflikte ratio-
naler sowie effektiver zu gestalten. Dabei geht es im Kern darum (vgl. Striegnitz 1990;
Gassner et al. 1992),

- die für Konflikte typischen emotionalen Aufschaukelungsprozesse durch Transformation in rationale Dialoge zu unterbinden, also emotionalisierte Verweige-
  rungshaltungen zu verhindern und statt dessen die Partner zu bewegen, noch neue
  Informationen aufzunehmen, sich für Argumente der Gegner zu öffnen, sich überzeugen zu lassen, für Lernprozesse noch bereit zu sein;

- die Chancenungleichheiten der Beteiligten in der Informationsverarbeitung und In-
  teressenartikulation sowie -durchsetzung abzubauen. Solche Chancenungleichheiten
  provozieren die Unterlegenen leichter zu blockierender Konflikt-Eskalation. Der Mediator soll Verständnis-Barrieren beseitigen, die Machtvollen zur Zurückhaltung drängen, die Unterlegenen in ihren Informationsverarbeitungsprozessen unterstützen
  etc. (Ozawa 1993);

- die Transparenz und „fairness" von Verfahren zu erhöhen, indem Regeln vereinbart
  werden und jeder Schritt der Konfliktregelung offengelegt und konsensfähig gemacht
  wird. Der Mediator muß darauf achten, daß die Regeln aufgestellt und eingehalten
  werden und daß sie nicht einseitige Vorteile für einzelne Interessen erzeugen.

c) Konstruktive Partizipationsformen: Hier sind zwei Typen zu unterscheiden. Beim
ersten Typ geht es um die „sachgerechteste" Lösung, wobei die Legitimation des Verfahrens zugunsten der sachgerechten Problembearbeitung eher nachrangig berücksichtigt wird. Ziel dieser Verfahren ist es, möglichst viele Aspekte der Probleme durch
konstruktive Lösungen aufzugreifen, wobei Laien als „Experten für Benutzerorientierung"
eingesetzt werden. Dieser Ansatz wird vor allem bei den kreativen und konstruktiven
Prozessen der Problemlösung im Konzept der „eigenständigen Regionalentwicklung"
angewendet. Beim zweiten Typ kommt es primär darauf an, alle relevanten Belange
über ein partizipatives Planungsverfahren einzufangen. Um bei großen Interessenten-
zahlen (z.B. betroffene Bürger) hinreichend konstruktiv arbeiten zu können, wird einerseits das aus der Stadtplanung bekannte Konzept der „Anwaltsplanung" verwendet,

andererseits wird vermehrt mit Mischformen der Mediation und Verhandlung in Groß-
gruppen gearbeitet.

Die Wirksamkeit aller dieser Verfahren wird wesentlich dadurch beeinträchtigt,

- daß die Entscheidungssituation zur Zeit der Verfahrensaufnahme vielfach nicht mehr
  offen ist: Im Vorfeld haben sich bereits Interessen durchgesetzt, die den möglichen
  Lösungsraum empfindlich eingeschränkt haben. Das Verfahren wird von den Betroffenen dann häufig als „farce" empfunden;
- daß Machtungleichgewichte nicht auszuschließen sind; die Selbstbeschränkung der
  Mächtigen ist nur so lange relevant, wie deren Interessen nicht tangiert werden;
- daß die Legitimationsproblematik schwer zu lösen ist. Die am Verfahren Beteiligten
  sprechen häufig für größere Gruppen und können sich nicht auf Vereinbarungen
  festlegen, so lange die hinter ihnen stehende Gruppe sie nicht gebilligt hat. Konsens-
  Ergebnisse können dann immer wieder aufgebrochen werden;
- daß es nicht gelingt, alle betroffenen Individualinteressen durch solche Verfahren zu
  binden. Einzelne Interessenten behalten sich vor, gegebenenfalls gegen das Ergebnis vor Gericht zu gehen, wodurch der vorangegangene Aufwand entwertet wird;
- daß bei diesen Aushandelungsprozessen zwischen beteiligten Interessen sehr häufig Kollektivbelange (z.B. Ressourcenschutz) auf der Strecke bleiben.

In die Entwicklung von Konfliktregelungsverfahren und neueren, demokratischen
Steuerungsverfahren der Gesellschaft wird gegenwärtig in erheblichem Umfange sozi-
alwissenschaftliche Energie investiert. Hier muß offenbar jede Gesellschaft ihre eigenen Verfahren entwickeln. Beispielsweise scheitert eine einfache Übertragung von
Lösungen der USA auf deutsche Verhältnisse häufig an dem andersartigen deutschen
Verwaltungsrecht (Holznagel 1990). So läßt das deutsche Verwaltungsrecht die für
„negotiation" typischen „Koppelungsgeschäfte" nicht zu, wonach die Verwaltung Ge-
nehmigungen an Gegenleistungen bindet.

In der Regionalplanung fehlt es dagegen noch weitgehend an einem umfangreichen
Erfahrungsschatz über die Anwendung neuer Konsensverfahren. Ob die Erfahrungen
aus der Umweltpolitik (wo häufiger mit neuen Konzepten gearbeitet wird) einfach auf
Themen der Regionalplanung übertragen werden können, ist offen. Zumindest müßte
geklärt werden, welche Unterschiede daraus resultieren, daß in der Regionalplanung

- stärker gesellschaftliche Gruppen als Individualbelange betroffen sind,
- demokratisch legitimierte Politiker im Vordergrund stehen, denen schlecht legitimierte
  Vertreter von Betroffenengruppen gegenüberstehen,
- Verwaltungsfachleute durch Eigeninteressen ihrer Institutionen gebunden sind, was
  ihre Kompromißfähigkeit reduzieren kann.

2.2.3 Methodische Hilfsmittel zur systematischen Auswertung des Abwägungsmaterials

Die systematische Auswertung und Aufbereitung des Abwägungsmaterials im Hinblick auf eine Entscheidungsvorbereitung kann, wie schon dargestellt,

- in verbal-argumentativer Form,
- mit Hilfe formalisierter Modelle (multikriterielle Entscheidungsmodelle) sowie
- durch Verfahren, die sowohl verbal-argumentative Formen als auch formalisierte Modelle enthalten,

durchgeführt werden.

Die Praxis der Regionalplanung bevorzugte bisher zum größeren Teil verbal-argumentative Formen der Entscheidungsvorbereitung. Dies war und ist mit Sicherheit in vielen Fällen auch der richtige Ansatz, da es sich bei regionalplanerischen Problemen sehr oft um sogenannte „schlechtstrukturierte Probleme" handelt. Diese sind nicht von vornherein einer Bearbeitung durch formalisierte Modelle zugänglich. Man bezeichnet ein solches nichtformalisiertes Vorgehen, das verbal-argumentative Elemente benutzt, auch als „Heuristisches Planen". Dabei kann man „Heuristik" definieren als „eine Regel oder Anleitung, die auf plausible und sachlich begründete Weise zu einem Lösungsvorschlag für ein Problem führt, für das keine formallogische Herleitung einer Lösung bekannt ist. Was dabei als plausibel und sachlich begründet gelten kann, läßt sich nur in einer konkreten Problemlösungssituation erläutern" (Rieper 1992, S. 59).

In diesem Zusammenhang muß jedoch auch daran erinnert werden, daß es Ende der 70er Jahre in der Regionalplanung durchaus nicht unüblich war, formalisierte Bewertungsmodelle - und zwar meistens die Nutzwertanalyse - zu verwenden. Dies geschah vor allem bei der Abwägung zwischen Standort- oder Trassenalternativen. Nutzwertanalytische Bewertungen in der Regionalplanung gab es z.B. bei

- der Ausweisung von „Bereichen mit verstärkter Siedlungsentwicklung" oder von Gewerbestandorten (Eberle 1979 und 1981),
- der Festlegung von Trassenvorschlägen für neue Straßen (Regionalverband Unterer Neckar 1978),
- der Ausweisung von Regionalen Grünzügen (Modrow 1979).

Die dann Ende der 70er Jahre einsetzende prinzipielle Kritik an der Nutzwertanalyse ließ die Verwendung solcher formalisierten Modelle in der Regionalplanung stagnieren. Im Gegensatz zu dieser Stagnation in der Regionalplanungspraxis wurden formalisierte Modelle in einigen Fachplanungen in den letzten 15 Jahren verstärkt eingesetzt und auch weiterentwickelt. Dies wird im folgenden in einem kleinen Exkurs dargestellt:

Landschafts- und Freiraumplanung:

Zur ökologischen Orientierung der Regionalplanung wurde Ende der 70er Jahre die sog. „Ökologische Risikoanalyse" (Bachfischer 1978) entwickelt. Das Grundmuster dieser Ökologischen Risikoanalyse, das die Schutzwürdigkeit eines Naturraumpotentials mit der Störungsintensität einer geplanten Nutzung zu einem Risikowert verknüpft, bekam in den 80er Jahren eine wachsende Bedeutung. Es wurde sowohl weiterentwickelt (Dornier 1981) als auch in vereinfachter Form, d.h. bei Verzicht auf komplizierte Entscheidungsbäume immer stärker in der Praxis eingesetzt. Auch in die Regionalplanung fand die Ökologische Risikoanalyse Eingang, und zwar in Bereiche, wo die Regionalplanung quasi als Fachplanung agiert. So hat z.B. Ottersbach das Grundmuster der Ökologischen Risikoanalyse bei der Erstellung eines Rohstoffsicherungskonzeptes für den bayerischen Teil der Region Donau-Iller verwendet (Ottersbach 1989). In jüngster Zeit gibt es zur Ökologischen Risikoanalyse neben weiteren Vereinfachungstendenzen in der Praxis[1] auch neue Weiterentwicklungs-Versuche seitens der angewandten Forschung.[2]

Abfallentsorgungsplanung und insbesondere Standortplanung für Abfallentsorgungsanlagen:

Diese Fachplanung gehörte in den letzten Jahren zu den kreativsten Bereichen in bezug auf die Ausgestaltung und Weiterentwicklung von methodischen Hilfsmitteln für Abwägungsentscheidungen. Kennzeichnend für die Methodenentwicklung in diesem Bereich ist (vgl. z.B.: DPU 1993 und Eberle 1993):

- hierarchische Strukturierung von Abwägungsentscheidungen in Eliminationsverfahren (Festlegung von sog. Ausschlußkriterien, die bestimmte räumliche Funktionen oder Nutzungen sukzessive ohne jede weitere Abwägung an bestimmten Standorten oder in bestimmten Gebieten ausschließen; so z.B. Abfalldeponien in Wasserschutzgebieten) und Substitutionsverfahren (Hierbei geht es um den Bereich der multikriteriellen Entscheidungsmodelle, bei denen verschiedene Ziele vorgegeben werden, die insgesamt bestmöglich zu erreichen sind);
- parallele und sich gegenseitig ergänzende Verwendung von verbal-argumentativen Verfahren und formalisierten Modellen;
- parallele Verwendung unterschiedlicher formalisierter Modelle, die sich gegenseitig kontrollieren, und Verwendung relativ neuer Modelle, wie z.B. das AHP-Modell.

Bundesverkehrswegeplanung:

In der Bundesverkehrswegeplanung wird als methodisches Hilfsmittel für Abwägungsentscheidungen seit langem an zentraler Stelle die Kosten-Nutzen-Analyse eingesetzt. In den methodischen Detail-Elementen dieses Verfahrens zeigen sich jedoch recht deutlich die Grenzen formalisierter Modelle und insbesondere auch die Grenzen von Monetarisierungen.[3]

184

Nach dieser exkursorischen Darstellung von methodischen Hilfsmitteln für Abwägungsentscheidungen in einigen ausgewählten Fachplanungen muß gefragt werden: In welche Richtung sollen solche Hilfsmittel für den zukünftigen Einsatz in der Regionalplanung fortentwickelt werden? Die Antwort soll in Form von 3 Punkten gegeben werden:

a) Bei Abwägungsentscheidungen in der Regionalplanung werden auch in Zukunft verbal-argumentative Verfahren relativ stark dominieren. Allgemein gültige Verfahrensregeln lassen sich dazu jedoch nicht entwickeln, sondern nur anhand konkreter Problemsituationen im Einzelfall aufzeigen. Die Begründung für diese Dominanz verbal-argumentativer Verfahren liegt in der schon dargestellten Tatsache, daß regionalplanerische Abwägungsentscheidungen zu den sog. „schlechtstrukturierten Problemen" gehören, die in einer Bearbeitung formalisierter Modelle nicht ohne weiteres zugänglich gemacht werden können.

b) Bei einer wachsenden Komplexität (viele Alternativen, viele Kriterien) regionalplanerischer Abwägungsentscheidungen, kommen jedoch verbal-argumentative Verfahren relativ schnell an ihre Einsatzgrenzen, und zwar aufgrund der Unübersichtlichkeit solcher Abwägungssituationen, die nur noch einer formalisierten Bearbeitung zugänglich sind. Die verschiedenen Bereiche regionalplanerischer Festlegungen (vgl. Kap. C.3.) sind jedoch unterschiedlich geeignet für einen Einsatz formalisierter Modelle. Mit Sicherheit eignet sich der Bereich der regionalplanerischen Abwägung zwischen Standortalternativen für Siedlungs- und Infrastrukturprojekte (vgl. Kap. C.3.1.2) noch am ehesten für die Verwendung formalisierter Modelle. Dabei kann, wie weiter oben bereits angedeutet, die formalisierte Bewertung einer größeren Anzahl von Alternativen ergänzt werden um eine verbal-argumentative Beurteilung der am Ende des Bewertungsprozesses verbleibenden (zwei bis drei) besten Alternativen.

c) Sofern man, wie unter b) dargestellt, in bestimmten Fällen und in speziell dafür geeigneten Bereichen der Regionalplanung formalisierte Modelle als Hilfsmittel zur Vorbereitung regionalplanerischer Abwägungsentscheidungen einsetzt, erscheint für die Zukunft folgende Leitlinie wichtig:
Es gibt nicht das beste Modell, sondern jedes Modell hat Vor- und Nachteile. Deswegen müßte es bei wichtigen Abwägungsverfahren eine Selbstverständlichkeit werden, daß verschiedene Modelle gleichzeitig verwendet werden. Eine Lösung ist erst dann stabil, wenn unterschiedliche Modelle in ihrem Ergebnis die gleiche Grundtendenz für die Lösung zeigen.

Im folgenden werden - ausgehend von weitgehend bekannten mehrkriteriellen Entscheidungsmodellen - Modelle zur Entscheidungsvorbereitung bei Abwägungsentscheidungen dargestellt. Es handelt sich dabei um solche Modelle, die insbesondere für Standortbewertungen für Siedlungs- und Infrastrukturprojekte geeignet sind, d.h. zur Abwägung zwischen alternativen Standorten, wenn solche Standorte in einem Regionalplan festgelegt werden.

Die verschiedenen für die Praxis in Frage kommenden multikriteriellen Entscheidungsmodelle lassen sich in unterschiedlicher Weise typisieren, so z.B. nach den jeweiligen Anforderungen an das Skalierungsniveau der Daten (kardinal: Beispiel Standardversion der Nutzwertanalyse; ordinal: Nutzwertanalyse der 2. Generation). Eine solche Typisierung soll hier nicht erfolgen, sondern es soll in Kurzform auf die derzeit in der Planungspraxis verbreiteten und auf weitere für die Regionalplanung zukünftig interessante Entscheidungsmodelle hingewiesen werden. Auf Modellbeschreibungen und auf eine umfangreiche Darstellung der Vor- und Nachteile wird bewußt verzichtet, da jedes dieser Modelle in der Fachliteratur ausführlich dokumentiert ist.

Standardversion der Nutzwertanalyse (Zangemeister 1970/Bechmann 1989):

Es handelt sich um ein Modell, das kardinales Meßniveau voraussetzt und weitgehend mit allen Vor- und Nachteilen bekannt ist. Sein in letzter Zeit manchmal unterschätzter Vorteil liegt darin, daß es für Nicht-Fachleute leicht verständlich zu machen ist. Das heißt, das Modell eignet sich sehr gut für die Kommunikation zwischen Planer, Entscheidungsträger und den Planungsbetroffenen. Der hohe Anspruch an die Datengenauigkeit läßt sich jedoch in der Regionalplanung nur selten und nur für einzeln qualifizierbare Zielkriterien erfüllen.

Kennzeichen:
Gewichtung: kardinal durch Verteilung von 100 Punkten auf die Inwertsetzung der Zielerträge: kardinale Nutzenfunktionen.

Nutzwertanalyse der 2. Generation (Bechmann 1978/1989):

Diese Form der Nutzwertanalyse ist eine Weiterentwicklung der „Standardversion der Nutzwertanalyse" für ordinales Skalierungsniveau. Das Modell kann vor allem auch sog. nicht-additive Wertbeziehungen verarbeiten. Sofern über mehrere Zielebenen hinweg aggregiert wird (Oberziele, Zwischenziele, Unterziele), wird das Modell jedoch durch die Vielzahl von Präferenzmatrices bzw. die Komplexität von Entscheidungsbäumen sehr schnell unübersichtlich.

Kennzeichen:
Gewichtung: ordinal durch Angaben wie „größer", „wesentlich größer" etc.
Inwertsetzung der Zielerträge: ordinal, im allgemeinen mit Wertstufen.

Vereinfachte nutzwertanalytische Ansätze mit einer verbal-argumentativen Wertsynthese (Kistenmacher et al. 1988):

Das für eine Baulandpotentialuntersuchung im Verdichtungsraum Stuttgart entwickelte Bewertungsmodell (viele Standortalternativen) arbeitet insgesamt auf ordinalem Skalierungsniveau (Wertstufen), wobei die Gewichtung durch eine Verrechnung mit einfachen Gewichtungsfaktoren (Einfach- und Doppelt-Gewichtung) erfolgt, Zwischenaggregationen durch Addition unter vorhergehender Berücksichtigung der wichtigen

Zielkonkurrenzen vorgenommen werden und die abschließende Gesamtbewertung mittels einer strukturierten verbal-argumentativen Beurteilung durchgeführt wird. Das Bewertungsmodell ist transparent und auch für Nicht-Fachleute gut verständlich.

Kennzeichen:
Gewichtung: einfache Gewichtungsfaktoren,
Inwertsetzung der Zielerträge: Vergabe von Wertstufen.

Neben diesen in der Praxis der Regionalplanung verbreiteten Bewertungsmodellen, die natürlich für die verschiedensten Anwendungsfelder vielfältig modifiziert werden, soll auch kurz auf zwei weitere Modelle hingewiesen werden, die in den Betriebswissenschaften entwickelt wurden und zukünftig auch für die Regionalplanung interessant sein können.

Modell Oreste (Schneeweiß 1991):

Dieses Modell ist ebenfalls für ordinales Skalierungsniveau konzipiert. Es verwendet Rangplätze, und zwar sowohl als Gewichtungsprinzip für die Kriterien als auch bei der Einstufung der Alternativen bei den einzelnen Kriterien. Es ist relativ transparent, verlangt wenig Rechenaufwand und ist auch für Nicht-Fachleute gut verständlich.

AHP-Modell (Weber 1993):

Das AHP-Modell (Analytic Hierarchy Process) wurde, ähnlich wie die Nutzwertanalyse, Anfang der 70er Jahre entwickelt. Es setzte sich jedoch erst in den letzten Jahren bei uns stärker durch. Das Skalierungsniveau der Daten kann kardinal oder ordinal sein; die Gewichtung erfolgt ordinal unter Verwendung verbaler Ausdrücke als Paarvergleich.

Zusammenfassend soll hier nochmals darauf hingewiesen werden, welche Rolle formalisierte Entscheidungsverfahren, gleichberechtigt neben verbal-argumentativen Verfahren, in der Regionalplanung spielen können:

- sie strukturieren die im allgemeinen zunächst schlecht gegliederten Bewertungsprobleme;
- sie zwingen zur Verdeutlichung von Wirkungszusammenhängen zwischen den unterschiedlichen Sektoren, die die Regionalplanung koordinieren soll, und verdeutlichen damit auch die Komplexität der Regionalplanung;
- sie erfordern ein „Transparentmachen" von Werturteilen durch Gewichtung der Bedeutung der verschiedenen Bereiche, die für die Regionalplanung relevant sind.

Damit dienen sie der Fundierung von Entscheidungsvorlagen des Planers für die politischen Entscheider, wobei sie jedoch eine Entscheidung nicht ersetzen, sondern nur vorbereiten können.

2.3 Wirksamkeitsüberlegungen in der Regionalplanung

2.3.1 Grundsätzliche methodische und inhaltliche Probleme bei der Durchführung systematischer Wirkungskontrollen

Wirkungskontrollen spielen in der Regionalplanung angesichts erheblicher methodischer und inhaltlicher Probleme, die mit ihrem Charakter als räumlich-koordinierender Gesamtplanung zusammenhängen, bislang eine eher untergeordnete Rolle. Während in einer Reihe von Fachplanungen oder Fachpolitiken aufgrund ihrer engen Maßnahmenverknüpfung auf z.T. bereits sehr gut funktionierende Methoden zur Evaluierung von Planungen zurückgegriffen werden kann, findet eine systematische Überprüfung von Regionalplänen oder auch der Regionalplanung insgesamt bislang nicht oder nur in Ansätzen statt. Dies gilt jedoch nicht nur für die Regionalplanung, sondern gleichermaßen auch für die übrigen Ebenen räumlich-koordinierender Gesamtplanung wie Bauleitplanung oder Landesplanung.

Unter Wirksamkeitsüberlegungen im Sinne von Wirkungskontrollen wird im umfassenden Sinne die Aufgabe verstanden, Planungen, Programme, Projekte, Instrumente und Maßnahmen unter bestimmten Gesichtspunkten (z.B. hinsichtlich Inhalten, Verfahrensweisen, Ergebnissen oder Kosten) zu bewerten. Im Vordergrund stehen dabei die Bestimmung von Zielerreichungsgraden (Soll-Ist-Vergleich, Veränderungspotentiale und -richtungen) sowie die Untersuchung von Ursache-Wirkung-Zusammenhängen (Wirkungsverläufe, -ketten, Fallstudien, Zeitreihen etc.).[4]

In der Regionalplanung kann eine derartige Prüfung auf unterschiedliche Aspekte ausgerichtet werden:

Sie kann sich auf den Regionalplan selbst beziehen, d.h. in erster Linie der Frage nachgehen, inwieweit die Zielvorstellungen eines Regionalplanes hinsichtlich der raum- und siedlungsstrukturellen Entwicklung der Region real eingetreten sind. Sie kann sich aber auch auf andere Aktivitätsfelder der Regionalplanung beziehen, die außerhalb der Kernaufgabe „Aufstellung und Fortführung des Regionalplanes" anzusiedeln sind.

Für beide Bereiche stellt sich die Aufgabe einer Wirkungskontrolle unterschiedlich dar. Während es im ersten Fall um die Beurteilung des Einflusses der Regionalplanung und ihrer Instrumente auf gesamträumliche Entwicklungsprozesse geht, hängt es im zweiten Fall von dem jeweiligen Handlungsfeld ab, ob dieses einer Wirkungskontrolle zugänglich gemacht werden kann oder nicht.

Bevor auf die Möglichkeiten der Wirkungskontrollen und damit zusammenhängender Wirksamkeitsüberlegungen in der Regionalplanung weiterführend eingegangen wird, ist noch einmal auf die besonderen methodischen Probleme zurückzukommen.

Fürst/Ritter (1993, S. 157) führen diese in erster Linie darauf zurück, daß ein klassischer Soll-Ist-Vergleich in der Regionalplanung angesichts ihres Prozeßcharakters wenig Sinn macht, da wesentliche „Erfolge" der Regionalplanung bereits während des Aufstellungsprozesses über den Dialog mit den Betroffenen erreicht werden können. Als zweite Schwierigkeit nennen sie den unzureichenden Konkretheitsgrad vieler regionalplanerischer Ziele, die für ihre Umsetzung noch einen so großen Interpretationsspielraum aufweisen, daß hier eine auf konkrete Ergebnisse bezogene Wirkungskontrolle kaum möglich ist.

Geyer (1994, S. 18f) weist ergänzend auf folgende inhaltlichen und methodischen Probleme einer Wirkungskontrolle in der Regionalplanung hin:

- Der Zielerreichungsgrad des umfassenden Koordinationsanspruches der Regionalplanung kann nicht anhand sektoraler Entwicklungen beurteilt werden; für eine Wirkungskontrolle ist ein ganzheitlicher Beobachtungsmaßstab zu entwickeln, der alle Entwicklungskomponenten einbezieht.

- Regionalplanung wirkt langfristig, daher sind die Beobachtungszeiträume für eine Wirkungskontrolle häufig zu kurz bemessen.

- Wirksamkeitsüberlegungen sind im regionalplanerischen Aufgabenfeld nur schwer anhand absoluter Meßgrößen anzustellen. Schon weil es den Vergleichsfall 'Regionalentwicklung ohne Planung' in der Realität nicht gibt, scheidet eine relative Betrachtung aus.

An dieser Stelle stellt sich natürlich auch die Frage, inwieweit sich Ansätze zur Wirkungs- und Erfolgskontrolle aus anderen Fachpolitiken auf die Regionalplanung übertragen lassen.

Im fachpolitischen Instrumentarium kommen verschiedene Prüfmethoden zur Anwendung. So arbeiten Naturschutz, Landschaftspflege, Flurbereinigung, Verkehr und andere Fachplanungen mit Luft- und Satellitenbildinterpretationen bzw. -vergleichen, Flächen-Statistiken (z.B. Biomonitoring), Bodennutzungs-Erhebungen, Kartierungen (z.B. von Biotopen), Kartenauswertungen, Befragungen, Analysen, Fallstudien als Untersuchungsmethoden (mit sicherlich sehr unterschiedlicher Aussagefähigkeit) für Wirksamkeitsüberlegungen zu den jeweiligen fachpolitischen Maßnahmen.

Ein Fachbereich mit längerer Tradition auf dem Gebiet von Wirksamkeitsüberlegungen ist die Entwicklungspolitik. Sie verfügt über ein breites Prüfinstrumentarium. Trotz aller Einschränkungen und Vorbehalte aufgrund stark unterschiedlicher Ausgangsbedingungen, Ziele und Vorgehensweisen, die mit der Prüfung in diesem Politikfeld einhergehen bzw. gehen müßten, sollte dieses Instrumentarium intensiver beobachtet werden. Übertragen auf die regionale Planungsebene könnte künftig über Planfortschrittsberichte analog den in der Entwicklungspolitik üblichen regelmäßigen Projektfortschrittsberichten nachgedacht werden. Des weiteren käme die Planfortschrittskontrolle/Planinspektion analog der Projektfortschrittskontrolle/Projektevaluierung/-inspektion in Betracht, die in der Entwicklungspolitik in der Regel gegen Ende einer Projektphase durchgeführt wird. Untersucht wird nach 2-3 Jahren die Planung, Durchführung und Wirkung eines Projektes von unabhängigen Dritten (GTZ, 1991).

Monitoring ist ein weiteres gängiges Instrument der Entwicklungspolitik. Der Projektfortschritt wird während der Projektdurchführung beobachtet und bewertet, um eine Steuerung zeitnah durchführen zu können. Damit werden zugleich Grundlagen für eine Berichterstattung geschaffen.

Die Entwicklungspolitik bevorzugt Wirksamkeitsüberlegungen auf relativ niedrigem methodischem, auf verbal-deskriptivem Niveau. Schlagwort ist die zielorientierte Projektplanung (Zopp). Damit gemeint sind u.a. Teamarbeit, Visualisierung/Dokumentation, Moderation (GTZ, 1991).

Ein anderer Fachbereich, in dem regelmäßig Erfolgskontrollen vorgelegt werden, ist die Wirtschaftsförderung im Rahmen der Gemeinschaftsaufgabe (GA) „Förderung der regionalen Wirtschaftsstruktur". Die jährlich fortgeschriebenen „Rahmenpläne" der GA weisen umfangreiche Bilanzen ihrer Wirkungen in Form einzelbetrieblicher Investitionen und geschaffener Arbeitsplätze nach. Obwohl die darin aufgeführten Zahlen nicht in Frage gestellt werden können, bleibt natürlich offen, ob die damit einhergehenden Entwicklungen tatsächlich das Ergebnis der Wirtschaftsförderungsmaßnahmen sind oder ob sie sich auch ohne deren Zutun eingestellt hätten.

Die direkte Übertragung eines dieser methodischen Ansätze auf die Regionalplanung ist nicht möglich. Dem stehen die spezifischen Rahmenbedingungen und Erfordernisse, vor allem aber die Komplexität der Regionalplanung entgegen. Allerdings lassen sich aus den Ansätzen zur Wirkungskontrolle in den verschiedenen Fachpolitiken wertvolle Bausteine für eine regionalplanerische Wirkungskontrolle entnehmen, die vor allem den prozeßorientierten und -begleitenden Wirksamkeitsüberlegungen in der Regionalplanung entsprechen und Rahmenbedingungen wie Akzeptanz, Nachvollziehbarkeit oder Beteiligungsmöglichkeiten berücksichtigen.

2.3.2 Möglichkeiten der Intensivierung und Weiterentwicklung von Wirksamkeitsüberlegungen in der Regionalplanung

Trotz der oben dargestellten methodischen und inhaltlichen Probleme müssen die Bemühungen verstärkt werden, Wirksamkeitsüberlegungen in den Prozeß der Regionalplanung einzubeziehen. Dazu bestehen verschiedene Möglichkeiten.

Berichte zur Regionalentwicklung als Grundlage vielfältiger Wirksamkeitsüberlegungen

Für die Überprüfung von Erfolgen bzw. von Mißerfolgen der regionalplanerischen Arbeit ist das Berichtswesen (Regionalberichterstattung, Umweltberichte, laufende Raumbeobachtung, Flächenkontrollberichte - wichtiges Hilfsmittel sind dabei Bilanzierungen) von besonderer Bedeutung. Dieses Instrument ist noch in erheblichem Maße ausbaufähig. Ein funktionierendes Berichtswesen ist nicht nur für Wirksamkeitsüberlegungen der Regionalplanung geeignet, es hilft auch, die Akzeptanz in der Öffentlichkeit und in anderen Politik- und Planungsbereichen durch Offenlegung der Probleme und Erfolge zu verbessern.

Mit Regionalberichterstattung kann frühzeitig informiert, erläutert und diskutiert werden. Sie bietet Chancen zur Mitsprache und Mitwirkung und fördert somit das Mitverantwortungsgefühl. Dieses erhöht die Chancen für Akzeptanz und Umsetzung regionaler Ziele.

Regionalberichte, wie sie bereits von vielen Trägern der Regionalplanung regelmäßig veröffentlicht werden, sind ein Prüfinstrument, da sich aus ihnen ablesen läßt, inwieweit Ziele und Planungen umgesetzt wurden und wo dabei Schwierigkeiten auftauchten.

Die Fortentwicklung des regionalplanerischen Berichtswesens zu einem unverzichtbaren Instrumentarium, um Umsetzungsprobleme, defizitäre Bereiche, Konflikte und Probleme mit Planungspartnern, insbesondere den Fachplanungen und der Öffentlichkeit, deutlich zu machen, kann als einer der entscheidenden Hebel im Rahmen regionalplanerischer Wirksamkeitsüberlegungen angesehen werden. Der Regionalbericht sollte dabei nicht nur anprangern, sondern zugleich auch Ansätze für Lösungswege bei Vollzugsproblemen aufzeigen.

Positive Ansätze enthalten hier neuere Raumordnungsberichte auf Bundes- und Landesebene. Aber auch schon früher wurden zum Teil sehr selbstkritisch die Erfolge planerischer Überlegungen hinterfragt. So wird im Raumordnungsbericht 1980 für das Land Schleswig-Holstein u.a. festgestellt, daß die Steuerung der Siedlungsentwicklung durch landesplanerische Ziele wie Freihalten der Achsenzwischenräume nur sehr eingeschränkt möglich ist. Eine Analyse zeigte, daß nur ein kleiner Teil der Neuausweisungen von Wohnbauland im Zuge von Bauleitplänen entstand, der größere Teil wurde von den Kreisen im wesentlichen aufgrund von Rechtsansprüchen nach § 34 BBauG (als Vorläufer des BauGB) genehmigt (Landesplanung in Schleswig-Holstein, 1980).

Moderne Methoden der Informationsverarbeitung (Datenbanken, geogr. Informationssysteme) erleichtern die Erstellung von Regionalberichten erheblich. Teilweise lösen neue Formen der Informationsbereitstellung, beispielsweise in Form von Informationssystemen, die klassische Form des Berichtes zur Regionalentwicklung auch ab.

Wirkungskontrollen für einzelne Planelemente des Regionalplanes

Aus den bisherigen Ausführungen ist bereits mehrfach deutlich geworden, daß eine auf den gesamten Regionalplan bezogene Wirkungskontrolle an methodischen Problemen scheitert. Dessenungeachtet ist eine partielle Überprüfung der Wirkungen einzelner Instrumente des Regionalplanes immer wieder praktiziert worden, so z.B. von Geyer (1994) für die Vergabe der W-Funktion im Regionalen Raumordnungsplan der Region Trier.[5]

Die meisten Ansätze dieser Art beziehen sich auf das regionalplanerische Instrumentarium zur Steuerung der Siedlungsstruktur. Auf die Zukunft hin sind hier vor allem Erweiterungen im Hinblick auf freiraumbezogene Planelemente erforderlich, die für die Regionalplanung immer wichtiger werden.

Wirkungskontrollen für die erweiterten Aufgabenfelder der Regionalplanung

Das Aufgabenspektrum der Regionalplanung wird immer größer. Neben ihren Kernaufgaben - der Aufstellung und Fortführung der Regionalpläne - nimmt sie in immer stärkerem Maße auch Aufgaben wahr, die eher der Umsetzung der Regionalplanung dienen. Damit rückt die Regionalplanung der Umsetzungs- und damit auch Wirkungsebene näher. In dem Maße, wie dies gelingt, werden auch die Möglichkeiten der Wirkungskontrolle besser, zumindest soweit, wie es sich um ausreichend konkrete Ziele oder Maßnahmen handelt.

Will die Regionalplanung z.B. einen Beitrag zur Verbesserung der interkommunalen Zusammenarbeit im Bereich der Gewerbeflächenpolitik leisten, weil sie sich damit auch eine Umsetzung spezifisch regionalplanerischer Ziele erhofft (Konzentration der Gewerbeflächenentwicklung auf ausgewählte Standorte, Freiraumschutz, bessere Vermarktung etc.), und bringt sie dazu geeignete Partner zusammen und macht Vorschläge zur Organisation der Zusammenarbeit, dann läßt sich der Erfolg dieser Initiative ganz einfach am Ergebnis ablesen: Entweder es kommt im Rahmen der Initiative zur vorgesehenen Kooperation, oder sie scheitert.

Der Vorteil dieser mehr umsetzungsorientierten Strategien der Regionalplanung liegt daher - auch im Hinblick auf Wirkungskontrollen - in ihrem höheren Konkretisierungsgrad, teilweise aber auch in ihrer geringeren Komplexität.

Dies gilt jedoch keineswegs für alle Formen eines erweiterten Aufgabenverständnisses der Regionalplanung. Teilweise bestehen auch hier erhebliche Probleme, eine effektive Wirksamkeitsuntersuchung vorzunehmen. Dies gilt z.B. für alle Formen von Regionalkonferenzen und ähnlichen Einrichtungen, die meistens ein sehr breites und wenig konkretes Zielspektrum anvisieren. Auch hier wird es sehr schwer werden, eine fundierte Form der Wirkungskontrolle zu finden.

2.3.3 Zukünftige Erfordernisse

Schon im eigenen Interesse sollte sich die Regionalplanung in der Zukunft verstärkt um Wirkungskontrollen bemühen. Diese dienen nicht zuletzt der Verbesserung der eigenen Arbeit. Aus einer kritischen Prüfung der Vergangenheit lassen sich Anregungen für verbesserte Leistungen in der Zukunft gewinnen (Fürst/Ritter 1993, S. 157).

Allerdings dürfen die Erwartungen nicht zu hoch gesteckt werden. Eine systematische und zusammengefaßte Überprüfung der Wirkungen aller Inhalte eines Regionalplanes ist nicht möglich, zu vielfältig sind unterschiedliche Einflußfaktoren und Querbezüge zwischen den Entwicklungsfaktoren einer Region.

Statt dessen sollte die Raumbeobachtung unter Einbeziehung moderner Techniken der Informationsverarbeitung intensiviert werden. Sie bietet die erforderliche Informationsbasis und weist frühzeitig auf räumliche Fehlentwicklungen hin.

Ebenso sollte die Wirksamkeit einzelner Planelemente immer wieder überprüft werden. Hier kann teilweise auf bestehende Ansätze zurückgegriffen werden, teilweise sind neue zu entwickeln.

Zusätzliche Aufgaben der Regionalplanung erweitern auch die Möglichkeiten der Wirkungskontrolle. Je näher diese Aufgaben der tatsächlichen Umsetzung sind, desto zugänglicher sind sie einer Wirkungskontrolle.

3. Anforderungen an die inhaltliche Ausgestaltung zukünftiger Regionalpläne

Die Aufstellung und Fortschreibung von Regionalplänen wird auch künftig das zentrale Aufgabenfeld der Regionalplanung darstellen. Regionalpläne sind unverzichtbarer Bestandteil der räumlich-koordinierenden Gesamtplanung in der Bundesrepublik Deutschland. In Kapitel A wurde deutlich, daß die inhaltliche Ausgestaltung von Regionalplänen in den verschiedenen Bundesländern z.T. sehr stark voneinander abweicht. Infolgedessen kann auch nicht von einem einheitlichen Planungsinstrumentarium, wie es z.B. im Bereich der Bauleitplanung aufgrund einer gemeinsamen gesetzlichen Grundlage existiert, ausgegangen werden.

Unabhängig von den nachfolgenden Ausführungen zur inhaltlichen Gestaltung der Regionalpläne sind weitere Überlegungen dahingehend anzustellen, inwieweit das klassische Instrument des Regionalplanes durch andere konzeptionelle Aussagen der Regionalplanung ergänzt werden kann bzw. sollte.

Der Regionalplan formuliert den langfristig gültigen Rahmen zur Entwicklung, aber auch zur Bewahrung bestehender Raum- und Siedlungsstrukturen. Er hält Spielräume für künftige, zum Zeitpunkt der Planerstellung noch unbekannte Optionen offen; er bietet aber auch Grundlagen für aktuelle Standortentscheidungen. Gleichzeitig enthält er Anknüpfungspunkte für ergänzende Formen der Regionalplanung, beispielsweise in Form regionaler Handlungskonzepte.

Im Gegensatz zum klassischen Regionalplan sind regionale Handlungskonzepte in ihrem Zeitbezug wesentlich kurzfristiger angelegt, gleichermaßen überwiegt bei ihnen der konkrete Maßnahmen- und Handlungsbezug. Ihre Inhalte wirken weniger als formale Ziele der Raumordnung, sondern entfalten ihre Bindungswirkung ohne rechtli-

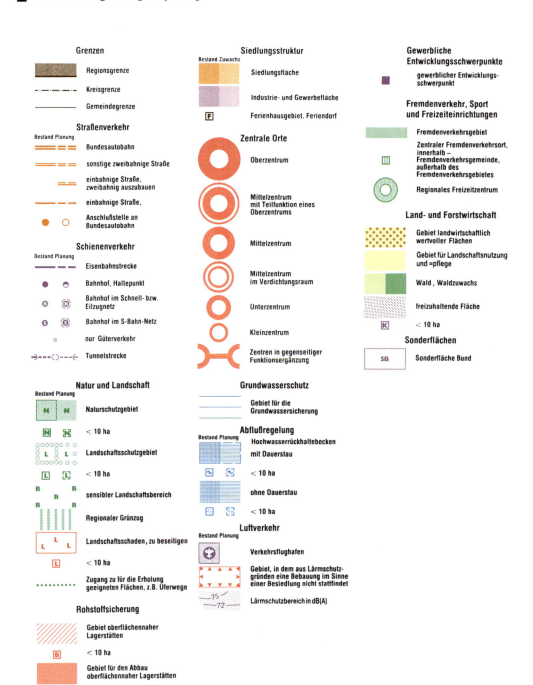

Grenzen

Regionsgrenze

Kreisgrenze

Gemeindegrenze

Straßenverkehr

Bestand Planung

Bundesautobahn

sonstige zweibahnige Straße

einbahnige Straße, zweibahnig auszubauen

einbahnige Straße,

Anschlußstelle an Bundesautobahn

Schienenverkehr

Bestand Planung

Eisenbahnstrecke

Bahnhof, Haltepunkt

Bahnhof im Schnell- bzw. Eilzugnetz

Bahnhof im S-Bahn-Netz

nur Güterverkehr

Tunnelstrecke

Natur und Landschaft

Bestand Planung

Naturschutzgebiet

< 10 ha

Landschaftsschutzgebiet

< 10 ha

sensibler Landschaftsbereich

Regionaler Grünzug

Landschaftsschaden, zu beseitigen

< 10 ha

Zugang zu für die Erholung geeigneten Flächen, z.B. Uferwege

Rohstoffsicherung

Gebiet oberflächennaher Lagerstätten

< 10 ha

Gebiet für den Abbau oberflächennaher Lagerstätten

< 10 ha

Siedlungsstruktur

Bestand Zuwachs

Siedlungsfläche

Industrie- und Gewerbefläche

Ferienhausgebiet. Feriendorf

Zentrale Orte

Oberzentrum

Mittelzentrum mit Teilfunktion eines Oberzentrums

Mittelzentrum

Mittelzentrum im Verdichtungsraum

Unterzentrum

Kleinzentrum

Zentren in gegenseitiger Funktionsergänzung

Grundwasserschutz

Gebiet für die Grundwassersicherung

Abflußregelung

Bestand Planung

Hochwasserrückhaltebecken mit Dauerstau

< 10 ha

ohne Dauerstau

< 10 ha

Luftverkehr

Bestand Planung

Verkehrsflughafen

Gebiet, in dem aus Lärmschutz-gründen eine Bebauung im Sinne einer Besiedlung nicht stattfindet

Lärmschutzbereich in dB(A)

Gewerbliche Entwicklungsschwerpunkte

gewerblicher Entwicklungs-schwerpunkt

Fremdenverkehr, Sport und Freizeiteinrichtungen

Fremdenverkehrsgebiet

Zentraler Fremdenverkehrsort, innerhalb – Fremdenverkehrsgemeinde, außerhalb des Fremdenverkehrsgebietes

Regionales Freizeitzentrum

Land- und Forstwirtschaft

Gebiet landwirtschaftlich wertvoller Flächen

Gebiet für Landschaftsnutzung und =pflege

Wald, Waldzuwachs

freizuhaltende Fläche

< 10 ha

Sonderflächen

Sonderfläche Bund

Abb. 8: Ausschnitt aus dem Regionalen Raumordnungsplan Südhessen 1993

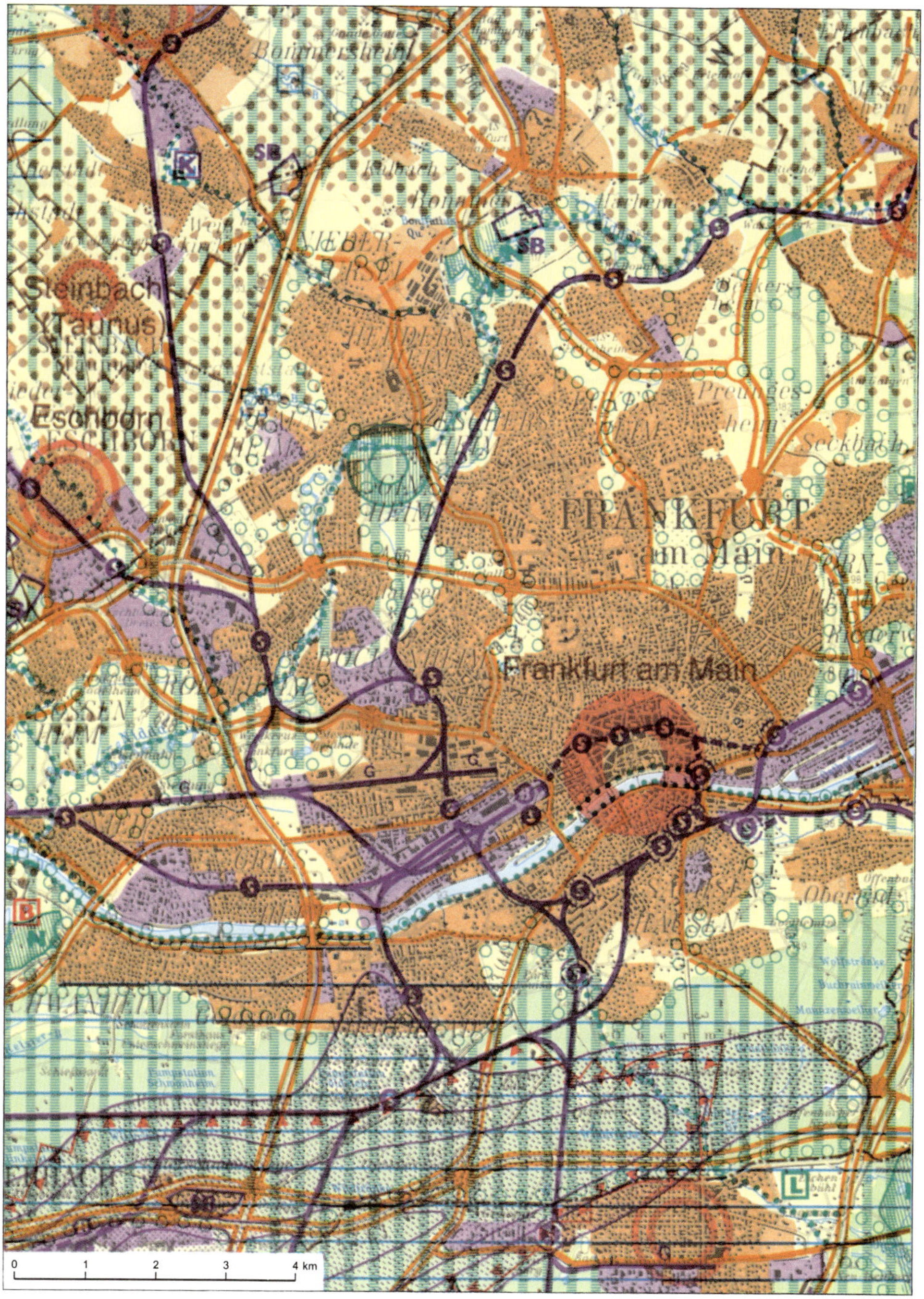

■ Fortentwicklung der Regionalplanung

WOHNSIEDLUNGSBEREICHE

GEWERBE- UND INDUSTRIEANSIEDLUNGSBEREICHE
unter besonderer Darstellung folgender Bereiche und Gebiete

Bereiche überwiegend für nicht
oder nicht erheblich belästigende Betriebe

Bereiche für standortgebundene Anlagen

Gebiete für flächenintensive Großvorhaben
gemäß Landesentwicklungsplan VI

AGRARBEREICHE

Bereiche mit spezialisierter Intensivnutzung
und/oder hohen Rekultivierungsinvestitionen

WALDBEREICHE
unter besonderer Darstellung der

Bereiche, in denen die Waldstruktur
vorrangig zu verbessern ist.

Bereiche mit besonderer forstwissenschaftlicher
Bedeutung

BEREICHE FÜR DIE WASSERWIRTSCHAFT

Wasserflächen

Bereiche zum Schutz der Gewässer

ERHOLUNGSBEREICHE

FREIZEIT- UND ERHOLUNGSSCHWERPUNKTE

BEREICHE FÜR DEN SCHUTZ DER NATUR

BEREICHE FÜR DEN SCHUTZ DER LANDSCHAFT

BEREICHE FÜR DIE OBERIRDISCHE GEWINNUNG
VON BODENSCHÄTZEN

SICHERHEITSLINIEN IM KALKABBAU

BEREICHE FÜR AUFSCHÜTTUNGEN

BEREICHE FÜR EINRICHTUNGEN
DES HOCHSCHULWESENS

STANDORTE FÜR VERSORGUNGSANLAGEN EINSCHLIESSLICH
KRAFTWERKSTANDORTE GEMÄSS LANDESENTWICKLUNGS-
PLAN VI UND FÜR ANLAGEN DER BEHANDLUNG ODER
BESEITIGUNG VON ABWASSER SOWIE FÜR ABFALL-
BEHANDLUNGS- UND ABFALLBESEITIGUNGSANLAGEN

Kernkraftwerk

konventionelles Kraftwerk ge-   konventionelles
mäß Landesentwicklungsplan VI   Kraftwerk

Umspannwerk

Kläranlage

Abfallbehandlungs- oder
Abfallbeseitigungsanlage

VERKEHRSNETZ

Straßen unter Angabe der Anschlußstellen

Straßen für den großräumigen Verkehr

Straßen für den überregionalen Verkehr

Straßen für den regionalen Verkehr

Schienenwege
Eisenbahnstrecken
vorwiegend für den großräumigen Schnellverkehr
und den überregionalen Verkehr
unter Angabe der Haltepunkte des Personenverkehrs

Eisenbahnstrecken
vorwiegend für den regionalen Verkehr
unter Angabe der Haltepunkte des Personenverkehrs

S-Bahnstrecken
unter Angabe der Haltepunkte

Stadtbahnstrecken
unter Angabe der Haltepunkte

Park-and-Ride-Anlage

Wasserstraßen unter Angabe der Häfen

STANDORTE FÜR FLUGPLÄTZE
unter Angabe des Flugplatzgeländes
und der Bereiche mit Planungsbeschränkungen

Verkehrsflughäfen

Militärflughäfen   Landeplätze

Segelfluggelände

Flugplatzgelände mit Start- und Landebahn
bei zivilen Flugplätzen

Lärmschutzgebiete
A B C   gemäß Landesentwicklungsplan IV
unter Angabe der Lärmschutzzonen

LEITUNGSBÄNDER

Leitungsbänder für
E   Elektrizitätsfernleitung ab 110 KV

Leitungsbänder für
Ö   Mineralölleitung
P   Produktenfernleitung
G   Gasfernleitung
W   Wasserfernleitung

BEREICHE FÜR BESONDERE
ÖFFENTLICHE ZWECKE
(bei großen Versorgungsanlagen mit Symbol)

GRENZEN

Staatsgrenze

Regierungsbezirksgrenze

Kreisgrenze

Gemeindegrenze

196

Abb. 9: Ausschnitt aus dem Gebietsentwicklungsplan für den Regierungsbezirk Düsseldorf

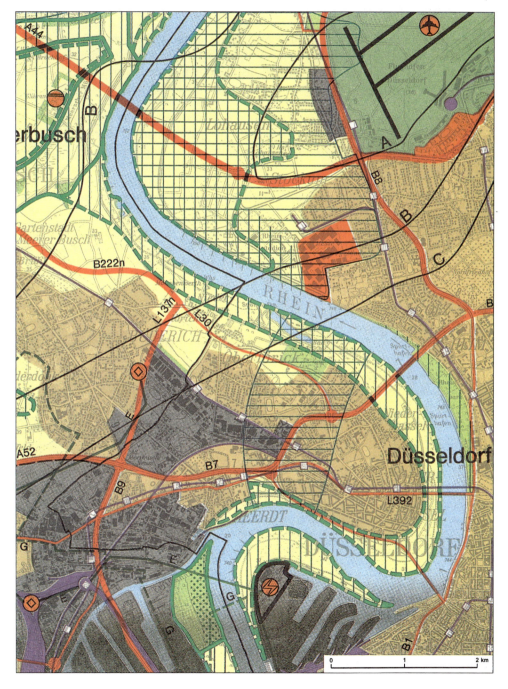

chen Zwang über den Weg der freiwilligen Konsensbildung. An anderer Stelle (Kap. C.4.) wird auf derartige Handlungskonzepte noch näher eingegangen. An dieser Stelle steht zunächst der Regionalplan klassischer Prägung im Vordergrund.

Vorschläge zur inhaltlichen Weiterentwicklung der Regionalpläne treffen in der Planungspraxis auf sehr unterschiedliche Vorstellungen und Erfahrungen von und mit der Regionalplanung. Was für den einen als in hohem Maße innovativ und bislang völlig unbekannt ist, mag für den anderen schon längst alltägliche Praxis sein.

So gesehen greifen die nachfolgend beschriebenen Vorschläge zur Weiterentwicklung der inhaltlichen Ausgestaltung von Regionalplänen durchaus auch bereits bestehende Ansätze auf. Sie beziehen sich auf die wichtigsten Kategorien regionalplanerischer Planelemente.

Im ersten Teil werden die Planelemente zur Entwicklung und Ordnung der Siedlungsstruktur behandelt. Ausgangspunkt der Überlegungen sind vor allem die bewährten punktaxialen Ordnungsmodelle in Verbindung mit Funktionsvergaben, Orientierungswerten und ähnlichen Instrumenten. Ausgehend von der in Kap. A. vorgenommenen Bewertung dieser Ansätze werden Vorschläge zur Weiterentwicklung und Differenzierung dieser Planelemente unterbreitet.

Wesentliche Aufgaben erfüllt der Regionalplan auch im Hinblick auf die Koordination von Verkehrs- und Kommunikationsinfrastrukturen. Auch hier werden Vorschläge zur Weiterentwicklung der entsprechenden Planinstrumente entwickelt.

Danach wird das Thema „Flächen- und Standortvorsorge" erörtert, das als Instrument der Regionalplanung zwar nicht grundlegend neu ist, künftig aber angesichts der zunehmenden Flächenengpässe und der damit verbundenen Notwendigkeit, sorgsam mit den verbliebenen Flächenpotentialen umzugehen, deutlich an Bedeutung gewinnen wird.

Gleiches gilt für die Weiterentwicklung der Planinstrumente zur Sicherung und Entwicklung von Freiraumfunktionen. Hier hat die Regionalplanung in den 80er Jahren deutliche Fortschritte erzielt. Es gilt jetzt, die bislang in diesem Bereich gemachten Erfahrungen umzusetzen und gleichzeitig zu prüfen, inwieweit neue Anforderungen, insbesondere im Hinblick auf eine noch weitergehende ökologische Orientierung der Regionalplanung aufgegriffen und instrumentell umgesetzt werden können.

Im Anschluß an diesen Abschnitt wird der Versuch gemacht, die Mindestinhalte eines Regionalplanes zu definieren, wobei sich die Ausführungen auch hier auf die wesentlichen Planelemente zur Entwicklung der Siedlungs- und Freiraumstruktur beschränken. Ergänzt wird dieser Abschnitt durch Hinweise zur formalen Darstellung der Planelemente.

3.1 Vorschläge zur inhaltlichen Gestaltung von Regionalplänen

3.1.1 Weiterentwicklung wesentlicher Planelemente zur Entwicklung und Ordnung der Siedlungsstruktur

Die Entwicklung und Ordnung der Siedlungsstruktur, d.h. die räumliche Verteilung von Nutzungen, die mit siedlungsstruktureller, sprich baulicher Beanspruchung des Raumes einhergeht, steht seit jeher im Mittelpunkt des regionalplanerischen Interesses. „Als Siedlungsstruktur verstehen Raumordnung und Landesplanung

- das den Raum bedeckende Netzwerk von Ortschaften unterschiedlicher Größe und Funktion,
- die Verteilung der primären, sekundären und tertiären Wirtschaftsaktivitäten innerhalb dieses Netzwerkes,
- die Ausstattung des Raumes mit den gesellschaftlichen Grundfunktionen (Wohnen, Arbeiten, zentrale Dienste, Erholung, Verkehr, Ver- und Entsorgung) und deren gegenseitige Zuordnung sowie
- die Ausstattung des Raumes mit den diese Funktionen verbindenden Transportsystemen" (Borchard 1993, S. 1635).

Die zur Steuerung der Siedlungsstruktur entwickelten Planelemente sind in Kap. A. beschrieben und bewertet worden. Dabei wurde deutlich, daß die Regionalplanung hier auf ein insgesamt bewährtes und auch für die Zukunft taugliches Planungsinstrumentarium zurückgreifen kann, das nicht grundsätzlich in Frage zu stellen ist. Es kann nämlich auch schädlich für die Akzeptanz der Regionalplanung werden, wenn bekannte und auch bei den Adressaten akzeptierte Grundsätze der Planung zu häufig relativiert und durch vermeintlich neue Ansätze ersetzt werden.

Um die derzeitige Akzeptanz der Regionalplanung in ihrem Adressatenkreis nicht zu überfordern, ist daher eine besonders behutsame, auf Kontinuität ausgerichtete Vorgehensweise geboten, wenn es um den Einsatz neuer Planelemente geht. In jedem Einzelfall muß sehr sorgfältig geprüft werden, inwieweit wirklich Anlaß gegeben ist, bestehende Instrumente durch neue zu ersetzen, oder ob die angestrebte Zielsetzung nicht ebenso durch Weiterentwicklung bestehender Instrumente erreicht werden kann.

Sinnvoll ist in jedem Fall eine weitergehende Harmonisierung der regionalplanerischen Instrumente, wie sie beispielsweise beim System der Zentralen Orte im größeren Maße existiert, nicht zuletzt aufgrund präziser Vorgaben der MKRO. Dies erleichtert nicht nur den fachlichen Austausch der Regionalplaner untereinander, sondern stärkt die Regionalplanung auch in ihrer Außenwirkung.

Das regionalplanerische Instrumentarium zur Steuerung der Siedlungsstruktur kann in zwei Gruppen eingeteilt werden:

- Einerseits versucht die Regionalplanung, über Positivdarstellungen die Siedlungsentwicklung auf bestimmte Standorte oder in bestimmte Bereiche zu lenken,

- andererseits wird von der Seite des Freiraumes aus versucht, die von jeglicher Besiedlung freizuhaltenden Bereiche abzugrenzen und damit die Siedlungsentwicklung über Restriktionen zu beeinflussen.

Die zuletzt genannte Gruppe der freiraumbezogenen Planelemente wird später gesondert behandelt, da hier nicht allein die Bezüge zur siedlungsstrukturellen Entwicklung im Vordergrund stehen, sondern primär Aspekte der Freiraumentwicklung und der Freiraumkoordination. Sie sind aber in jedem Fall im engen Zusammenhang zu den hier zunächst angesprochenen Instrumenten zu sehen.

3.1.1.1 Punktaxiale Modelle

In vielen Regionalplänen der alten Bundesländer spielen von der Landesplanung vorgegebene punktaxiale Modelle als Grundgerüst der siedlungsstrukturellen Entwicklung eine besonders wichtige Rolle. Dabei geht es konkret um räumliche Netze in Form von Zentralen Orten, die als Netzknoten fungieren, und um Verbindungselemente zwischen den Zentren, die entweder als Verkehrs- bzw. Kommunikationsachsen dargestellt oder teilräumlich als Siedlungsachsen ausgeformt sein können (vgl. dazu Kap. A.2.1.1).

Diesen Kernelementen siedlungsstruktureller Konzepte wird auch künftig zentrale Bedeutung zukommen. Dies gilt vor allem für das weiter zu entwickelnde System der Zentralen Orte, dem in den westlichen Bundesländern mit ihrem weitgehend ausgebauten Netzwerk von Infrastrukturen vorwiegend die Aufgabe der strukturellen Sicherung dieser Systeme zufällt, wohingegen es in den neuen Bundesländern in erster Linie auf den Ausbau bzw. die vollständige Neuentwicklung von Infrastrukturen eines räumlichen Bezugsrahmens ankommt. Von den Achsenkonzepten werden vor allem die Siedlungsachsen in teilweise modifizierter Form als Instrument der RPL in stärker verdichteten Gebieten Bedeutung beibehalten.

Umstritten und daher für die Weiterentwicklung zentralörtlicher Systeme von besonderer Bedeutung ist die Frage, welche Funktionen ein Zentraler Ort in der räumlichen Entwicklung künftig erfüllen sollte.

Im Rahmen einer Untersuchung zur Fortschreibung des rheinland-pfälzischen Landesentwicklungsprogramms wurden u.a. dazu Untersuchungen angestellt (Kistenmacher/Geyer 1988) und folgende Aussagen getroffen:

- Zentrale Orte dienen auch künftig in erster Linie als Standortsystem für Versorgungsfunktionen.
- Die Verknüpfung mit anderen Funktionen, wie z.B. gewerbliche Entwicklung, Wohnen oder Fremdenverkehr ist zwar möglich, sollte jedoch nicht in pauschaler Form erfolgen.
- Zentrale Orte sind räumlich differenziert einzusetzen.

Im Rahmen der zuletzt angesprochenen strukturräumlichen Differenzierung beim Einsatz zentralörtlicher Konzeptionen sollte zumindest zwischen Ordnungs- und ländlichen Räumen unterschieden werden, wie dies z.B. in Schleswig-Holstein bereits praktiziert wird. Dabei sind für die Ordnungsräume folgende Aspekte zu berücksichtigen (Kistenmacher/Geyer 1988, S. 180):

- Die auf einen mehr oder weniger klar zu definierenden Verflechtungsraum bezogene Versorgungsaufgabe rückt aufgrund der vielfältigen Erreichbarkeiten und der damit verbundenen Mehrfachorientierung etwas in den Hintergrund.
- Die meist vorhandene Dichte des Zentrennetzes eröffnet weitergehende Möglichkeiten der Zentrenspezialisierung sowie der funktionalen Arbeitsteilung.
- Im Vordergrund stehen raumstrukturelle Ordnungsaufgaben, die einer engen Verbindung mit anderen konzeptionellen Elementen der Regionalplanung bedürfen.

Anders ist die Situation in dünn besiedelten ländlichen Räumen, die sich auch auf die instrumentellen Schwerpunktaufgaben des zentralörtlichen Systems auswirkt: Hier steht nach wie vor die Aufgabe der funktionalen Bündelung von öffentlichen und privaten Versorgungseinrichtungen eindeutig im Vordergrund. Ziel ist und bleibt die flächendeckende Versorgung, vor allem unter Beachtung bestimmter, zentrenspezifischer Erreichbarkeitsstandards. Dazu können im Einzelfall besondere Sicherungsfunktionen treten, durch die das Angebot spezieller Versorgungs- und Dienstleistungseinrichtungen an einzelnen Standorten im ländlichen Raum langfristig gewährleistet werden soll.

Im Zusammenhang mit zentralörtlichen Strukturen wird in jüngster Zeit, wie bereits erwähnt, häufig über „räumliche Netze" bzw. über „Städtenetze" gesprochen. Eine ausreichend präzise Definition steht für diesen Begriff noch nicht zur Verfügung. Es sind jedoch vielfältige Untersuchungen zur konzeptionellen Konkretisierung und Klärung räumlicher Anwendungsmöglichkeiten im Gange (z.B. Forschungsprogramm Ex-WoSt des BMBau).

Diese neuen Ansätze stehen zweifelsohne in einem mehr oder weniger direkten Zusammenhang zu den bekannten zentralörtlichen Konzeptionen von Regional- und Landesplanung, zumindest werden wesentliche Merkmale davon deutlich sichtbar.

Zwei Aspekte lassen sich aus den zu diesem Thema in letzter Zeit publizierten Beiträgen (z.B.: Maurer 1993) besonders hervorheben:

- die Entwicklung neuer Kooperationsformen zwischen Zentren und
- die Neubewertung des Faktors „Erreichbarkeit".

Hinzu kommt die über die regionalplanerische Aufgabenstellung hinausgreifende Diskussion über die Frage, ob die bislang gebräuchliche Hierarchie der Zentren einer Ergänzung nach oben hin bedarf, um der Herausbildung europäischer Metropolen raumordnerisch Rechnung zu tragen.

Die Kooperation zwischen Zentren ist für die Regional- und Landesplanung kein grundlegend neuer Gedanke. So wurde bereits 1968 in der ersten Entschließung der MKRO zum zentralörtlichen System auf die Möglichkeit der Arbeitsteilung zwischen Zentren hingewiesen. In der Planungspraxis wurde häufig von dieser Möglichkeit, u.a. durch Ausweisung von Mehrfachzentren, Gebrauch gemacht.

Es zeigte sich jedoch, daß zentralörtliche Funktionen keineswegs beliebig teilbar sind. Genau genommen steht die Funktionsteilung sogar im Widerspruch zum zentralörtlichen Bündelungsprinzip. Funktionsteilung bzw. Arbeitsteilung zwischen Zentren kann sich daher nur auf ausgewählte Bereiche des zentralörtlichen Leistungsspektrums beziehen, die im Einzelfall genau zu definieren sind.

Dazu kommt, daß arbeitsteilige „Städtenetze" nur bedingt „planbar" sind. Hier stößt die räumliche Planung sehr schnell an die Grenzen des Machbaren, insbesondere dann, wenn private Dienstleistungsbereiche angesprochen werden. Unabhängig davon ist der Gedanke einer stärkeren Vernetzung von Städten untereinander weiter zu verfolgen. Die möglichen Zielrichtungen können folgende sein:

- Vieles spricht dafür, daß die Vernetzung von Zentren deren Standortqualität insgesamt deutlich verbessert und damit z.B polyzentrische Agglomerationen im europäischen Standortwettbewerb eine starke Stellung erlangen.
- Möglicherweise ergibt sich auch die Chance, die labilen Zentrenstrukturen ländlicher Regionen durch Vernetzung zu stabilisieren.

In beiden Bereichen besteht, wie bereits hervorgehoben, noch erheblicher Forschungsbedarf, bis das Instrument der Städtenetze auf der Grundlage fundierter methodischer und theoretischer Erkenntnisse zielgerichtet eingesetzt werden kann und geklärt ist, welche Aufgaben dabei die Regionalplanung zu übernehmen hat.

Großen Einfluß auf die künftige Ausgestaltung zentralörtlicher Konzeptionen werden die anhaltenden Veränderungen in den Mobilitäts- und Erreichbarkeitsbedingungen ausüben. Hier gibt es eine Vielzahl z.T. gegenläufiger Entwicklungen, die die regionalplanerischen Konzepte maßgeblich tangieren, wobei auch hier wieder eine strukturräumliche Differenzierung erforderlich ist.

In grober Vereinfachung lassen sich folgende Entwicklungstendenzen feststellen:

- anhaltende Verschlechterung der Erreichbarkeit von Zentren im ländlichen Raum mit öffentlichen Verkehrsmitteln bei weiterhin zunehmender individueller Mobilität durch wachsende PKW-Verfügbarkeit; keinerlei Restriktionen im Individualverkehr;
- umgekehrte Entwicklung in Ballungsräumen; zunehmende Restriktionen für den motorisierten Individualverkehr bei gleichbleibenden oder verbesserten Bedingungen im ÖPNV.

Mittel- bis langfristig ist nach dem derzeitigen Erkenntnisstand in allen Räumen mit einer deutlichen Steigerung der Mobilitätskosten zu rechnen, die sich zwangsläufig auf das aktionsräumliche Verhalten und damit indirekt auch auf Zentrenstrukturen auswirken werden.

All diese Entwicklungen deuten darauf hin, daß auch im Hinblick auf zentralörtliche Konzeptionen zur Entwicklung der Siedlungsstruktur eine regelmäßige Überprüfung und Anpassung der eingesetzten Instrumente notwendig ist. Konkret erforderlich erscheinen derzeit für die Regionalplanung vor allem folgende Überlegungen zu sein:

- strukturräumliche Anpassung des Instrumentariums;
- Konkretisierung möglicher Formen zentralörtlicher Arbeitsteilung;
- Lösung der Erreichbarkeitsprobleme in dünn besiedelten, ländlichen Räumen mit alternativen ÖPNV-Angeboten.

3.1.1.2 Schwerpunkte der Siedlungsentwicklung

Sofern in einer Region mit einer über die Eigenentwicklung hinausgehenden Siedlungstätigkeit zu rechnen ist, ist es regionalplanerisch geboten, diese schwerpunktmäßig auf dafür besonders gut geeignete Gemeinden zu lenken (vgl. Kap. A.2.1.1). Das Netz der Zentralen Orte sollte dabei zwar Berücksichtigung finden, bietet jedoch allein noch nicht die erforderliche Netzdichte.

Daher ist die Kennzeichnung von Siedlungsschwerpunkten, teilweise in Verbindung mit Siedlungsachsen, wie sie bisher oft üblich war, auch künftig sinnvoll. Für die Auswahl dieser Orte sollten neben der Verfügbarkeit von geeigneten Flächen Kriterien der Versorgung sowie die Anbindung an den ÖPNV, die Nähe zu Arbeitsplätzen und die Möglichkeit, am Ort selbst auch Gewerbe anzusiedeln, herangezogen werden. Dabei handelt es sich um eine regionalplanerische Festlegung. Die empirische Feststellung, daß in einem Ort derzeit die Wohnfunktion überwiegt, kann nicht Grundlage der Auswahl sein.

Mit der Kennzeichnung dieser Orte für Siedlungswachstum werden die übrigen Orte automatisch auf ihre Eigenentwicklung beschränkt. Eine wie in Baden-Württemberg derzeit übliche besondere Ausweisung der auf Eigenentwicklung beschränkten Orte ist damit entbehrlich. Die Beschränkung auf Eigenentwicklung kann in Einzelfällen auch für Zentrale Orte gelten, wenn dort unter Berücksichtigung ökologischer Erfordernisse keine geeigneten Flächen mehr zur Verfügung gestellt werden können.

Eine Vorgabe oder ein Vorschlag, wo, d.h. auf welchen Flächen die Siedlungstätigkeit stattfinden sollte, ist mit der Kennzeichnung der Siedlungsschwerpunkte noch nicht verbunden. Solange kein besonders starker Siedlungsdruck besteht, erscheint dies auch nicht erforderlich zu sein.

Allerdings ist es möglich, die Qualität der Besiedlung durch entsprechende Aussagen im Regionalplan zu beeinflussen. Dies gilt sowohl für die Auswahl des Mikrostandortes innerhalb der Gemeinde, für den qualitative Anforderungen genannt werden, als auch für die Siedlungsdichte, für die Mindest- oder Höchstwerte festgelegt werden können.

3.1.1.3 Orientierungswerte zur siedlungsstrukturellen Entwicklung

Trotz der mit Prognosen verbundenen Unsicherheiten erweist sich deren Anwendung als Orientierungsgrundlage (nicht als Zielvorgabe) für die regionalplanerische Steuerung der Siedlungsentwicklung nach wie vor als sinnvoll.

Grundlage für eine qualifizierte Bedarfs- oder Nachfrageprognose für Wohnsiedlungsflächen ist stets eine Projektion der zu erwartenden Bevölkerungsentwicklung. Sie berücksichtigt als Fortschreibungskomponenten die Anzahl der Geburten und Sterbefälle und den Wanderungssaldo. Letzterer kann nur aus einem größeren Zusammenhang heraus geschätzt werden und ist in der Regel eine Vorgabe der Landesplanung.

Eine Prognose der Anzahl der Haushalte erfolgt meist über die Bestimmung der Haushaltsvorstandsquoten, alternativ nach dem Haushaltsmitgliederverfahren. Anzahl der Haushaltsvorstände und Größe der Haushalte variieren in den einzelnen Altersgruppen und im Zeitablauf. Der Trend zum Ein- und Zweipersonenhaushalt wirkt sich weiterhin bei den jüngeren und mittleren Altersgruppen aus. Die altersspezifischen Quoten werden gemeindeweise ermittelt.

In den Prognosemodellen für die Ermittlung des Wohnungsbedarfs werden in der Regel drei Komponenten unterschieden:

Der Ersatzbedarf entspricht der Zahl von Wohnungen, die infolge Abriß, Zerstörung und Umwidmung dem Wohnungsmarkt entzogen werden. Der Nachholbedarf ist die Differenz zwischen dem vorhandenen und dem aus wohnungspolitischer Sicht wünschenswerten Wohnungsbestand. Der Neubedarf resultiert aus der zahlen- und größenmäßigen Entwicklung der Haushalte im Prognosezeitraum. Neben der Anzahl der Zuwanderer geht hier auch die Eigenentwicklung, insbesondere der Bedarf der jüngeren Generation, in die Berechnung ein. Des weiteren sind auch qualitative Nachfragekomponenten, insbesondere die wohlstandsbedingte Nachfrage nach mehr Fläche, aber auch steigende Ansprüche an das Wohnumfeld zu beachten.

Der ermittelte Wohnungsbedarf kann mit Hilfe differenzierter städtebaulicher Dichtewerte zu Flächenwerten umgerechnet werden. Die Differenzierung sollte nach Kriterien der Raumstruktur und der örtlichen Situation, z.B. am Ortsrand, in fußläufiger Nähe zum schienengebundenen Nahverkehr oder in der Nähe zum Stadtzentrum, erfolgen.

Während der Bedarf aus der Eigenentwicklung grundsätzlich im Ort gedeckt werden sollte, erfolgt die Verteilung des Flächenbedarfs für die Zuwanderer nach einem regionalen Entwicklungskonzept unter Berücksichtigung der ermittelten Flächenpotentiale.[6]

Der Abgleich von Flächenbedarf und -potentialen kann auch dazu führen, daß zu erwartende Einwohnerzuwächse auf andere Standorte als ursprünglich vorgesehen, projiziert werden müssen. So kann beispielsweise eine Gemeinde trotz zentralörtlicher Funktion aus ökologischen Gründen über keine großflächigen Baulandpotentiale mehr verfügen. Um überzogenen Wachstumswünschen oder Abwehrhaltungen gegenüber weiteren Baulandausweisungen frühzeitig zu begegnen, sind alle Gemeinden an der Bedarfs- und Potentialbestimmung zu beteiligen. Außerdem sollte zusammen mit den Gemeinden geprüft werden, ob ein Teil des Bedarfs durch städtebauliche Verdichtung in locker bebauten Gebieten oder durch Flächenrecycling z.B. von aufgegebenen Militärstandorten gedeckt werden kann. Entsprechend läßt sich die Inanspruchnahme von Freiraumpotentialen verringern.

Grundsätzlich ist festzuhalten, daß sich die Vorgabe von Dichtewerten gegenüber der Bauleitplanung vielfach als sinnvoll erweist. Berechnungen zum Flächenbedarf und zur Flächenverteilung sollen jedoch in erster Linie als Grundlage für die Ausweisung von Siedlungsschwerpunkten sowie für die Planumsetzung im Dialog mit den Gemeinden dienen.

Die Regionalplanung kann auch eigenständig Initiativen zur Mobilisierung von Wohnbaulandreserven ergreifen, indem sie den Gemeinden die nötigen Daten sowie technische und methodische Hilfestellung anbietet. In den einschlägigen Zielsetzungen des Regionalplanes sollte der Mobilisierung bestehender Flächenpotentiale in verbindlich überplanten und bereits erschlossenen Baugebieten insbesondere in Innerortslage eindeutig Vorrang vor der Neuausweisung von Flächen eingeräumt werden.

Die Steuerung der Siedlungsentwicklung durch eine zurückhaltende Flächenausweisung darf jedoch nicht zu einer generellen Flächenverknappung und zur Behinderung des Wohnungsbaus führen. Es müssen genügend Flächen vorhanden sein, diese allerdings an den regionalplanerisch geeigneten Standorten.

3.1.2 Neue Ansätze zur regionalplanerischen Koordination der Verkehrsinfrastruktur

Die Koordination von Verkehrs- und Kommunikationsinfrastrukturen war für die Regionalplanung schon immer ein wichtiges und ergiebiges Thema. Trotz einer in der Regel sehr intensiven Fachplanung im Verkehrsbereich hat sich auch die Regionalplanung sehr nachhaltig und teilweise auch erfolgreich dieser Thematik angenommen. In vielen Fällen sind das Interesse und die Bereitschaft der Regionalplanung und ihrer Träger an verkehrlichen Planungsaussagen so stark, daß Abgrenzungsschwierigkeiten oder unerwünschte Überschneidungen mit den fachplanerischen Aktivitäten auftreten.

Die Raumordnung und damit auch die Regionalplanung sind gefordert, zur Lösung der dadurch auf den Raum zukommenden Aufgaben, Probleme und Belastungen im Rahmen ihrer jeweiligen Zuständigkeiten beizutragen. Der Regionalplanung sind hierbei aber Grenzen gesetzt. Zur Bewältigung einer ungehemmten Verkehrsentwicklung, insbesondere als Folge des Europäischen Binnenmarktes (siehe Kap. B.1.3), kann die Regionalplanung keine Lösungen anbieten; sie ist deshalb auch dazu aufgerufen, nachdrücklich auf die Grenzen der verkehrlichen Entwicklungsmöglichkeiten in den regionalen Planungsräumen hinzuweisen.

Der Hauptausschuß der MKRO hat in seinem Positionspapier „Beitrag der Raumordnung zu einer umwelt- und siedlungsfreundlichen Verkehrspolitik" vom 21. Januar 1992 auch für die Regionalplanung einige wichtige Leitlinien vorgegeben. Danach ist unter den Gesichtspunkten der Raumordnung das Gesamtverkehrssystem so zu erhalten und zu entwickeln, daß es den unterschiedlichen raum- und siedlungsstrukturellen Anforderungen im Hinblick auf Erschließung und Verbindung gerecht wird, während zugleich die Störfaktoren des Verkehrs in ihren räumlichen Auswirkungen reduziert werden müssen.

Für den Bereich der Regionalplanung wird gefordert, die Regionalpläne unter dem Gesichtspunkt der Verkehrsvermeidung durch Siedlungsstrukturplanung zu überprüfen bzw. in den neuen Ländern entsprechend aufzustellen. Im einzelnen werden dazu folgende Maßnahmen aufgezeigt:

- weitere Ausprägung multizentraler Strukturen mit Funktionsmischung in Verdichtungsräumen,
- Stärkung der Zentralen Orte in den ländlichen Räumen,
- Ausrichtung der Siedlungsentwicklung an Nahverkehrsachsen,
- Flächensicherung für die Verknüpfung zwischen den Verkehrsträgern für Personen- und Güterverkehr.

Des weiteren sollen:

- für die Entlastung des Fernstraßennetzes und der Städte vom Wirtschaftsverkehr leistungsfähige Verknüpfungen Straße-Schiene-Wasserstraße geschaffen werden,
- die internationalen Flughäfen geeignete Anbindungen an das schnelle Schienennetz erhalten,
- die Erschließungsfunktion des Schienennetzes gewährleistet werden, d.h. die verschiedenen Schienennetzebenen ICE, IC, IR, Regionalschnellbahn und Regionalbahn ein systematisch aufeinander abgestimmtes Ganzes bilden.

Auswirkungen auf den Regionalplan werden auch die Forderungen des Positionspapiers nach einer Verzahnung der räumlichen Verkehrsebenen, der Regionalisierung des ÖPNV sowie der Ausarbeitung von regionalen Modellvorhaben integrierter Raum- und Verkehrsentwicklung haben.

Abb. 10: ÖV-Grundnetz der Planungsregion Trier

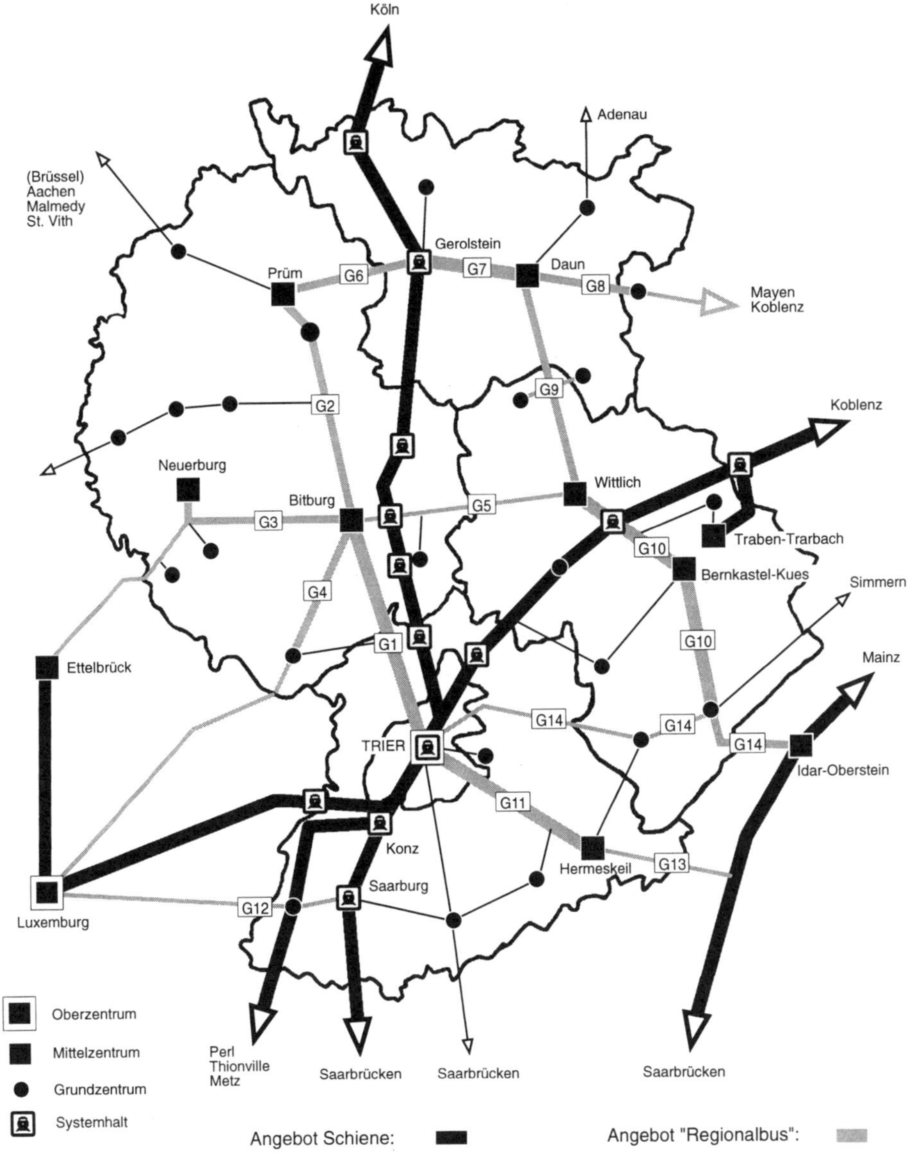

Köln

Adenau

(Brüssel)
Aachen
Malmedy
St. Vith

Gerolstein

Prüm G6 G7 Daun G8

Mayen
Koblenz

G2 G9

Koblenz

Neuerburg

Bitburg G5 Wittlich

G3 G10 Traben-Trarbach

G4 Bernkastel-Kues Simmern

G1 G10 Mainz

Ettelbrück G14 G14 G14 Idar-Oberstein

TRIER

G11

Konz Luxemburg

Saarburg Hermeskeil G13

G12

Perl
Thionville Saarbrücken Saarbrücken Saarbrücken
Metz

■ Oberzentrum

■ Mittelzentrum

● Grundzentrum

🏠 Systemhalt

Buslinien

▨ 16 Fahrtenpaare

▨ 10 Fahrtenpaare

▨ 7 Fahrtenpaare

— Ergänzungslinie

Angebot Schiene: ▬

Kategorie II (Zielstufe 2000 - 2-Std.-Takt):

1. IR Saarbrücken - Trier - Koblenz - Köln - Münster
2. IR Luxemburg - Trier - Koblenz Mainz - Frankfurt
3. RE Saarbrücken - Trier - Gerolstein - Köln
4. RE Luxemburg - Trier

Kategorie III (Zwischenstufe 1996 - 1-Std.-Takt):

1. SE Koblenz - Trier - Serrig (Trier-Serrig 2-stündlich)
2. SE Gerolstein - Trier - Perl
3. RB Trier - Saarbrücken - Homburg
4. RB Bullay - Traben-Trarbach

Angebot "Regionalbus": ▨

G1 : Trier - Helenenberg - Bitburg
G2 : Bitburg - Lasel - Schönecken - Prüm
G3 : Bitburg - Sinspelt - Neuerburg / Vianden (L)
G4 : Bitburg - Wolfsfeld - Irrel - Echternach (L)
G5 : Bitburg - Binsfeld - Landscheid - Wittlich
G6 : Prüm - Büdesheim - Gerolstein
G7 : Gerolstein - Pelm - Betteldorf - Dockweiler - Daun
G8 : Daun - Schönbach - Ulmen - Mayen / Koblenz
G9 : Wittlich - (Manderscheid) - (Gillenfeld) - Daun
G10: Wittlich - Bernkastel-Kues - Longkamp - Morbach
G11: Trier - Thomm - Hermeskeil
G12: Saarburg - Wincheringen - Wormeldingen (L)
G13: Hermeskeil - Nonnweiler - Sötern - Türismühle
G14: Trier - Thalfang - Morbach - Idar-Oberstein

207

Neben den verschiedenen Achsenausweisungen wurden als verkehrsbezogene, unmittelbare Plandarstellungen in den Regionalplänen bisher im wesentlichen bestehende oder geplante Verkehrswege verwendet und Aussagen über ihre Erhaltung und ihren Ausbau getroffen. Die Verkehrskapitel gaben vielfach nur Fachplanungen wieder und knüpften daran ergänzende Wünsche der Regionalplanung. Sie stellten aber kein regionales Verkehrskonzept dar, mit dem Forderungen nach einer optimalen Bewältigung der Verkehre im Raum (in der Region) erhoben wurden. Die der Fachplanung wichtigen Aspekte, wie Verkehrssicherheit, zügiger Verkehrsablauf, angemessene Geschwindigkeit, bestimmten damit stärker die regionalplanerischen Aussagen als das Verkehrsaufkommen oder die Intensität der Verkehrsbeziehungen zwischen regionalen Teilräumen.

Die Regionalplanung hat jedoch in einigen Fällen neue Überlegungen angestellt, die den Raum stärker in den Vordergrund stellen und die Verkehrsplanung als Mittel der Raumordnung ansehen. Beispielhaft dargestellt und empfohlen werden sollen hier für die beiden großen Verkehrsbereiche ÖPNV und IV das Konzept „Regionales ÖPNV-Grundnetz" der Planungsgemeinschaft Region Trier und das Konzept „Funktionales Straßennetz" in den Regionalplänen von Baden-Württemberg und Rheinland-Pfalz.

Die Planungsgemeinschaft Region Trier hält im Rahmen einer Teilfortschreibung des Regionalen Raumordnungsplanes im Teilkapitel „Sicherung und Verbesserung des öffentlichen Verkehrs" zur inneren Erschließung der Region mit öffentlichen Verkehrsmitteln die Schaffung eines regionalen Grundnetzes für erforderlich; dieses Grundnetz bilden die Strecken des regionalen Schienenverkehrs, ergänzt durch regionale Buslinien.

Dieses regionale ÖPNV-Grundnetz soll attraktive Verbindungen schaffen

- zwischen den Mittelzentren der Region und dem Oberzentrum,
- zu wichtigen Anknüpfungspunkten außerhalb der Region (grenzüberschreitende Verbindungen),
- zwischen einzelnen Mittelzentren, sofern sie besondere verkehrliche und funktionale Verflechtungen aufweisen.

In weiteren Zielsetzungen werden die Verknüpfungspunkte mit dem Schienenfernverkehr festgelegt sowie Ausbau-, Bedienungs- und Materialstandards gefordert.

Dessen Bedeutung wird im wesentlichen wie folgt begründet:

„Die externe Anbindung der Region und ihre innere Erschließung mit öffentlichen Verkehrsmitteln gehören zu den infrastrukturellen Grundvoraussetzungen zur Schaffung qualitativ ausreichender und im Vergleich zu anderen Regionen gleichwertiger Lebensbedingungen. Die räumliche Verteilung von Arbeitsstätten und Versorgungseinrichtungen erfordert ein Mindestmaß an Mobilität bei allen Bürgern der Region. Etwa ein Drittel der Bevölkerung verfügt nicht oder nur zu bestimmten Zeiten über ein

Abb. 11: Funktionales Straßennetz der
Region Rheinpfalz, RROP 1989

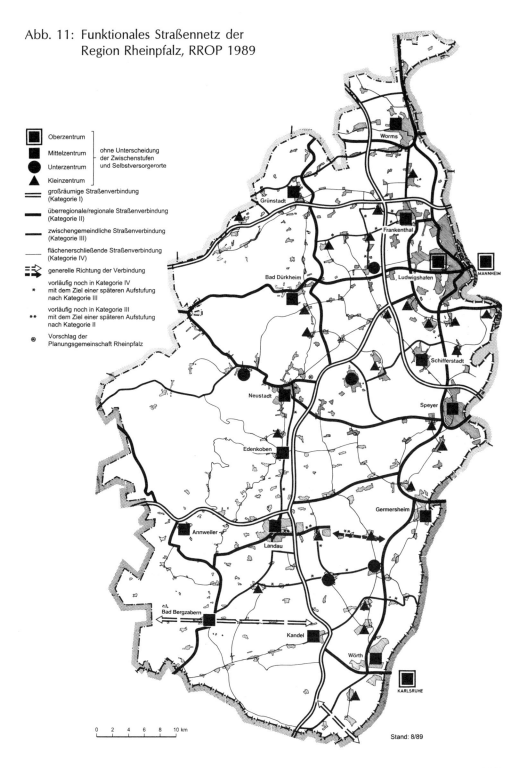

■ Oberzentrum
■ Mittelzentrum ┐ ohne Unterscheidung
● Unterzentrum ├ der Zwischenstufen
▲ Kleinzentrum ┘ und Selbstversorgerorte

═══ großräumige Straßenverbindung
    (Kategorie I)

━━━ überregionale/regionale Straßenverbindung
    (Kategorie II)

──── zwischengemeindliche Straßenverbindung
    (Kategorie III)

──── flächenerschließende Straßenverbindung
    (Kategorie IV)

⇒⇒ generelle Richtung der Verbindung

* vorläufig noch in Kategorie IV
   mit dem Ziel einer späteren Aufstufung
   nach Kategorie III

** vorläufig noch in Kategorie III
   mit dem Ziel einer späteren Aufstufung
   nach Kategorie II

⊛ Vorschlag der
   Planungsgemeinschaft Rheinpfalz

Worms

Grünstadt

Frankenthal

Bad Dürkheim

Ludwigshafen

MANNHEIM

Schifferstadt

Neustadt

Speyer

Edenkoben

Germersheim

Annweiler

Landau

Bad Bergzabern

Kandel

Wörth

KARLSRUHE

0 2 4 6 8 10 km

Stand: 8/89

209

motorisiertes Individualverkehrsmittel. Aus diesem Grund ist eine Mindestbedienung mit öffentlichen Verkehrsmitteln im Rahmen der Daseinsvorsorge unverzichtbar.

Dessenungeachtet gehört die flächendeckende Erschließung einer Region mit öffentlichen Verkehrsmitteln auch zu den zentralen Standortvoraussetzungen für die gewerbliche Wirtschaft. Die mangelhafte Erschließung der Fläche mit öffentlichen Verkehrsmitteln wird vielfach als bedeutsamer und schwerwiegender Standortnachteil ländlicher Regionen bezeichnet.

Daneben gibt es vielfältige Gründe des Allgemeinwohls, das Aufkommen des motorisierten Individualverkehrs zugunsten öffentlicher Verkehrsmittel zu reduzieren. Nur beispielhaft wird auf die Umweltbelastung, die ungünstige Energiebilanz sowie die Unfallgefahren verwiesen, die vom motorisierten Individualverkehr ausgehen und die insgesamt mit erheblichen sozialen Kosten verbunden sind" (Planungsgemeinschaft Trier 1994).

Als für die Entwicklung der Region wesentliches straßenverkehrliches Planungsinstrument wird in den Regionalplänen von Baden-Württemberg und Rheinland-Pfalz ein funktionales Straßennetz festgelegt. Es soll einer umweltverträglichen Raumerschließung und der Förderung der angestrebten Raumstruktur dienen sowie eine wichtige Aufgabe im Zusammenwirken mit anderen Transportsystemen übernehmen. Verkehrsplanung wird hier als Mittel zur Verwirklichung der Ziele der Raumordnung und Landesplanung verstanden und geht insoweit von der funktionalen Gliederung des Raumes aus. Das funktionale Straßennetz einer Region umfaßt in Baden-Württemberg in Anlehnung an die zentralörtliche Gliederung und unter Berücksichtigung der Kategorie der Verdichtungsräume in einer Art Abstufung folgende drei Kategorien:

Kategorie I:
Straßen für großräumigen Verkehr; dazu gehören Straßen mit überwiegenden Verbindungsfunktionen auf oberzentraler Ebene sowie mit wichtigen Urlaubsgebieten.

Kategorie II:
Straßen für überregionalen/regionalen Verkehr; dazu gehören Straßen mit überwiegenden Verbindungsfunktionen auf Ebene der Mittelzentren.

Kategorie III:
Überwiegend zwischengemeindliche Verbindungen von Unter- und Kleinzentren und Anbindungen an Erholungsgebiete.

Ein wesentlich neues Planelement zur Koordination von Verkehrs- und Kommunikationsinfrastrukturen im Regionalplan können die Förderung und Bestimmung von Verknüpfungen verschiedener Transportsysteme und Verkehrsmittel sein, um zusammenhängende leistungsfähige Transportketten und -netze zu erhalten. Der Regionalplan Unterer Neckar 1992 nennt Beispiele für die Verknüpfung folgender Verkehrssysteme:

- flächenerschließende, private (Fahrrad, Pkw) und liniengebundene öffentliche Nahverkehrsmittel (ÖPNV), z.b. an Park-and-Ride-Haltestellen;
- Verkehrssysteme des öffentlichen Personennahverkehrs (ÖPNV) und des öffentlichen Personenfernverkehrs (Schnellbahnen, Luftverkehr), z.b. IC-Knotenbahnhof Mannheim;
- Schienenpersonenfernverkehr und Luftverkehr, z.b. am Flughafen Frankfurt;
- die Gütertransportsysteme Eisenbahn, Straßengüterverkehr und Binnenschiffahrt, z.b. in Güterverkehrszentren, Güterverteilzentren, Logistikzentren, Postfrachtzentren, Containerbahnhöfen, Rangierbahnhöfen.

Um durch die Kooperation zwischen den Verkehrssystemen und Verkehrsträgern eine optimale Wirksamkeit zu erreichen, müssen diese durch infrastrukturelle, organisatorische, logistische sowie informations- und kommunikationstechnische Maßnahmen unterstützt werden.

3.1.3 Flächen- und Standortvorsorge für flächenintensive und raumbeanspruchende Nutzungen

Auf dem Hintergrund sich verstärkender Konkurrenzen um zunehmend knapper werdende Flächenpotentiale wird sich die Regionalplanung künftig stärker als bisher mit konkreten flächenbezogenen Planaussagen befassen müssen. Dabei wird es nicht zuletzt auch darum gehen, zusammen mit den ebenfalls zu verdichtenden Planinhalten zur Sicherung und Entwicklung von Freiraumfunktionen ein Bündel von Planelementen zu schaffen, das langfristige Optionen für siedlungsstrukturelle Entwicklungen offenhält.

Standortvorsorge unterscheidet sich von den traditionellen Standortbestimmungen der Regional- und Landesplanung dadurch, daß neben der Nennung des Makrostandortes auch der Mikrostandort bereichsscharf in der Karte des Regionalplanes dargestellt und als Vorrang- oder Vorbehaltsgebiet bezeichnet wird.

Konkrete Flächen- oder Bereichskennzeichnungen sind für die Regionalplanung keine grundlegend neuen Planelemente. Für bestimmte Nutzungsansprüche, insbesondere für Gewerbe und Wohnen, gehören sie in vielen Bundesländern zu den standardisierten Inhalten eines Regionalplanes. Häufig handelt es sich dabei aber lediglich um nachrichtliche Darstellungen aus Flächennutzungsplänen, bei denen zudem die Unterscheidung zwischen „Bestand" und „künftiger Siedlungsentwicklung" oft nicht möglich ist. Nur selten - so z.B. bei den sog. „Siedlungszuwachsflächen" der hessischen Regionalplanung - handelt es sich um eigenständige konzeptionelle Beiträge der Regionalplanung.

Die Abstimmungsprozesse insbesondere nach der Beteiligung der Träger öffentlicher Belange und der Offenlegung des Planentwurfes sowie die Diskussion in den politischen Gremien führen zu einer allgemeinen Akzeptanz des siedlungsstrukturellen Konzeptes und der einzelnen Zuwachsflächen. Der Regionalplan darf hier jedoch keinesfalls als statischer, keiner Anpassung mehr zugänglicher Plan verstanden werden. Die Zulassung von Abweichungen muß - in begründeten Einzelfällen - nach einem förmlichen Beteiligungsverfahren und mit Zustimmung des Trägers der Regionalplanung möglich sein (vgl. Kap. A.2.1).

Die Siedlungszuwachsflächen stehen den Gemeinden für ihre Siedlungsplanung zur Verfügung. Andere Ansprüche müssen hier zurücktreten. Die Flächen werden ohne zeitliches Limit vorgehalten. Allerdings ist die Ausweisung der Siedlungszuwachsflächen auch eine Verpflichtung für die Gemeinden, ihre Bauleitplanung aktiv den Zielen der Regionalplanung anzupassen.

Im Vergleich zu den oben dargestellten Formen siedlungsstruktureller Vorgaben im Regionalplan (ohne verbindlichen Zielcharakter) wird mit der Flächenvorsorge als „Ziel der Regional- und Landesplanung" eine für die Gemeinde wichtige Planungssicherheit erreicht. In Regionen, in denen die unterschiedlichen Nutzungsansprüche stark miteinander konkurrieren, ist diese Planungssicherheit gleichzeitig für die Umsetzung des siedlungsstrukturellen Konzeptes erforderlich.

Die systematische Weiterentwicklung der regionalplanerischen Instrumente zur Standortvorsorge ist mit einer Reihe von inhaltlichen und methodischen Fragen verbunden. So ist u.a. zu klären,

-   nach welchen Gesichtspunkten die in Regionalplänen mit der Zielsetzung der Standortvorsorge darzustellenden Nutzungsansprüche ausgewählt werden,
-   welche Nutzungen demnach überhaupt für eine regionalplanerische Standortvorsorge in Frage kommen,
-   inwieweit eine strukturräumliche Differenzierung beim Einsatz von Standortvorsorgekonzepten angebracht ist,
-   wie die inhaltliche, planungsmethodische und begriffliche Abgrenzung zum Instrumentarium der Flächennutzungsplanung erfolgen soll und
-   wie man dem besonderen Kooperationsbedarf mit den betroffenen Standortgemeinden gerecht werden kann.

Bei allen Überlegungen zur Weiterentwicklung von Standortvorsorgekonzepten für die Regionalplanung ist zu beachten, daß der qualitative Anspruch an die methodische Fundierung entsprechender Planinhalte gegenüber bisherigen, was die räumliche Konkretisierung angeht, deutlich abstrakteren Planaussagen wesentlich höher ist. Mit der räumlichen Konkretisierung wächst insbesondere die Notwendigkeit einer sorgsamen und umfassenden Abwägung mit konkurrierenden Raumansprüchen und damit ganz generell der Informationsbedarf für die Regionalplanung.

Angesichts der begrenzten personellen und finanziellen Ressourcen bei den Trägern der Regionalplanung ergibt sich aus diesen Anforderungen zwangsläufig die Notwendigkeit, das Instrument der Standortvorsorge nur sehr selektiv einzusetzen.

3.1.3.1 Für die regionalplanerische Standortvorsorge relevante Nutzungsansprüche

Neben den oben bereits genannten Argumenten spricht auch das in Deutschland geltende gegliederte und hierarchisch geordnete Planungssystem gegen eine zu viele Nutzungsansprüche erfassende Standortvorsorge in der Regionalplanung. Es sollte auch eine Trennungslinie zur (meist intensiver zu betreibenden) kommunalen Flächennutzungsplanung bestehen bleiben.

Die bislang bekannten Beispiele regionalplanerischer Standortvorsorge lassen jedoch noch keine klaren Auswahlprinzipien für die so behandelten Nutzungsansprüche erkennen. Häufig scheint ein mehr oder weniger akuter Problemdruck in der jeweiligen Region der Auslöser für entsprechende Initiativen zu sein.

Folgende Gesichtspunkte könnten bei einer systematischen Bestimmung der Nutzungsansprüche, die für regionale Standortvorsorgekonzepte in Frage kommen, relevant sein:

- Nutzungen mit regionaler Bedeutung: Regionalplanerische Standortvorsorge wird sich in jedem Fall auf Nutzungen beschränken, deren Bedeutung über den örtlichen Rahmen der Standortgemeinde hinausgeht. Dort, wo es sich um infrastrukturelle Einrichtungen handelt, läßt sich überörtliche Bedeutung sehr leicht mit den Methoden der klassischen Zentralitätsforschung (z.B. Bedeutungsüberschußmethode) bestimmen. In anderen Fällen, wie z.B. der Standortvorsorge für Gewerbe und Industrie oder für Wohnungsbauvorhaben, wird die Größenordnung in Relation zur örtlichen Nachfrage nach zusätzlichen Arbeitsplätzen oder Wohnraum die nötigen Anhaltspunkte liefern müssen.

- Nutzungen mit besonderen Standortanforderungen: Regionale Standortvorsorge sollte nur Nutzungen einbeziehen, die besondere Anforderungen an die Qualität des Standortes stellen. Dabei darf es sich nicht nur um Makrostandortfaktoren handeln, die von der Regionalplanung auch bei anderen Planelementen einbezogen werden, sondern die besonderen Anforderungen müssen sich auch auf die Gegebenheiten des jeweiligen Mikrostandortes beziehen. Nur so läßt sich der mit der Standortvorsorge verbundene Eingriff in die städtebauliche Entwicklung der Standortgemeinde begründen.

Von „besonderen" Standortanforderungen wird immer dann auszugehen sein, wenn es sich um Bedingungen handelt, die in einer Region an nur wenigen Standorten erfüllt werden können, die damit als regionale Engpaßfaktoren angesehen werden müssen. Dabei wird es immer regionale Unterschiede geben. So kann in einer Region mit einer insgesamt ungünstigen internen Verkehrserschließung der Faktor „verkehrliche Lagegunst" dominant sein, während in einer anderen Region aufgrund ihrer Lage in einer Mittelgebirgslandschaft der Faktor „Topographie" entscheidend wird.

Hier wird bereits deutlich, daß eine von den konkreten regionalen Bedingungen losgelöste Festlegung der für Standortvorsorgekonzepte in Frage kommenden Nutzungen nicht sinnvoll sein kann.

- Nutzungen mit großem Flächenbedarf: Bei diesem Aspekt handelt es sich streng genommen um einen Teilaspekt der bereits oben angesprochenen besonderen Standortanforderungen. Er bedarf deswegen einer besonderen Hervorhebung, da er in der bisherigen Diskussion um Standortvorsorgekonzepte immer als zentrales Anliegen derartiger Ansätze beschrieben wurde. In der Tat ist der quantitative Flächenanspruch gerade in Räumen mit dichter Besiedelung häufig der entscheidende Grund für den Einsatz von Standortvorsorgekonzepten.
Aus dieser Erkenntnis sollte jedoch nicht der Rückschluß gezogen werden, daß für Nutzungen mit geringerem Flächenbedarf in keinem Fall Standortvorsorge getroffen werden müßte. Eine Grenze nach unten kann sicher dort gefunden werden, wo der regionalplanerische Darstellungsmaßstab einen Standort nicht mehr bereichsscharf abbilden kann.

- Nutzungen mit geringer Akzeptanz: Eine besondere Notwendigkeit zur regionalen Standortvorsorge besteht häufig auch bezogen auf Nutzungen, die von der Bevölkerung im Umfeld potentieller Standorte abgelehnt werden. Standortvorsorgekonzepten kommt hier auch die Aufgabe zu, ausgleichend im Sinne eines Vorteils- und Lastenausgleichs zu wirken, um somit die Akzeptanz für unbeliebte Standortentscheidungen beispielsweise im Bereich der Abfallbeseitigung oder der Energiegewinnung zu erhöhen.

- Nutzungsansprüche mit hoher gesellschaftspolitischer Relevanz: Standortvorsorge sollte sich auf Nutzungsansprüche beschränken, für die ein allgemein anerkannter Bedarf besteht, dessen Befriedigung einen Beitrag zur positiven ökonomischen, sozialen und ökologischen Entwicklung der Region leistet. Obwohl es im Einzelfall immer schwierig sein wird, hier zu klaren Grenzziehungen zu kommen, läßt sich sicher ein breiter Konsens über bestimmte, von vornherein auszuschließende Nutzungsansprüche herbeiführen. Als Beispiele seien hier denkbare Standortvorsorgekonzepte für großflächige Einzelhandelsvorhaben oder flächenintensive Freizeiteinrichtungen genannt, deren Standorte die Regionalplanung besser mit anderen Instrumenten zu steuern versuchen sollte.

Auf der Grundlage der oben dargestellten Gesichtspunkte lassen sich - keineswegs abschließend oder allgemeingültig - wesentliche Nutzungsbereiche abgrenzen, für die regionale Standortvorsorgekonzepte mit Priorität eingesetzt werden sollten; dabei scheinen vor allem folgende Sachbereiche im Vordergrund zu stehen:

- Gewerbe- und Industriestandorte,
- Dienstleistungszentren,
- größere Bereiche für die Wohnbauentwicklung (nur in Räumen mit großem Wohnungsbedarf),

- Standortbereiche für regionalbedeutsame Ver- und Entsorgungseinrichtungen,
- Bereiche mit besonderer Bedeutung für die Gewinnung erneuerbarer Energien (insbesondere Windkraft und Sonnenenergie).

Im folgenden Abschnitt soll einer dieser Bereiche, nämlich der der Gewerbe- und Industriestandorte, einer intensiveren Betrachtung unterzogen werden.

3.1.3.2 Standortvorsorge für regionalbedeutsame Gewerbe- und Industrieflächen

Die Frage nach quantitativ und qualitativ gesicherten Gewerbe- und Industrieflächen steht spätestens seit Beginn des EG-Binnenmarktes hoch im Kurs und verlangt nach Lösungsansätzen, um sich als Wirtschaftsstandort Deutschland gegenüber der zunehmenden europäischen Konkurrenz behaupten zu können. Daher wird im folgenden auf die inzwischen in der Planungspraxis verbreiteten Standortvorsorgekonzepte näher eingegangen. Entsprechende Ansätze wurden sogar schon auf Landesplanungsebene vorbereitet (z.B. LEP VI aus NRW).

Grundlegende und auch für die Regionalplanung relevante Vorschläge zur Entwicklung von Standortvorsorgekonzepten für Gewerbe und Industrie finden sich im Abschlußbericht der Expertenkommission „Standortvorsorge und Flächensicherung", deren Vorschläge 1990 (Innenministerium Baden-Württemberg 1990) veröffentlicht wurden.

Die Kommission schlägt dazu konkret eine zwischen Landes- und Regionalplanung arbeitsteilig angelegte Vorgehensweise vor: Demnach soll das Land drei große Standorte mit mindestens 100 ha für großflächige Industrieansiedlungen sowie drei bis fünf mittelgroße, besonders attraktive Einzelflächen für die Errichtung hochwertiger Dienstleistungsbetriebe vorhalten, während die Regionalverbände verpflichtet werden sollen, in jeder Region mindestens einen Standort in der Größenordnung um 30 ha regionalplanerisch zu sichern.

Konkrete Standortvorschläge werden von der Expertenkommission nicht unterbreitet; statt dessen werden methodische Hinweise insbesondere im Hinblick auf die für die Standortentscheidungen relevanten Kriterien unter Berücksichtigung unterschiedlicher Anforderungsprofile von großen Produktionsbetrieben und von Dienstleistungsunternehmen gegeben.

Die in den o.g. Empfehlungen angesprochene Vorgehensweise kann durchaus als richtungsweisend für die inhaltliche Ausgestaltung von konzeptionellen Ansätzen der Regionalplanung zur Standortvorsorge für gewerblich-industrielle Nutzungen angesehen werden. In ihr erscheint zunächst einmal die enge inhaltliche und methodische Abstimmung zwischen Regional- und Landesplanung über eine gemeinsame Grundstruktur der Standortvorsorge. Naheliegend ist, daß

- zwischen „landesweit oder überregional bedeutsamen" und „regional bedeutsamen" Standorten unterschieden wird;
- die Entscheidung über die Makrostandorte je nach Bedeutung des Standortes entweder von der Landes- oder der Regionalplanung getroffen wird;
- die bereichsscharfe Konkretisierung aller Standorte der Regionalplanung überlassen wird.

Im Vorfeld der Erarbeitung einer derartigen Konzeption sollten zunächst die unterschiedlichen Standorttypen definiert und mit mehr oder weniger konkreten Standortanforderungen versehen werden. Diese Anforderungsprofile dienen einerseits der Präzisierung der Beschreibung der vorgesehenen Standortkategorien, sie bieten andererseits bereits die Grundlage für die planungsmethodische Auswahl der Standorte. Selbstverständlich sind diese Anforderungsprofile den jeweiligen Standortbedingungen in der Region anzupassen. Sie können z.B. folgende Kriterien beinhalten:

Raum- und siedlungsstrukturelle Lage:
- Funktionale Zuordnung (Nähe zu Zentralen Orten, Arbeitskräftepotential im Umfeld)
- Konflikte mit Freiraumnutzungen (Landwirtschaft, Forstwirtschaft, Rohstoffgewinnung)

Eignung des Mikrostandortes:
- Kosten der äußeren Erschließung (Kanal, Wasser, Strom und Gas)
- Topographie (Hangneigung, topographische Besonderheiten)
- Verfügbarkeit (Anteil und Größe des öffentlichen Besitzes an der untersuchten Fläche)

Verkehrliche Lagegunst:
- Straßenanbindung (Lage zu vorh. und/oder geplanten Bundesautobahnen, Anzahl der bis zur nächsten Anschlußstelle zu durchfahrenden Ortschaften)
- Schienenanschluß (Möglichkeit des unmittelbaren Gleisanschlusses, Entfernung zum nächsten Tarifpunkt des Schienengüterverkehrs)
- Öffentliche Verkehre (Entfernung zum nächsten internationalen Flughafen, Entfernung zum nächsten ICE/IC - Haltepunkt, Anbindung an lokale ÖPNV-Linien)
- Wasserstraßen (Möglichkeit des unmittelbaren Zuganges zu einer Bundeswasserstraße, Entfernung zum nächsten Binnenhafen)

Umweltkonflikte:
- Arten- und Biotopschutz (Nachbarschaft oder Überlagerung mit Schutzgebieten oder mit als bes. schutzwürdig kartierten Biotopen, Überlagerungen mit regional bedeutsamen Elementen einer Konzeption zur Biotopvernetzung)
- Wasserschutz (Lage in oder in der Nähe von Wasser- oder Heilquellenschutzgebieten, Lage in Hochwasserschutz- oder -gefährdungsgebieten oder in Wasservorranggebieten der Regionalplanung)
- Klimaschutz (Lage in bedeutsamen lokalklimatischen Funktionsräumen, Lage in Gebieten mit besonderer lokalklimatischer Empfindlichkeit, Nähe zu Siedlungen mit besonderer lokalklimatischer Vorbelastung)
- Landschaftsbild und Erholung (Lage in Schutzgebieten, Lage in Gemeinden mit besonderen Erholungsfunktionen, Lage in Gebieten mit standortangepaßter Kulturlandschaftsprägung, Lage in Gebieten besonderer visueller Empfindlichkeit)
- Immissionsschutz (Nähe zur Wohnbebauung oder zu anderen immissionsempfindlichen Nutzungen, Lage im Immissions- bzw. Lärmschutzwald)
- Boden (Schutz seltener Bodenstrukturen, Erhaltung natürlicher Bodenfunktionen)

Auf der Basis derartiger Standortfaktoren sollte zunächst in Form einer „Leitlinie" Einvernehmen über die mit den unterschiedlichen Standortkategorien verbundenen Standortanforderungen erzielt werden. In der Regel ist es einfacher, eine Diskussion über diese Anforderungen zunächst theoretisch ohne den konkreten Bezug zu Einzelstandorten zu führen. Erst danach sollte der konkrete regionalplanerische Such- und Bewertungsprozeß einsetzen.

Die Entwicklung einer regionalplanerischen Standortvorsorgekonzeption für neue Gewerbe- und Industriestandorte könnte in drei Phasen erfolgen:

- Suchphase: Gemeinsam mit den Trägern der Bauleitplanung werden potentielle Bereiche ermittelt, die in die vorbereitenden Untersuchungen einbezogen werden. Auf der Grundlage der zuvor definierten „Mindestanforderungen" werden die Standorte einer Vorprüfung unterzogen, in der bereits die Bereiche ausgeschlossen werden, die diese Anforderungen offenkundig nicht erfüllen können.

- Festlegung der Bewertungs- oder Untersuchungsmethode, Durchführung der Bewertung: Der oben bereits dargestellte Kriterienkatalog bildet die Grundlage für die Entwicklung eines geeigneten Bewertungsansatzes. Aufgrund ihrer Transparenz und der damit verbundenen Nachvollziehbarkeit empfehlen sich einfache nutzwertanalytische Ansätze auf einem möglichst niedrigen Skalierungsniveau, um die Alternativstandorte hinsichtlich ihrer Standorteignung vergleichbar zu machen.

- Um den Bewertungsprozeß möglichst flexibel zu gestalten, sollten die erforderlichen Meß- und Bewertungsvorschriften rechnergestützt entwickelt werden. Dies bringt den Vorteil, daß in der anschließenden regionalpolitischen Diskussion über die Bewertungsergebnisse einzelne Komponenten der Bewertung (Grenzwerte, Gewichtungen, Meßvorschriften) mit vertretbarem Aufwand geändert und Neuberechnungen durchgeführt werden können.

- Regionalplanerische Entscheidungsphase: Der eigentliche regionalpolitische Entscheidungsprozeß sollte sich an den Ergebnissen der Eignungsbewertung orientieren, das Bewertungsergebnis kann jedoch den Entscheidungsprozeß nicht ersetzen. In diesem Zusammenhang sind auch Grundsatzentscheidungen über die großräumige Verteilung der Standorte zu treffen. Es kann z.B. durchaus vorkommen, daß die Standortbewertung aufgrund spezifischer Gegebenheiten in bestimmten Teilräumen einer Region (günstige Topographie, Bündelung von Verkehrsinfrastrukturen) zu einer Konzentration der Standorte in diesen Teilbereichen führt.

In diesem Fall ist zu klären, ob man die Standortvorteile dieses Teilraumes gezielt nutzen und damit eine Konzentration der Standorte in Kauf nehmen will oder ob statt dessen eine stärkere Dezentralisierung der Gewerbeschwerpunkte angestrebt wird, die zwangsläufig die Berücksichtigung auch weniger gut geeigneter Standorte erfordert.

In diesem Zusammenhang stellt sich auch die Frage, inwieweit derartige Konzepte zur Standortvorsorge eine Quantifizierung der voraussichtlichen Nachfrage nach gewerblichen Bauflächen voraussetzen. In der regionalpolitischen Diskussion um entsprechende Konzepte wird in den meisten Fällen sehr schnell die Frage aufgeworfen,

Abb. 12: Teilfortschreibung ROPl Trier - Bereich Gewerbe und Industrie - Übersichtskarte

13: Teilfortschreibung ROPl Trier - Bereich Gewerbe und Industrie -
Neue Gewerbestandorte mit regionaler bzw. landesweiter Bedeutung

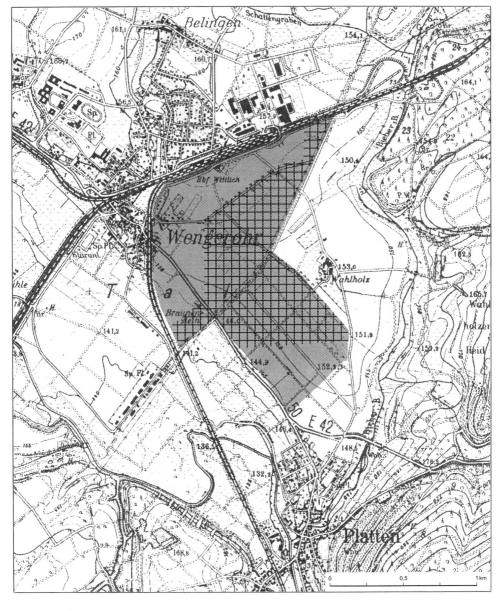

Vorrangbereich für die gewerbliche Entwicklung

Vorbehaltsbereich für die gewerbliche Entwicklung

Ortsgemeinde: Wittlich / Platten

Landkreis: Bernkastel - Wittlich

Verbandsgemeinde: Wittlich Stadt / Wittlich Land

Erhalt   Sanierung   Entwicklung

Flächen für den Arten- und Biotopschutz

für den regionalen Biotopverbund
unverzichtbare Flächen

für den regionalen Biotopverbund
bedeutsame Flächen

Flächen für den Schutz des Landschaftsbildes / Erholungseignung

regional bedeutsame
schutzwürdige Landschaftsbilder /
historische Kulturlandschaften

unzerschnittene verkehrsarme Räume

Gebiete mit bedeutsamer Nachfrage
nach Erholungsqualitäten

Flächen für den Schutz des Bioklimas

bioklimatisch übergeordnet bedeutsamer
Belastungsraum (großräumig)

bioklimatischer Funktions- / Ausgleichsraum
für übergeordnet bedeutsame Belastungsgebiete

Flächen für den Schutz von Boden und Grundwasser

bedeutsame Grundwasser- und
Oberflächenwasservorkommen /
empfindliche Gebiete

durch landwirtschaftliche Intersivnutzungen
großräumig vorbelastete Gebiete /
waldarme Gebiete

besonders pufferschwache, zu Boden- und
Gewässerversauerung neigende Gebiete

Übergeordnete Ziele durch Rechtsverordnungen

L   Landschaftsschutzgebiet   NP   Naturpark
N   Naturschutzgebiet   NPK   Naturpark-Kernzone

Stand: 9/1993

Abb. 14: Teilfortschreibung ROPl Trier - Bereich Gewerbe und Industrie -
Landespflegerischer Planungsbeitrag nach § 16 LPflG

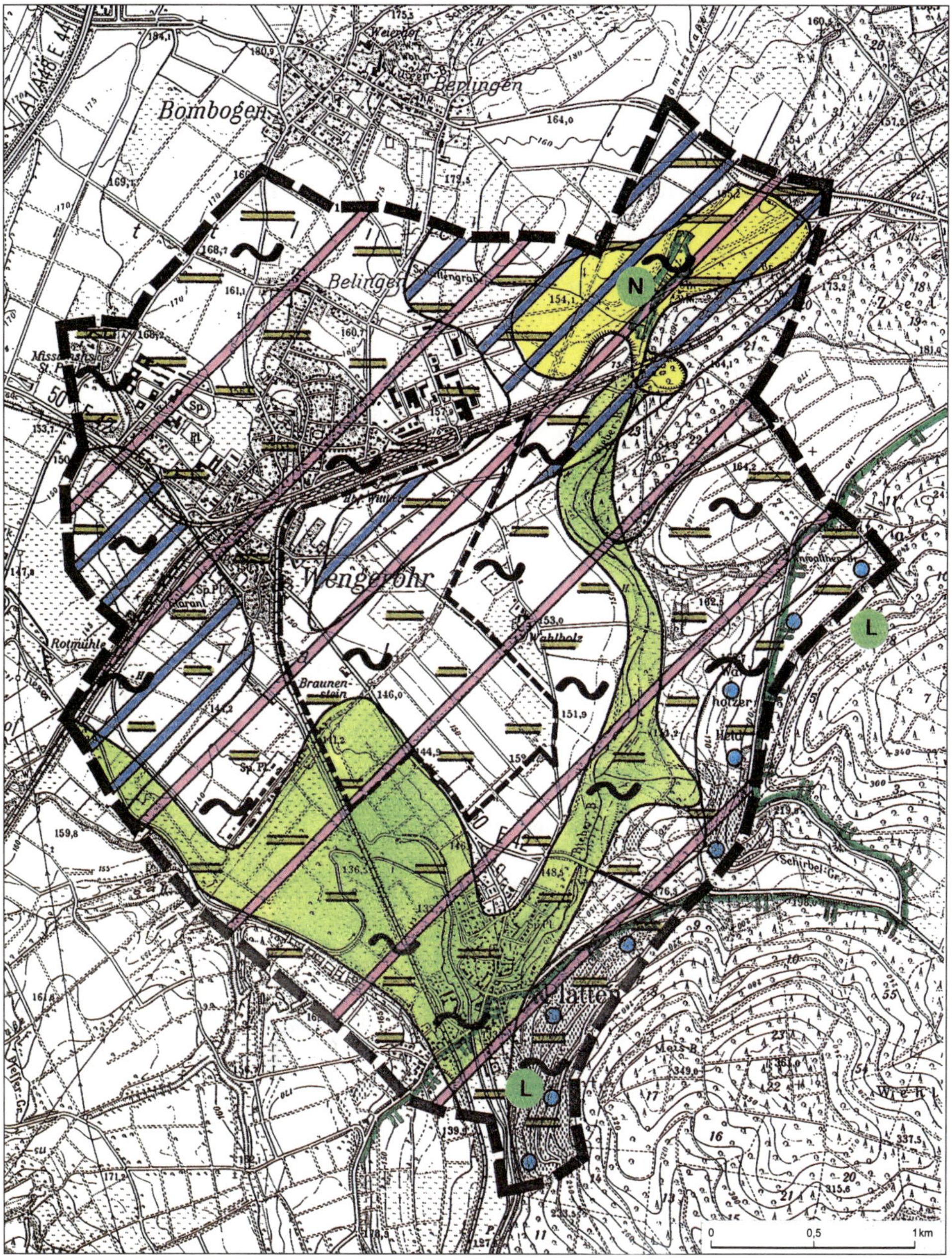

„wieviel" Standortvorsorge für neue Gewerbe- und Industrieflächen überhaupt erforderlich sei.

Die Bedeutung dieser Fragestellung ist räumlich differenziert zu bewerten. Während in strukturschwachen ländlichen Räumen Standortvorsorge nicht zuletzt als wichtiges Instrument der regionalen Wirtschaftsförderung angesehen und daher vorwiegend angebotsorientiert eingesetzt wird, dominiert in strukturstärkeren Verdichtungsräumen die Nachfrageorientierung einer derartigen Konzeption. Im letzten Fall wird man sich daher stärker mit der künftigen Gewerbeflächennachfrage beschäftigen müssen als in ländlichen Räumen.

Die besonderen methodischen Probleme bei der Bedarfsabschätzung für Gewerbe- und Industrieflächen sind bekannt. Entsprechende Ansätze unterscheiden meist zwei Nachfragekomponenten:

- Flächennachfrage aus dem vorhandenen Besatz infolge von Betriebserweiterungen oder kleinräumigen Betriebsverlagerungen und
- Flächennachfrage „von außen" oder infolge von Betriebsneugründungen.

Die erste Komponente ist empirisch noch relativ einfach zu fassen, da sie von Betrieben ausgeht, die bereits in der Region ansässig sind. Häufig versucht man, deren Wünsche und Planungen im Hinblick auf zusätzliche Flächen unmittelbar zu erfragen. Obwohl die Standortplanungen der gewerblichen Wirtschaft oft erstaunlich kurzfristig angelegt sind und zudem sehr stark von konjunkturellen Stimmungslagen beeinflußt werden, so daß die Ergebnisse entsprechender Befragungen mit erheblichen Unsicherheiten befrachtet sind, bieten sie dennoch gewisse Hinweise auf Umfang und Art der künftigen Flächennachfrage.

Methodisch noch weitaus schwieriger gestaltet sich die Quantifizierung der „Außennachfrage" nach gewerblichen Flächen. Klassische Verfahren zur Bedarfsabschätzung, wie sie beispielsweise zur Ermittlung des Wohnbaulandbedarfes eingesetzt werden, sind dazu nicht geeignet. Wie oben bereits angedeutet, rückt an dieser Stelle die regionalpolitische Dimension der gewerblichen Standortvorsorge in den Vordergrund. Die Quantifizierung des Flächenangebotes wird in erster Linie davon abhängig sein, in welchem Maße man zusätzliche Betriebe mit einem attraktiven Flächenangebot in die Region locken will.

Zuweilen trifft man in diesem Zusammenhang auch auf Überlegungen, die am künftigen Arbeitsplatzbedarf ansetzen.

Insgesamt darf die Bedeutung der Bedarfsfrage für die Standort- und Flächenvorsorge nicht überbewertet werden. Regionalplanerische Konzepte zur Standort- und Flächenvorsorge sind langfristig orientiert. Es geht primär um die vorsorgliche Sicherung von Standortpotentialen, die ganz bewußt auch unabhängig von kurz- oder auch mittelfristig zu erwartenden Nachfragepotentialen betrieben werden soll.

3.1.4 Planelemente zur Sicherung und Entwicklung von Freiraumfunktionen

Der Beitrag der Regionalplanung zur Sicherung und Entwicklung von Freiraumfunktionen ist bereits heute unbestritten hoch. Die Regionalplanung nimmt in Verbindung mit der Landschaftsplanung wesentliche Aufgaben der Umweltvorsorge wahr, indem entsprechende Ziele der Landschaftsrahmenplanung entweder im Sinne der sog. Sekundärintegration bei der Aufstellung von Regionalplänen als wesentliche Rahmenbedingungen beachtet bzw. instrumentell umgesetzt werden oder indem im Rahmen der sog. Primärintegration der Regionalplan selbst die Aufgaben des landespflegerischen Fachplans auf regionaler Ebene übernimmt.

Die optimale Erfüllung dieser Aufgaben erfordert geeignete Planungsinstrumente und entsprechende Planungsmethoden (vgl. Kap. A.2.1). Hier sind zweifelsohne noch Entwicklungsspielräume gegeben, die ausgefüllt werden müssen. Kritische Analysen der bisherigen Planungspraxis zeigen, daß Anspruch und Wirklichkeit im Bereich des Freiraumschutzes und der Freiraumentwicklung in der Regionalplanung häufig noch weit auseinander klaffen.

Kistenmacher et al. (1993, S. 127ff) kritisieren auf der Grundlage einer breit angelegten Analyse regionalplanerischer Praxisbeispiele vor allem

- die häufig unklaren Zielformulierungen und die damit verbundene unzureichende instrumentelle Wirkung der eingesetzten Planelemente,
- die teilweise unklaren Regelungen bezüglich der räumlichen Überlagerungsmöglichkeiten der einzelnen Freiraumschutzkategorien,
- die unzureichende Unterscheidung zwischen originär regionalplanerischen Festlegungen und nachrichtlichen Übernahmen von fachrechtlichen Festlegungen,
- methodische Defizite in der wissenschaftlichen Fundierung einzelner Festlegungen sowie
- Schwächen in der räumlichen Konkretisierung und der kartographischen Darstellung der Freiraumvorränge.

Ähnliche Ansätze zur Kritik an der bisherigen Planungspraxis äußern Finke et al. (1993, S. 30f). Neben den bereits genannten Punkten wird hier vor allem auf die unzureichende Einbeziehung präziser Umweltqualitätsziele und -standards verwiesen; außerdem - und das ist für die Weiterentwicklung des Instrumentariums von zentraler Bedeutung - wird beklagt, daß die bisherigen Planelemente der Regionalplanung zu einseitig auf die Sicherung von Naturraumpotentialen und zu wenig oder überhaupt nicht auf die Sanierung oder Entwicklung von Potentialen bezogen seien.

Die nachfolgenden Vorschläge zur Weiterentwicklung der freiraumbezogenen Planelemente setzen an diesen Kritikpunkten an. Im Mittelpunkt der weiterführenden Überlegungen stehen daher folgende Aspekte:

- die Einbeziehung zusätzlicher Funktionsbereiche,

- die mögliche Erweiterung der mit den Freiraumfunktionen verbundenen Zieldimensionen,
- die Frage des instrumentellen Einsatzes von Umweltqualitätszielen.

Die regionalen Grünzüge und Siedlungszäsuren haben sich als Instrumente zur umfassenden Sicherung des Freiraumes vor Besiedlung insgesamt gesehen bewährt (vgl. Kap. A.2.1). Auf die Diskussion einiger in Betracht kommender inhaltlich-methodischer Verbesserungen kann hier verzichtet werden. Ihre zukünftige Anwendung als multifunktionale Planelemente in Regionalplänen ist weiterhin unbestritten (vgl. C.3.2).

3.1.4.1 Einbeziehung zusätzlicher Funktionsbereiche

Die wichtigsten Instrumente zur Aufnahme freiraumbezogener Inhalte in die Regionalpläne sind Vorrang- und Vorbehaltsgebiete für einzelne Freiraumfunktionen, deren begriffliche Unterscheidung zwischen 'Vorrang' und 'Vorbehalt' inzwischen als allgemeingültig angesehen werden kann (vgl. Kap. A.2.1.2). Es wird vorgeschlagen, in Verbindung mit diesen Begriffsteilen stets von '...bereichen' zu sprechen, um damit der Maßstabsebene der Regionalplanung auch begrifflich zu entsprechen. Die in diesem Zusammenhang häufig verwendeten Bezeichnungen wie '...gebiete' oder '...flächen' erwecken starke Assoziationen zur Baunutzungsverordnung und entsprechen damit der Maßstabsebene der Bauleitplanung.

Abb.15: Überblick über mögliche freiraumbezogene Planelemente in Regionalplänen

Funktionsbereich	Vorrangbereiche	Vorbehaltsbereiche
Rohstoffsicherung/ Rohstoffgewinnung	... für den Abbau von Rohstoffen	... zur langfristigen Sicherung wertvoller Rohstoffvorkommen
Erholung	... für naturnahe Erholung (oder sonstige spezielle Erholungsnutzungen)	... zur Förderung der Fremdenverkehrsentwicklung, ... für Naherholung
Klimaschutz	... zum Schutz von Kaltluftentstehungsgebieten, ... für den Kaltlufttransport	im Falle einer noch unzureichenden fachlichen Fundierung: ... für den Klimaschutz
Landwirtschaft		... für die Landwirtschaft
Forstwirtschaft	... für die Vergrößerung des Waldanteiles	
Naturschutz und Landschaftspflege	... für Naturschutz und Landschaftspflege	... für Naturschutz und Landschaftspflege
Grundwassersicherung	... für die Grundwassersicherung	... zum vorsorgenden Schutz von Grundwasservorkommen

Der aktuelle Diskussionsstand über die Erfordernisse zur Weiterentwicklung der freiraumbezogenen Planelemente wird in bezug auf die verschiedenen Funktionsbereiche von Kistenmacher et al. (1993) eingehend beschrieben. Daher wird auf eine differenzierte Diskussion dieser Erfordernisse an dieser Stelle verzichtet, und die Vorschläge werden in Abb. 15 zusammengefaßt dargestellt.

Ob für die in jüngster Zeit verstärkt in die Diskussion gebrachten Probleme des Bodenschutzes, des Klimaschutzes und des Landschaftsbildes eigene regionalplanerische Instrumente geschaffen werden müssen, wie es häufig gefordert wird, ist zu prüfen.

Die Regionalplanung steht dabei in einem schwierigen Spannungsfeld zwischen den Forderungen nach einer immer weitergehenden Differenzierung der freiraumbezogenen Planelemente auf der einen und den angesichts drohender Überfrachtungen der Pläne notwendigen Vereinfachungen auf der anderen Seite.

Funktionsbereich 'Klima'

Unbestritten ist, daß die Sicherung von siedlungsklimatisch besonders wichtigen Freiraumbereichen als vorrangige regionalplanerische Aufgabe anzusehen ist. Folgende konzeptionelle Ansätze kommen in diesem Funktionsbereich in Betracht (u.a. Kistenmacher et al. 1993, Schneider 1994):

- Regionale Grünzüge können auch die Aufgabe des Schutzes von Kaltluftentstehungsgebieten mit übernehmen. Insbesondere durch die Verhinderung von Besiedlung wird der Klimaschutz mit berücksichtigt, wobei umgekehrt auch die klimatische Funktion ein wesentliches Begründungselement für den Regionalen Grünzug darstellt.

- Unabhängig von der Ausweisung von Grünzügen kann sich das Erfordernis ergeben, sogenannte „Kaltluftentstehungsgebiete" als Vorränge zu kennzeichnen.

- Des weiteren können auch „Vorrangbereiche für Kaltlufttransport" ausgewiesen werden.

- Allerdings ist es auch denkbar, die instrumentelle Unterscheidung zwischen Kaltluftentstehung und -transport zugunsten einer zusammenfassenden Kategorie „Vorrangbereiche zur Sicherung klimatischer Ausgleichsleistungen" aufzugeben. Hierfür spricht insbesondere, daß die damit verbundenen Bindungswirkungen im Hinblick auf konkurrierende Nutzungen weitgehend identisch sind. Ergänzend dazu wird die Einführung von Sanierungszielen in diesem Funktionsbereich für erforderlich gehalten.

- Hinreichend begründbare Vorrangausweisungen im Funktionsbereich Klimaschutz setzen ausreichend gute fachliche Fundierungen voraus, die häufig in der entsprechenden räumlichen Konkretisierung nicht vorliegen. Deshalb kann es sich als sinnvoll erweisen, im Sinne einer vorläufigen Kennzeichnung entsprechende klimatisch bedeutsame Bereiche in Form von „Vorbehaltsbereichen für den Klimaschutz" in Regionalplänen darzustellen. Diese Ausweisungspraxis kann sich insofern auch als notwendig erweisen, um frühzeitig auf sich abzeichnende Konfliktpotentiale hinsichtlich des Klimaschutzes hinzuweisen.

Funktionsbereich 'Wasser'

Im Funktionsbereich 'Wasser' wird die Erweiterung des Funktionsbereiches im Hinblick auf die Themen 'Oberflächengewässer' und 'Retentionsvermögen' vorgeschlagen. Teilweise werden entsprechende Ansätze bereits in der Planungspraxis realisiert (z.B. Regionalverband Südlicher Oberrhein zum Thema Fließgewässer), teilweise ergeben sie sich aus den zunehmenden Erfordernissen des Hochwasserschutzes und den damit verbundenen Raumnutzungskonflikten.

Bezogen auf die instrumentelle Ausgestaltung der regionalplanerischen Zielsetzungen zu den Oberflächengewässern stellt sich allenfalls die Frage, inwieweit die hier im Vordergrund stehenden Ziele zum Zustand von Uferbereichen zu den im Freiraumbereich bislang ausschließlich flächenbezogenen Darstellungen des Regionalplanes gehören oder ob hier auch lineare Elemente in die Systematik der freiraumbezogenen Planelemente aufgenommen werden sollen.

Funktionsbereich 'Boden'

Mit den Bodenschutzprogrammen und den Bodenschutzkonzepten des Bundes und der Länder kamen weitere Ansprüche auf die fachlich orientierte Freiraumsicherung zu. Eigenständige Vorrangbereiche für den Bodenschutz sind bisher jedoch nur in Ansätzen erkennbar. Dies ist verständlich, wenn man den Boden unter dem Aspekt der Schutzwürdigkeit betrachtet. Die Art und Zusammensetzung des Bodens als stoffliche Ressource gibt nämlich keine Auskünfte über die Schutzwürdigkeit des Bodens; erst über die Fläche und über seine Funktion ist ein spezifischer Wert festzulegen (z.B. Boden als Grundlage für die landwirtschaftliche/forstwirtschaftliche Produktion, als Grundlage für die natürliche Vegetation, als Wasserfilter etc.).

Dennoch kann das bisherige Instrumentarium der Regionalplanung im Bereich 'Bodenschutz' eine grundlegende Erweiterung erfahren. Entgegen der bisherigen Auffassung, daß den Erfordernissen des Bodenschutzes in ausreichendem Maße durch bereits vorhandene Planelemente Rechnung getragen werden kann (z.B. Geyer 1987, S. 176), wird in letzter Zeit immer stärker die Forderung laut, spezifischen Aspekten des Bodenschutzes auch durch eigene Instrumente in der Regionalplanung nachzukommen. Dabei geht es in erster Linie um die Zielsetzung der Erhaltung natürlicher Bodenfunktionen sowie um den Schutz besonders erosionsgefährdeter Flächen.

Während im ersten Fall auch eine Verbindung mit entsprechenden Instrumenten als sinnvoll erachtet werden kann, scheiden im Hinblick auf die Erfordernisse des Erosionsschutzes alle Kombinationen mit anderen Funktionsbereichen aus. Hauptadressat für entsprechende Zielsetzungen ist die Landwirtschaft, die ohnehin nur in sehr begrenztem Umfang mit regionalplanerischen Instrumenten zu beeinflussen ist. Will man derartige Ausweisungen vornehmen, so müßten die mit dieser Vorrangkennzeichnung verbundenen Zielsetzungen besonders klar definiert werden.

Funktionsbereich 'Regenerative Energien'

Ein noch näher zu untersuchender Fragenkomplex stellt sich für die Regionalplanung im Bereich der Sicherung von Potentialen zur Gewinnung regenerativer Energien. In vielen Regionen ist die Raumordnung in letzter Zeit immer häufiger gefordert, neue Anlagen zur Energiegewinnung - insbesondere zur Gewinnung alternativer Energien, beispielsweise durch Windkraftanlagen - zu beurteilen. Da es sich dabei im weitesten Sinne um Naturraumpotentiale handelt, deren Nutzungsmöglichkeiten ggf. auch langfristig zu sichern sind, ist näher zu prüfen, inwieweit das freiraumbezogene Instrumentarium der Regionalplanung auch diesen Bereich aufnehmen sollte.

Die Standortvoraussetzungen für entsprechende Anlagen sind so speziell, daß sie an den wenigen, dafür geeigneten Standorten unbedingt gesichert werden sollten, um die Option auf die künftige Nutzung derartiger Ressourcen in jedem Fall zu bewahren.

Funktionsbereich 'Landschaftsbild'

Als letzter Bereich soll das Landschaftsbild bzw. das landschaftsästhetische Naturraumpotential angesprochen werden. Dies wurde in bisherigen Ansätzen immer im Zusammenhang mit Erholungsfunktionen oder dem Funktionsbereich Landschaftspflege behandelt. Die Diskussion über ein mögliches eigenständiges Planelement in diesem Bereich muß daher im Zusammenhang mit den beiden vorgenannten Funktionsbereichen geführt werden. Sollte die Entwicklung im Bereich Landschaftspflege - wie dies teilweise bereits erkennbar ist - noch stärker in die Richtung eines reinen Biotop- und Artenschutzes gehen und gleichzeitig die Kritik an den bestehenden Ansätzen zur Sicherung und Entwicklung von Erholungsfunktionen in Regionalplänen zu veränderten Ansätzen führen, gewinnt der Gedanke eines eigenständigen regionalplanerischen Ansatzes im Bereich „Landschaftsbild" sicher an Bedeutung.

3.1.4.2 Entwicklung neuer Zieldimensionen

Die freiraumbezogenen Planelemente waren bislang überwiegend darauf ausgerichtet, vorhandene Naturraumpotentiale und Freiraumfunktionen zu sichern und in ihrer Funktion zu erhalten. Folglich waren die mit diesen Planelementen verbundenen Zielaussagen in erster Linie als Restriktionen formuliert; sie waren gegen konkurrierende, mit der jeweiligen Freiraumfunktion unverträgliche Nutzungen gerichtet. Damit

besaßen die regionalplanerischen Konzepte zur Freiraumsicherung einen für viele Adressaten der Regionalplanung negativen Charakter und trugen nicht unwesentlich zum
Negativimage der Regionalplanung als „Verhinderungsplanung" bei.

Nicht nur aus diesem Grund erscheint eine Erweiterung der Zielsetzungen, die mit
dem freiraumorientierten Planungsinstrumentarium verbunden sind, dringend erforderlich. Die bisher dominierende konservative Orientierung muß stärker mit positiven
Ansätzen der Freiraumentwicklung verbunden werden.

Ebenso wie die Siedlungsstruktur ist auch der Freiraum ständigen Entwicklungen
und Veränderungen unterworfen. Es kann nicht Ziel der Regionalplanung sein, die
Struktur der Freiräume in einem bestimmten Stadium einzufrieren und jegliche Entwicklung zu verhindern. Vielmehr erscheint es erforderlich, die Gedanken der Freiraumentwicklung, vielleicht sogar eines „Freiflächenmanagements" in die regionalplanerischen Konzepte einzubeziehen.

Dies heißt nicht, daß der Schutz und die Sicherung von Freiraumfunktionen im Zielsystem der Regionalplanung künftig keine Bedeutung mehr besitzen. Sie werden lediglich durch neue Zieldimensionen ergänzt werden müssen.

Mittlerweile liegt bereits eine Reihe entsprechender Vorschläge zur Weiterentwicklung der Zieltypen im Freiraumbereich vor. Die in der Systematik aufwendigsten Vorstellungen entwickelten Finke et al. (1993, S. 65), die die Aufnahme von „vier Grund-
kategorien in den Katalog darzustellender Raumtypen innerhalb von Regionalplänen"
fordern. Im einzelnen seien folgende Kategorien erforderlich:

- Bereiche für den besonderen Schutz vorhandener Naturraumqualitäten,
- Bereiche mit dringendem Sanierungsbedarf,
- Bereiche mit dem Ziel der Entwicklung bestimmter Naturraumqualitäten,
- Bereiche mit Verschlechterungsverbot bezüglich der Umweltqualität.

Allerdings fehlen Aussagen darüber, für welche Naturraumpotentiale die Zielkategorien einzusetzen sind. Angesichts der großen Anzahl der vorgeschlagenen Zieltypen
erscheint jedoch ausgeschlossen, daß sämtliche Naturraumpotentiale gleichermaßen
von allen Zieltypen angesprochen werden sollen. Dies würde zweifelsohne zu einer
totalen Überfrachtung des Regionalplanes führen, die auch an die Grenzen der Dar-
stellungsmöglichkeiten im Plan stoßen müßte.

Die Zielkategorien Schutz, Entwicklung und Sanierung finden sich auch in den Vorschlägen von Langer et al. (1987, S. 44). Sie fordern unter Verweis darauf, daß eine
ökologisch orientierte Raumordnung in besonderem Maße auf die Sicherung der an
Freiflächen gebundenen Regulations- und Regenerationsleistungen abzielt, die Ergänzung der auf quantitative Erhaltung ausgerichteten Sicherung von Freiflächen durch
die qualitative bzw. funktionale Komponente der Sicherung ihrer Leistungsfähigkeit
über Ziele und Maßnahmen zur Sanierung und Entwicklung.

Im einzelnen werden die „Zieltypen" 'Sicherung', 'Sanierung' und 'Entwicklung' wie folgt umschrieben:

„In Sicherungsbereichen ist die derzeitige, potentialspezifische Ausprägung und Leistungsfähigkeit zu erhalten."

„In Sanierungsbereichen sind potentialspezifisch sowohl im bestehenden als auch im geplanten Nutzungsmuster Potentialkonflikte und potentielle Beeinträchtigungsrisiken zur Wiederherstellung der Leistungsfähigkeit abzubauen."

„In Entwicklungsbereichen sind kurz- bis v.a. langfristige Prozesse zu fördern/zu unterstützen und die potentialspezifische Leistungsfähigkeit allgemein zu optimieren" (Langer et al. 1993, S. 46).

Auch bei nur noch drei verschiedenen Zielkategorien stellt sich die oben bereits angesprochene Frage, ob die Systematik der freiraumbezogenen Planelemente insgesamt nicht doch zu unübersichtlich wird. Neben den damit verbundenen rein technischen Problemen in der Plandarstellung würde möglicherweise die Akzeptanz der Planaussagen darunter leiden, daß die Vielfalt der Planelemente für viele Planadressaten in ihren Unterschieden nicht mehr nachvollziehbar wäre.

Aus diesen Gründen ist zu überlegen, ob man nicht mindestens die beiden Zielkategorien „Sanierung" und „Entwicklung" zu einem Planelement zusammenfassen sollte. Beide Kategorien unterscheiden sich gegenüber der traditionellen „Sicherungsfunktion" der Planelemente dadurch, daß hier nicht die Bewahrung, sondern eine Veränderung der vorhandenen Situation angestrebt wird. Entweder soll eine unbefriedigende Umweltsituation verbessert werden ('Sanierung') oder einzelne Funktionen sollen in Teilräumen weiterentwickelt ('Entwicklung') werden, wobei es meist um die Herstellung von funktionalen Verbünden geht (z.B. Herstellung von Biotopverbundsystemen).

Für eine Verbindung der beiden Zielkategorien spricht auch ihr enger funktionaler Zusammenhang. So weisen auch Kiemstedt/Horlitz/Ott (1993, S. 130) darauf hin, daß viele Überlastungen des Naturhaushaltes zu irreversiblen Schäden geführt haben, die nur noch bedingt einer „Sanierung" zugänglich sind. Um solche Beeinträchtigungen und Risiken auszugleichen, seien in funktionaler Hinsicht geeignete Ausgleichs- und Entwicklungsmaßnahmen vorzunehmen, indem entwicklungsfähige Bereiche verbessert werden.

Ebenso weisen Langer et al. (1993, S. 49) auf inhaltliche, häufig aber auch räumliche Überlagerungen zwischen den Zieltypen 'Sanierung' und 'Entwicklung' hin.

Beide Zielkategorien sind nicht primär restriktiv ausgerichtet, indem lediglich konkurrierende Nutzungen eingeschränkt werden, sondern streben Veränderung an, erfordern in der Umsetzung mehr oder weniger konkrete Maßnahmen.

Am Beispiel des „Biotoppotentials" nennen Langer et al. (1993, S. 50) Beispiele für die Konkretisierung von Sanierungs- und Entwicklungszielen. Dabei geht es häufig bereits um die Nennung präziser Maßnahmen, die als „Ziel der Raumordnung" nicht in Frage kommen, sondern allenfalls exemplarisch in den Erläuterungen Erwähnung finden können. Aber auch diese Beispiele sprechen für eine konzeptionelle Koppelung der Sanierungs- und Entwicklungsziele.

Insgesamt betrachtet erweist sich für die Zukunft im Sinne einer Weiterentwicklung des Instrumentariums folgende Zweiteilung bei den freiraumbezogenen Planelementen als sinnvoll, nämlich die Kennzeichnung von

- Bereichen zur Sicherung einzelner Naturraumpotentiale und von
- Bereichen zur Sanierung und/oder Entwicklung einzelner Naturraumpotentiale.

Vor dem Hintergrund dieser Vorschläge stellt sich die Frage, inwieweit die bislang geforderte (vgl. Geyer 1987, S. 187) und teilweise auch praktizierte Zweiteilung der freiraumbezogenen Planelemente in Vorbehalts- und Vorranggebiete (vgl. Kap. A.2.1.2) weiter aufrechterhalten werden kann, um bei derartiger Weiterentwicklung eine Überfrachtung des Regionalplanes zu vermeiden.

3.1.4.3 Einbeziehung von Umweltqualitätszielen

Im Zusammenhang mit der verstärkten Berücksichtigung von Umwelt- und Freiraumaspekten in der Regionalplanung wird häufig auch die Forderung laut, Umweltqualitätsziele in den Regionalplan aufzunehmen (so z.B. der Arbeitskreis 'Freiraumsicherung und Schutz der natürlichen Ressourcen' in Haber et al. 1993, S. XI). Für die Regionalplanung stellt sich in diesem Zusammenhang vor allem die Frage, wie diese Umweltqualitätsziele, wenn sie denn überhaupt fachlich fundiert vorgelegt werden können, sich instrumentell in den Regionalplan einarbeiten lassen oder ob sie lediglich als fachliche und methodische Grundlagen für freiraumbezogene Vorrangfestlegungen angesehen werden können.

Unter Umweltqualitätszielen sind fachlich-wissenschaftlich definierte Angaben zur Qualität der Umwelt bzw. Teilen davon zu verstehen. Knauer (1989, zit. in: Haber et al. 1993, S. 25) unterscheidet nach ihrer rechtlichen Bedeutung

- Grenzwert (gesetzlicher Umweltstandard),
- Diskussionswert (politisch-programmatischer Umweltstandard),
- Diskussionswert, Richtwert (wissenschaftlich-fachlicher Umweltstandard).

Die von Haber et al. (1993, S. 31ff) eingehend untersuchten Möglichkeiten zur Quantifizierung raumspezifischer Entwicklungsziele des Naturschutzes zeigen deutlich, daß derartige Angaben keineswegs unmittelbar als „Ziele der Raumordnung" zu verwerten sind, sondern wichtige Grundlagen für die konzeptionelle Entwicklung von Vorranggebieten für den Naturschutz darstellen und damit mittelbar zu Inhalten eines Regionalplanes werden können. Eine unmittelbare Aufnahme in einen Regionalplan ist allerdings in Form von Grundsätzen, z.B. in Form von „Verschlechterungsverboten", denkbar.

Diese Feststellung gilt nicht nur für Umweltqualitätsziele im Bereich Naturschutz. Auch aus Veröffentlichungen zu anderen Umweltbereichen[7] geht deutlich hervor, daß Umweltqualitätsziele zwar eine wichtige Informations- und Datengrundlage für die Entwicklung von umweltorientierten Planelementen darstellen, selbst aber keinen instrumentellen Charakter annehmen können.

3.2 Vorschläge zur Definition von regionalplanerischen Mindestinhalten und zu ihrer Darstellung

Angesichts der bereits mehrfach angesprochenen Unterschiede bei den Inhalten bundesdeutscher Regionalpläne und der daraus resultierenden Probleme erscheint es erforderlich, daß man sich alsbald über ein bestimmtes Maß an Mindestinhalten von Regionalplänen verständigt. In Verbindung damit müßten die Grundlagen zur einheitlicheren Verwendung von Bezeichnungen und Begriffen in der Regionalplanung geschaffen werden. Ein derartiger Katalog könnte beispielsweise in Form einer Entschließung der MKRO eine gewisse Verbindlichkeit für die Länder und die Träger der Regionalplanung entfalten.

Die Landesplanungsgesetze enthalten vielfach Aussagen zu den Inhalten von Regionalplänen, meist in Form von Mindestinhalten, teilweise (so in Baden-Württemberg) aber auch in Form von Maximalinhalten. An dieser Stelle ist mit Nachdruck darauf hinzuweisen, daß mit der gesetzlichen Definition von Maximalinhalten eine absolut unzuträgliche Einschränkung der Arbeitsfähigkeit der Regionalplanung verbunden ist, die daher grundsätzlich abzulehnen ist.

Der mit der Beschreibung von Mindestplaninhalten angestrebten Harmonisierung sind Grenzen gesetzt, die von vornherein in die Überlegungen einbezogen werden müssen. So wird die Diskussion um die Planinhalte u.a. von den jeweiligen institutionellen und strukturräumlichen Rahmenbedingungen beeinflußt, die daher in diesem Zusammenhang besonders zu beachten sind. Im einzelnen sind vor allem folgende Aspekte zu berücksichtigen:

a) Die Inhalte der Landesplanung:

Je konkreter die raumbezogenen Inhalte der jeweiligen Landesentwicklungsprogramme oder -pläne sind, desto geringer wird der regionalplanerische Gestaltungsspielraum bei der Auswahl der Planelemente. So hat z.B. die rheinland-pfälzische Landesplanung mit dem Entwurf zum Landesentwicklungsprogramm III ein so differenziertes Instrumentarium zur landesplanerischen Sicherung und Entwicklung von Freiraumfunktionen vorgelegt, daß weder eine wesentliche Abweichung von dieser Systematik noch eine deutlich darüber hinausgehende räumliche Verfeinerung durch die Regionalplanung möglich bzw. sinnvoll erscheint.

b) Die raum- und siedlungsstrukturellen Voraussetzungen:

Die meisten Instrumente der Regionalplanung bedürfen eines räumlich differenzierten Einsatzes. Die raum- und siedlungsstrukturellen Voraussetzungen beeinflussen daher die Auswahl und die Ausgestaltung der Planelemente. Dies ist auch bei der Definition von Mindestinhalten zu beachten.

c) Die institutionellen und organisatorischen Rahmenbedingungen der Regionalplanung:

Zweifelsohne wirken sich auch die jeweiligen Organisationsformen auf die Inhalte der Regionalplanung aus. Je stärker kommunal verfaßte Gremien an den Entscheidungen über die Inhalte eines Regionalplanes mitwirken, desto wirksamer werden sie sich gegen regionalplanerische Festlegungen wehren, die allzu stark in die kommunalen Entwicklungsmöglichkeiten eingreifen. Umgekehrt wird sich eine stärker staatlich orientierte Regionalplanung mit Ausweisungen, die die Fachplanungsträger binden sollen, vielfach schwerer tun als kommunal verfaßte Träger der Regionalplanung.

Bei der Diskussion um die Planinhalte stehen seit jeher zwei Themenfelder im Vordergrund:

- die Entwicklung der Siedlungsstruktur und
- die Sicherung, neuerdings auch die Entwicklung von Freiraumfunktionen.

Die Vorschläge zur Definition von Mindestinhalten beziehen sich ausschließlich auf diese beiden Bereiche.

3.2.1 Mindestinhalte zur Entwicklung der Siedlungsstruktur

Als wichtigster Bestimmungsfaktor für die siedlungsstrukturelle Entwicklung ist nach wie vor die räumliche Verteilung von Wohn- und Arbeitsstätten einschließlich der Infrastruktur bzw. der Versorgungseinrichtungen anzusehen (vgl. Kap. A.2.1). Daher kommt dem regionalplanerischen Instrumentarium zur Beeinflussung dieser Verteilung zentrale Bedeutung zu; jeder Regionalplan sollte Ausweisungen hierzu beinhalten.

Für die Funktionsbereiche Wohnen und Arbeiten gibt es unterschiedliche Ansätze, die alternativ, aber auch in kombinierter Form Verwendung finden können. Im Sinne von Mindestinhalten sollten in erster Linie Festlegungen zur Standortbestimmung von „Schwerpunkten" der Siedlungstätigkeit für Wohnen und Arbeiten getroffen werden. Hauptadressat entsprechender Festlegungen ist die Bauleitplanung, die diese Vorgaben über die Bereitstellung entsprechender Flächen in ihren Flächennutzungsplänen umsetzt.

In Verdichtungsräumen ist in diesem Arbeitsfeld eine weitergehende Konkretisierung erforderlich; für beide Nutzungsbereiche sollte hier über die Nennung der „Schwerpunkte" hinaus eine bereichsscharfe Darstellung von Vorrang- oder Vorbehaltsbereichen für Wohnen oder Gewerbe erfolgen. Soweit kleinräumige Siedlungsachsen dargestellt werden, ist selbstverständlich eine konzeptionelle Verknüpfung der Siedlungsschwerpunkte mit den Vorrang- oder Vorbehaltsbereichen sowie den Grünzügen erforderlich.

In unmittelbarem Zusammenhang mit der räumlichen Steuerung der Siedlungstätigkeit für Wohnen und Arbeiten stehen die Zielsetzungen des Regionalplanes zur Sicherung und für den Ausbau der Infrastruktur.

Wesentliche Bedeutung für die Standortbestimmung bevölkerungs- und/oder unternehmensbezogener Infrastrukturen hat nach wie vor das zentralörtliche Bündelungsprinzip. Hier hängt der Handlungsspielraum der Regionalplanung davon ab, welche Stufen des zentralörtlichen Systems bereits durch die Landesplanung festgelegt werden. In der Regel wird jedoch die räumliche Konkretisierung der Zentralen Orte unterhalb der mittelzentralen Ebene durch die Regionalplanung erfolgen.

Neben der räumlichen Konkretisierung ist im Regionalplan vor allem zu klären, mit welchen spezifischen Zielbezügen das zentralörtliche System versehen werden sollte. Im Mittelpunkt steht nach wie vor die Bündelung von Versorgungseinrichtungen; in vielen Fällen bieten sich darüber hinaus Komplementärfunktionen, z.B. Wohnen oder Gewerbe und Industrie an. Derartige Verknüpfungen sollten jedoch nicht in pauschaler Weise erfolgen, sondern mehr als bisher von der konkreten Situation im einzelnen Zentralen Ort abhängig gemacht werden.

Wichtige Bezugspunkte bietet das zentralörtliche System auch für die regionalplanerischen Zielsetzungen zum Ausbau der Verkehrsinfrastruktur. Während man in der Vergangenheit diesen Verknüpfungen meist durch die Entwicklung punkt-axialer Systeme Rechnung zu tragen versuchte, sollten darüber hinaus die wesentlichen Elemente der Verkehrsinfrastruktur heute in Regionalplänen i.d.R. unmittelbarer angesprochen werden. Dies kann in Form von „funktionalen Netzen" für den öffentlichen und individuellen Verkehr geschehen.

Wie bereits angedeutet, spielen die Zentralen Orte als Anknüpfungspunkte für diese Netze eine ganz entscheidende Rolle, zumal sich auch bei den funktionalen Netzen die Herausbildung hierarchischer Strukturen bewährt hat.

Trotz gewisser Schwächen kommt den sogenannten kleinräumigen Siedlungsachsen, teilweise in modifizierter Form, weiterhin eine erhebliche Bedeutung zu. Sie verknüpfen vor allem Zielsetzungen zur Wohnbauentwicklung unmittelbar mit verkehrlichen Infrastrukturen. Ihr Einsatz setzt eine gewisse Siedlungsdichte voraus, als Mindestinhalt kommen sie daher nur in Verdichtungsräumen in Frage.

3.2.2 Mindestinhalte zur Sicherung und Entwicklung von Freiraumfunktionen

Bei der Entwicklung von Instrumenten zur Sicherung und Entwicklung von Freiraumfunktionen hat sich in der Regionalplanung in den letzten Jahren ein Prozeß vollzogen, der keineswegs als abgeschlossen betrachtet werden kann. Den in der planungswissenschaftlichen Diskussion in diesem Zusammenhang entwickelten Vorschlägen kann die Praxis der Regionalplanung häufig noch nicht entsprechen, da meist die erforderlichen Informationsgrundlagen nicht in ausreichendem Maße zur Verfügung gestellt werden können und vielfach auch Probleme einer praktikablen Methodik bestehen. Mehr als im siedlungsstrukturellen Bereich ist die Regionalplanung hier auf die Zuarbeit von Fachplanungsträgern angewiesen, die häufig nicht rechtzeitig oder nicht im erforderlichen Umfang erfolgt. Vor diesem Hintergrund müssen die Anforderungen an die Mindestinhalte von Fall zu Fall relativiert werden.

Wesentlich sind zunächst notwendige Unterscheidungen bei den generellen Merkmalen der einzelnen Planelemente, so vor allem die Unterscheidung zwischen monofunktionalen Vorrang- oder Vorbehaltsausweisungen auf der einen und multifunktionalen Planelementen wie z.B. regionalen Grünzügen auf der anderen Seite (vgl. Kap. A 2.1).

Erschwerend bei der Formulierung von Mindestinhalten kommt hinzu, daß einzelne Planelemente entweder alternativ oder in gegenseitiger Ergänzung eingesetzt werden können. So kann z.B. dem Belang der Sicherung mikroklimatischer Ausgleichsräume annähernd gleichermaßen durch die Ausweisung Regionaler Grünzüge wie durch die eigenständige Abgrenzung klimatischer Vorrangbereiche entsprochen werden.

Von den in Kap. C 3.1 angesprochenen Freiraumfunktionen sollten aufgrund ihrer herausgehobenen Bedeutung für den Naturhaushalt mindestens die Bereiche „Naturschutz und Landschaftspflege" sowie „Grundwassersicherung" behandelt werden.

Für diese Bereiche ist in jedem Fall die Ausweisung von Vorrangbereichen erforderlich. Für alle übrigen Funktionsbereiche (Land- und Forstwirtschaft, Rohstoffsicherung, Erholung, Klimaschutz, Oberflächengewässer, Bodenschutz) gilt, daß sie entweder räumlich differenziert betrachtet werden müssen (z.B. Rohstoffsicherung) oder aber teilweise auch in Regionale Grünzüge integriert werden können (Erholung, Klima). Eine allgemeingültige Empfehlung kann daher nicht abgegeben werden.

Gleiches gilt auch für den Einsatz Regionaler Grünzüge. Ihre Verwendung kommt vorrangig in Gebieten mit starkem Siedlungsdruck, also vor allem in Verdichtungsräumen und ihren Randzonen, teilweise aber auch für das Umfeld expandierender Oberzentren in ländlichen Räumen in Betracht. Sie stehen in engem Zusammenhang zu den obengenannten Planelementen zur Entwicklung der Siedlungsstruktur. Regionale Grünzüge können dabei auch durch ein entsprechend ausgebildetes System monofunktionaler Vorrangausweisungen ergänzt werden (vgl. Kap. A.2.1).

Die nachfolgende Abbildung gibt einen Gesamtüberblick über die im Sinne von regionalplanerischen Mindestinhalten erforderlichen Planelemente mit Bindungswirkung. Dabei ist mit Nachdruck darauf hinzuweisen, daß die aufgeführten Planelemente keineswegs isoliert, sondern immer in enger Verknüpfung untereinander zu sehen sind.

Abb. 16: Mindestinhalte von Regionalplänen

Funktionsbereiche	Planelemente	Räumliche Differenzierung
Wohnen	Schwerpunkte der Wohnsiedlungstätigkeit	keine
Wohnen	Vorrang- oder Vorbehaltsbereiche für Wohnen	in Gebieten mit starkem Siedlungsdruck
Arbeiten	Schwerpunkte für Gewerbe und Industrie	keine
Arbeiten	Vorrang- oder Vorbehaltsbereiche für Gewerbe und Industrie	in Gebieten mit starkem Siedlungsdruck
Versorgung	Zentrale Orte	keine
Verkehr	Funktionales Straßennetz und funktionales ÖV-Netz zwischen Zentren oder Achsen	keine
Verkehr	Kleinräumige Siedlungsachsen	in Gebieten mit starkem Siedlungsdruck
Freiraumsicherung allgemein	Regionaler Grünzug	in Gebieten mit starkem Siedlungsdruck
Rohstoffsicherung	Vorrangbereiche	soweit regional erforderlich
Erholung	Vorrangbereich oder integraler Bestandteil eines Regionalen Grünzuges	soweit regional erforderlich
Klima	Vorrangbereich oder integraler Bestandteil eines Regionalen Grünzuges	soweit regional erforderlich
Naturschutz und Landschaftspflege	Vorrangbereiche	keine
Grundwassersicherung	Vorrangbereiche	keine

3.2.3 Textliche und kartographische Darstellung der Inhalte von Regionalplänen

Die Inhalte von Regionalplänen sind weiterhin in Form einer engen Verbindung von textlichen Ausführungen und kartographischen Darstellungen zu formulieren. Die Karte übernimmt dabei die Aufgabe der räumlichen Zuordnung einzelner Aussagen und ist damit unverzichtbarer Bestandteil eines Regionalplanes.

Bei den Aussagekategorien eines Regionalplanes sind klare Unterscheidungen in den Bindungswirkungen zu beachten. Allgemein sollte eine Trennung der Aussagen in „Ziele", „Grundsätze" und „Empfehlungen bzw. Vorschläge" erfolgen. Daneben sind „Begründungen und Erläuterungen" zu diesen Aussagen erforderlich. Darüber hinaus kann ein Regionalplan, soweit wirklich notwendig, auch nachrichtliche Übernahmen von Fach- oder Bauleitplänen enthalten.

Die größten Bindungswirkungen entfalten die „Ziele" eines Regionalplanes. Sie gelten als endgültig abgewogen und zwingen zumindest die nachfolgende Planungsebene der Bauleitplanung nach § 1(4) BauGB zur Anpassung. Der Zielcharakter erfordert eine textlich hinreichend präzise Formulierung und zudem einen klaren räumlichen Bezug. Dieser räumliche Bezug muß nicht in jedem Fall mit kartographischen Mitteln hergestellt werden; bei bestimmten Zielaussagen, die sich zum Beispiel an eine Gemeinde in ihrer Gesamtheit richten, kann der erforderliche Raumbezug auch über die bloße Nennung dieser Gemeinde hergestellt werden. Für die textlichen Formulierungen ist zu empfehlen, die Ziele eines Regionalplanes auch im Schriftbild deutlich als solche zu kennzeichnen.

Eine hinsichtlich ihrer Bindungen geringere Bedeutung besitzen die Aussagen des Regionalplanes mit Grundsatzcharakter. Hier handelt es sich um regionalplanerische Erfordernisse, die noch nicht abschließend mit konkurrierenden Ansprüchen abgewogen sind, oder um allgemein gültige Gesichtspunkte ohne konkreten räumlichen Bezug. In jedem Fall besitzen diese Grundsätze Bedeutung für nachfolgende Abwägungsprozesse.

Neben diesen Inhalten mit mehr oder minder weitgehenden rechtlichen Bindungen sollte der Regionalplan auch für weniger verbindliche Empfehlungen offenbleiben. Solche Empfehlungen können z.B. in Form von Hinweisen zur Umsetzung von Zielen und Grundsätzen sinnvoll sein. Sie können auch schon präzise Maßnahmenbezüge aufweisen.

Oben wurde bereits auf die grundsätzliche Bedeutung der kartographischen Darstellung der Inhalte des Regionalplanes hingewiesen. „Die Umsetzung von raumbezogenen Informationen in die Graphik einer Karte beruht auf Parametern, die die logische Zuordnung eines graphischen Kartenzeichens zu einer Information ermöglichen" (Bräuninger 1993, S. 407). Praktische Beispiele von Regionalplänen zeigen immer wieder die besonderen Schwierigkeiten, die mit dieser Zuordnung verbunden sind. In dem Maße, wie die gebietsbezogenen Ausweisungen des Regionalplanes zunehmen - und dies wird vor allem im Freiraumbezug ohne Zweifel auch künftig der Fall sein -, verschärfen sich die Darstellungsprobleme. Die Lesbarkeit der Pläne leidet insbesondere an ihrer inhaltlichen Überfrachtung. Teilweise versucht man diese Schwierigkeit durch die Aufteilung der Planinhalte auf mehrere Karten zu umgehen. Dadurch wird zwar die Lesbarkeit der einzelnen Karte verbessert, gleichzeitig leiden aber darunter die notwendigen Querbezüge zwischen den getrennt dargestellten Planungen.

Eine bessere Lösung dieses Problems bestünde möglicherweise darin, die Plandarstellung im wesentlichen auf die regionalplanerischen Aussagen mit Bindungswirkung zu beschränken, also in dieser Karte auf sämtliche Übernahmen von Fachplanungsaussagen oder sonstige Inhalte zu verzichten. Diese könnten dann in einer separaten Karte zusammengefaßt dargestellt werden. Gleichermaßen sollte für alle Planinhalte kritisch geprüft werden, welche Darstellungen unabdingbar in der zusammenfassenden Raumnutzungskarte enthalten sein müssen und welche genausogut in großmaßstäblicheren Sonderkarten enthalten sein können. Dies gilt z.B. für abstraktere Inhalte wie die Kennzeichnung von Zentralen Orten durch Symbole oder die Eintragungen funktionaler Verkehrsnetze.

Letztendlich gehen alle Überlegungen dahin, in der Raumnutzungskarte in erster Linie die bereichs- oder gebietsbezogenen bzw. die standortbezogenen Inhalte darzustellen.

Wesentliche Bedeutung kommt für die Klarheit des Planes auch der Qualität der jeweiligen topographischen Kartengrundlage zu. Zum Einsatz kommen in erster Linie topographische Übersichtskarten im Maßstab 1 : 50 000 oder 1 : 100 000. In diesen Kartengrundlagen sind bereits alle wesentlichen Elemente der Siedlungsstruktur sowie der Topographie enthalten. Allerdings bedarf diese Karte im siedlungsstrukturellen Bereich in aller Regel der Ergänzung, da meist jüngere Siedlungserweiterungen, vor allem aber verbindlich überplante Neubaubereiche zu ergänzen sind.

In diesem Zusammenhang ist auch zu klären, ob eine in der topographischen Grundlage noch nicht enthaltene Differenzierung der bestehenden Siedlungsbereiche nach ihrer überwiegenden Nutzungsart erforderlich ist. Üblich ist mindestens eine Zweiteilung der Siedlungsbereiche in Wohn- und Gewerbebereiche, ergänzt durch die Kennzeichnung größerer Sonderbauflächen.

Bei der Auswahl der Signaturen für die Darstellung von Planinhalten sollte man sich in erster Linie von den unterschiedlichen Erfordernissen hinsichtlich der räumlichen Konkretisierung leiten lassen. Dabei gilt - zumindest für gebiets- oder bereichsbezogene Ausweisungen -, daß die räumliche Konkretisierung in der Darstellung mit der Verbindlichkeit des jeweiligen Planinhaltes einhergehen muß. Konkret bedeutet dies, daß für die Kennzeichnung eines Vorrangbereiches eine höhere räumliche Aussageschärfe erforderlich ist als für die Darstellung eines Vorbehaltsbereiches.

Die Kartographie bietet zur Kennzeichnung von Flächen eine Vielzahl von Möglichkeiten. Arnberger (1977, S. 58) unterscheidet Flächenraster, Flächenmuster, Strukturraster und Farbflächen. Ausschlaggebend für die räumliche Genauigkeit einer Flächensignatur ist bei der Verwendung von Rastern oder Schraffuren deren Dichte; die Abgrenzungsschärfe kann durch die zusätzliche Darstellung von Konturen noch verstärkt werden.

Für die wichtigsten gebiets- bzw. bereichsbezogenen Planinhalte ergeben sich daraus folgende Vorschläge zur Art ihrer kartographischen Darstellung (Abb. 17).

Bei der Auswahl der Flächensignaturen müssen auch die Überlagerungsmöglichkeiten beachtet werden. Dazu ist zunächst von den Planinhalten her die Frage der Überlagerbarkeit einzelner Ausweisungen generell zu klären, um dann die geeigneten Darstellungen zu finden. So lassen sich Farbflächen naturgemäß nur mit anderen Darstellungsformen überlagern, gleiches gilt für Raster.

Aus den zuletzt beschriebenen Erfordernissen wird deutlich, daß Inhalte und Darstellungsarten in einem sehr engen Zusammenhang zu sehen sind. Bevor auf eine bundesweit einheitliche „Planzeichenverordnung" für Regionalpläne hingearbeitet werden kann, muß zuvor eine weitgehende Harmonisierung der Planinhalte erfolgen.

Abb. 17: Vorschläge zur kartographischen Darstellung gebietsbezogener Planinhalte

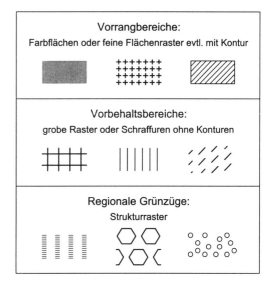

Vorrangbereiche:
Farbflächen oder feine Flächenraster evtl. mit Kontur

Vorbehaltsbereiche:
grobe Raster oder Schraffuren ohne Konturen

Regionale Grünzüge:
Strukturraster

4. Neue, politikorientierte Formen der Kooperation und Organisation

4.1 Verhältnis Regionalplanung - Bauleitplanung sowie Regionalplanung - Landesplanung

4.1.1 Erfordernisse eines konstruktiven Zusammenwirkens von Regionalplanung und Bauleitplanung

Das Verhältnis zwischen Regionalplanung und Bauleitplanung bestimmt sich in erster Linie daraus, daß auf der einen Seite für die Regionalplanung die Umsetzung der regionalplanerischen Zielvorstellungen in die kommunale Bauleitplanung, wie auch in die Fachplanung, eine entscheidende Rolle spielt, während sie auf der anderen Seite eine zielorientierte Bauleitplanung, aber auch die Siedlungsentwicklung der Gemeinden in ihrer Bedeutung für die räumliche Ordnung und Entwicklung des größeren Raumes sehen muß. Auch oder gerade im Verhältnis zwischen Regionalplanung und Bauleitplanung gilt es, die Leitvorstellungen des § 1 Abs. 4 ROG effizienter umzusetzen, nämlich die Ordnung des Teilraumes, hier der Gemeinde, soll sich in die Ordnung des Gesamtraumes, hier der Region oder regionaler Teilbereiche, einfügen, genauso wie die Ordnung des Gesamtraumes die Gegebenheiten und Erfordernisse seiner Teilräume berücksichtigen soll (Gegenstromprinzip).

Die rechtlichen Voraussetzungen für die Zusammenarbeit sind gegeben. Die Regionalplanung hat bei der Aufstellung ihrer Ziele die Gemeinden in einem formalen Verfahren zu beteiligen (§ 5 Abs. 3 ROG), wobei die Gemeinden dabei auch ihre bauleitplanerischen Belange in die Regionalplanung einbringen können. Die Bauleitplanung wiederum hat die Ziele der Raumordnung und Landesplanung, die in den Regionalplänen aufgestellt werden, zu beachten (Art. 5 Abs. 4 ROG) oder auch ihre Bauleitpläne den Zielen anzupassen (§ 1 Abs. 4 BauGB).

Auf der Grundlage dieser rechtlichen Bestimmungen ist das Verhältnis zwischen Regionalplanung und Bauleitplanung heute aber oftmals ein weitgehend formales. Im Hinblick auf die eingangs genannte Interessenverknüpfung wäre eine engere als eine nur formale Zusammenarbeit zwischen Regionalplanung und Bauleitplanung für eine effektive Aufgabenerfüllung beider Planungsbereiche eine wichtige gegenseitige Hilfestellung und nach außen jeweils eine nachdrückliche Unterstützung.

Als erstes müßten dazu die heute vielfach bestehenden Meinungen abgebaut bzw. aufgegeben werden. So dürfen die Akzeptanz und der Stellenwert der Regionalplanung im kommunalen Bereich nicht weiter davon bestimmt werden, ob sich die Regionalplanung gegenüber der Bauleitplanung zustimmend oder ablehnend verhält. Die Regionalplanung darf nicht mehr vorrangig auf dem Standpunkt stehen, unter überörtlichen Gesichtspunkten der Bauleitplanung nur Vorgaben machen zu müssen.

Die Regionalplanung muß vielmehr verstärkt ihre Aufgabe darin sehen, die Bauleitplanung unter dem Blickwinkel der Überörtlichkeit frühzeitig zu beraten und den Gemeinden durch die Einbindung ihrer örtlichen Entwicklungsvorstellungen in die regionalplanerischen Leitvorstellungen für die räumliche Ordnung und Entwicklung des größeren Raumes den Rücken für die kommunale Bauleitplanung zu stärken. Die Gemeinden sollten die Ziele des Regionalplans nicht als Eingriff in ihre Planungshoheit werten, sondern ihr Gemeindegebiet als Teil eines größeren Raumes verstehen und damit die kommunale Entwicklung als Teil der Gesamtentwicklung des größeren Raumes sehen.

Die Beteiligung der Gemeinden an der Aufstellung regionalplanerischer Ziele muß im Sinne eines „echten" Gegenstromprinzips praktiziert werden, d.h. die dabei eingebrachten Vorstellungen der Gemeinden können bei regionalplanerischen Bedeutsamkeiten zu regionalplanerischen Zielen führen, die dann auch echte Leitvorstellungen für die Gemeinde bilden und deren Umsetzung in die Bauleitplanung für die Gemeinden keine „Einmischung von außen", sondern eine Unterstützung der eigenen Aufgabenwahrnehmung darstellt. Unter diesen Prämissen ist die Anpassungspflicht der Bauleitplanung an regionalplanerische Ziele nicht als eine „Unterwerfung der Bauleitplanung" unter die raumordnerischen Belange des größeren Raumes, sondern als eine Unterstützung der Gemeinden bei ihrer Siedlungsentwicklung zu sehen.

Bei der Beteiligung der Regionalplanung an der Bauleitplanung ist es wichtig, sich auf die tatsächlich überörtlichen Belange zu beschränken. Solche Belange sind bei Bebauungsplänen, die aus einem genehmigten Flächennutzungsplan entwickelt worden sind, oft nicht gegeben. Die Regionalplanung sollte in solchen Fällen nicht die Rolle eines „Oberortsplaners" spielen. Es ist auch nicht Aufgabe der Regionalplanung, über die Beteiligungen an der Bauleitplanung eine bauplanerische Kontrolle über die Siedlungsentwicklung der Gemeinde auszuüben, weil andere, z.B. staatliche Stellen, ihrer Kontrollfunktion nicht gerecht werden.

Problematisch ist, wenn, soweit Träger der Regionalplanung und Landesplanungsbehörden nicht identisch sind, beide zu Bauleitplänen Stellung nehmen (vgl. Kap. A.2.1.4). Abgesehen von einem unnötigen Verwaltungsaufwand besteht die Gefahr, daß aus der Sicht der Landes- bzw. Regionalplanung ohne erkennbare Begründung nur auf Grund verschiedener Betrachtungsweisen unterschiedliche Beurteilungen abgegeben werden. Hier sollte der Regionalplanung wegen ihrer Verantwortung für das regionale Entwicklungskonzept der Vorrang und die alleinige Zuständigkeit eingeräumt werden.

Das Grundverständnis zwischen Regionalplanung und kommunaler Ebene muß von einer gegenseitigen Unterstützung und Hilfestellung geprägt sein. Ein solches Grundverständnis kann sich natürlich nicht in einem nur auf gegenseitige formale Beteiligung gestützten Verhältnis entwickeln. Hierzu sind z.B. ein frühzeitiger und ständiger Informationsaustausch, eine intensive gegenseitige Beratung und Konsultierung, arbeitsteiliges Vorgehen, gemeinsames Auftreten, eventuell konzertierte Aktionen, integrierte Problemlösungen etc. zu praktizieren und anzustreben.

In diesem Bezugsfeld zeigen sich nach wie vor vielerlei Probleme, aber auch weiterführende Verbesserungsansätze. Zunächst ist festzustellen, daß die Flächennutzungsplanung häufig nur als lästige Pflichtaufgabe betrieben wird. Die daraus resultierende Problematik besteht vor allem darin, daß die damit verbundene umfassende konzeptionelle Aufgabe vielfach nur unzureichend wahrgenommen wird. Dies zeigt sich u.a. auch bei der Beteiligung der Gemeinden an der Aufstellung regionalplanerischer Ziele. Die dazu gemachten Vorschläge lassen räumlich und fachlich breiter angelegte, fundierte Zielvorstellungen vielfach vermissen.

Wachsende interkommunale Wechselwirkungen bei der Flächennutzung und nur noch überörtlich regelbare Nutzungskonflikte drängen immer mehr danach, daß die Regionalplanung dazu in Form von Raumnutzungskonzepten für Teilgebiete Lösungsansätze aufzeigt, wie es in zunehmendem Maße geschieht. Damit werden unbeschadet der kommunalen Zuständigkeit wesentliche Grundlagen bzw. Teile des Flächennutzungsplanes geschaffen. Bezieht man die steigenden Erfordernisse der regionalplanerischen Flächen- und Standortvorsorge mit ein (vgl. dazu Kap. C.3.1), so zeigt sich, daß die Aufgabenstellung der Flächennutzungsplanung in der Praxis zwangsläufig immer mehr überörtlichen Charakter gewinnt. Durch überörtliche Raumnutzungskonzepte wird sie in ihrer herkömmlichen Form entlastet und eventuell teilweise auch entbehrlich. Dies gilt es bei Überlegungen zur Vereinfachung des Systems der Raumplanung zu bedenken.

4.1.2 Verbesserungen im Verhältnis zwischen Regionalplanung und Landesplanung

Mit den Bestimmungen des § 5 Abs. 3 ROG hat der Bundesgesetzgeber, der besonderen Situation der Flächenstaaten Rechnung tragend, die Möglichkeit geschaffen, mit der Regionalplanung als regionaler Ausprägung der Landesplanung eine Arbeitsteilung für den gesamtstaatlichen bzw. den regionalen Bereich vorzunehmen. Das Verhältnis von Regionalplanung und Landesplanung ist heutzutage stark von der jeweiligen Organisationsform der Regionalplanung geprägt und abhängig. Auch hierarchisches Denken kann dieses Verhältnis mehr oder weniger deutlich bestimmen.

Je größer die von der Organisationsform vorgegebene Distanz der Regionalplanung von der Landesplanung ist, um so eigenständiger arbeiten die beiden Planungsbereiche, wobei es teilweise sogar den Anschein hat, als dienten Regionalplanung und Landesplanung zwei unterschiedlichen Aufgaben- und Interessenbereichen. Regionalplanung und Landesplanung sind aber gewissermaßen nur zwei Seiten ein und derselben Medaille.

Die Landesplanung als vornehmlich staatliche Aufgabe (die Landesplanungsgesetze Bayerns und Schleswig-Holsteins enthalten sogar eine diesbezüglich gesetzliche Festlegung, während das Landesplanungsgesetz von Nordrhein-Westfalen von einer gemeinschaftlichen Aufgabe von Staat und Selbstverwaltung spricht) hat in die von Landesplanung und Regionalplanung gemeinsam anzustrebende räumliche Ordnung und Entwicklung in erster Linie die gesamtstaatlichen Belange einzubringen, im Gegensatz zu den regionalen Belangen, die von der Regionalplanung einzubringen sind (vgl. Kap. A.1.).

Um der Regionalplanung einen ausreichenden Spielraum für regionalplanerische und regionalpolitische Aktivitäten zu belassen, sollte sich die Landesplanung auf die Grundsätze der räumlichen Ordnung und Entwicklung im Sinne einer Rahmenvorgabe beschränken, diese Rahmenvorgaben aber auch tatsächlich schaffen und aktuell und brauchbar für die Regionalplanung erhalten. Dabei hat die Landesplanung dank ihrer staatlichen Autorität eher die Aufgabe, die notwendigen ordnungs- und entwicklungspolitischen Vorgaben zu bestimmen, während die Regionalplanung schon von ihren entscheidenden Gremien her (Kollegialorgan) auf Konsensfindung angelegt ist.

Die Möglichkeiten, auf der einen Seite staatliche Autorität für wichtige landesentwicklungspolitische Vorgaben einzusetzen, auf der anderen Seite durch Konsensfindung die Akzeptanz für Landesplanung und Raumordnung zu verbessern, sollten in stärkerem Maße als bisher eine sinnvolle Arbeitsteilung zwischen Landesplanung und Regionalplanung anregen und bestimmen.

Dabei sollte aber auch berücksichtigt werden, daß ordnungs- und entwicklungspolitische Ziele und Vorstellungen, die die Landesplanung mit ihrer staatlichen Machtposition nicht erreichen kann oder will, nur schwer von der Regionalplanung bewerkstelligt werden können. Umgekehrt sollten für solche raumbedeutsamen Ziele und Vorstellungen, für die in erster Linie durch die Regionalplanung, im Rahmen einer vielseitigen Konsensfindung vor Ort, brauchbare Lösungen gefunden werden können, keine oder nur zwingende notwendige Vorgaben durch die Landesplanung gemacht werden. Dies gilt vor allem für flächen- und linienbezogene raumordnerische Festlegungen und konkrete regionsspezifische verbale Zielaussagen (vgl. Kap. C.3.1).

Die angesprochene Arbeitsteilung zwischen Landesplanung und Regionalplanung setzt voraus, daß beide Teile ihre Aufgabenbereiche nicht überschreiten, aber auch ausfüllen. Eine starke Regionalplanung kann nicht erfolgreich sein, wenn sie einer schwachen Landesplanung begegnet und umgekehrt. Beide Seiten müssen versuchen, ihre Aufgabenbereiche optimal zu erfüllen. Dazu bedarf es aber nicht nur einer entsprechend eingestellten Verwaltung, sondern auch der dafür aufgeschlossenen landes- und kommunalpolitischen Ebenen.

Um das vorstehend skizzierte Verhältnis zwischen Regionalplanung und Landesplanung effektiv zu gestalten, sind neue Formen der Kooperation angezeigt, die die gemeinsame Aufgabenstellung deutlich machen. Beispielhaft seien hier die wichtigsten Bereiche angesprochen:

Die Beteiligung der Regionalplanung an der Aufstellung von Zielen der Raumordnung und Landesplanung durch den Staat ist im Sinne des Gegenstromprinzips ein wichtiger Mitwirkungsakt an landesweiten bzw. überregionalen Ordnungs- und Entwicklungskonzepten, zumal diese staatlichen Ziele zum einen verbindliche Vorgaben für das regionale Ordnungs- und Entwicklungskonzept sind, zum anderen durch dieses konkretisiert werden sollen (vgl. Kap. A.2.1). Der Bedeutung dieser Aufgabe würde eine zweigeteilte Mitwirkung gerecht werden, und zwar

a) durch die planende Verwaltung auf Regionalebene (Bildung von Arbeitsgruppen zwischen Landes- und Regionalplanern zu Einzelbereichen bei der Programmaufstellung oder -novellierung),

b) durch eine intensive regionalpolitische Erörterung des Programmentwurfs in den Regionen (Vorstellung durch das Landesministerium mit anschließender Diskussion).

Dringend notwendig ist es auch, der Mitwirkung durch eine stärkere Gewichtung der regionalplanerischen Stellungnahmen und Vorschläge größere Bedeutung zukommen zu lassen. Denkbar wäre dies, was teilweise auch schon praktiziert wird, z.B. dadurch, daß Vorschläge der Regionalplanung, denen von der obersten Landesplanungsbehörde nicht Rechnung getragen wird, mit dem Träger der Regionalplanung erörtert und die Nichtberücksichtigung begründet werden muß. Die Regionalplanung muß erkennen können, daß es sich nicht nur um eine formale Beteiligung handelt, sondern um eine echte Mitwirkungsmöglichkeit.

Eine weitergehende Forderung im Sinne einer echten Mitwirkung wäre, daß regionsspezifische, insbesondere flächenhafte oder linienhafte Ziele, wenn im Gesamtzusammenhang überhaupt erforderlich, nur in die landesweiten Programme und Pläne aufzunehmen sind, sofern sie von der Regionalplanung vorgeschlagen werden oder das Benehmen mit der Regionalplanung dazu hergestellt werden kann.

Wichtig ist auch eine länderübergreifende Beteiligung der Regionalplanung durch die Landesplanungsbehörden in den Grenzbereichen, was heutzutage nicht oder nicht ausreichend praktiziert wird.

Die Einbindung der Regionalplanung in die von der Landesplanung durchzuführenden Raumordnungsverfahren sollte sich von der Beteiligung derjenigen Stellen unterscheiden, die regelmäßig nur Einzelinteressen oder einzelne Belange vertreten (vgl. Kap. A.2.1). Die Landesplanung sollte die Regionalplanung auch hier nicht nur im Sinne einer formalen Beteiligung, sondern einer echten Mitarbeit in das Verfahren einbeziehen. Die gleichgelagerten Aufgaben der beiden raumordnerischen Planungsbereiche rechtfertigen hier durchaus eine herausgehobene Behandlung der Regionalplanung gegenüber anderen Beteiligten. Um die Zusammenarbeit der Regionalplanung und der Landesplanung zu verdeutlichen, sollte geregelt werden, daß bei unterschiedlicher Auslegung landes- bzw. regionalplanerischer Ziele im Raumordnungsverfahren durch die Träger der Regionalplanung bzw. die das Verfahren durchzuführende Landesplanungsbehörde zunächst versucht werden muß, in einem gemeinsamen Gespräch eine einvernehmliche Lösung zu finden. Sollte dies nicht möglich sein, ist bei der obersten Landesplanungsbehörde eine „Interpretationshilfe" einzuholen.

Eine weitergehende Forderung wäre, bei Vorhaben, die nicht von landesweiter Bedeutung sind, den Ausgang des Raumordnungsverfahrens in der Regel vom Votum des Trägers der Regionalplanung abhängig zu machen, soweit dieses Votum aus raumordnerischer Sicht eingehend begründet ist.

Soweit den Landesplanungsbehörden Anträge auf Abweichung von Zielen eines Regionalplans vorliegen, sollten Abweichungen nur in besonderen Ausnahmefällen gegen die Vorstellungen des Trägers der Regionalplanung zugelassen werden. Keinesfalls sollte durch eine großzügige Handhabung der Landesplanungsbehörden bei der Entscheidung über eine Abweichung von regionalplanerischen Zielen die Regionalplanung unterlaufen werden oder die Fortschreibung des Regionalplans durch eine Vielzahl von Abweichungen quasi durch die Landesplanungsbehörden vorgenommen werden.

Die unterschiedlichen Interessen- und Planungsebenen von Landesplanung (gesamtstaatliche Belange, Staatsgebiet oder größere Teile davon) und Regionalplanung (regionale Belange, Regionen, regionale Teilräume) sollten künftig, auch hinsichtlich einer im gesamtstaatlichen Interesse liegenden weitergehenden Aufgabendelegation nach unten, stärker gewahrt werden. So vergeben z.B. die Landesplanungsbehörden, in Bayern sogar die oberste Landesplanungsbehörde, vielfach Gutachten zu unterschiedlichsten raumrelevanten Themen. Oftmals sind es Themen aus der gemeinsamen Aufgabenstellung der Regionalplanung und der Landesplanung, aber mit eindeutig regionalem Bezug, so daß sich eine Vergabe an die oder durch die Regionalplanung direkt anbietet. Durch eine stärkere Zusammenarbeit in dieser Hinsicht könnten sich einmal die Landesplanungsbehörden die wertvollen Raum- und Sachkenntnisse der Regionalplanung zu relativ günstigen Bedingungen zu eigen machen, auf der anderen Seite bestünde eine zusätzliche Möglichkeit, umsetzungsorientierte Regionalplanung zu betreiben.

Eine sehr starke Ausprägung erfährt das Verhältnis von Regionalplanung und Landesplanung durch die Verbindlicherklärung der Regionalpläne seitens der Landesplanungsbehörden. Diese Verbindlicherklärung ist Ausdruck der Aufsichtsfunktion der staatlichen Landesplanung über die Regionalplanung und beruht darauf, daß die in den Regionalplänen aufgestellten Ziele der Raumordnung und Landesplanung auch für den Staat verbindlich sind. Das besondere Interesse der Regionalplanung liegt hier darin, den vorgelegten Regionalplan möglichst bald und möglichst unverändert genehmigt zu erhalten. Diesem Wunsch stehen vielfach gesetzliche Vorgaben (umfangreiche Beteiligungen, zeitraubende Abstimmungen) oder das Fehlen eines konkreten Prüfungsmaßstabs im Wege. Hier sind Verbesserungen notwendig und möglich, wie noch aufgezeigt wird.

Wichtig für das Verhältnis von Regionalplanung und Landesplanung erscheint hier, daß die zuständige Landesplanungsbehörde die zur Genehmigung vorgelegten Regionalpläne nicht „zensiert", sondern im Sinne einer aufsichtlichen Mitwirkung an der Planaufstellung - ähnlich der fachaufsichtlichen Genehmigung einer Satzung - tätig wird. Die Regionalplanung soll durch die Genehmigung nicht gegängelt werden, sie soll aber auch nicht allein gelassen werden. Die Landesplanung übernimmt mit der Genehmigung des Regionalplans auch eine Mitverantwortung für seinen Inhalt.

Vorgaben für die inhaltliche Prüfung sind in den Landesgesetzen in sehr unterschiedlicher Form zu finden. So enthalten die Landesgesetze von Hessen, Mecklenburg-Vorpommern und Sachsen lediglich die Aussage, daß die oberste Landesplanungsbehörde den Regionalplan beanstanden kann, ohne irgendeinen Maßstab festzulegen. Das bayerische Landesplanungsgesetz legt durch einen Verweis auf die Landkreisordnung fest, daß die oberste Landesplanungsbehörde nur Verstöße gegen Rechtsnormen oder das Gemeinwohl beanstanden kann. Eine sehr weitgehende Eingriffsmöglichkeit enthält dagegen das Landesplanungsgesetz von Baden-Württemberg, wonach als Maßstab u.a. auch die angestrebte räumliche Entwicklung des Landes gilt, wie sie sich aus Entscheidungen des Landtags, der Landesregierung und der obersten Landesplanungsbehörde ergibt.

Neben dem Prüfungsmaßstab ist in einzelnen Bundesländern auch die Beteiligung weiterer Institutionen (Beteiligung der übrigen Ressorts, Beschluß der Landesregierung, Beteiligung des Landtags) entscheidend für die Dauer des Aufstellungs- oder Genehmigungsverfahrens. Eine Verfahrensdauer von bis zu zwei Jahren wird der Dynamik, mit der heute Entwicklungen ablaufen, aber nicht gerecht. Die Regionalplanung gerät hier zu leicht in die Kritik des Hinterherlaufens und des Nichtaktuellseins.

Das Verhältnis zwischen Regionalplanung und Landesplanung hinsichtlich der Genehmigung der Regionalpläne muß künftig von folgenden Prämissen bestimmt sein:

- Die Landesplanung muß die Genehmigung der Regionalpläne im Sinne einer aufsichtlichen Mitwirkung an der Planaufstellung praktizieren.
- Es ist ein sachgerechter Prüfungsmaßstab festzulegen.
- Die Beteiligung anderer Institutionen muß auf ein Mindestmaß reduziert werden und darf nicht blockierend wirken (z.B. indem das Einvernehmen anderer Ressorts vorgeschrieben wird).
- Für die Genehmigung sollte der Landesplanung eine angemessene Frist vorgegeben werden.
- Für die Genehmigung einzelner Zielaussagen bei der Fortschreibung von Regionalplänen sollte ein vereinfachtes Verfahren vorgegeben werden.

4.2 Wechselbeziehungen zu den Fachplanungen und Konsequenzen aus der Regionalisierung der Fachpolitiken

4.2.1 Aufgabenstellung der Regionalplanung gegenüber den Fachplanungen

Raumbeanspruchende Fachplanungen - ob für die Siedlungsentwicklung, die Infrastruktur oder für den Freiraum - befinden sich in einem vielschichtigen Beziehungsgeflecht. Unabhängig vom fachspezifischen Abstimmungsinteresse jeder einzelnen Fachplanung für sich selbst bedarf es einer fachlich neutralen räumlichen Koordinierung bzw. einer inhaltlich qualifizierten, d.h. echten Querschnittsplanung.

Die Regionalplanung ist als flächendeckende koordinierende Gesamtplanung insoweit auch Querschnittsplanung für die Fachplanungen und hat als solche eine räumliche Optimierungsaufgabe - ohne die Rolle eines „Oberfachplaners" zu spielen. Sie muß neben der Umsetzung typischer regionalplanerischer Ziele, wie bezüglich der überörtlichen Siedlungsflächenverteilung, selbstverständlich auch die Zielumsetzung in Verbindung mit fachplanerischen Konzeptionen berücksichtigen. Dazu müssen regionalplanerische Ziele für die Fachplanung umsetzungsfähig sein. Aus Regionalplanung muß Regionalpolitik im umfassenden Sinne werden können; d.h. regionalplanerische Ziele müssen sich über die verbindlichen Fachplanungen und über die staatliche Förderpolitik bzw. über staatliche und kommunale Investitionen erreichen und in Maßnahmen umsetzen lassen.

245

Im Gegensatz zur detaillierteren Fachplanung mit größerem Maßnahmenbezug geht es auf der Planungsebene der Regionalplanung bei der Wahrnehmung gesamtregionaler Politikverantwortung um den längerfristigen Grundkonsens.

Der so verstandene Auftrag der Regionalplanung, Entwicklungskorridore für den Planungsraum und für die in diesem Raum notwendige Fachplanung zu formulieren und kartographisch darzustellen, kann nur durch die Einbeziehung fachlicher Konzeptionen und insbesondere durch die Berücksichtigung der Interdependenzen zwischen den Fachbereichen erfüllt werden und erfolgreich sein. Ziele der Raumordnung und Landesplanung sind nicht nur übergemeindlich und konzeptionell auszugestalten, sondern sie müssen auch die raumbezogenen Fachplanungen untereinander und mit allen anderen Belangen zu einem weitgehend konfliktfreien Optimum aller raumbedeutsamen Belange zusammenführen (vgl. Kap. A.2.1).

Erfolg und Mißerfolg der Regionalplanung werden immer wieder daran gemessen, welche ihrer Ziele von welchen anderen Stellen umgesetzt worden sind (vgl. Kap. C.2.3). Das aufgabenimmanente Dilemma jeder regionalplanerischen Arbeit ist aber, daß sie sowohl auf Daten bzw. Informationen anderer Institutionen angewiesen ist als auch auf den „guten Willen" der Fachplanungsstellen und der Kommunen, landes- und regionalplanerische Ziele zu befolgen bzw. in eigene, konkretisierte Planungen umzusetzen.

Die allgemein hohen Erwartungen, die an die Regionalplanung gestellt werden, stehen in einem merkwürdigen Gegensatz zu dem für die Durchsetzung und Umsetzung ungenügenden eigenen Instrumentenpotential und zum fehlenden tagespolitischen Interesse an langfristigen Planungen. Die Verantwortung für Entscheidungen über komplexe Sachverhalte wird wegen vielfältig verteilter fachlicher Kompetenzen systematisch zersplittert und auf verschiedene verfeinerte Verfahren verteilt. Schon von daher ist sowohl der Regional- als auch der Fachplanung weitgehend die Möglichkeit genommen, Verantwortung für den Gesamtumfang der Planung und ihrer Umsetzung zu übernehmen.

Aufgrund sehr konkreter fachlicher Planverfahren und wegen der Verbindlichkeit der meisten Fachplanungen gegenüber natürlichen und/oder juristischen Personen steht die Fachplanung gegenüber der Regionalplanung naturgemäß im Vordergrund des allgemeinen Interesses.

Es muß daher im ureigenen Interesse der Regionalplanung liegen, stärker aus diesem Schatten der Fachplanung zu treten. Angesichts der allgegenwärtigen Rufe nach Beschleunigung von Genehmigungsverfahren, Abschaffung der Regelungsdichte und Verschlankung der Verwaltungen muß die Regionalplanung, schon um langfristige Planungen im politischen Meinungsstreit nicht vollständig zu gefährden, darauf hinwirken, daß das Zusammenspiel von Wissenschaft, Fachplanung, Regionalplanung, Politikern und Bürgern zu einer gemeinsamen Aktion mit kurzen Wegen wird.

4.2.2 Spezielle Kooperationserfordernisse zwischen Regionalplanung und Fachplanungen

Zweifelsfrei ist der Erfolg sowohl der Regionalplanung wie der Fachplanung nicht nur abhängig von ihrem politischen Gewicht, sondern ebenso von der Einsicht der Personen, die Regional- und Fachplanung betreiben, daß sie in einem sachlichen Abhängigkeitsverhältnis untereinander stehen. Zu einer sachorientierten Arbeitsteilung zwischen Fach- und Regionalplanung muß geradezu selbstverständlich eine vertrauensvolle Teamarbeit dazukommen, die auf gemeinsam erkannte Probleme mit spezifischem Raumbezug ausgerichtet ist.

Nicht zuletzt angesichts der bestehenden öffentlichen Finanzierungsnöte muß es darum gehen, die räumliche Entwicklung effizient gestalten zu können. Die zunehmende Zahl, Intensität und Komplexität regionaler Konflikte erzwingt vor diesem Hintergrund die Optimierung des Einsatzes öffentlicher „Konfliktregelungskapazitäten" (Fürst 1993, S. 552).

Neben einer aufgabenkritischen Betrachtung, welche Planung zur Lösung bestehender und absehbarer Probleme notwendig ist, muß es ständige Selbstverpflichtung der Regional- wie der Fachplaner sein, unter Beachtung sachlicher Zusammenhänge räumliche Problemstrukturen durch koordiniertes und kooperierendes Zusammenwirken zeit- und ressourcensparend aufzulösen.

Das in der Raumplanung - insbesondere in der Regionalplanung - gesetzlich vorgeschriebene vertikale Gegenstromprinzip muß im horizontalen Wechselspiel zwischen Regional- und Fachplanung weiterentwickelt werden. Die Mitwirkung aller Fachplanungen an der Regionalplanung muß von einem Nacheinander der Planentwurfserarbeitung und anschließender Beteiligung zu einem echten Miteinander bereits in der Entstehungsphase des Regionalplanes gestaltet werden.

Das Interesse der Fachplanungen für eine frühzeitige Beteiligung an der Entwurfsarbeit ist dabei sicherzustellen. Es kann in der Regel unterstellt werden, daß dieses Interesse schon deshalb vorhanden ist, da alle Planer sich darüber im klaren sind, daß bereits mit Erarbeitung des ersten Planungsentwurfes entscheidende Weichen für den später gültigen Regionalplan gestellt werden. Insbesondere suchen gerade die Fachbehörden, die über keine eigenständige zielsetzende Planung und Fachverfahren (Verbindlichkeit) verfügen, die Chancen, ihre Vorstellungen über entsprechende Ausweisungen im Regionalplan behördenverbindlich zu machen (z.B. Rohstoffsicherung).

Im Sinne eines offenen Planungsprozesses sollten die Zusammenführung der von den befragten Mitwirkenden bereitgestellten Beiträge mit den Zwischenergebnissen der Regionalplanung sowie die dabei von der Regionalplanung angewendeten Kriterien und Leitlinien rückgekoppelt werden. Die ständige Begleitung der Entwurfserarbeitung schafft insoweit nicht nur Transparenz, sondern auch Vertrauen. „Wenn bisher Entscheidung häufig als Kunst des Segmentierens gesehen wurde, so muß Verwaltungsentscheidung in Zukunft eher als Kunst des Zusammenbringens aller (relevanten) Interessen zur gleichberechtigten und gleichzeitigen gemeinsamen Erörterung der Probleme und Bewertung möglicher Lösungsalternativen verstanden werden" (Hill 1993, S. 975). Eine solche Art kooperativer Planungsarbeit erfordert natürlich ein qualifiziertes Planungs- und Verfahrensmanagement.

Der sehr frühzeitige Dialog über inhaltliche Fragen ermöglicht außerdem einen konsensualen Meinungsaustausch zum Ablauf des Verfahrens. Gerade aus der Interessenlage der Beteiligten nach beschleunigten Verfahrensabläufen sind Ideen und Vorschläge zu Verfahrensinnovationen zu erwarten.

Um Mißverständnissen vorzubeugen: Ziel dieser Vorgehensweise ist es nicht, Vorwegabwägungen mit „ausgesuchten" Partnern abzusprechen; Ziel von vertrauensbildenden Maßnahmen ist es vielmehr, die wichtigsten der Planungspartner an der Entstehung des Regionalplanentwurfes teilhaben zu lassen. Dies ist im Endeffekt zeitsparend, transparent, verfahrenserleichternd, konsensfördernd, entwicklungsfördernd, identitätssteigernd - mit einem Wort: erfolgreicher.

Sollte dennoch der eine oder andere Beteiligte den Vorbereitungsprozeß mehr interessenorientiert als kooperativ betreiben, darf die Regionalplanung wegen ihrer Gesamtverantwortung für den Planungsprozeß und für die Belange der übrigen Beteiligten nicht davor zurückscheuen, auch von einzelnen Fachbeiträgen deutlich abweichende Entscheidungsvorschläge für den legitimierten Regionalplanungsträger zu machen. Auf jeden Fall muß sie diese kennzeichnen und ihren abweichenden Vorschlag qualifiziert begründen.

Ratsam ist, diesen kooperativen Arbeitsstil nicht nur transparent zu gestalten, sondern auch offenzuhalten für alle interessierten Stellen. Es kann vorausgesetzt werden, daß die Stellen, die an einer frühzeitigen Mitarbeit Interesse haben, im Kern auch motiviert sind, am gemeinsamen Erfolg teilzuhaben, d.h. ein Ergebnis zu erzielen. Dieser Wunsch, teilzuhaben an einer gemeinsamen Arbeit, mitzuhelfen bei der Planung für eine bessere Entwicklung (in) der Region, ist eine Chance für die Regionalplanung, sich erfolgreich als Regionalkoordinator bzw. -mediator für die Region einzusetzen (vgl. Kap. C.4.3).

Die politische Wirkung dieses kooperativen Arbeitsstiles ist ebenfalls nicht zu unterschätzen. Oftmals ist heute über sich widersprechende fachplanerische Maximalforderungen zu entscheiden - womöglich mit dem gefährlichen Ergebnis, daß durch zum Teil emotionalisierte Entscheidungen auch sinnvolle Forderungen „weggewägt" werden; kooperatives Arbeiten läßt das weniger erwarten. Politische Entscheidungen werden dann eher zu wenigen, aber tatsächlich schwierigeren Alternativen gefordert sein. Hier wächst indirekt die Chance für die Politik, sich auf das Wesentliche zu konzentrieren und die übrigen Sachverhalte schon im Vorfeld durch die zuständigen Planer erledigen zu lassen. Dieses ist verwaltungsökonomisch und steigert die Politikbedeutung.

Schon heute kann festgestellt werden, daß regionalbedingt mit unterschiedlicher Schwerpunktsetzung in ganz Deutschland eine Zusammenarbeit der Regionalplanung mit nahezu allen Fachplanungen und Fachpolitiken besteht. Dies reicht von sporadischen Kontakten in entsprechenden Verfahrensabschnitten der Regionalplanaufstellung bzw. -fortschreibung über konkrete Maßnahmen und Projekte bis hin zur kontinuierlichen Zusammenarbeit.

Für die Zukunft muß es darum gehen, ein dauerhaftes und umfassendes Zusammenwirken zu organisieren und zu praktizieren. Neben dem von der Sinnhaftigkeit dieser Zielsetzung geleiteten festen Willen bedarf es dafür der planungssystematischen Unterstützung. Dazu muß ein administrativ und politisch getragener Konsens gefunden werden. Regional- und Fachplanungen müssen gemeinsam konkrete Vorschläge entwickeln. Den in der letzten Zeit zu beobachtenden, durch Ressortdenken gedrängt, sich verstärkenden Tendenzen zur Verselbständigung einzelner Fachplanungen muß die Regionalplanung offensiv die Integration fachlicher Interessen durch enge Kooperation mit allen Fachplanungen entgegenstellen.

Eine Antwort könnte heißen: Praktiziertes Planungsmanagement oder „lean planning" in Anlehnung an „lean production" bzw. „lean management".

Die einmal geübte Zusammenarbeit von Mitarbeitern der Regional- und Fachplanungen ist oft eine beispielhafte Voraussetzung und gute Ausgangsbasis für den künftigen Planungserfolg. So kann die Effektivität von Planungen gesteigert und die Verfahrensdauer verkürzt werden.

Beispiele für ein effizientes Zusammenwirken zwischen Regionalplanung und Fachplanungen gibt es bereits genügend:

-   So entstand im Hause des Regierungspräsidenten in Düsseldorf als Ergebnis intensiver gemeinsamer Arbeit zwischen der für die Regionalplanung zuständigen Bezirksplanungsbehörde und der oberen staatlichen Abfallbehörde ein für den gesamten Regierungsbezirk mit über 5 Mio. Einwohnern flächendeckender und umfassender Abfallentsorgungsplan mit korrespondierenden Zieldarstellungen zur Standortsicherung für die unterschiedlichen, regional bedeutsamen Abfallentsorgungsanlagen im Regionalplan.

-   Mit gutachterlicher und fachplanerischer Begleitung durch die Höhere Wasserbehörde wurden im dortigen Regionalplan großräumig gesicherte Wasserreservegebiete auf ihre voraussichtlichen Wasserschutzzonen-Abgrenzungen hin konkretisiert, so daß andere räumliche Belange die „frei gewordenen" Bereiche wieder nutzen konnten.

-   Als Beispiel für eine kontinuierliche Wechselbeziehung zur Fachplanung ist die raumordnerische Vorbereitung, Begleitung und Koordinierung der Neu- und Ausbauplanung der Deutschen Bundesbahn im Oberrheintal (Kapazitätsverdoppelung/ICE) seit 1978 zu nennen. Die frühzeitig koordinierende Mitarbeit vor allem des Regionalverbandes Südlicher Oberrhein hat die Raumordnungs- und Planfeststellungsverfahren stark beschleunigt und einen zügigen Baubeginn ermöglicht.

- Ein anderes Beispiel ist die frühzeitige Einflußnahme der Regionalplanung auf das „integrierte Rheinprogramm" zur Hochwassersicherung in Kombination mit einer ökologischen Reaktivierung und Wiederaufbereitung der ehemals durchfluteten Rheinauen. Die Einflußnahme der Regionalverbände hat mit dazu geführt, daß ein bedeutender Teil der Maßnahme von einem technischen Großprojekt mit unabsehbaren ökologischen und ökonomischen Nachteilen gewandelt wurde zu einer dezentralen Lösung mehrerer sehr viel verträglicherer Einzelmaßnahmen, die zugleich den Vorteil haben, nacheinander erstellt werden zu können, um stufenweise den Hochwasserschutz für die Unterlieger zu erhöhen.

Die erfolgreiche projektbezogene Zusammenarbeit von Regional- und Fachplanung ist beispielgebend auch für eine frühzeitige planerische Kooperation von Regional- und Fachplanung. Dafür wäre grundsätzlich schon eine verbesserte Koordinierung der Fachplanung auf der Landesebene durch die jeweilige Landesplanung wünschenswert.

Die Regionalplanung muß als koordinierende Querschnittsplanung auf fachliche Beiträge der fachlich kompetenten Behörden oder Fachdienststellen aufbauen. Es ist erforderlich, auf der Grundlage der speziellen Fachbeiträge gemeinsam mit der Fachplanung alle Belange gesamtplanerisch zusammenzuführen. Hier gilt es, auch neue Wege zu gehen, um fachlich qualifizierte Regionalplanung letztlich auch politisch überzeugend umsetzen zu können. Schon beim Austausch fach- und regionalplanerischer Einschätzungen zu Defiziten, Restriktionen und Zielperspektiven ist gegenseitiges Befruchten vonnöten.

Es beginnt schon mit der Sammlung von Daten und Informationen in der laufenden Raumbeobachtung. Je nach regional- bzw. fachplanerischem Blickwinkel sind Art, Umfang und Abgrenzung der Daten bausteinartig und ADV-geeignet so aufeinander abzustimmen, daß sehr frühzeitig Kosten und Zeitaufwand für die datenmäßigen Planungsgrundlagen reduziert werden. Allein dadurch können sowohl Fach- wie Regionalplanung arbeitsökonomische Vorteile für sich nutzen.

Neben der erstmaligen Aufnahme dieser Daten und Informationen müssen diese fortgeschrieben werden, um den Planungsprozeß problemadäquat zu konkretisieren und in notwendige Maßnahmen umsetzen zu können.

Außer der inhaltlichen Abstimmung eines Fachbeitrages auf die spezifischen Anforderungen der Regionalplanung kommt der vergleichbaren Abstimmung der Fachbeiträge untereinander hohe Bedeutung zu. Schon in diesem planerischen Stadium sollte die Regionalplanung größten Wert auf fachliche Querschnittsbezüge legen. Gerade hier kann oder muß die Regionalplanung zeigen, ob sie ihre Aufgabe als Moderator zwischen fachlichen Einzelinteressen zum Nutzen aller Fachplanungen und letztlich der Region erfolgreich wahrnehmen kann.

4.2.3 Folgerungen für das Zusammenwirken zwischen Regional- und Fachplanungen

Für die Ausgestaltung des künftigen Zusammenwirkens der Regionalplanung mit den Fachplanungen ist daher folgendes Fazit zu ziehen:

- Die Regionalplanung muß sich umsetzungsbezogener bzw. politikorientierter fortentwickeln. Sie muß zum einen die Probleme der nachfolgenden Planungsstufe verstärkt mitdenken und zum anderen Kontakte zu den politischen Entscheidern knüpfen, die über staatliche Finanz- und Fördermittel verfügen oder darauf Einfluß ausüben können. Das Ziel muß sein, die Verknüpfung von Planung und staatlichem Mitteleinsatz zu verbessern. Dann kann sie u.a. auch verbindliche Grundlage für konkretere, insbesondere umweltsichernde oder -entwickelnde Planungen und Maßnahmen sein, z.B. durch die Formulierungen von zeitlichen, sachlichen und finanziellen Abhängigkeiten im Regionalplan.

- Vertreter der Fachplanung und der Regionalplanung sollten gemeinsam Anforderungsprofile für die fachlich korrespondierenden Darstellungen im Regionalplan und im dafür notwendigen Fachbeitrag erarbeiten. Die Vergleichbarkeit der planerischen Aussagen über inhaltlich angeglichene Planzeichen sollte dabei auch berücksichtigt werden. Dieses vermeidet Doppelarbeit und Fehlinterpretationen.

- Die Regionalplanung sollte im regionalplanerischen Verfahrensablauf gegenüber den Fachplanungen die Rolle eines Moderators oder eines Mediators übernehmen (vgl. Kap. A.2.2 und C.4.3). Dazu könnten auch eine intensive Grundlagendiskussion und die öffentliche Vorstellung der Fachbeiträge in den politischen Planungsgremien gehören.

- Die Fachplanungen sollten in der Lage sein, relativ schnell qualifizierte, mit hohem Realitätsbezug ausgestattete und auch auf die Belange der räumlichen Gesamtplanung ausgerichtete Fachbeiträge zu erstellen. Diese planungsebenenspezifischen Fachbeiträge sollten die wechselseitigen Wirkungszusammenhänge zwischen den Fachplanungsbereichen (z.B. zwischen den Umweltmedien und den umweltbeanspruchenden Belangen) entsprechend dem Wissensstand zum gegebenen Planungszeitpunkt umfassen, und sie sollten direkt in die Entwurfsarbeiten zum Regionalplan einfließen.

- Zur Verbesserung der Informationslage und zur Steigerung der Akzeptanz für Planungsentscheidungen sollte unter Einbeziehung der Kommunen eine intensivere Öffentlichkeitsarbeit für alle Planungen der regionalen Ebene geleistet werden.

- Bezüglich der organisatorischen Voraussetzungen für ein engeres Zusammenwirken von Regional- und Fachplanungen bietet die Einbindung der Regionalplanung in den traditionellen staatlichen Verwaltungsaufbau zusammen mit den meisten klassischen Fachverwaltungen etwa bei der staatlichen Mittelinstanz den großen Vorteil der

Nähe der Agierenden unter einem Dach mit einer Geschäftsordnung. Auf diese Weise ist der ständige planerische Austausch, die ständige gegenseitige Abstimmung ein selbstverständlicher interner Planungs- und Handlungsprozeß (vgl. Kap. C.5.).

- Andererseits ermöglicht die organisatorische Eigenständigkeit eines regionalen Planungsverbandes auf der kommunalen Ebene eine vom staatlichen Einfluß unabhängigere Regionalplanung. Das Zusammenwirken mit den bei Kommunen angesiedelten Fachdienststellen ist hier tendenziell einfacher. Soweit es um fachpolitische Fragen geht, sollten staatliche Vertreter der (Bezirks-) Regierungen offiziell in Beratungen der Verbandsgremien einbezogen werden.

- Letztendlich sind für eine bessere und für mehr konkrete Zusammenarbeit zwischen Regional- und Fachplanung im Bundesraumordnungsgesetz, in den Landesplanungsgesetzen und in den entsprechenden Fachgesetzen weitergehende gesetzliche Vorgaben aufzunehmen. So wäre z.B. eine Absicherung etwa in den Landesplanungs- und entsprechenden Fachgesetzen vorrangig für die Mindestinhalte der Regionalpläne hilfreich (vgl. Kap. C.3.2.).

Zu einem Qualitätssprung in der Zusammenarbeit wird es für alle Beteiligten kommen, wenn es gelingt, alle fach- und regionalplanerischen Schritte so zu gestalten, daß Wissenschaft, Fachdienststellen, Regionalplanung und Politik effektiver und effizienter sowie ohne fachideologische Vorbehalte miteinander umgehen. Erst dann werden gesamtgesellschaftliche Ziele besser erreicht und harmonischer umgesetzt werden können. Auf jeden Fall müssen Regionalplaner und Fachplaner frühzeitig und partnerschaftlich zueinanderfinden (Teamarbeit), wollen sie für die Planungsregion problemorientierte Lösungen erreichen, die kurzfristig umsetzbare Maßnahmen ebenso ermöglichen wie langfristig zu sichernde Ziele.

Ob dafür eher lockere (informelle Kontakte) oder administrativ gefestigte Formen der Organisation zur Verbesserung der Wechselbeziehung zwischen Regional- und Fachplanung bzw. Fachpolitik gewählt werden, ist Sache der für die Regionalplanung zuständigen Bundesländer. Dabei sind jeweils historisch gewachsene Unterschiede im Verständnis der Landes- und Kommunalverfassungen in Verbindung mit Fragen des Verwaltungsaufbaus und -ablaufs zu berücksichtigen.

4.2.4 Konsequenzen für die Regionalplanung aus der Regionalisierung der Fachpolitiken

Regionalisierung - Steuerung von oben oder Gestaltung von unten?

Steigende Einwohnerzahlen, steigende Umweltbeanspruchungen, sinkende öffentliche Finanzen, sinkende Akzeptanzen gegenüber staatlichen Vorgaben und neue politische Rahmenbedingungen in Europa (Binnenmarkt, Wettbewerb der Regionen) fördern die Erkenntnis, daß überschaubare und handlungsfähige Entscheidungseinheiten in ebenso überschaubaren räumlichen Abgrenzungen wesentliche Voraussetzungen für die Vorbereitung und Wahrnehmung künftiger Entwicklungschancen bilden.

Daher spielt die sogenannte „Regionalisierung" in vielen Politikbereichen eine facettenreiche Rolle, weshalb hier gesondert darauf eingegangen werden soll. Zum einen entwickeln insbesondere die Fachpolitiken ein Interesse an Regionen, zum anderen gibt es das Interesse der Regionen an der Dezentralisierung der Fachpolitiken. Es ist schon ein wesentlicher Unterschied, ob staatliche Politikbereiche die Regionen als ein geeignetes Instrument zur Durchsetzung eigener fachspezifischer Ziele ansehen oder ob die Betroffenen vor Ort aus eigenem Antrieb zur Lösung regionaler Probleme Regionen bilden. Das allgemeine Interesse an Regionalisierungsprozessen ist gekennzeichnet vom Spannungsbogen zwischen einer zentralen, staatlich geführten Administration bis zur eigenständigen, demokratisch legitimierten, regionalen Entwicklungspolitik.

Auf allen staatlichen Ebenen - bis hin zur europäischen Kommission - werden fachpolitische Ziele mit spezifischen, gesetzlich abgesicherten Instrumenten verfolgt, die bei ihrer Umsetzung in den Regionen auf gegenläufige Interessen aus dem jeweiligen Raum treffen können. Je weniger dabei die fachpolitischen Ziele auf die regionsspezifischen Probleme abstellen, um so weniger werden sie erfolgreich sein können.

Es geht also nicht nur um Kriterien für eine ökonomisch orientierte Planungsoptimierung zur Lösung regionaler Problemstrukturen, sondern ebenso um das mit sozialen Identifikationsprozessen verbundene neue Bewußtsein in den Regionen. Diese Regionen wollen eigenständige, d.h. auf die Besonderheiten der Regionen abgestellte Wege gehen. Sie wollen selbst die den Stärken und Schwächen der eigenen Region gerechter werdende Entwicklung verantwortlich gestalten können.

Diese vor Ort empfundenen Entwicklungsdefizite der Regionen werden jedoch selten von grundsätzlicher fachpolitischer Bedeutung auf staatlicher Ebene sein; hinzu treten lokal und regional beschränkte Beeinflussungsmöglichkeiten und fehlende Fachkompetenzen.

Bereits aus dieser groben Gegenüberstellung wird deutlich, daß allein der Konflikt zwischen staatlichem Steuerungs- und lokalpolitischem Selbstverwaltungsanspruch systemimmanente Reibungsverluste mit sich bringt, der allen Beteiligten nur Nachteile einträgt. Die Einsicht in diesen Sachverhalt hat dazu geführt, daß die der privaten Wirtschaft entlehnten Entwicklungen zur Dezentralisierung großer Konzerne ihren Niederschlag im politisch-administrativen Bereich gefunden haben. Angetrieben durch die angespannte Lage öffentlicher Haushalte und ausgehend von den arbeitspsychologischen Erkenntnissen team- bzw. gruppenbezogener Verantwortungskonzentration in umfassend tätigen bzw. zuständigen Arbeits- bzw. Verwaltungseinheiten ist der Ruf nach einer deregulierteren, zwischen den Einzelinteressen ausgleichenden, sachgerechteren und effizienteren Handlungs- und Steuerungsebene laut geworden (vgl. Kap. B.6.).

Die regionale Ebene wird jedoch nicht nur von den staatlichen Instanzen mehr und mehr zur Umsetzung eigener Fachziele aufgesucht. Auch die in den Regionen ansässigen Einwohner und Unternehmen orientieren sich bei ihren Entscheidungen zwangsläufig mehr an regionalen Möglichkeiten und Hemmnissen als an den engeren lokalen Rahmenbedingungen. Insbesondere in den Verdichtungsgebieten wird zum Teil schon mit langer Tradition (Zweckverband Großraum Hannover, Umlandverband Frankfurt, Kommunalverband Ruhrgebiet u.a.) versucht, die durch zunehmende Verflechtungen im Raum bedingten überörtlichen Konflikte auch zwischen den verschiedenen Fachpolitiken durch regionale Ansätze interkommunal zu lösen.

Ob derartige Strategien erfolgreich sein werden, hängt entscheidend mit davon ab, ob spezifische kommunalpolitische Machtinteressen zugunsten regionaler Planungs- und Entscheidungskompetenzen für regionalbedeutsame und strukturwirksame Fragen freiwillig zurückgestellt werden und ob seitens staatlicher Fachplanungs- und -politikbereiche die Bereitschaft besteht, substanzielle Teilbereiche ihrer Entscheidungskompetenzen für Planungen und für die Verteilung von Fördermitteln auf regional verantwortliche Gremien im Sinne der Dezentralisierung weiterzugeben.

Die im Kontext mit der Deregulierung und Privatisierung erhobene Forderung nach mehr public-private-partnership hat bislang eine eher geringe Rolle gespielt. Bis auf wenige und meist zeitlich begrenzte erfolgreiche Fälle der konkreten Zusammenarbeit zwischen staatlichen Stellen und privaten Einrichtungen und Unternehmen sind hier noch große Potentiale staatlich-privater Kooperation unerschlossen.

Erfordernisse und Ansätze für effektivere Kooperationen zwischen Fach- und Regionalplanung im Rahmen der Regionalisierung

Differenziert man die Regionalisierung der Fachpolitiken nach Verwaltungsebenen, so ist zwischen der europäischen, der bundesstaatlichen und der landesstaatlichen Ebene zu unterscheiden. Aufgrund der europäischen Entwicklungen (Binnenmarkt, Öffnung Osteuropas) sind Bestrebungen entstanden, „Regionen besonderer Art" zur Bewältigung des Strukturwandels und zur Verbesserung der Wettbewerbssituation in der künftigen Konkurrenz der europäischen Regionen zu bilden.

Die Regionalpolitik der Europäischen Union fördert die Bildung solcher Regionen, indem sie die Fördermittel der Strukturfonds und verschiedener Einzel- und Sonderprogramme für Regionen an Entwicklungskonzepte und Aktionsprogramme knüpft, über die in den Regionen zwischen den Beteiligten Konsens erreicht worden ist und die - auch wegen der komplementären Landesförderung - mit den betroffenen Ländern abgestimmt sind.

Die sogenannte regionalisierte Strukturpolitik, wie sie z.B. in Nordrhein-Westfalen aufgenommen und in anderen Bundesländern begonnen worden ist, stellt einen neuen politischen Ansatz dar, verschiedenste Akteure zum Wohle des Ganzen und seiner

Teile besser zusammenwirken zu lassen. Er entwickelt sich zu einem gesamtpolitischen Ansatz; d.h. immer mehr Fachbereiche versuchen, sich in den ursprünglich wirtschaftspolitisch motivierten Willensbildungsprozeß einzubringen und ihre Ziele gleichzeitig umzusetzen; dieses Interesse sollte unbedingt belohnt werden (vgl. Kap. C.4.3.).

Wenn mit dem Fortschreiten der Regionalisierung die dezentrale Konzentration das neue Leitbild der Regionalplanung ist, wird notwendigerweise ein höheres Maß an Verantwortung auf die Regionalplanung zukommen. Es muß daher gerade von ihr die Initiative für eine abgestimmte regionale Entwicklungsplanung ausgehen. Die Regionalplanung im Sinne einer gemeinschaftlichen Aufgabe von Staat und Selbstverwaltung - in welcher Verfaßtheit auch immer - hat den im Zuge der Regionalisierung zunehmenden Verbund zwischen Staat, Kommunen und für die regionale Entwicklung relevanten gesellschaftlichen Gruppen ihrerseits zu nutzen und zu unterstützen. Sie hat das Einbringen der Inhalte von sich aus zu organisieren.

Die charakteristischen Eigenschaften der Regionalplanung, wie konzeptionelle Planung und die in den letzten Jahren vermehrt angewendeten prozessualen Planungstechniken, sind auch hervorragende Grundlagen für eine langfristig ausgerichtete und fachgrenzenübergreifende regionale Entwicklungspolitik. Die Nähe zu den Problemen und zugleich die Entfernung zu fachlichen und kommunalen Einzelinteressen prädestinieren die Regionalplanung zu Koordinations- und Moderationsaufgaben im Regionalisierungsprozeß.

Über die reine rahmensetzende Planung hinaus muß erfolgreiche Regionalplanung daher mehr denn je in Verbindung gesehen werden mit der Einbringung von Ideen, Ergreifung von Initiativen, der Formulierung von Entwicklungsstrategien, der Aufstellung von Planungskonzepten und der Begleitung regionalpolitischer Lösungsansätze durch zielkonforme Maßnahmen. Dabei sollte sich die Regionalplanung jedoch nicht selbst überfordern; sie muß Mitstreiter suchen oder als neutraler Moderator unter gleichberechtigten, aber mit Einzelinteressen versehenen Partnern versuchen, „Verantwortungsgemeinschaften" (Behrens 1990, S. 67) anzuregen bzw. selbst Planungs- und Aktionsgemeinschaften insbesondere mit den Fachplanungen zu bilden.

Bei der Überprüfung der regionalplanerischen Instrumente müssen daher zielgerichtet Kriterien wie Flexibilität und Schnelligkeit, Problem- und Umsetzungsbezug angewendet werden. Aber auch Gesichtspunkte wie die Verteilung der staatlichen Finanzströme - insbesondere der strukturwirksamen Förderprogramme - sind aufgrund ihrer Raumwirksamkeit zu berücksichtigende Kriterien für die neue Definition und Abgrenzung entwicklungspolitischer Aufgabenbereiche einer weiterentwickelten Regionalplanung.

Mit dem durch Kooperation qualifizierten regionalplanerischen und fachlichen Gewicht der planerisch-konzeptionellen Verwaltungsarbeit wächst dem kommunalpolitischen Entscheidungsträger der Regionalplanung eine politische Kraft zu, die sich entscheidungserheblich auf die landespolitisch gesteuerte Förderung mit öffentlichen Mitteln auswirken kann. Auch die Bildung eines von Land und Region gemeinsam finanzierten regionalen Förderfonds ist in diesem Zusammenhang bereits überlegt worden (Benz et al. 1992, S. 44 f.).

Durch die Regionalisierungsprozesse der unterschiedlichen Fachpolitiken ergibt sich auch eine Konkurrenzsituation zwischen eigenständig handelnden Fachplanungen und der Regionalplanung. Inwieweit tatsächlich raumwirksame Regionalisierungstendenzen der Fachpolitiken durch die Regionalplanung aufgenommen bzw. begleitet werden sollten, ist im Einzelfall ergebnisorientiert zu prüfen. Es können in den verschiedenen Regionen traditionell gewachsene Strukturen ebenso für wie gegen eine Teilnahme der Regionalplanung sprechen. Völlig neue Aufgabenstellungen können normalerweise seitens der Regionalplanung nicht wahrgenommen werden. Dafür fehlen das Know-how, die personellen und die finanziellen Kapazitäten. Dennoch gibt es bereits heute zahlreiche Beispiele einer intensiven Zusammenarbeit zwischen Fach- und Regionalplanung.

Als Zwischenergebnis ist festzuhalten, daß die Regionalisierung der Fachpolitiken dann eine Chance für eine erfolgreichere regionale Entwicklungspolitik bieten kann, wenn Regionalplanung und regionale Fachpolitiken enger als bisher organisatorisch, instrumentell und inhaltlich miteinander verknüpft werden.

Ein besonderes Beispiel für die regionalplanerischen Konsequenzen aus der Regionalisierung der Fachpolitiken könnte sich aus der Auseinandersetzung mit den Verkehrsproblemen ergeben. Sie gehört zu den dringlichsten Aufgaben unserer Zeit. In den Verdichtungsräumen wird die Lebens- und Wohnqualität durch den enorm gestiegenen motorisierten Individualverkehr in immer stärkerem Maße beeinträchtigt. Im ländlichen Raum ist die geringe Mobilität der nicht motorisierten Bevölkerungskreise vielfach ein Handikap für die Schaffung gleichwertiger Lebens- und Arbeitsbedingungen gegenüber den Verdichtungsräumen. Deshalb, aber auch im Interesse des Umweltschutzes sowie der Verkehrssicherheit muß der ÖPNV als Aufgabe der Daseinsvorsorge vorrangig ausgebaut werden.

Aus der Sicht der Raumordnung und Landesplanung geht es in diesem Zusammenhang auch darum, die Zentralen Orte untereinander und mit ihren Verflechtungsbereichen sowie die Verdichtungsräume mit ihren Naherholungsgebieten zu verbinden. Ziel muß es sein, den ÖPNV zu einer vollwertigen Alternative zum motorisierten Individualverkehr zu entwickeln. Dabei sind die Nahverkehrsbeziehungen und der Bedarf an Nahverkehrsleistungen überwiegend auf die überörtliche Daseinsvorsorge und damit auf den Aufgabenbereich der Regionalplanung ausgerichtet.

Zudem sind die meisten der heute überwiegend nach sozioökonomischen Verflechtungen abgegrenzten regionalen Planungsräume sowohl von der verkehrlichen Verflechtung als auch von der Größenordnung her als Nahverkehrsräume gut geeignet. Es wäre somit sachgerecht und auch verwaltungsökonomisch, die Nahverkehrsplanung als zusätzliche (Pflicht-)Aufgabe den Trägern der Regionalplanung zu übertragen.[8] Ihre Aufgabe wäre es, einen regionalen Nahverkehrsplan aufzustellen, fortwährend zu überprüfen und den neuen Entwicklungen anzupassen. Der Träger der Regionalplanung hätte damit auf seinem Gebiet, oder sofern davon abweichend in dem abgegrenzten regionalen Nahverkehrsraum, die notwendigen Planungen zur Sicherung und Verbesserung des ÖPNV durchzuführen.

Die Regionalplanung als Träger der Nahverkehrsplanung ist jedoch nur sinnvoll, wenn ihr weitere Aufgaben der regionalen Verkehrswegeplanung übertragen werden. Bei der Ergänzung des Nahverkehrsplanes durch einen Verkehrswegeplan geht es nicht um einen weiteren Ausbauplan, etwa in Konkurrenz zu den entsprechenden Plänen der Fachbehörden, sondern um einen auf die regionalen Verkehrsbeziehungen abgestellten Verkehrswegeplan. Inhalt dieses Planes müßte eine Darstellung der erforderlichen Verkehrswege auf der Grundlage raumordnungsrelevanter Verkehrsbeziehungen (z.B. Verflechtungsbereich mit den Zentralen Orten, Wohn- und Siedlungsbereiche mit Arbeitsplatzschwerpunkten) sein (vgl. Kap. C.3.1.). Die Inhalte eines solchen Planes könnten auch in den Regionalplan als funktionales Verkehrsnetz integriert werden.

Zukunftsträchtige Beispiele für das Zusammenwirken von regionaler und fachlicher Planung könnten auch sogenannte Telematikinfrastrukturpläne sein. Der zielgerichtete Einsatz neuer Informations- und Kommunikationstechnologien ist bekanntlich eine entscheidende Voraussetzung für die Erhaltung und Stärkung der wirtschaftlichen, sozialen und kulturellen Entwicklung regionaler Teilräume.

Dabei muß in einem räumlich ausgewogenen Ausbau der Infrastruktur für den Einsatz neuer Technologien sichergestellt werden, daß dem raumordnerischen Leitsatz der Schaffung gleichwertiger Lebens- und Arbeitsbedingungen in allen Landesteilen Rechnung getragen wird und nicht neue Defizite zu Lasten einzelner Landesteile entstehen. Dafür ist der Ausbau eines flächendeckenden, qualitativ gleichwertigen Telekommunikationsnetzes eine wesentliche Voraussetzung.

4.3 Neue Kooperations- und Konsensstrategien durch Informations-, Beratungs- und Moderationstätigkeit der Regionalplanung

4.3.1 Wachsende Bedeutung von Kooperations- und Konsensstrategien

Die vorangegangenen Kapitel haben gezeigt, daß die wohl ausschlaggebende Bewährungsprobe für die Regionalplanung in ihrer Kooperations- und Integrationsfähigkeit liegt. Diese Bewährungsprobe ist indes nicht nur eine zentrale Aufgabe für die Regionalplanung selbst; auf dem Spiel steht vielmehr die Glaubwürdigkeit staatlichen Handelns für die Regionalentwicklung überhaupt. Angesichts einer hochsensibilisierten Öffentlichkeit ist die staatliche Planungs- und Steuerungstätigkeit bezüglich der Raumentwicklung beim Fehlen einer wirksamen Koordination sowie klarer Kompetenz- und Verantwortungsstrukturen von weiterem Wirkungs- und Akzeptanzverlust bedroht.

Insofern handelt es sich bei der Frage der Integration raumbedeutsamer Fachpolitiken nicht um ein Problem der Regionalplanung allein; diese muß sich vielmehr zu dessen Lösung der aktiven Unterstützung der Fachplanungen sicher sein.

Über das Erfordernis zur regionalen Kooperation hinaus wird zunehmend die bereits mehrfach erwähnte Notwendigkeit regionaler Konsensstrategien betont. Hierbei geht es freilich nicht um das ohnehin utopische Ziel, eine vollständige Interessenkongruenz aller regionalen Akteure herzustellen, als vielmehr um den Versuch, „Konsensinseln" ausfindig zu machen, auf denen ein regionales Leitbild im Sinne eines gemeinsamen Grundkonsenses aufbauen kann. Hinter diesem Versuch steht die eigentlich banale Erkenntnis, daß sich verhärtete Fronten zwischen regionalen Akteuren rasch negativ auf das Klima der Region auswirken, zu administrativen und mentalen Blockaden führen und damit Potentiale lahmlegen, die für eine aktive Regionalpolitik dringend benötigt werden. Konzentriert sich die regionale Diskussion auf Dissenspunkte, summieren sich die Reibungsverluste. Konsensstrategien zielen deswegen darauf ab, weniger das Trennende als vielmehr die Themen in den Mittelpunkt der Bemühungen zu rücken, für die eine grundsätzliche Offenheit und potentielle Interessenkoalition möglichst vieler Akteure zu erwarten ist.

Mit derartigen Konsensstrategien verbunden ist zum einen die pragmatische Erwartung, durch Bündelung von Interessen und Ressourcen die Umsetzung regionalbedeutsamer Projekte vorantreiben zu können, zum anderen die Hoffnung, durch Einbindung möglichst vieler Akteure ein Vertrauensklima zu schaffen, um mittel- bis langfristig zu einer Aufweichung der Fronten auch bei den konfliktbeladenen Themen zu kommen. Die bei dieser Strategie erforderliche Konzentration des regionalplanerischen Einsatzes auf eher konsensfähige Themen kann freilich bedeuten, daß in einer ersten Phase vorübergehend Abschied zu nehmen ist von dem in der bisherigen Regionalplanung vorherrschenden „Vollzähligkeitsprinzip". Dies könnte beispielsweise in der Weise seinen Ausdruck finden, daß die aus den langfristigen regionalplanerischen Zielen im breiten Konsens aller Beteiligten abgeleiteten kurzfristigen Handlungsansätze in einem separaten (fortschreibungsfähigen) Handlungskonzept zum Regionalplan zusammengefaßt werden. Die Umsetzung dieser im Sinne einer Selbstbindung vereinbarten Handlungsansätze ist dann vorrangige Aufgabe aller Beteiligten im Rahmen ihrer Kompetenzen und Möglichkeiten.

Ein nicht unwichtiger Nebeneffekt der temporären Aussparung von Themen mit verhärteten Positionen für die Regionalplanung dürfte die Freisetzung von Arbeitskapazitäten sein, die wiederum für die Moderation auf anderen Feldern genutzt werden können. Auch wenn diese Art einer „neuen Planungskultur" auf regionaler Ebene noch viele Fragen offenläßt und nicht überall auf Akzeptanz stößt, belegen die folgenden Abschnitte die Vielfalt der bereits praktizierten Informations-, Beratungs- und Moderationstätigkeit der Regionalplanung und zeigen, daß der Boden für ein solches kooperatives und konsensorientiertes Planungs- und Politikverständnis bereitet ist.

4.3.2 Gezielte Informationstätigkeit der Regionalplanung

Die Sammlung, Aufbereitung, Kommentierung und Weitergabe von Daten und Informationen zur Raumentwicklung gehört zu den unbestrittenen Kernbereichen regionalplanerischer Arbeit. Da das Datenmaterial selbst zumindest teilweise von den Statistischen Ämtern sowie anderen Dienststellen zur Verfügung gestellt wird, besteht die zentrale Aufgabe der Regionalplanung darin, durch die Art der Datenaufbereitung und der Verknüpfung des Materials, d.h. durch eine „problemorientierte Montage", bestimmte räumliche Prozesse sichtbar zu machen und aktive Politikberatung zu betreiben. Einzuräumen ist, daß der Standard dieser Informationsaufbereitung und deren Instrumentalisierung als Dienstleistung für politische Entscheidungsträger, Kommunalverwaltungen und Fachplanungen regional sehr unterschiedlich entwickelt ist. Obwohl eine „laufende Raumbeobachtung" durchaus in vielen Fällen schon gezielt für eine Strategie der „Koordination durch Information" Einsatz findet, wird gelegentlich doch noch das in dieser „Serviceleistung" liegende „Tauschpotential" der Regionalplanung unterschätzt.

Hervorzuheben ist auch, daß die regionalplanerisch bzw. regionalpolitisch aufbereiteten Daten und Informationen sowohl individuell an interessierte Stellen weitergegeben als auch im Rahmen einer kontinuierlichen Öffentlichkeitsarbeit in ansprechender, evtl. journalistisch aufbereiteter und kommentierter Form publiziert werden können. Praktiziert wird in einigen Ländern auch eine umfassendere Regionalberichterstattung; hierbei handelt es sich um ein noch ausbaufähiges Instrument, mit dem die Regionalplanung z.B. ihr wesentlich erscheinende thematische Schwerpunkte setzen und in die öffentliche Diskussion einbringen kann. Die von der Regionalplanung herausgegebenen Periodika bzw. Informationsblätter sollten daher weiterentwickelt werden.

Bei allen diesen Überlegungen ist freilich stets kritisch zu prüfen, ob der Aufwand der Datenaufbereitung in einem vertretbaren Verhältnis zu der damit erzielten Resonanz steht; da Publikationsreihen Personal und Geld binden, kann die Funktion der Regionalplanung auch darin bestehen, bestimmte Periodika „auf den Weg zu bringen" und die weitere verlegerische Betreuung in private Hände zu geben. Allerdings wäre auch im umgekehrten Sinne zu prüfen, ob die Regionalplanung ihre Strukturanalysen und sonstigen Aufbereitungen nicht - in Konkurrenz auch zu privaten Anbietern - verkaufen könnte (etwa an überregional operierende Ketten und Investoren) und dadurch ihr Budget aufbessern könnte.

Neben der spezifischen, auf die Belange der regionalen Planung und Moderation abgestellten Aufbereitung von Daten der amtlichen Statistik liegt eine wichtige Tätigkeit der Regionalplanung in der Initiierung und Betreuung, häufig auch in der Durchführung von Untersuchungen und Gutachten zu regionalen Einzelproblemen. Teilweise werden derartige Untersuchungen als Grundlagen für die Aufstellung des Regionalplanes benötigt, teilweise reagiert die Regionalplanung damit auf eine aktuelle politische Nachfrage. Charakteristische und in den meisten Regionen verfügbare regionalplanerische Untersuchungen und Erhebungen gelten u.a. folgenden Fragestellungen:

- Naturraumpotentiale und deren Belastbarkeit,
- Flächenverbrauch und -nutzung,
- vorhandenes Baulandpotential für Wohnen und Gewerbe,
- Infrastrukturausstattung der Gemeinden,
- Nachfragepotentiale im Öffentlichen Personennahverkehr,
- Standorte des großflächigen Einzelhandels.

Derartige Untersuchungen lassen sich nicht nur im engeren regionalplanerischen Sinne verwerten, sondern können zu interessanten Handlungsinstrumenten etwa für Zwecke der regionalen Wirtschaftsförderung weiterentwickelt werden; zu nennen wären hier regionale Standortkataloge bzw. Standortinformationssysteme für Gewerbe- und Industrieflächen oder regionale Marketingstrategien für Naherholung und Fremdenverkehr.

Zu einer gezielten Informationstätigkeit der Regionalplanung können auch „ungefragte" Stellungnahmen aus der Sicht der Region zu aktuellen überregionalen Planungen gehören (nicht zu verwechseln mit den „Pflicht"- Stellungnahmen der Regionalplanung im Rahmen förmlicher Verfahren). Zu denken wäre hier an kritische Repliken etwa zum Bundesverkehrswegeplan, zu landesweiten Plänen der Fachressorts (z.B. zu Krankenhausbedarfsplänen, zu Naturschutzprogrammen oder auch zum Landesraumordnungsplan), die dann auch über die Medien zu verbreiten wären. Da sich die Regionalplanung auf diese Weise als „Sprachrohr" der Region nach „außen", insbesondere gegenüber Landes- und Bundesbehörden oder privaten Planungsträgern, profilieren kann, ist die konsensstiftende Wirkung derartiger Aktionen nach „innen" nicht zu unterschätzen. Die Regionalplanung wird als Interessenwahrer bzw. als Anwalt regionaler Interessen wahrgenommen, wodurch ein beachtliches Vertrauens- und Integrationspotential insbesondere auch bei den Gemeinden entsteht und das „Wir-Gefühl" in der Region gestärkt wird.

4.3.3 Ausbau der regionalplanerischen Beratungstätigkeit

Wie schon mehrfach in den vorangegangenen Kapiteln dargestellt wurde, impliziert das gewandelte Selbstverständnis der Regionalplanung auch eine deutliche Erweiterung ihres Tätigkeitsbereichs. Neben ihrer normativen, d.h. in weitem Umfange auch reglementierenden Funktion, die entsprechend der Stellung der Regionalplanung im System der Raumordnung auch zukünftig unverzichtbar sein wird, entwickelt sich stärker eine die Beratung in den Vordergrund stellende Arbeitsweise. Für den Fall, daß es der Regionalplanung gelingt, sich insbesondere gegenüber den Kommunen (vgl. Kap. C.4.3) eine noch höhere Akzeptanz als Berater, vielleicht sogar als Partner, zu verschaffen, ist auch eine Verbesserung ihres faktischen Einflusses zu erwarten. Letzteres gilt insbesondere in der Phase der Zielfindung, wo auch in der Regionalplanung Einsicht immer besser als Zwang ist. Ohnehin gilt, daß einer Herausbildung oder gar Verhärtung von Fronten am ehesten durch ein Klima des Vertrauens vorgebeugt werden kann und daß in solch einem Klima auch die Wahrscheinlichkeit höher ist, daß Konfliktpunkte, etwa zwischen regionalplanerischen Vorgaben und gemeindlichen Entwicklungsvorstellungen, sachlich und konstruktiv erörtert werden können.

Wichtige Beratungsfunktionen übt die Regionalplanung insbesondere bei solchen Problemen aus, die schnelles Handeln erfordern, jedoch außerhalb traditioneller Verwaltungserfordernisse stehen und deswegen das personelle Know-how einzelner Gemeinden übersteigen. Ein aktuelles Beispiel dafür, wie sich die Regionalplanung in fast allen betroffenen Regionen früh und kompetent einer „neuen" regionalpolitischen Herausforderung gestellt hat, liefert die Konversionsproblematik. Beispielsweise präsentierte die Planungsgemeinschaft Region Trier ihren Gremien schon Anfang 1990 ein Grundsatzpapier, in dem ein Gesamtüberblick über die im Zuge der anstehenden Konversionsprozesse zu erwartenden strukturellen Probleme gegeben wurde. Im Mittelpunkt der von der Planungsgemeinschaft durchgeführten Konversionsfolgenabschätzung standen der regionale Arbeitsmarkt, der Wohnungsmarkt und die raum- und siedlungsstrukturelle Relevanz militärisch genutzter Liegenschaften (Kistenmacher/Geyer/ Hartmann 1994). Über derartige Aktivitäten hinaus wurde die Regionalplanung im Aufgabenfeld der Konversion auch konzeptionell sowie als Initiator regionaler Kooperationen tätig (Regionalverbände Südlicher und Mittlerer Oberrhein in Baden-Württemberg). Darauf wird teilweise in Abschnitt 4.3.5 näher eingegangen.

Diese zukunftsweisenden Beispiele zeigen, daß die Beratungstätigkeit der Regionalplanung eng verflochten ist mit ihrer Informationstätigkeit und mit ihrer konzeptionellen Arbeit. Voraussetzung ist freilich in beiden Fällen, daß die Regionalplanung tatsächlich bereit und in der Lage ist, sich selbst die für eine überzeugende Beratung notwendigen Informationen zu beschaffen und konzeptionell zu verarbeiten. Insbesondere wird von der Regionalplanung auch zu erwarten sein, daß sie über breite Kenntnisse innovativer Problemlösungsansätze aus anderen Regionen verfügt, was wiederum einen engen Informationsaustausch zwischen den Regionalplanungsträgern erfordert. Natürlich setzt dies voraus, daß die Regionalplanung über entsprechende personelle und materielle Ressourcen verfügt. Dabei sollte beachtet werden, daß mit dem Personal in den Regionalplanungsdienststellen ein regionaler „braintrust" geschaffen wird, der auch den einzelnen Kommunen der Regionen zur Verfügung steht. Die Regionalplanung wird, nicht zuletzt durch ihr eigenes überregionales Informationsnetzwerk, zu einer regionalpolitischen „Innovationsbörse". Gleichzeitig kann sie die Rolle eines „Vordenkers" übernehmen.

4.3.4 Ansätze für eine verstärkte regionalplanerische Moderationstätigkeit

Die Moderationstätigkeit der Regionalplanung kann zwar auf eine langjährige Praxis aufbauen, bewegt sich jedoch immer noch auf einem relativ schwachen politischen und methodischen Fundament. Daß eine regionale Moderation sinnvoll und unter dem Eindruck gegenläufiger Interessenlagen staatlicher, kommunaler und sonstiger Planungs- und Vorhabenträger notwendig ist, wird kaum noch bestritten; nicht durchweg unumstritten ist freilich, daß die Federführung auf regionaler Ebene der Regionalplanung zufällt.

Trotzdem lassen sich zahlreiche Beispiele finden, bei denen die Regionalplanung ganz selbstverständlich die Moderation regionaler Themen übernommen hat sowie künftig übernehmen sollte, so etwa

- bei der grenzüberschreitenden Abstimmung sowohl zwischen Bundesländern als auch mit Nachbarstaaten,
- bei der Standortsuche für regionale Ver- und Entsorgungsprojekte,
- bei der Vorbereitung von regionalen Verkehrsverbünden und
- bei der Bildung arbeitsteiliger Funktionsverbünde mehrerer Gemeinden,
- in der schon erwähnten Konversionsproblematik,

Institutionell zeigt die Praxis, daß die Regionalplanung über durchaus unterschiedliche Ansätze verfügt, eine regionale Moderation durchzuführen. Neben traditionellen Instrumenten wie Fachausschüssen und Arbeitsgemeinschaften zielen neuere Strategien darauf ab, regionale Paketlösungen zu schaffen. Auch die bereits mehrfach erwähnten Teilraumgutachten stellen einen interessanten Ansatz dar, komplexe Planungsprobleme in einem begrenzten Raumausschnitt durch Moderation einer Lösung zuzuführen.

Zu den neueren Instrumenten zählen in jüngster Zeit die „Runden Tische", etwas längeren Vorlauf haben die „Regionalkonferenzen". Hierbei waren krisenhafte Entwicklungen der Wirtschaftsstruktur Auslöser für den Versuch, neue Wege der Problemlösung zu wagen. Komplexe und regionsspezifische Entwicklungshemmnisse sollten unter Aktivierung der sogenannten endogenen Entwicklungspotentiale durch abgestimmtes Handeln der für die regionale Entwicklung „entscheidenden" Akteure aufgelöst werden. Ausgehend von der Idee der „public-private-partnership" wurden in vielen Regionen, insbesondere in Nordrhein-Westfalen und Niedersachsen, (freilich nicht immer von der Regionalplanung ausgehend) Regionalkonferenzen einberufen, die vor allem initiieren, motivieren, koordinieren, bündeln, abstimmen und gemeinsame Umsetzungen von Projekten aller Art vorbereiten sollen. Zielsetzung für Regionalkonferenzen ist,

- die örtlichen Kräfte in den regionalen Politikprozeß einzubeziehen und örtliche mit regionalen Belangen zu verknüpfen,
- eine Einbindung auch derjenigen regionalen Akteure zu erreichen, die üblicherweise nicht beteiligt werden,
- gemeinsame regionsspezifische Problemlösungsvorschläge zu erarbeiten und damit regionale Verantwortungsgemeinschaften wachsen zu lassen sowie
- regionales Bewußtsein zu formen und die Erkenntnis regionaler Zusammenhänge zu fördern.

Die bisherigen Erfahrungen zeigen, daß sich Schwierigkeiten bzw. Kritikpunkte bei der Institutionalisierung von Regionalkonferenzen hauptsächlich bezüglich der Regionsabgrenzung, des organisatorischen Ablaufs der Zusammenarbeit, der Art und Zahl der Beteiligten, der Legitimation der Akteure und schließlich der ausgewählten Handlungsfelder ergeben. Dies bedeutet, daß Offenheit, Vertrauen und der gemeinsame

Wille aller Beteiligten erforderlich sind, um durch Regionalkonferenzen zu neuen oder besseren Lösungen als mit den traditionellen Instrumenten zu kommen.

Sind diese „Tugenden" vorhanden, stellt sich allerdings auch die Frage, ob dann wirklich die Form der Regionalkonferenz erforderlich ist oder ob nicht das Zusammenwirken der Akteure in vorhandenen Organisationsstrukturen optimiert werden kann. Ohnehin ist zu betonen, daß Regionalkonferenzen in erster Linie als temporär anzusehen sind und lediglich eine ergänzende Funktion gegenüber der klassischen Regionalplanung haben (insbesondere häufig Initialzündungen im politischen Raum bewirken), diese jedoch nicht ersetzen können. Ganz besondere Eignung weisen Regionalkonferenzen bei der Integration von Räumen auf, die durch Grenzen aller Art durchschnitten bzw. politisch-administrativ stark zersplittert sind.

In vielen derartigen Räumen fehlen immer noch grenzüberschreitende Regionalplanungsträger i.e.S. oder andere Institutionen der Zusammenarbeit bzw. der Konfliktregulierung. Hinzuweisen ist freilich auch darauf, daß Regionalkonferenzen kein Instrument sind, das pauschal auf alle denkbaren regionalen Problemlagen angemessen und erfolgreich anzuwenden wäre. Allgemein politische Befindlichkeiten sind jedenfalls keine geeignete Fragestellung für Regionalkonferenzen. Im übrigen können Regionalkonferenzen nur dann erfolgreich sein, wenn es um konkrete Themen bzw. Projekte geht. Sie sollten mithin wohlüberlegt und ergänzend zu anderen Handlungsstrategien stattfinden.

Im Zusammenhang mit der Moderationstätigkeit der Regionalplanung sei auch auf den in jüngster Zeit verstärkt gebrauchten Begriff „Mediation" hingewiesen. Die Praxis zeigt, daß dieser Begriff, der vor allem aus den Vereinigten Staaten nach Europa importiert wurde, überwiegend synonym mit dem Begriff „Moderation" gebraucht wird. Das Verhältnis der beiden Begriffe zueinander ist weitgehend ungeklärt, interessant erscheint aber auch der Vorschlag, Mediation als eine Sonderform der Moderation zu verstehen, die ausdrücklich auf die Vermittlung in Konfliktfällen ausgerichtet ist (Selle 1992, S. 287).

Nicht unerwähnt sollte bleiben, daß sich der Regionalplanung je nach organisatorischer Einbindung in den Bundesländern durchaus unterschiedliche Ausgangsbedingungen für die Entfaltung der Moderationsrolle bieten. Während die organisatorische Ansiedlung der Regionalplanung bei einer staatlichen Behörde (in einigen Ländern bei der Bezirksregierung, in Schleswig-Holstein bei der Staatskanzlei als Landesplanungsbehörde) erhebliche Vorteile für die Moderation widerstreitender staatlicher Sektorpolitiken bietet, sind bei einer kommunal verfaßten Regionalplanung die Voraussetzungen für eine regionale Konsensfindung „von unten" - mit Einbindung der Kommunen - sicherlich günstiger. Letzteres dürfte jedoch nur eingeschränkt für die vollkommunalisierte Regionalplanung in Niedersachsen gelten, wo es in der Außenwahrnehmung nur schwer unterscheidbar ist, ob sich ein Landkreis als Träger der Regionalplanung oder als Fachplanungsbehörde äußert; zudem sind die Regionalplaner in der Regel hierarchisch nicht exponiert genug angesiedelt, um eine überzeugende Moderatorenrolle zu übernehmen. Ausschlaggebend für den Erfolg als Moderator dürfte jedoch in allen organisatorischen Strukturen die persönliche Qualifikation bzw. die Persönlichkeit des Regionalplaners sein.

4.3.5 Beispiele neuartiger regionaler Kooperationsprojekte

Bundesweit ist in den letzten Jahren bereits eine ganze Reihe zukunftsweisender regionaler Kooperationsprojekte durch Initiative oder unter Mitwirkung der Regional-planung auf den Weg gebracht worden, die durch unkonventionelle interkommunale Vereinbarungen auf die Bündelung und Optimierung regionaler Potentiale abzielen. Einige derartig zukunftsweisende Aktivitäten sollen beispielhaft näher verdeutlicht werden.

Planung und Entwicklung eines interkommunalen Gewerbegebietes im Kreis Wesel

Der linksrheinische Teil des Kreises Wesel ist von den Stillegungsbeschlüssen im Steinkohlenbergbau stark betroffen. Deshalb haben sich die vier Städte Moers, Kamp-Lintfort, Neukirchen-Vluyn und Rheinberg entschlossen, ein ca. 100 ha großes gemein-sames Gewerbegebiet zu entwickeln; sie wollen damit eine Voraussetzung für qualita-tiv hochwertige Gewerbeansiedlungen schaffen. Der Standort, im Bereich von drei Autobahnen (A 40, A 42 und A 57) liegend, bietet hervorragende Rahmenbedingun-gen für ein strukturveränderndes Gemeinschaftsprojekt mit Modellcharakter für Nord-rhein-Westfalen bezüglich organisatorischer, steuerrechtlicher und finanzpolitischer Fragen. Die Regionalplanung hat die Planung für diesen Standort mitinitiiert, zugleich aber Bedingungen an seine Entwicklung geknüpft: Zum einen sollen moderne Arbeits-plätze im Dienstleistungsbereich und zukunftssichere Arbeitsplätze im Gewerbebe-reich angesiedelt werden können, andererseits sollen auf der Fläche ebenso ökologi-sche Aspekte wie der Erhalt schützenswerter Flächen und die Entwicklung landschafts-typischer Eigenarten zusammen mit Freizeitnutzungen verwirklicht werden.

Regionalmanagement für die Entwicklung von Industrie- und Gewerbeflächen im Lippe-Mündungsgebiet

Rechtsrheinisch haben sich die drei Städte Wesel, Voerde, Dinslaken und die Ge-meinde Hünxe auf ein gemeinsames „Regionalmanagement für die Flächenentwick-lung im Lippe-Mündungsgebiet des Kreises Wesel" verständigt. Durch eine gemeinde-übergreifende Zusammenarbeit sollen die planerisch bereits gesicherten und in direk-ter Nachbarschaft gelegenen Flächen entwickelt werden. Der Standort mit insgesamt rd. 350 ha Industrie- und Gewerbeflächen verfügt über drei Häfen und über Anbindun-gen an die Autobahn sowie an die Eisenbahnhauptstrecke Ruhrgebiet - Niederlande. Nach gutachterlichen Vorarbeiten und der Bildung einer geschäftsführenden Organisa-tionseinheit sollen (im einzelnen noch zu entwickelnde) Konzepte umgesetzt werden,

Abb. 18: Gemeinschaftsprojekt Grafschafter Gewerbepark Genend

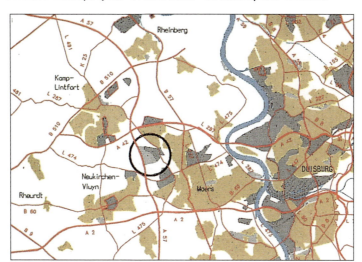

die eine Nutzung durch flächenintensive Großvorhaben und durch vielfältige logistische Einrichtungen ermöglichen könnten. In diesem Regionalmanagement werden die regionalen Akteure auch mit Entscheidungsträgern außerhalb der Region zusammenwirken, soweit diese durch ihr Handeln die Rahmenbedingungen für die Region wesentlich mitbestimmen. Das Spektrum des regionalen Managements reicht von der Koordinierung und Moderation der Nutzungsinitiativen über Planungen und Erschließungen bis hin zur Einleitung erster Vermarktungsaktivitäten. Daran soll sich die Schaffung einer eigenständigen Gesellschaft zur Umsetzung des regionalen, d.h. gemeindeübergreifenden Entwicklungskonzeptes anschließen.

Entwicklungsagentur für die Aufbereitung und Vermarktung regionalbedeutsamer Gewerbeflächen im östlichen Ruhrgebiet

Im östlichen Ruhrgebiet ist für den Bereich der Städte Dortmund, Hamm, Ahlen und für den Kreis Unna die Entwicklungsagentur Östliches Ruhrgebiet GmbH gegründet worden. Ihre Aufgabe ist die Aufbereitung und Vermarktung regionalbedeutsamer Gewerbeflächen. Dabei geht es insbesondere um die Wiedernutzung ehemals genutzter Industrie- und Gewerbeflächen. Mitglieder sind neben den betroffenen Gebietskörperschaften die Landesentwicklungsgesellschaft NRW, die Industrie- und Handelskammer, die Handwerkskammer, die Kreishandwerkerschaften, der Einzelhandelsverband sowie drei große Grundeigentümer aus der Montanindustrie. Die Entwicklungsagentur hat folgenden Auftrag:

- Entwicklung eines regionalen Konzeptes für die Gewerbeflächenentwicklung im Rahmen regionaler Entwicklungskonzepte,
- Erstellung von Konzepten für die einzelnen Projekte in der Region, die von der Agentur betreut werden,
- Akquisition von Finanzmitteln für diese Projekte,
- Koordinierung dieser Projekte in der Region sowie
- Vermarktung der Flächen aus diesen Projekten in Abstimmung mit den Projektgesellschaften.

Modellvorhaben eines gemeinsamen Gewerbeparks Nürnberg-Fürth-Erlangen

Bundesweite Aufmerksamkeit hat das Projekt des gemeinsamen Gewerbeparks der bayerischen Städte Nürnberg, Fürth und Erlangen auf sich gezogen. Nachdem zwischen diesen drei Städten eine interkommunale Zusammenarbeit vereinbart worden war, wurde ein Zweckverband als Entwicklungsträger gegründet. Innerhalb von 10 bis 15 Jahren sollen auf rund 220 ha - davon 110 ha ökologische Entwicklungsfläche - etwa 20.000 Arbeitsplätze geschaffen werden. Triebfedern für dieses vom Bundesministerium für Raumordnung, Bauwesen und Städtebau im Rahmen des experimentellen Wohnungs- und Städtebaus geförderte Modellvorhaben waren der Wandel in der Industriestruktur, die begrenzte Mobilisierbarkeit alter Gewerbeflächen, das Fehlen ausreichender Flächenreserven sowie die Zielsetzung, die Abwanderung erweiterungswilliger Betriebe zu vermeiden.

Projekt eines staatsgrenzenüberschreitenden Gewerbegebietes Aachen-Heerlen

Aber auch international werden bereits grenzüberschreitende Planungen in Angriff genommen. So haben die Städte Aachen und Heerlen (Niederlande) in einer bis Ende 1996 befristeten Absichtserklärung vom 14.10.1992 vereinbart, ein integriertes grenzüberschreitendes Gewerbegebiet von 100 ha zu planen und zu realisieren. Zeitlich und inhaltlich aufeinander abgestimmt soll ein gemeinsamer Entwicklungsplan entstehen, aus dem die baurechtlich bindenden Pläne nach dem jeweiligen nationalen Recht abgeleitet werden. Zur Zielerreichung wurden je eine paritätisch besetzte Lenkungs- und Projektgruppe gebildet und eine Kostenaufschlüsselung von 60 % (Aachen) und 40 % (Heerlen) vorgesehen. Die Regionalplanung beiderseits der Grenze - als Mitinitiator und Moderator tätig - hat(te) ihrerseits die bestehenden, nicht integrierten Planungsansätze zu ändern und die grenzüberschreitende Umsetzung der Planung zu begleiten. Hierbei ist sie selbstverständlich auf politisches Einvernehmen angewiesen.

Insbesondere durch den Raumordnungspolitischen Orientierungsrahmen ist das Konzept der „Städtenetze" in den letzten Jahren wieder verstärkt in die Fachdiskussion gekommen. Während der Orientierungsrahmen selbst vor allem Netze größerer Städte anspricht, hat die Ministerkonferenz für Raumordnung bei der Erarbeitung des den Orientierungsrahmen konkretisierenden Handlungsrahmens Wert darauf gelegt, daß dieses Instrument auch auf seinen möglichen Einsatz in ländlich strukturierten Regionen hin geprüft wird.

Modellprojekt der ländlichen niedersächsischen Zentren Diepholz, Vechta, Lohne und Damme

Ein interessanter Ansatz liegt auch im Falle der niedersächsischen Mittel- und Grundzentren Diepholz, Vechta, Lohne und Damme vor. Diese Orte, die im ländlichen Raum abseits der Oberzentren Bremen, Oldenburg und Osnabrück liegen, haben eine weitreichende Abstimmung und Kooperation vereinbart. Zum einen verfügen die Orte jeweils über spezifische, sich ergänzende Potentiale (z.B. Hochschulstandort Vechta, Interregio-Bahnhof Diepholz, expandierende Gewerbeentwicklung in den anderen Orten), zum anderen sollen dadurch Doppel- bzw. Parallelinvestitionen in aufwendige Infrastrukturprojekte verhindert werden. Statt dessen sollen die einzelnen Orte ihre spezifischen Potentiale weiter ausbauen, da sie auch den anderen Orten des Städtenetzes zugute kommen. Positive Empfehlungen erhielt das Projekt durch die Landkreise als Träger der Regionalplanung, durch die Gemeinsame Landesplanung Bremen/ Niedersachsen und schließlich auch durch die Oberste Landesplanungsbehörde des Landes Niedersachsen. Daraufhin haben die vier Gemeinden einen gemeinsamen Antrag gestellt, als Modellprojekt des experimentellen Wohnungs- und Städtebaus im neuen Handlungsfeld „Städtenetze" anerkannt zu werden.

*Modellvorhaben für die interkommunale Kooperation bei der gewerblichen Standort-
planung im Hunsrück-Mosel-Raum*

Als ein Pilotprojekt bezüglich ländlicher Räume kann auch das HUMOS-Projekt zur
interkommunalen Kooperation im Hunsrück-Mosel-Raum angesehen werden. Äußerer
Anlaß für diese Initiative war ein akuter Mangel an Gewerbe- und Industrieflächen in
einigen Gemeinden des späteren Kooperationsgebietes. Nach ersten Kontakten zur
Regionalplanung wurde den Gemeinden deutlich, daß hier zumindest eine gewisse
Abstimmung hinsichtlich der räumlichen Verteilung und der Dimensionierung der neu-
en Standorte erforderlich war. Dabei wies die Regionalplanung darauf hin, daß die
Gemeinden auch über eine weitergehende Form der Zusammenarbeit im Bereich der
gewerblichen Standortplanung nachdenken sollten. Da dieser Gedanke auf überraschend positive Resonanz traf, einigte man sich auf einen Beteiligtenkreis, dem fünf
Verbandsgemeinden, die Kreisverwaltung als untere Landesplanungsbehörde sowie
die Planungsgemeinschaft Region Trier als Moderator angehören. Nachdem das Projekt im Januar 1992 als Modellvorhaben „Einbindung städtebaulicher Aktivitäten im
ländlichen Raum in überörtliche Handlungskonzepte" des Bundesministeriums für Raumordnung, Bauwesen und Städtebau anerkannt worden war, schlossen die Beteiligten
im Mai 1992 eine Verwaltungsvereinbarung zur praktischen Umsetzung der Kooperation, deren erste Phase durch folgende Schwerpunkte geprägt wird:

- Überlegungen zur künftigen Organisationsstruktur der Kooperation,
- Untersuchungen zu den ökonomischen Rahmenbedingungen für interkommunale
  Gewerbezentren im Kooperationsraum sowie
- Suche nach einem geeigneten Standort für das interkommunale Gewerbegebiet.

Staatsgrenzenübergreifendes Pilotprojekt „Strukturmodell Hochrhein"

Ein weiteres interessantes, da staatsgrenzenüberschreitendes Beispiel stellt das Pilotprojekt „Strukturmodell Hochrhein" dar, das mit Förderung der EU vom Regionalverband Hochrhein-Bodensee und der Abteilung Raumplanung beim Baudepartement
des Kantons Aargau (Schweiz) durchgeführt wird[9].

Anläßlich eines Genehmigungsverfahrens für die Erweiterung eines großen Indu-
strieunternehmens im deutsch-schweizerischen Grenzraum wurde ein Defizit an konzeptionellen Überlegungen für die weitere gewünschte und mögliche Entwicklung der
Gesamtregion deutlich. Damit war ein konkreter Anlaß gegeben, von seiten der Regionalplanung die Initiative für weiterführende konzeptionelle Überlegungen zu ergreifen. Für einen zunächst relativ überschaubaren Teilraum der Gesamtregion wurde das
Projekt „Strukturmodell Hochrhein" konzipiert, durch das eine übergreifende ge-
samtökologische Konzeption zur künftigen Flächeninanspruchnahme durch Siedlung,
Industrie und Gewerbe sowie Infrastruktur modellhaft für einen grenzüberschreitenden
Raum entworfen werden soll.

268

Es wurde ein Projektpaket entworfen, das sich zunächst in zwei Teile gliedert:

Phase 1:
Analyse natürlicher Ressourcen und räumlicher Nutzungen, um Problemschwerpunkte zu benennen, Möglichkeiten und Chancen für die Entwicklung sowie auch die Grenzen einer zukünftigen Flächeninanspruchnahme in der Gesamtregion einzuschätzen.

Phase 2:
Aus der Phase 1 werden in einer zweiten Phase des Projektes über Teilprojekte für ausgewählte, aus der gesamträumlichen Analyse resultierende Problemschwerpunkte beispielhaft Lösungsansätze bearbeitet. Diese Fallbeispiele sollen neben der konkreten Problemlösung vor Ort einen Baukasten von Verfahren für die Behandlung von häufigen Problemsituationen liefern. Außerdem werden für die Gesamtregion unterschiedliche Szenarien der räumlichen Entwicklung am Hochrhein entworfen und hinsichtlich ihrer Umweltverträglichkeit geprüft. Nach einer intensiven Diskussion der Ergebnisse mit den Beteiligten werden abschließend die modellhaften Beispiele der Problemschwerpunkte auf den Gesamtraum übertragen und in ein Entwicklungskonzept für den gesamten Untersuchungsraum eingebunden.

Bestandteil des Projektes ist eine mit dem Projektfortschritt abgestimmte Konzeption zur Öffentlichkeitsarbeit. Für die Medien werden Hintergrundinformationen gezielt aufbereitet.

Wichtig für derartige Vorhaben ist, daß sie von konkreten Anlässen ausgehen und/ oder diese einbeziehen. Dadurch sollen wesentliche Akteure motiviert werden. Die aktive Moderationsrolle der Regionalplanung wird dann noch erleichtert, wenn Themenbereiche aufgegriffen werden, für die auf den ersten Blick keine „klassische" Zuständigkeit existiert. Für die Grenzregion Hochrhein-Bodensee muß ein derartiger Ansatz die Weiterentwicklung bzw. den Anstoß einer grenzüberschreitenden Diskussion ermöglichen. Dafür ist es auch notwendig, sich im Verlaufe des Projektes mit den Formen der grenzüberschreitenden Zusammenarbeit auseinanderzusetzen. Sie müssen weiterentwickelt und erneuert werden. Besondere Organisationsformen, die über die klassische Verwaltung hinausgehen und auch die Betroffenen integrieren, werden notwendig. Gerade dadurch können unterschiedlichste räumliche Aktivitäten initiiert werden. Es erscheint für den Einstieg in derartige Vorhaben daher zweckmäßig, zunächst überschaubare Räume zu bearbeiten. Als Modellraum wurde im konkreten Fall ein Teil der Entwicklungsachse im Hochrheintal ausgewählt, in dem derzeit eine intensive Diskussion um künftige Flächennutzungen stattfindet.

Konversion von NATO-Flughäfen Lahr und Bremgarten in der Region
Südlicher Oberrhein

Mit dem Bekanntwerden der Beschlüsse der NATO und des Bundesverteidigungsministeriums, daß auf den beiden jeweils ca. 600 ha umfassenden Arealen Flughafen Lahr und Flughafen Bremgarten die bisherige militärische Nutzung 1994/95 aufgege-

Abb. 19: Erschließungskonzept Lahr

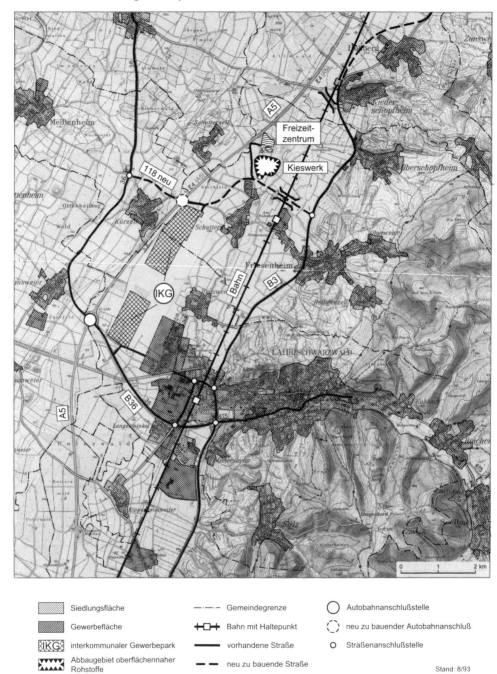

	Siedlungsfläche	—·—·— Gemeindegrenze	◯ Autobahnanschlußstelle
	Gewerbefläche	┼◻┼ Bahn mit Haltepunkt	⌐◌⌐ neu zu bauender Autobahnanschluß
IKG	interkommunaler Gewerbepark	—— vorhandene Straße	◯ Straßenanschlußstelle
	Abbaugebiet oberflächennaher Rohstoffe	– – neu zu bauende Straße	Stand: 8/93

Abb. 20: Regionale Grünzüge im Raum Lahr

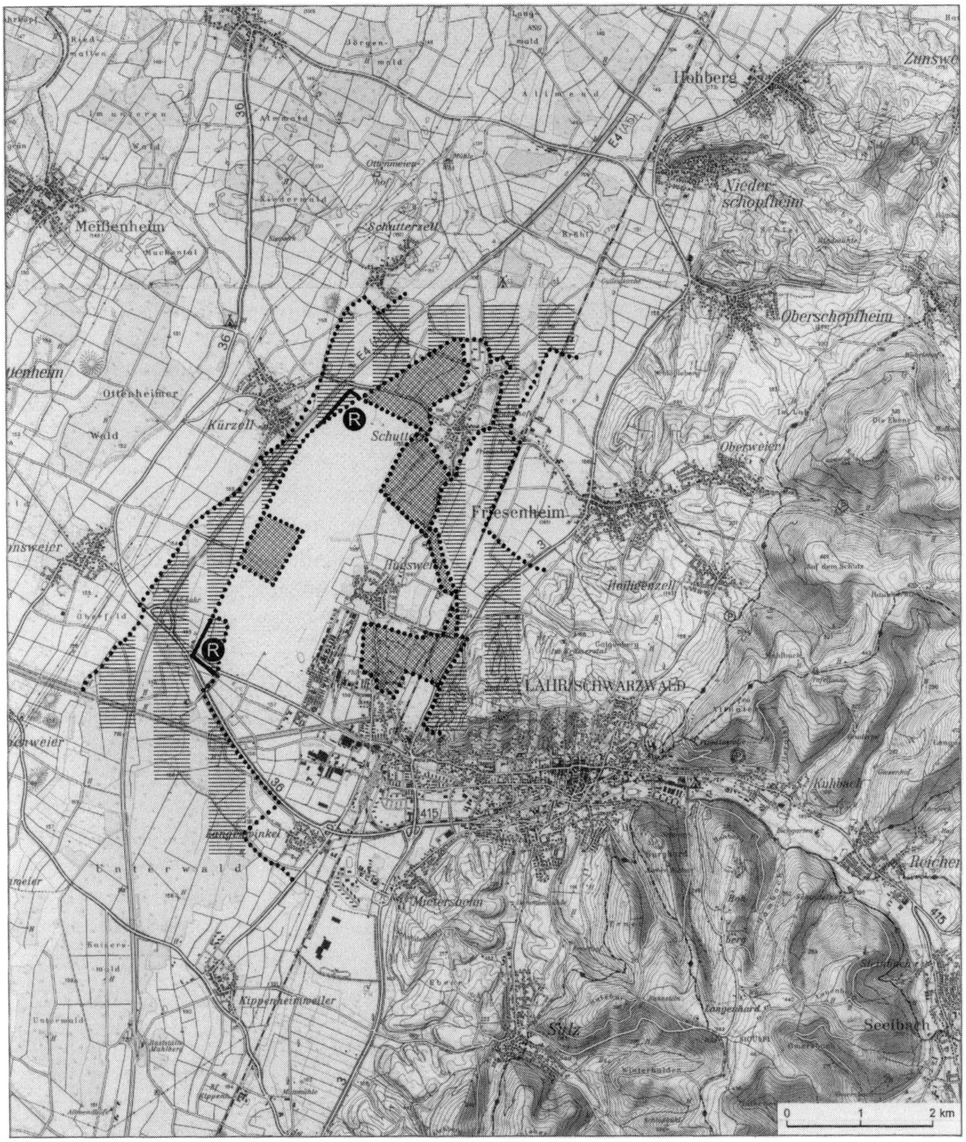

:::::::: bisheriger Grünzug

:::::::: Erweiterung des Grünzugs

:[R]: Reduzierung des Grünzugs

ben werden soll, wurden von den Belegenheitsgemeinden Nutzungskonzepte u.a. mit dem Ziel initiiert, an beiden Standorten die bereits baulich genutzten Bereiche (200 bis 230 ha) zu einem Interkommunalen Gewerbepark - IKG - umzugestalten. An beiden Standorten soll als Standortvorsorge für das Land Baden-Württemberg eine Optionsfläche von ca. 80 bis 100 ha vorgehalten werden. Gleichzeitig sollen die bisherigen Freiflächen überwiegend auch zukünftig unbebaut bleiben.

Der Regionalverband Südlicher Oberrhein (RVSO) hat im Lenkungsausschuß Lahr den Planungsprozeß bis zur Beschlußfassung über den dafür geschaffenen Masterplan zur Konversion begleitet. Hinsichtlich der raumordnerischen Vorgaben und Funktionszuweisungen im fortgeschriebenen Regionalplan konnte dieser Masterplan IKG Ortenau als weitgehend bauleitplanerisch umsetzbar gestaltet werden.

Anders im Fall Bremgarten: Hier erwies sich das unter ständiger Mitarbeit des RVSO aus verschiedenen Szenarien entwickelte Planungskonzept auf der Basis bestehender regionalplanerischer Festsetzungen als nicht umsetzbar. Für den Interkommunalen Gewerbepark Breisgau mußte daher eine neue gewerbliche Funktionszuweisung festgelegt und zusätzlich drei bisherigen Eigenentwicklergemeinden die Funktion des Bereiches verstärkter Siedlungsentwicklung zugewiesen werden. Außerdem wurde an beiden Standorten jeweils ein neuer Autobahnanschluß geplant und das zuführende Straßennetz neu geordnet. Beim IKG Breisgau wurde auch ein zukünftiger Gleisanschluß mit der Neubautrassenplanung der Deutschen Bundesbahn koordiniert.

Die Realisierung beider Interkommunalen Gewerbeparke soll im Wege von Zweckverbänden, dem auch andere Gemeinden beitreten können, durchgeführt werden.

Dieses Beispiel zeigt, wie die Regionalplanung im Zusammenwirken mit anderen Akteuren sehr schnell die verbindlichen regionalplanerischen Vorgaben für die bauleitplanerische Umsetzung der Konversion der beiden NATO-Flughäfen in interkommunale Gewerbeparks und damit eine nicht zu unterschätzende Planungssicherheit geschaffen hat.

5.   Fazit und Ausblick

5.1   Aufgabenverständnis einer leistungsfähigen Regionalplanung

Die gestiegenen Nutzungsansprüche an den Raum und die daraus resultierende Verknappung der Ressource Fläche führen zu einer Verschärfung der Konkurrenzen und Konflikte sowohl zwischen raumwirksamen Fachplanungen und Querschnittsplanungen als auch zwischen den einzelnen Fachplanungen. Dadurch steigt - insbesondere auf regionaler Ebene - die Nachfrage nach einer überfachlichen Koordinierung sowie einer neutralen und kompetenten Moderation.

Diesen Bedarf kann in der gegebenen Verwaltungsstruktur nur eine leistungsfähige Regionalplanung einlösen. Sie wird dabei Verständnis für die Vorstellungen und Ziele aller raumwirksamen Akteure, für das Zusammenspiel der gesellschaftlichen Kräfte und die vor- und nachgelagerten Planungsbereiche aufbringen müssen und diese in die Planung einbinden. Dabei muß es sich freilich um einen wechselseitigen Prozeß handeln, denn auch die Regionalplanung braucht das Verständnis und die Kooperationsbereitschaft der regionalen Akteure und nicht zuletzt die politische Unterstützung auf allen Ebenen.

Gleichzeitig erfordert die gestiegene politische Bedeutung der Regionen im nationalen und internationalen Maßstab eine intensivere regionale Vernetzung der Institutionen und Planungsträger, um von einem Neben- und Gegeneinander der Akteure zu einem Miteinander, d.h. zu einer Bündelung aller regionalen Kräfte zu kommen. Der Integrationsbedarf in den Regionen kann ohne zusätzliche Institutionalisierung am besten von einer effizienten Regionalplanung erfüllt werden. Der Regionalplanung kommt daher nicht nur ein besonderer Koordinierungsauftrag, sondern auch eine herausragende Verantwortung zu.

Die moderierende und integrierende Funktion der Regionalplanung wird deutlich über ihre weiterhin wesentliche Kernaufgabe, die Aufstellung und Fortschreibung des Regionalplanes, hinausgehen. Mit diesem erweiterten Selbst- und Aufgabenverständnis vollzieht sich zum einen ein Wandel in der Bewältigung traditioneller Dienstleistungen durch die Regionalplanung, zum anderen stellt sich die Regionalplanung vielfältigen neuen Herausforderungen. So ist trotz mancher ungelöster Probleme erkennbar, daß

- sich ein wesentlicher Wandel im Verhältnis der Regionalplanung zu den Gemeinden als Träger der Bauleitplanung vollzieht; Beratung und Überzeugung ergänzen und unterstützen bereits deutlich die klassischen Instrumente der regionalen Siedlungs- und Freiraumplanung. Diese Entwicklung wird sich weiter festigen und die regionale Zusammenarbeit fördern;

- die Regionalplanung in zunehmendem Umfange als Initiator und Ideengeber für regionale bzw. interkommunale Gemeinschaftsprojekte auftritt, wobei sie auch für den Ideentransfer aus anderen Regionen zu sorgen hat. Diese Rolle eines „braintrust" kann sie freilich nur dann erfolgreich übernehmen, wenn sie in entsprechende regionale und überregionale Netzwerke eingebunden ist;

- sich die Regionalplanung durch die laufende Raumbeobachtung, insbesondere die kontinuierliche regionsspezifische Auswertung von statistischen und anderen Informationen, zu einem effektiven Frühwarnsystem entwickelt, das die regionale Öffentlichkeit nicht nur auf drohende Fehlentwicklungen aufmerksam macht, sondern mit dem Aufzeigen neuer Chancen auch den regionalen Diskurs fördern kann;

- die Regionalplanung der hohen planerischen Bedeutung der Umweltbelange und der zunehmenden Sensibilisierung der Bevölkerung für Umweltprobleme in wachsendem Maße Rechnung trägt: so hat sie schon früh damit begonnen, ökologische

Aspekte in ihre Abwägung einbzubeziehen und räumliche Umweltvorsorge durch einen aktiven Freiraumschutz zu betreiben. In den letzten Jahren hat die Regionalplanung ihre diesbezüglichen Instrumente und Verfahren weiterentwickelt und auch bei raumbedeutsamen Vorhaben mit hohem umweltpolitischem Konfliktpotential eine erfolgreiche Moderation übernommen. Dennoch bedarf es noch verschiedener Verbesserungen;

- die Regionalplanung eine erhebliche Bewußtseinsbildung betreiben kann, wenn sie die regionale Öffentlichkeit stärker über die Konsequenzen unterschiedlicher raumbedeutsamer Politikansätze informiert. Besonders anschaulich ist hierbei das Arbeiten mit Szenarien (z.B. zur Siedlungsentwicklung und Verkehrsplanung) vor der eigentlichen Aufstellung eines Regionalplanes. Hierbei sind freilich nur solche Szenarien akzeptabel, die auf nachvollziehbaren Annahmen aufbauen;

- sich auch zu den Fachplanungsträgern ein partnerschaftliches Verhältnis aufbauen läßt und bestehende Konkurrenzen abgebaut werden können, denn eine Einbindung der Fachplanungen ist für die Regionalplanung unverzichtbar. Dabei kommt es darauf an, daß die Regionalplanung ihren integrativen und flächenbezogenen Ansatz bewußt als eine Dienstleistung anbietet und nicht selbst den Eindruck erweckt, sie sei eine „Multifachplanung" und könne oder wolle die originäre Funktion der Fachplanungsträger ersetzen. Voraussetzung dafür ist, daß die Fachplanungsträger zukünftig verstärkt Mitverantwortung für die Zielaussagen im Regionalplan übernehmen.

Die Regionalplanung muß der politischen und fachlichen Öffentlichkeit deutlich machen, daß sie deren Kenntnisse, Fähigkeiten und Erfahrungen entscheidungsleitend in entwicklungspolitisches Handeln für die Region umsetzt. Mit ihrem erweiterten Aufgabenverständnis kann sich eine leistungsfähige Regionalplanung schrittweise zu einem echten „Regionalmanagement" entwickeln.

Bei aller methodischen und instrumentellen Weiterentwicklung kann kein Zweifel bestehen, daß der entscheidende Faktor in der Regionalplanung der planende oder politisch verantwortliche Mensch ist. Mehr noch als rechtliche oder politische Rahmenbedingungen prägt sein Selbst- und Aufgabenverständnis das Bild der Regionalplanung bei anderen Planungsträgern und in der Öffentlichkeit. Natürlich hat das erweiterte Aufgabenverständnis der Regionalplanung auch Konsequenzen für das Berufsbild und das Selbstverständnis der Regionalplaner; war unter ihnen früher ein eher „technisches" Planungsverständnis verbreitet, betrachten sie sich heute mehr und mehr als „Regionaldiplomaten", die mit Kompetenz und Fingerspitzengefühl die Vernetzung der Region voranbringen und partnerschaftliche Verhältnisse zu Kollegen in Kommunen, Fachplanungen und Landesplanung aufbauen. Das stärker prozeßorientierte Planungsverständnis erfordert die Fähigkeit, mit vielfältigen und vielschichtigen Wechselwirkungen von Interaktionen unterschiedlicher Akteure umzugehen, Beziehungssysteme zu erkennen, sich in solche einzubringen und selbst Netzwerke aufzubauen. Dabei darf die originäre regionalplanerische Aufgabe, die hohe Komplexität von Problemstellungen und Entscheidungsaufgaben zu reduzieren, keinesfalls vernachlässigt werden.

Dieses geänderte Berufsbild und die veränderten Erwartungen können nicht ohne Rückwirkungen auf das Anforderungsprofil der in der Regionalplanung tätigen Menschen und in einigen Bereichen auch auf die einschlägigen Ausbildungsgänge an den Hochschulen bleiben. Während bei den persönlichen Qualifikationen Flexibilität, Aufgeschlossenheit, Kontaktfreude und Offenheit gegenüber anderen Positionen ein besonderes Gewicht erhalten, sind in der Ausbildung zusätzlich zu den im engeren Sinne fachlichen Themen neue Ausbildungsschwerpunkte bei der Aufarbeitung und Analyse von Planungsprozessen (insbesondere bezüglich des Zusammenspiels von Politik, Verwaltung und Öffentlichkeit) sowie bei Moderationstechniken und anderen konsensstiftenden Verfahren zu setzen. Das regionalplanerische Methodenverständnis ist entsprechend zu verbreitern im Sinne eines interaktionsorientierten und rückkoppelnden, d.h. prozeßhaften Vorgehens in der Planung. Es versteht sich von selbst, daß diese Ansprüche auch in der zukünftig an Bedeutung gewinnenden Fort- und Weiterbildung der Planungspraktiker eine wichtige Rolle spielen.

5.2 Schlanke Regionalpläne und ergänzende regionalpolitische Handlungsprogramme

Das erweiterte Aufgabenverständnis der Regionalplanung stellt zwar die zentrale Bedeutung ihres wichtigsten Instruments, des Regionalplans, nicht in Frage, erfordert jedoch ein Überdenken seiner Funktion sowie weitergehende Überlegungen zur Qualitätssicherung und Weiterentwicklung. Eine zunehmende Rolle spielt die Umsetzungsorientierung der Regionalplanung. Deswegen muß die Regionalplanung selbst die Operationalisierung, d.h. die fachplanerische Umsetzung ihrer überfachlich abgestimmten Ziele, methodisch bedenken und ihre Planaussagen gemeinsam mit den Fachplanungsträgern mit „Adaptern" für die Fachplanungen versehen; entsprechendes gilt für die regionale Strukturpolitik und die kommunale Bauleitplanung.

Nicht zuletzt aus diesem Grunde sollte die Regionalplanung in Zukunft neben den Zielaussagen zur langfristigen Entwicklung und Sicherung der Siedlungs- und Freiraumstruktur verstärkt kurz- bis mittelfristig umzusetzende Handlungserfordernisse nennen. Es bietet sich zukünftig deswegen an, den eigentlichen Regionalplan vom Umfang her zu reduzieren; er soll verstärkt den Charakter eines mittel- bis langfristig angelegten Rahmenplanes mit den wesentlichen Aussagen zur Raum-, Siedlungs- und Freiraumstruktur erhalten und auf entsprechend längere Fortschreibungszeiträume ausgelegt sein.

Der derart modifizierte Regionalplan muß jedoch ergänzt werden durch ein separates, kurz- bis mittelfristig angelegtes und entsprechend häufiger zu aktualisierendes regionalpolitisches Handlungs- bzw. Aktionsprogramm. Dieses Programm bräuchte im Interesse eines konkreteren Zeit- und Maßnahmenbezugs nicht die gesamte Region und sämtliche Handlungsfelder abzudecken.

Diese Aufgabenteilung sollte sich auch in der Verbindlichkeit der Planaussagen ausdrücken. Während die Inhalte des eigentlichen Regionalplans, d.h. die längerfristig gül-

tigen Planaussagen zur Raum- und Siedlungsstruktur auch weiterhin eine klare rechtliche Verbindlichkeit behalten müssen, werden die kurz- bis mittelfristigen Zielaussagen
und Umsetzungsbezüge des regionalpolitischen Handlungs- oder Aktionsprogramms -
wie schon jetzt bei den mehr oder minder informell erarbeiteten Regionalen Entwicklungskonzepten - stärker auf eine freiwillige Selbstbindung der Akteure als Folge gemeinsam getragener Zielsetzungen und eines konsensorientierten Moderationsverfah-
rens angelegt sein.

Was den Inhalt des verbindlichen Regionalplans betrifft, so sind landesrechtliche
Festlegungen von Maximalinhalten für die Regionalplanung ausdrücklich abzulehnen,
um die regionalplanerische Konfliktlösungskapazität nicht unnötig einzuschränken. Da
beim Regionalplan heute jedoch nicht von einem in allen Ländern mehr oder weniger
einheitlichen Planungsinstrument ausgegangen werden kann, wie es z.B. bei der Bauleitplanung aufgrund einer bundeseinheitlichen Rechtsgrundlage existiert, sind bundesweite Qualitätsmaßstäbe bezüglich der Inhalte und des Aufstellungsverfahrens erforderlich. In diesem Sinne sollte die Möglichkeit geprüft werden, im Rahmen der Ministerkonferenz für Raumordnung (möglichst unter Beteiligung der Akademie für Raumforschung und Landesplanung sowie regionaler Planungspraktiker/innen) zu einer
Definition von Mindestinhalten sowie zu einer bundesweiten Verständigung über Instrumente und Terminologien zu kommen. Für die Akzeptanz und Wirksamkeit der
Regionalplanung dürfte eine derartige Harmonisierung angesichts überregional operierender Akteure (z.B. Planungsbüros für Infrastrukturgroßprojekte, Energieversorgungs-
unternehmen, Investoren für Ferienanlagen) dringend erforderlich sein und gleichzeitig die ländergrenzenüberschreitende Abstimmung von Plänen und Planungen erleichtern.

Wenn es auch selbstverständlich ist, daß sowohl landesrechtliche Gestaltungsmöglich-
keiten als auch eine aufgaben- und regionsspezifische Ausgestaltung der Planinhalte
erhalten bleiben, sollte jeder Regionalplan, wie im Abschnitt C.3.2. näher dargestellt,
folgende Planelemente enthalten:

- Zentrale Orte,
- Schwerpunkte der Wohnsiedlungstätigkeit,
- Schwerpunkte für Gewerbe und Industrie,
- funktionales Straßennetz und funktionales ÖPNV-Netz zwischen Zentren und/oder
  Achsen-Darstellung sowie
- Vorranggebiete für Natur und Landschaft sowie für die Grundwassersicherung.
- In Gebieten mit starkem Siedlungsdruck: Regionale Grünzüge und kleinräumige Sied-
  lungsachsen sowie gebietsscharfe Vorrang- oder Vorbehaltsbereiche für Wohnen,
  Gewerbe und Industrie.
- Soweit regional erforderlich: Vorrangbereiche für Rohstoffsicherung sowie für Erho-
  lung und regionalen Klimaschutz (soweit nicht integraler Bestandteil regionaler Grün-
  züge).

Bezüglich des regionalpolitischen Handlungs- bzw. Aktionsprogramms ist die Aufzählung von Mindestinhalten nicht sinnvoll; vielmehr muß aufgrund der spezifischen regionalen Problemlage entschieden werden,

- wo ein kurz- bis mittelfristiger Handlungsbedarf besteht,
- für welche Aktivitäten ein regionaler Konsens hergestellt werden kann und
- wo Prioritäten gesetzt werden sollen.

Allerdings sollte in diesem Handlungs- und Aktionsprogramm stets deutlich werden, daß es sich um ein Programm der Regionalplanung handelt. Das heißt, daß es sich nicht um eine einfache Addition von fachlichen Teilplänen handeln kann, sondern daß auch hier die regionalplanerische Abwägung bzw. der überfachliche, integrative Ansatz erkennbar sein muß.

Eine wesentliche Begründung dafür, den verbindlichen Regionalplan um ein solches Handlungs- bzw. Aktionsprogramm zu ergänzen, liegt in dem Erfordernis, den regionalen Akteuren neben den längerfristigen Festlegungen auch ein flexibles und relativ zügig aktualisierbares Handlungsinstrument an die Hand zu geben. Denkbar wäre es etwa, daß sich die politischen Gremien der Regionalplanung (Bezirksplanungsrat, Verbandsversammlung, Kreistag usw.) jeweils zu Beginn ihrer Legislaturperiode auf ein solches Programm einigen, das dann sowohl dem Regionalplan beigefügt als auch separat verwendet werden könnte. Eine weitere wichtige Begründung für die Aufstellung eines derartigen Programms liegt in der zunehmenden Programmorientierung der EU-Förderung.

Bereits oben wurde darauf hingewiesen, daß das regionalpolitische Handlungs- bzw. Aktionsprogramm nicht alle Teilräume der Region sowie alle Handlungsfelder abdekken muß. Allerdings werden regionalpolitische Handlungs- oder Aktionsprogramme in der Regel an den Kerninhalten des Regionalplanes anknüpfen, wie an folgenden Beispielen verdeutlicht werden kann:

1. Anknüpfungspunkt:
   Standortvorsorge für Gewerbe/Ausweisung von Schwerpunkten der gewerblichen Entwicklung
   - Konzepte für ein regionales Gewerbeflächenmanagement,
   - Regionales Standort-/Flächen-/Marketingkonzept,
   - Initiierung und Moderation interkommunaler Kooperation bei der Ausweisung, Erschließung und Vermarktung von Gewerbestandorten;

2. Anknüpfungspunkt:
   Standortvorsorge für Wohnbauflächen/Kennzeichnung von Schwerpunkten für die Wohnbauentwicklung
   - Mobilisierung von bestehenden Baulandreserven,
   - Initiierung von interkommunalen Wohnungsbauvorhaben insbesondere in Verdichtungsräumen;

3. Anknüpfungspunkt:
    Funktionales Schienennetz/ÖV-Grundnetz
    -   Erarbeitung von Vorschlägen und Maßnahmen zur Attraktivitätssteigerung bestimmter Schienenstrecken,
    -   Modellhafte Erprobung alternativer ÖV-Bedienungsformen in dünn besiedelten ländlichen Räumen;

4. Anknüpfungspunkt:
    Freiraumkonzept
    -   Weiterentwicklung zur „Positivplanung" im Sinne eines regionalen Freiflächenmanagements;

5. Anknüpfungspunkt:
    Zentrale Orte
    -   Entwicklung von Städtenetzen,
    -   Differenzierung im Hinblick auf bestimmte zentralörtliche Einrichtungen der Grundversorgung in ländlichen Räumen (z.B. Postversorgung, kombinierte Handels- und Dienstleistungsstandorte).

Über diese Anknüpfungspunkte ergeben sich vielfältige Ansatzpunkte für eine enge Verzahnung von Regionalplanung und regionaler Strukturpolitik. In diesem Sinne sind als weitere Schwerpunkte eines regionalpolitischen Handlungs- bzw. Aktionsprogramms denkbar:

-   Maßnahmen zur Qualifizierung von Arbeitnehmern für den Bedarf der regionalen Wirtschaft,
-   Umstrukturierungskonzepte bei gravierenden Strukturkrisen der regionalen Wirtschaft.

Ein interessanter Ansatz zur Akzeptanzsteigerung der Regionalplanung könnte auch darin liegen, im regionalpolitischen Handlungs- bzw. Aktionsprogramm für bestimmte Einzelprobleme Planungsalternativen zu erarbeiten und die jeweils absehbaren Implikationen dieser Alternativen transparent zu machen. Ein Teil der regionalplanerischen Moderation würde es dann sein, der regionalen und kommunalen Politik Entscheidungskorridore aufzuzeigen und ggf. Konfliktlösungsprozesse anzustoßen. Regionalplanung käme damit nicht unter den Druck, fach- und regionalplanerisch noch unausgereifte Planungsprobleme abschließend regeln zu müssen. In diesem Zusammenhang sei noch einmal darauf hingewiesen, daß es eine Überforderung der Regionalplanung darstellen würde, sollte sie alle räumlichen und fachlichen Problemstellungen in einer Region stets mit der gleichen Intensität und Körnigkeit bearbeiten. Im Interesse ihrer Effizienz, aber auch ihrer Akzeptanz als möglichst aktuell arbeitende Dienstleistungseinrichtung ist zukünftig verstärkt Schwerpunktsetzung statt des Beharrens auf einem „Allzuständigkeitsanspruch" erforderlich.

5.3   Zügige Aufstellungs- und Fortschreibungsverfahren für Regionalpläne

Die allgemein feststellbare übermäßige Verrechtlichung der öffentlichen Planungs- und Entscheidungsprozesse hat auch bei der Regionalplanung zur Kompliziertheit und Langwierigkeit der Planungsverfahren geführt, worunter Effizienz und Akzeptanz der Regionalplanung gleichermaßen leiden. In dem klaren Dilemma zwischen Partizipation und Verfahrensökonomie ist auch auf der Ebene der Regionalplanung deutlich zugunsten eines „schlanken", d.h. effizienten Planungsprozesses mit kurzen Wegen, Adressatenorientierung und Umsetzungsbezug zu entscheiden. Gelingt es der Regionalplanung nicht, den Beschleunigungsdruck im Planungsprozeß aufzufangen, muß sie - wie auch die vorbereitende Bauleitplanung - Kompetenzeinbußen befürchten. Abgesehen von dem grundsätzlichen Erfordernis, den regionalen Planungsträgern seitens des Gesetzgebers sowie den übergeordneten Landesplanungsbehörden eine erweiterte Selbständigkeit und erhöhte Entscheidungskompetenz zuzugestehen, bieten sich insbesondere folgende Möglichkeiten zur Verfahrensvereinfachung bei der Aufstellung und Fortschreibung von Regionalplänen an:

- Vereinfachung der Abstimmung mit dem Bund,
- Verzicht auf das Einvernehmen aller Ministerien zur Verbindlichkeitserklärung eines Regionalplans, sofern nach Landesrecht erforderlich,
- Einschränkung des Beteiligtenkreises,
- Verkürzung der Beteiligungsfrist bzw. Setzung von Ausschlußfristen,
- Vorgabe von Fristen für die Genehmigung der Regionalpläne,
- Abweichungsverfahren anstelle besonderer Planänderungsverfahren (unter bestimmten Voraussetzungen) sowie
- kurzfristige Suspendierung obsolet gewordener Planungsziele.

Bei der Komplexität des Inhalts regionalplanerischer Gesamtkonzepte, der großen Zahl der Partner im Planungsprozeß und den Beharrungstendenzen räumlicher Strukturen stehen heute räumliche und fachliche Teilfortschreibungen der Regionalpläne im Vordergrund der Arbeit. Dies ist sicherlich in den meisten Fällen sinnvoll, doch kann auch die Gefahr auftreten, daß über die Summe derartiger einzelner, fachlicher Teilfortschreibungen der überörtliche, konzeptionelle Anspruch des regionalplanerischen Instrumentariums unterlaufen wird. Die Regionalplanung muß sich deshalb ihres nach wie vor wesentlichen Auftrages, ein rahmensetzendes, überörtliches und längerfristiges Zielkonzept der Raumordnung und Regionalentwicklung zu schaffen, stets bewußt bleiben. Teilfortschreibungen können daher kein vollständiger Ersatz für die Gesamtfortschreibung eines Regionalplans sein.

Nicht zu vergessen ist, daß der Aufstellungs- und Fortschreibungsprozeß von Regionalplänen bei weitem nicht allein durch die Regionalplaner im engeren Sinne gestaltet und getragen wird. Die Politiker in den Verbandsversammlungen, Kreistagen, Bezirksplanungsräten usw. spielen - mit unterschiedlichen Nuancen in den Ländern - dabei eine entscheidende Rolle. Die Gesamtverantwortung von Planung und Politik ist deswegen noch stärker zu betonen und auch in Wirksamkeitsüberlegungen zur Regionalplanung einzubeziehen. Diese sind jedoch wegen der Komplexität des regionalplanerischen Aktionsfeldes und der Vielzahl der Akteure nur für ausgewählte Teilfragen operationalisierbar. Außerdem zeigt die Erfahrung immer wieder, daß für die Wirksamkeit der Regionalplanung die Zielumsetzung durch die raumwirksamen Fachplanungen und die kommunale Bauleitplanung die entscheidende Rolle spielt.

5.4 Verbessertes Zusammenspiel zwischen den Ebenen der Raumplanung

Das hierarchische System der räumlichen Planungsebenen, die gestuften Zuständigkeiten und das kaskadenartige System einer sich von oben nach unten konkretisierenden und differenzierenden räumlichen Nutzungsplanung zeigt deutliche Schwachstellen. Deswegen muß die Arbeitsteilung zwischen den verschiedenen Ebenen der Raumplanung grundsätzlich thematisiert und einvernehmlich geklärt werden. Jede Planungsebene, d.h. Bauleitplanung, Regionalplanung, Landesplanung, Bundesraumordnung und zunehmend auch die Europäische Kommission (insbesondere die Generaldirektion XVI), hat ihre spezifischen Stärken und Regelungspotentiale.

Besondere Probleme zeigen sich bei der Zusammenarbeit zwischen den Planungsebenen. Erfolg und Mißerfolg der Regionalplanung hängen jedoch entscheidend vom Funktionieren der Zusammenarbeit sowohl mit der Landes- und Bundesebene als auch - wie eben erwähnt - mit der Bauleitplanung ab. Die Abstimmung zwischen den Planungsebenen erfolgte bisher sehr formalisiert in der Endphase der Planerstellung, also zu einem Zeitpunkt, zu dem Korrekturen nur noch aufgrund gravierender Bedenken von kompetenter übergeordneter Stelle oder aufgrund erheblichen, nicht zu übergehenden politischen Druckes erfolgen. Die bisherigen organisatorischen und inhaltlichen Regelungen zur Ziel-, Programm- und Planabstimmung entsprachen dem nach wie vor zu den Kernelementen des deutschen Planungssystems zählenden Prinzip des Gegenstromverfahrens nur bedingt. Kritisch ist zu sehen, daß die in einer frühzeitigen Einbringung eigener Vorstellungen liegenden Chancen von vielen Akteuren, z.B. von den Kommunen bei der Aufstellung eines Regionalplans, nur selten genutzt werden; zu häufig herrschen Mißtrauen und daraus resultierende bewußte Zurückhaltung bezüglich der frühzeitigen Formulierung eigener Positionen vor. Vielfach fehlt es auch an eigenen konzeptionellen Vorstellungen.

Die Beziehung zwischen den Akteuren der verschiedenen Planungsebenen ist geprägt von wechselseitigen Abhängigkeitsverhältnissen, die in ihren Auswirkungen auf die regionale Planungsebene zum Teil fehleingeschätzt bzw. nicht wahrgenommen wurden. Insbesondere sind die Berührungspunkte vielfältig; sie können sachlicher bzw. aufgabenspezifischer, organisatorischer bzw. rechtlicher, politischer und schließlich personeller bzw. netzwerkbezogener Art sein. Bei der Neugestaltung der wechselseitigen Abhängigkeitsverhältnisse zwischen den Planungsebenen geht es daher primär um ein optimiertes Zusammenspiel des Einsatzes von Planungskapazität, um die öffentliche Konfliktregelungskapazität zu steigern, um gefundene Lösungen umsetzungsfähig zu machen und um wechselseitige bzw. einseitige Blockadestrukturen abzubauen.

Wie schon oben bezüglich der Inhalte des Regionalplanes gefordert wurde, darf die Landesplanung die Aufgabenstellung und die inhaltlichen Gegenstandsbereiche der Regionalplanung - soweit sie tatsächlich die regionale Entwicklung betreffen - nach oben hin nicht abschließend definieren. Zur kommunalen Ebene hin muß sie gleichzeitig deutlich machen, worin die Aufgaben und die Bedeutung der Regionalplanung zum Nutzen der gesamten Region liegen. Die Regionalplanung ihrerseits ist angewiesen auf Vorleistungen der Landesplanung und der Bundesraumordnung, um die Fachpolitiken des Landes und des Bundes in der Region zu koordinieren. Die Landesplanung muß die Regionalplanung stützen und darf sie nicht konterkarieren; u.a. kann die Akzeptanz der Regionalplanung vor Ort erhöht werden, wenn der von ihr regional erzielte Konsens sichtbar in die Entscheidungen auf der Landesebene einfließt. Landes- und Regionalplanung arbeiten in der Praxis noch zu stark aneinander vorbei und zu wenig miteinander; häufig wird von der Landesplanung stärker ihre „übergeordnete" Funktion als die aufgabenbezogene Zusammengehörigkeit betont. Angesichts der wirksamen „Fachbruderschaften" der meisten Fachplanungen sind Landes- und Regionalplanung aufgerufen, zur Abwehr eines Bedeutungsverlusts der überfachlichen räumlichen Planung stärker aufeinander zuzugehen und zu einer möglichst sinnvollen, sich aus dem jeweiligen Planungsmaßstab und der Ortsnähe bzw. -ferne ergebenden Arbeitsteilung zu kommen.

Entgegen hin und wieder geäußerten vorbehaltlichen Einschätzungen ist die Raumordnungspolitik des Bundes für die Regionalplanung durchaus von Bedeutung.

Zum einen geht es im mehr ideellen Sinn um das politische Gewicht und die Initiativ- und Vorreiterfunktion der Raumordnung auf Bundesebene, die durchaus auf andere Planungsebenen „durchschlägt". So hat der Raumordnungspolitische Orientierungsrahmen auch auf regionaler Ebene die Kräfte neu beflügelt und den Gedanken einer nicht ausschließlich auf ordnungspolitischen Festlegungen ausgerichteten Raumordnungspolitik gestärkt. Auch die in jüngster Zeit vom Bund initiierten Raumordnungskonferenzen in den ostdeutschen Bundesländern dürften die Position der Regionalplanung gestärkt haben; mit den Forschungsfeldern „Städtenetze" und „Einbindung städtebaulicher Aktivitäten im ländlichen Raum in überörtliche Handlungskonzepte" im Rahmen des Experimentellen Wohnungs- und Städtebaus (ExWoSt) werden deutliche Impulse für die Erprobung neuer raumordnungspolitischer Instrumente auf regionaler Ebene gegeben.

Zum anderen wirkt sich insbesondere auf regionaler Ebene nachteilig aus, daß die Bundesraumordnung nur begrenzt ihrer Verpflichtung nachkommt, die raumbedeutsamen Fachplanungen des Bundes zu koordinieren. Im Zusammenhang damit ist auch an die Stellungnahmen des Bundes zu Regionalplanentwürfen die Anforderung zu richten, daß bei konfligierenden Interessen von Bundesbehörden eine horizontale Ressortabstimmung auf Bundesebene erfolgt, ebenso wie sie sich bei konfligierenden Interessen von Bund und Region um einen vertikalen Interessenausgleich bemühen muß.

Im Verhältnis zwischen Regionalplanung und Bauleitplanung müssen zukünftig einige bislang kaum diskutierte Fragen thematisiert und einer Lösung zugeführt werden.

Abgesehen von dem zu Recht kritisierten Mißstand, daß viele Flächennutzungspläne weitgehend überholt sind bzw. ein durchgängiges Ordnungs- und Entwicklungskonzept wegen einer Vielzahl von Einzeländerungen nicht mehr erkennbar ist, ist es inzwischen auch fraglich, ob das Instrumentarium der Flächennutzungsplanung geeignet ist, das anspruchsvolle und zunehmend ausdifferenzierte Instrumentarium der Regionalplanung umzusetzen, und die herkömmliche Planungsweise den wachsenden interkommunalen Wechselwirkungen und Konflikten bei der Flächennutzung noch ausreichend Rechnung tragen kann (vgl. Kap. C.4.1). Zukünftig wird es darum gehen, sowohl Defizite im Instrumentarium der Flächennutzungsplanung zu beheben bzw. durch ergänzende Instrumente auszugleichen als auch zu einer Harmonisierung von Begriffen zu kommen. Zu diskutieren ist auch, ob und inwieweit eine positive Anpassungspflicht der Bauleitplanung an geänderte Ziele der Regionalplanung rechtlich zu fixieren ist. Darüber hinaus zeigt sich die wachsende Notwendigkeit, wesentliche Probleme konkurrierender Flächenansprüche von seiten der Regionalplanung über Raumnutzungskonzepte etc. einer Lösung zuzuführen, wodurch die herkömmliche Flächennutzungsplanung erheblich entlastet und eventuell auch teilweise entbehrlich wird.

5.5 Aktive Zusammenarbeit zwischen Regionalplanung und Fachplanungen

Das Verhältnis der räumlichen Gesamtplanung zu den Fachplanungen ist ohne Zweifel verbesserungsbedürftig, wobei jedoch nicht nur die Regionalplanung gefordert ist. Vielmehr resultiert ein Teil der Abstimmungsprobleme der Regionalplanung mit staatlichen Fachplanungen, wie bereits erwähnt, aus deren mangelhafter Koordinierung durch die Raumordnung auf Landes- und Bundesebene. Allerdings muß sich die Regionalplanung der Kritik stellen, daß ihre Ziele nicht immer hinreichend konkret und umsetzungsorientiert formuliert sind. Für die Regionalplanung folgt daraus, daß sie ihre regionalplanerischen Zielaussagen künftig verstärkt mit Ankoppelungspunkten für die Fachplanungen versehen muß.

Darüber hinaus ist für die Regionalplanung das Funktionieren des horizontalen Gegenstromprinzips zwischen Fachplanungen und Regionalplanung ebenso bedeutsam wie das Funktionieren des vertikalen Gegenstromprinzips. Auch müssen Regionalplanung und regionale Strukturpolitik dort, wo Institutionen nicht unter dem gleichen „Behördendach" angesiedelt sind, erheblich stärker zusammengeführt werden. Dies ist nicht nur eine Aufgabe, die ein offensives Zugehen der Regionalplanung auf die Fachplanungen erfordert; vielmehr erkennen auch die Fachpolitiken des Bundes und der Länder im Zuge zunehmender Regionalisierung allmählich, daß die Regionalplanung für sie ein wichtiger Partner ist, mit dem eine Kooperation durchaus gewinnbringend sein kann. Entscheidende Stärken der Regionalplanung sind die Koordinationskraft und das regionale Konfliktlösungspotential, die noch stärker eingesetzt und weiter ausgebaut werden können. Im Interesse einer effizienten Gestaltung regionaler Entwicklungen muß es für Regional- und Fachplaner selbstverständlich sein, die ineinandergreifenden räumlichen Planungsprobleme durch aktive Zusammenarbeit der Regional- und Fachplanung zeit- und ressourcensparend zu lösen und Fachegoismen aufzugeben, die letztlich das Gesamtwohl der Region und die Glaubwürdigkeit des öffentlichen Planungsanspruchs gefährden.

Weitere Ansatzpunkte zur Stärkung der querschnittsorientierten Sicht auf fachliche Belange bieten die Aufgabenfelder, für die sich noch keine eigenständigen Fachplanungen auf regionaler Ebene institutionalisiert haben, für die jedoch ein regionales Planungserfordernis besteht. Hier bietet sich die Übernahme dieser Planungsaufgaben durch die Regionalplanungsträger an. Dies gilt beispielsweise für die Regionalverkehrsplanung, die Abfallverwertungsplanung, die Rohstoffabbauplanung und die Naherholungsplanung, deren Interessen schon heute weitgehend durch die Regionalplanung in die regionale Gesamtplanung eingebracht bzw. dort gesichert werden. Kompetenz- und Trägerschaftsfragen können dabei - abhängig von regionalen Konstellationen - unterschiedlich beantwortet werden; allerdings wird die vollständige Übernahme einer Aufgabe durch die Regionalplanung, d.h. von der Planung bis zur Umsetzung und Finanzierung, die Ausnahme bleiben.

Bedeutsam für das Verhältnis von Regionalplanung und Fachplanung ist in zunehmendem Maß das Raumordnungverfahren. Die Regionalplanung hat im Raumordnungsverfahren, in dem bekanntlich die Vereinbarkeit von fachplanerischen Vorhaben mit den Zielen der Raumordnung geprüft wird, vielfältige Möglichkeiten der Mitwirkung, u.a. auch der Moderation. Ihre Stellung sollte dabei, wie bereits näher dargelegt, von seiten der Landesplanungsbehörden gestärkt werden.

5.6 Organisatorische Mindesterfordernisse einer leistungsfähigen Regionalplanung

Unabhängig von der Vielfalt landesrechtlicher Ausgestaltungen und administrativer Zuordnungen ist die Regionalplanung in die gemeinsame Verantwortung von Staat und Kommunen gestellt („staatlich-kommunales Kondominat"); auch die kommunal verfaßte Regionalplanung ist Teil der Landesplanung und muß dies bleiben. Das Recht der Länder, landesspezifische Erfordernisse und Erfahrungen in die gesetzliche Ausgestaltung der Regionalplanung einfließen zu lassen, soll hier nicht in Frage gestellt werden. Trotzdem ist es unumgänglich, aus den bundesweiten Erfahrungen mit unterschiedlichen Organisationsformen an dieser Stelle einige Hinweise zu den organisatorischen Mindesterfordernissen für eine leistungsfähige Regionalplanung zu geben. Dies gilt um so mehr, als im Zuge der aktuellen Diskussion über notwendige Veränderungen bestehender Verwaltungsstrukturen auch die Einordnung der Regionalplanung in den Verwaltungsaufbau sowie die verbesserte Ausgestaltung des Planungsprozesses thematisiert werden muß.

Unabhängig von organisatorischen Einzelheiten sind für eine erfolgreiche Regionalplanung folgende grundsätzliche Voraussetzungen zu formulieren:

- Leistungsfähigkeit durch gute personelle und materielle Ausstattung: Regionalplanung bedarf eines leistungsfähigen administrativen Unterbaus bzw. einer gut ausgestatteten Geschäftsstelle, um die vielfältigen Pflichtaufgaben und die freiwillig übernommenen regionalen Aufgaben in guter Qualität erfüllen zu können; hier sind der Staat bzw. die Kommunen gefordert, entsprechende finanzielle Zuwendungen bereitzustellen;

- Sorgfalt bei der Auswahl der Regionalplaner in öffentlichkeitswirksamen Positionen: Mehr denn je ist Regionalplanung Koordinatoren-, Mediatoren- bzw. Moderatorentätigkeit in offenen Konsensfindungs- und Planungsprozessen. Wie oben schon herausgestellt wurde, sind Erfolg und Innovationskraft der Regionalplanung zunehmend abhängig von den „Persönlichkeiten" der Regionalplaner; Regionalplanung kann z.B. keinesfalls „nebenamtlich" wahrgenommen werden;

- Unabhängigkeit von fachplanerischer und einzelgemeindlicher Einflußnahme, jedoch gute Kontakte zur Landesverwaltung wie zur kommunalen Ebene: Die Regionalplanung muß in den politischen Entscheidungsprozeß einbezogen werden und die Möglichkeit haben, als Scharnier zwischen Kommunen und Staat wirken zu können;

- Effizienz bei regionalen Planungen und Begleitung der Umsetzung von regionalplanerisch gesicherten Vorhaben durch Fachplanung, Kommunen und Politik: Durch gemeinsam gestaltete Planverfahren und/oder durch qualifiziertes Planungsmanagement muß ein planerischer Mehrwert für alle Beteiligten und Betroffenen erreicht werden.

Versucht man nun im Anschluß an diese grundsätzlichen Voraussetzungen die Erfahrungen mit den unterschiedlichen Formen der Regionalplanung in den einzelnen Ländern auszuwerten, so zeigt sich, daß die in der Praxis entwickelten verschiedenen Organisationsmodelle mit einer stärkeren kommunalen oder staatlichen Orientierung im wesentlichen ihre Berechtigung haben und eine bestimmte bundeseinheitliche Organisationsform der Regionalplanung derzeit nicht empfohlen werden kann und auch nicht erforderlich erscheint. Es lassen sich aber einige Kriterien für eine effiziente Organisationsform formulieren:

- Das staatlich-kommunale Kondominat muß sich in einer Verankerung sowohl der kommunalen als auch der staatlichen Seite in der Organisationsstruktur widerspiegeln.
- Regionalplanung bedarf der Legitimation durch ein starkes politisches Gremium, in dem jedoch einseitigen kommunalpolitischen Egoismen wirksam vorzubeugen ist.
- Regionalplanung benötigt sowohl eine enge Verknüpfung mit der kommunalen Ebene als auch den staatlichen Fachplanungen.
- Der räumliche Zuschnitt von Planungsregionen sollte Überschaubarkeit gewährleisten und funktionale Verflechtungen berücksichtigen.
- Der Träger der Regionalplanung muß rechtlich in der Lage sein, zusätzliche freiwillige Aufgaben zu übernehmen.

Soweit eine grundsätzliche organisatorische Neuordnung, wie sie möglicherweise auch durch bestimmte Rahmenvorgaben des Bundesgesetzgebers angestoßen werden könnte, nicht zustande kommt, sind in den bestehenden Organisationsformen zumindest folgende Verbesserungen anzustreben: In den stärker staatlich organisierten Regionalplanungssystemen geht es primär darum, die kommunale Ebene frühzeitig und umfassend in den regionalen Planungsprozeß einzubeziehen. Bei der stärker kommunalisierten Regionalplanung kommt es besonders darauf an, kommunale Egoismen zu überwinden und sowohl die fachplanerische Mitwirkung zu sichern als auch die Mitverantwortung des Staates für die regionale Entwicklung in Anspruch zu nehmen.

5.7 Erfordernisse einer verbesserten Außendarstellung der Regionalplanung

Auch engagierte Regionalplaner können sich nicht darüber hinwegtäuschen, daß das Image der Regionalplanung in der Öffentlichkeit noch verbesserungsbedürftig ist. Obwohl gerade in einer sich als Regionaldiplomatie verstehenden Regionalplanung das „Wirken im Verborgenen" eine besondere Rolle spielt und die Regionalplanung durchaus bewußt anderen regionalen Akteuren den Vortritt bei der „Vermarktung" sichtbarer Erfolge und politisch relevanter Verhandlungsergebnisse läßt, könnte eine offensivere Außendarstellung und Öffentlichkeitsarbeit - etwa durch Verstärkung des

Abb. 21: Collage von Zeitungsmeldungen zur regionalisierten Strukturpolitik

Berichtswesens und bessere Information der Bürger bereits im Vorfeld von Planungs-entscheidungen - doch zu einer verbesserten Außenwahrnehmung der Regionalpla-nung, möglicherweise auch zu einer intensiveren Rückkopplung mit der Öffentlichkeit führen, was wiederum eine Qualitätssteigerung bei der Planung bewirken kann.

In diesem Sinne muß Öffentlichkeitsarbeit zukünftig als Bestandteil der Regio-nalplanung gesehen werden („Planungsmarketing") - auch wenn die institutionellen und personellen Voraussetzungen für eine gezielte Ansprache von Medien und ande-ren Multiplikatoren derzeit häufig suboptimal sind und Öffentlichkeitsarbeit für Regio-nalplanung eher angebots- denn nachfrageorientiert ist. Eine gewisse Professionalisie-rung der Öffentlichkeitsarbeit kann jedoch auch schon unter den gegebenen Rahmen-bedingungen versucht werden. Hierzu zählt eine gezielte Ansprache der Öffentlichkeit anstelle einer diffusen Streuung von Informationen: Hierzu gehört ebenfalls die Kon-taktpflege mit den eigentlichen Partnern auch außerhalb formalisierter Begegnungen. Häufig wird Öffentlichkeitsarbeit „Chefsache" sein, weil die Medien an Informationen und mehr noch an Bewertungen und Einschätzungen von verantwortlicher Seite in-teressiert sind.

Der Umgang mit Medien setzt voraus, über die Arbeitsweise von Medien und die Wünsche der Medienvertreter informiert zu sein. Dies fängt mit der Aufbereitung der Informationen an und endet nicht mit der zeitlichen Abstimmung von Pressegesprä-chen auf den Redaktionsschluß. Wichtig ist, daß Medien nicht auf Kompetenzen von Institutionen beharren - die Regionalplanung hat somit auch die Chance, Themen „zu besetzen" bzw. für bestimmte Themen eine Meinungsführerschaft zu übernehmen, für die andere Institutionen originär zuständig sind. Auch ist zu berücksichtigen, daß Journalisten in der Regel weniger interessiert sind an gefundenen Lösungen und Kom-promissen, so schwer sie auch erkämpft sein mögen. Interessanter für die Berichter-stattung in den Medien sind ungelöste Probleme und Konflikte. Dies bedeutet, daß es - entgegen klassischer Verwaltungspraxis - durchaus sinnvoll sein kann, die Medien in einer Frühphase des Konfliktmanagements zu informieren, wobei natürlich das Interes-se an der Konfliktlösung eindeutigen Vorrang vor Medienwirksamkeit haben muß.

Die Regionalplanung sollte die Öffentlichkeit regelmäßig über ihre Tätigkeit in-formieren - sei es durch klassische Pressemitteilungen, durch regelmäßige Publikationen oder gezielte Ansprache von Medienvertretern. Insbesondere die Printmedien sind stets dankbar für optische Aufbereitungen, z.B. Projekt- oder Lageskizzen. Möglich ist auch die Öffentlichkeitsarbeit gemeinsam mit anderen Institutionen, z.B. mit Fachpla-nungsträgern, Kommunen oder anderen Planungsbeteiligten. Ganz besondere Chan-cen für eine verstärkte Resonanz gerade auf regionaler Ebene dürften bei den regionalen Medien, z.B. den verstärkt auf den Markt drängenden Regionalradios, bestehen. Im Gegensatz zu vielen klassischen Sendern sind diese in besonderem Maße an regiona-len, d.h. nicht landesweit und nicht nur lokal bedeutsamen Themenstellungen orien-tiert und bevorzugen Interviews mit regionalen Akteuren.

Anmerkungen zu Kapitel C

[1] Verbal-argumentative Bewertung unter Verzicht auf den formalen Methodenbaustein Risikomatrix.

[2] Es sollen dabei Elemente der sog. „fuzzy-logic" in die Ökologische Risikoanalyse integriert werden (Eberle 1994). Bei diesen Versuchen werden die Verknüpfungsregeln der Ökologischen Risikoanalyse (Verursacher, Schutzwürdigkeit und ihre Zusammenfassung zu einem Risikowert) als unscharfe Regelungsaussagen interpretiert und damit Verfahren der fuzzy-logic zugänglich gemacht.

[3] Wenn z.B. im Bereich „Monetarisierung von Unfallschäden" ein Getöteter mit DM 1,32 Millionen monetarisiert wird (unter Hinweis, daß dies der Preisstand von 1989 sei) (Bundesminister für Verkehr 1993, S. 144), dann ist evident, daß man über die Grenzen des Einsatzes formalisierter Modelle nicht genügend nachgedacht hat.

[4] Ausführlich z.B. D'Orville 1979; ARL 1984; Hellstern/Wollmann 1984; Kittelmann/Hübler 1984; Bundesbeauftragter für Wirtschaftlichkeit 1989; NIW 1992; Schacht/Knoth 1993.

[5] In ähnlicher Weise wurde die Wirksamkeit bestimmter Ausweisungen des RROPL Westpfalz Ende der 70er Jahre im Rahmen einer Projektarbeit untersucht. Diese Ergebnisse wurden teilweise in einer Studie zur Überprüfung von Planinhalten eingebracht. Vgl. hierzu: Kistenmacher, H. et al.: Überprüfung der Notwendigkeit einer Erweiterung und Harmonisierung von Planinhalten, in: Akademie für Raumforschung und Landesplanung: Beiträge, Nr. 41, Hannover 1980.

[6] Vorschläge zur Methodik derartiger Potentialuntersuchungen finden sich bei Kistenmacher et al: Ermittlung des Wohnbaulandpotentials in Verdichtungsräumen, in: BMBau (Hrsg.): Schriftenreihe „Forschung", Heft 461, 1988.

[7] Wie z.B. Kühling (1992) für den Bereich Luft, Burde (1992) für den Bereich Wasser und Kloke (1992) für den Bereich Boden.

[8] Diese Möglichkeit wurde schon in der MKRO-Entschließung vom 16.6.83 zur Sicherung des ÖPNV im ländlichen Raum vorgeschlagen.

[9] Das Projekt wurde von der Planungsgruppe Ökologie+Umwelt, Süd, in Rottenburg zusammen mit dem Regionalverband Hochrhein-Bodensee konzipiert. Für die Projektbearbeitung wurde eine grenzüberschreitende Büroarbeitsgemeinschaft gebildet (Planungsgruppe Ökologie+Umwelt, Süd, Planungsgruppe Südwest, Lörrach; Metron AG, Brugg (Kt. Aargau)).

Literatur zu Kapitel C

Albers, G.: Über den Wandel im Planungsverständnis, in: Raumplanung, Heft 61 (Hrsg.), Informationskurs für Raumplanung (IfR) e.V., Dortmund 1993

Arbeitsgruppe für regionale Struktur- und Umweltforschung (ARSU): Umsetzung ökologischer Informationsgrundlagen am Beispiel des Landkreises Wesermarsch, Zwischenbericht des UBA-Vorhabens Nr.109 02 031/03, Brake 1993

ARL (Hrsg.): Wirkungsanalysen und Erfolgskontrollen in der Raumordnung, Forschungs- und Sitzungsberichte (FuS), Bd. 154, Hannover 1984

ARL (Hrsg.): Regional- und Landesplanung für die 90er Jahre, FuS, Bd. 186, Hannover 1990

ARL (Hrsg.): Großstadtregionen in Deutschland vor dem Hintergrund europäischer Entwicklungen, Hannover 1991

ARL (Hrsg.): Perspektiven der kommunalen Zusammenarbeit in Niedersachsen, Neue Wege der Regionalpolitik, EV 183, Hannover 1991

ARL (Hrsg.): Probleme von Raumordnung, Umwelt und Wirtschaftsentwicklung in den neuen Bundesländern, Hannover 1991

ARL (Hrsg.): Zur Umsetzung ökologischen Wissens in die regionalplanerische Praxis, EV 192, Hannover 1993

Arnberger, E.: Thematische Kartographie, Braunschweig 1977

Bachfischer, R.: Die ökologische Risikoanalyse, Dissertation TU München 1978

Back, H.-J.: Regionalisierung, in: Handwörterbuch der ARL (noch unveröffentlicht)

Bayerische Staatsregierung (Hrsg.): 11. Raumordnungsbericht, München

Bechmann, A.: Nutzwertanalyse, Bewertungstheorie und Planung, Beiträge zur Wirtschaftspolitik Bd. 29, Hrsg. E. Tuchfeldt, Bern/Stuttgart 1978

Bechmann, A.: Nutzwertanalyse, Bewertungstheorie und Planung, in: Tuchtfeld, E. (Hrsg.): Beiträge zur Wirtschaftspolitik, Bd. 29, Bern/Stuttgart 1978

Bechmann, A.: Die Nutzwertanalyse, in: Storm/Bunge (Hrsg.): Handbuch der UVP, Berlin/Bielefeld 1989

Behrens, F.: ZIN-Zusammenarbeit ist nötig, in: Städte- und Gemeinderat, 3/1990

Benz, A.; Scharpf, F. W.; Zintl, R.: Horizontale Politikverflechtung, Zur Theorie von Verhandlungssystemen, Schriften des Max-Planck-Instituts für Gesellschaftsforschung, Köln, Bd. 10, Frankfurt/New York 1992

Böhret, C.: Neuartige Folgen - eine „andere" Verwaltung? In: Verwaltungsarchiv, Zeitschrift für Verwaltungslehre, Verwaltungsrecht und Verwaltungspolitik, 80. Bd., H. 1, Speyer 1989

Borchard, K.: Konzepte für die zukünftige Siedlungs- und Stadtstruktur, in: Deutsche Bauzeitschrift, Heft 10/93

Bräuninger, T.: Karthographische Struktur von Regionalplanungsinformation, in: Informationen zur Raumordnung 7/1993

Brohm, W.: Beschleunigung der Verwaltungsverfahren - Straffung oder konsensnahes Verwaltungshandeln, in: NVwZ, Heft 11, November 1991

Buchner, W.: Das Teilraumgutachten - ein neues Instrument der bayerischen Landesentwicklungspolitik, Raumforschung und Raumordnung, Heft 4, 1988

Bullinger, M.: Kooperatives Verwaltungshandeln (Vorverhandlungen, Agreements und Verträge) in der Verwaltungspraxis, in: Die öffentliche Verwaltung, Heft 7, April 1989

Bundesbeauftragter für Wirtschaftlichkeit in der Verwaltung: Erfolgskontrolle finanzwirksamer Maßnahmen in der öffentlichen Verwaltung, in: Schriftenreihe des Bundesbeauftragten für Wirtschaftlichkeit in der öffentlichen Verwaltung, Bd. 2, Stuttgart/Berlin/Köln 1989

Bundesminister für Verkehr: Gesamtwirtschaftliche Bewertung von Verkehrswegeinvestitionen, Schriftenreihe des BMV, Heft 72, Bonn 1993

Bundesministerium für Raumordnung, Bauwesen und Städtebau (Hrsg.): Raumordnungspolitischer Orientierungsrahmen, Bonn 1993

Burde, M.: Zur Bestimmung von Wasserqualitätszielen für die Regionalplanung, S. 117-171, in: ARL (Hrsg.): Zur Umsetzung ökologischen Wissens in die regionalplanerische Praxis, EV 192, Hannover 1993

Deutsche Gesellschaft für Technische Zusammenarbeit (GTZ): Methoden und Instrumente der Projektplanung und -durchführung, Eschborn 1991

Deutsche Projekt Union: Standortsuche für eine Sonderabfalldeponie in Baden-Württemberg, Stuttgart 1993

Deutscher Städtetag (Hrsg.): Die Städte und ihre Regionen, zehn Thesen des Deutschen Städtetages, Köln 1993

Domhardt, H.-J.; Weik, T.: Zur Erforderlichkeit offener Planungsprozesse, Konversion als Herausforderung an das politisch-administrative System, in: RaumPlanung, Heft 61, Dortmund 1993

Dornier System GmbH: Handbuch zur ökologischen Planung, Berlin 1981

Dose, N.: Verhandlungen mit der öffentlichen Verwaltung (Politische Steuerung moderner Industrie-Gesellschaften, Diskussionspapiere), in: K. König/ N. Dose (Hrsg.), Instrumente und Formen staatlichen Handelns, Köln u.a. 1993

Eberle, D.: Bewertungsmethoden für regionale Siedlungsstrukturkonzepte, Beiträge der ARL, Bd. 33, Hannover 1979

Eberle, D.: Fallbeispiele zur Weiterentwicklung der Standardversion der Nutzwertanalyse, Beiträge der ARL, Bd. 51, Hannover 1981

Eberle, D.: Kurzfassung alternativer Modellrechnungen zum Paarvergleich der „Standortsuche für eine Sonderabfalldeponie in Baden-Württemberg", Lehrstuhl Angewandte Geographie der Uni Tübingen, 1993

Eberle, D.: Weiterentwicklung der ökologischen Risikoanalyse durch Fuzzy-Logic, Werkstattberichte zur Angewandten Geographie, Heft 2, Tübingen 1994a

Eberle, D.: Materialsammlung der alternativen Modellrechnung zur „Standortsuche für einen neuen Messeplatz in der Region Stuttgart", Lehrstuhl Angewandte Geographie der Universität Tübingen, 1994b

Eckert, R.; Willems, H.: Konfliktintervention, Perspektivenübernahme in gesellschaftlichen Auseinandersetzungen, Opladen 1992

Einsele, M.: Städtenetze und geringverdichtete Räume - eine Symbiose, in: BfLR - Materialien zur Raumentwicklung, Heft 57, 1993

ETH Zürich; ARL; BRP (Hrsg.): Räumliche und funktionale Netze im grenzüberschreitenden Rahmen, Deutsch-Schweizerisches Fachgespräch 17./18.9.1992, Zürich, Hannover 1993

Finke, L.: Kleinräumige Umweltqualitätsziele für die Regionalplanung, in: ARL (Hrsg.): Zur Umsetzung ökologischen Wissens in die regionalplanerische Praxis, EV 192, Hannover 1993

Finke, L. et al.: Berücksichtigung ökologischer Belange in der Regionalplanung in der Bundesrepublik Deutschland, Beiträge der ARL, Bd. 124, Hannover 1993

Fürst, D.; Hesse, J. J.: Landesplanung, Düsseldorf 1981

Fürst, D.: Neuere theoretische Ansätze in Raum- und Umweltplanung, in: Staatswissenschaft und Staatspraxis, Heft 4, 1990

Fürst, D.; Knieling, J.; Mönnecke, M.; Zeck, H.: Regionalverbände im Vergleich: Entwicklungssteuerung in Verdichtungsräumen, Schriften zur kommunalen Wissenschaft und Praxis, J. J. Hesse (Hrsg.), Bd. 4, Baden-Baden 1990

Fürst, D.: Regionalplanung der 90er Jahre, Einführung zu Forum II, ARL, FuS, Bd. 186, Hannover 1990

Fürst, D.: Von der Regionalplanung zum Regionalmanagement? In: Die öffentliche Verwaltung, Heft 13, Juli 1993

Fürst, D.; Ritter, E.-H.: Landesentwicklungsplanung und Regionalplanung, Ein verwaltungswissenschaftlicher Grundriß, Düsseldorf 1993

Ganser, K.: Perspektivischer Intermentalismus, zitiert bei Albers, in: RaumPlanung, Heft 61, Dortmund 1993

Gassner, E.: Methoden und Maßstäbe für die politische Abwägung, Köln 1993

Gassner, H.; Holznagel, B.; Lahl, U.: Mediation, Bonn 1992

Gatzweiler, H.-P.: Metropolen oder Mittelstädte. Siedlungspolitik für Agglomerationsräume in den 90er Jahren, in: Raumordnung und Raumforschung, Heft 4/1993

Geyer, T.: Die Steuerung der Wohnsiedlungstätigkeit der Gemeinden im Rahmen der Landes- und Regionalplanung, Grundlagen - Instrumente - Erfolgskontrolle, Das Beispiel Rheinland-Pfalz, in: Siedlungsentwicklung und Umweltschutz in der Regionalplanung, ARL, Arbeitsmaterial Nr. 202, Siedlungsentwicklung und Umweltschutz in der Regionalplanung, Hannover 1994

Geyer, T.: Regionale Vorrangkonzepte für Freiraumfunktionen, Methodische Fundierung und planungspraktische Umsetzung, Werkstattbericht Nr. 13, Kaiserslautern 1987

Glasl, F.: Konfliktmanagement, Ein Handbuch für Führungskräfte und Berater, 2. Auflage, Bern 1990

Haber, W. et al.: Quantifizierung raumspezifischer Entwicklungsziele des Naturschutzes dargestellt am Beispiel des Kartenblatts 7435 Pfaffenhofen, Beiträge der ARL, Bd. 125, Hannover 1993

Häberle, P.: Der Regionalismus als werdendes Strukturprinzip des Verfassungsstaates und als europarechtspolitische Maxime, Archiv des öffentlichen Rechts, 118. Bd., Heft 1, 1993

Halstenberg, F.: Landesentwicklungspolitik von den 70er in die 90er Jahre, Raumforschung und Raumordnung, Heft 2, 1984

Hartke, S.: Regional angepaßte Entwicklungsstrategien und Voraussetzungen der „vertikalen" und „horizontalen" Koordination, in: Informationen zur Raumentwicklung, Heft 1/2, 1984

Hellstern, G.M.; Wollmann, H.: Handbuch zur Evaluierungsforschung, Bd. 1, Opladen 1984

Hesse, J. J. und Zöpel, C. (Hrsg.): Zukunft und staatliche Verantwortung, Baden-Baden 1987

Hill, H.: Integratives Verwaltungshandeln - Neue Formen von Kommunikation und Bürgermitwirkung, in: Deutsches Verwaltungsblatt, 108. Jg., Heft 18, September 1993

Holznagel, B.: Konfliktlösungen durch Verhandlungen, Baden-Baden 1990

Innenministerium Baden-Württemberg: Standortvorsorge und Flächensicherung in Baden-Württemberg, Schriftenreihe der Stabsstelle Verwaltungsstruktur, Information und Kommunikation, Bd. 4, Stuttgart 1990

Institut für Landes- und Stadtentwicklung (ILS) NRW (Hrsg.): Regionale Politik und regionales Handeln, Beiträge zur Analyse und Ausgestaltung der regionalen Strukturpolitik in Nordrhein-Westfalen, ILS-Taschenbücher, Dortmund 1992

ISA (Hrsg.): ZIN am Scheideweg, Zwischenbilanz und Vorschläge zur Strukturpolitik in NRW, ISA Schriftenreihe 1/92, Bochum 1992

Jansen, P.G.; Wagner, D.: Kriterienkatalog zur Prüfung von Plänen und Programmen der Raumordnung und Landesplanung unter Umweltaspekten, Zusammenfassende Darstellung und Ergebnisse des UBA-Vorhabens Nr.101 02 085, Köln 1992

Kiemstedt, H. et al.: Umsetzung von Zielen des Naturschutzes auf regionaler Ebene, Beiträge der ARL, Bd. 123, Hannover 1993

Kiemstedt, H.; Mönnecke, M.: Wirksamkeit kommunaler Landschaftsplanung, Zwischenbericht, Hannover 1992

Kistenmacher, H. et al.: Überprüfung der Notwendigkeit einer Erweiterung und Harmonisierung von Planinhalten, Beiträge der ARL, Bd. 41, Hannover 1980

Kistenmacher, H et al.: Ermittlung des Wohnbaulandpotentials in Verdichtungsräumen unter besonderer Berücksichtigung der Umweltverträglichkeit, untersucht und dargestellt am Beispiel des Verdichtungsraumes Stuttgart, Schriftenreihe Forschung des BMBau Nr. 461, Bonn 1988a

Kistenmacher, H. et al.: Vorschläge zur inhaltlichen und methodischen Verbesserung der Regionalplanung am Beispiel des Regionalen Raumordnungsplanes Südhessen, Beiträge der ARL, Bd. 108, Hannover 1988b

Kistenmacher, H. et al.: Planinhalte für den Freiraumbereich, Beiträge der ARL, Bd. 126, Hannover 1993

Kistenmacher, H.; Geyer, Th.; Hartmann P.: Regionalisierung in der kommunalen Wirtschaftsförderung, Deutscher Gemeindeverlag, Aufgaben der Kommunalpolitik 10, Köln 1994

Kistenmacher, H.; Geyer, Th.: Mittelzentren in Rheinland-Pfalz, unveröffentliche wissenschaftliche Untersuchung im Auftrag der Staatskanzlei Rehinland-Pfalz, Kaiserslautern 1988

Kittelmann, G.; Hübler, K.-H.: Wirkungsanalysen und Erfolgskontrollen in der Praxis der Raumordnung, Landes- und Regionalplanung, in: ARL, FuS, Bd. 154, Hannover 1984

Kittelmann, G.: Entwicklung, Aufgaben und Methoden von Evaluierung und Evaluierungsforschung, in: ARL, FuS, Bd. 154, Hannover 1984

Kloke, A.: Die Bestimmung von medialen Umweltqualitätszielen für die Zwecke der Regionalplanung - Bodenqualitätsziele, S. 172-222, in: ARL (Hrsg.): Zur Umsetzung ökologischen Wissens in die regionalplanerische Praxis, EV 192, Hannover 1993

Knemeyer, F.-L.: Notwendigkeiten und Möglichkeiten einer übergemeindlichen kommunalen Strukturpolitik, in: der landkreis, 3/1990

Konze, H.: Der ZIN-Moderator, Die Rolle des Regierungspräsidenten bei der Zukunftsinitiative für die Regionen Nordrhein-Westfalen (ZIN), in: Regionale Politik und Regionales Handeln, ILS-Taschenbücher, Dortmund 1992

Konze, H.: PPP, Public-Private-Partnership: ein Instrument der Regionalplanung?, Manuskriptreihe des Instituts für Städtebau und Wohnungswesen München der Deutschen Akademie für Städtebau und Landesplanung, Nr. 18.2, München 1992

Konze, H.: Raumordnung und Umwelt(leit)planung: Probleme der Integration aus der Sicht der Regionalplanung, in: ARL, FuS, Bd. 194, Hannover 1994

Konze, H.: Regionalkonferenzen, in: ARL, FuS, Bd. 194, Hannover 1994

Koschitz, P.: Zur Darstellung raumplanerischer Problemsituationen, ORL-Berichte Nr. 90/1993, ORL-Institut der ETH Zürich, 1993

Kostka, D.: Öffentliches Konfliktmanagement, in: Die Verwaltung, 26/1993

Krafft, A.; Ulrich, G.: Chancen und Risiken regionaler Selbstorganisation: Erfahrungen mit der Regionalisierung in Nordrhein-Westfalen und Niedersachsen, Kleine politische Texte, Bd. 7, Niedersächsisches Ministerium für Wirtschaft, Technologie und Verkehr (Hrsg.), Opladen 1993

Kruse, H.: Reform durch Regionalisierung, Frankfurt 1990

Kruzewicz, M.; Schuchard, W.: Lokale Kooperationen, in: Städte- und Gemeinderat, 12/1989

Kühling, W.: Die Bestimmung von Luftqualitätszielen für die Zwecke der Regionalplanung, S. 89-119, in: ARL (Hrsg.): Zur Umsetzung ökologischen Wissens in die regionalplanerische Praxis, EV 192, Hannover 1993

Landtag Schleswig-Holstein (Hrsg.): Raumordnungsbericht 1980, Landesplanung in Schleswig-Holstein, Heft 18, Landtagsdrucksache 9/792, Kiel 1980

Langer et al.: Untersuchungen zur Landschaftsplanung, Hrsg.: LfU Baden-Württemberg - Institut für Ökologie und Naturschutz, Materialien zur Landesraumordnungsplanung in Baden-Württemberg Bd. 12, Karlsruhe 1987

Langer et al.: Untersuchungen zur Landschaftsplanung, Hrsg.: LfU Baden-Württemberg - Institut für Ökologie und Naturschutz, Materialien LRPlg in Baden-Württemberg, Bd. 12, Karlsruhe 1987

Lendi, M.: Grundriß einer Theorie der Raumplanung, Zürich 1988

Maier, J.; Troeger-Weiß, G.: Marketing in der räumlichen Planung, Beiträge der ARL, Bd. 117, Hannover 1990

Maurer, J.: Planerische Chancen räumlicher Netze, in: ETH Zürich /BRP/ARL, Arbeitsmaterial, EV 198, Hannover 1993

Minister für Wirtschaft, Mittelstand und Technologie des Landes NRW (Hrsg.): Bericht der Kommission Montanregionen des Landes Nordrhein-Westfalen, Düsseldorf 1989

Minister für Wirtschaft, Mittelstand und Technologie des Landes NRW (Hrsg.): Prozessuale Begleitforschung der Regionalisierung der Strukturpolitik in NRW, Kurzfassung, Düsseldorf, September 1992

Minister für Wirtschaft, Mittelstand und Technologie des Landes NRW (Hrsg.): Regionalisierung, Neue Wege in der Strukturpolitik Nordrhein-Westfalens, Düsseldorf, Dezember 1992

Ministerkonferenz für Raumordnung (MKRO): Entschließung: Zentrale Orte und ihre Verflechtungsbereiche vom 8.2.1968, in: ARL (Hrsg.): Daten zur Raumplanung Teil D, Hannover 1987

MKRO: Entschließung: Oberzentren vom 16.6.1983, in: ARL (Hrsg.): Daten zur Raumplanung Teil D, Hannover 1987

MKRO: Entschließung: Sicherung des ÖPNV in ländlichen Räumen vom 16.6.1983 in: ARL (Hrsg.): Daten zur Raumplanung Teil D, Hannover 1987

MKRO: Entschließung: Raumordnung und Wohnbauland in den Verdichtungsräumen der alten Länder vom 1.9.1992

Modrow, B.: Probleme der Integration ökologischer Erfordernisse in die Regionalplanung, Dissertation Uni Kaiserslautern, 1979

Niedersächsisches Innenministerium (Hrsg.): Landesraumordnungsprogramm Niedersachsen, Entwurf 1992

Niedersächsisches Institut für Wirtschaftsforschung e.V. (NIW): Erfolgskontrolle in der Technologiepolitik, NIW-Workshop 1992, Hannover 1992

ORL-Institut der ETH Zürich (Hrsg.): Planungskulturen in Europa, DISP Nr. 115, Zürich 1993

d' Orville, H.: Probleme einer Erfolgskontrolle regionalpolitischer Maßnahmen, dargestellt am Beispiel der Gemeinschaftsaufgabe „Verbesserung der regionalen Wirtschaftsstruktur", Frankfurt/Main 1979

Ottersbach, U.: UVP in der Regionalplanung, Dissertation Uni Kaiserslautern, 1989

Otto-Zimmermann, K.: Beispiele angewandter Bewertungsverfahren, in: Hübler, K.-H; Otto-Zimmermann, K.: Bewertung der Umweltverträglichkeit, Taunusstein 1989

Ozawa, C.P.: Improving citizen participation in environmental decisionmaking: the use of transformative mediator techniques, in: Environment and Planning C.: Government and Policy, 11/1993

Planungsgemeinschaft Region Trier: Materialien und Informationen, Heft 19, Februar 1994

Planungsgemeinschaft Region Trier: Teilfortschreibung des Regionalen Raumordnungsplanes; Teilbereich Industrie und Gewerbe. Beschlußentwurf der Regionalvertretung vom 18.6.93, Trier 1993.

Pohlmann, H.-J.: Kommunikationsplanung, Planungstheoretische Perspektive für die Zukunft? In: RaumPlanung, Heft 61, Dortmund 1993

Regionalverband Unterer Neckar: Vorlage zur 30. Sitzung des Planungsausschusses am 10.4.1978: Anregungen und Bedenken zum Entwurf des Regionalplanes Unterer Neckar, hier: Erschließung des Vorderen Odenwaldes, Mannheim 1978

Rieper, B.: Betriebswirtschaftliche Entscheidungsmodelle, Herne/Berlin 1992

Sauberzweig, D.: Zukunft der Stadt im Regionalgefüge, Beiträge zur Regionalen Entwicklung, Heft 18, Zweckverband Großraum Hannover (Hrsg.), 1988

Schacht, G.; Knoth, E.: Wirksamkeit von Instrumenten zur Steuerung der Siedlungsentwicklung, Schriftenreihe Nr. 105 der österreichischen Raumordnungskonferenz, Wien 1993

Scharpf, F. W.: Koordination durch Verhandlungssysteme: Analytische Konzepte und institutionelle Lösungen, in: Benz, A.; Scharpf, W.; Zintl, R.: Horizontale Politikverflechtung. Zur Theorie von Verhandlungssystemen, Frankfurt/Main 1992

Schneider, H.: Die Freiraumfunktion Klimaschutz, unveröffentlichte Diplomarbeit an der Universität Kaiserslautern, Kaiserslautern 1994

Schleberger, E.: Die Region - Aufgabe des Staates oder der Selbstverwaltung, in: Nordrhein-Westfälische Verwaltungsblätter 3/1992

Schmitz, G.: Regionalplanung, Manuskript für „Handwörterbuch Raumordnung" der Akademie für Raumforschung und Landesplanung, Hannover, Stand 10/93

Schmitz, G.: Regionalplanerischer Forschungsbedarf, Vortrag Dortmund, 31.1.1994

Schneeweiß, Chr.: Planung 1, Berlin/Heidelberg 1991

Scholich, D.; Winkelbrandt, A.: Zum Stand der Diskussionen über Erfolgskontrollen in der Landschafts- und Raumplanung, in: ARL, FuS Bd. 180, Hannover 1988

Striegnitz, M.: Mediation: Lösungen von Umweltkonflikten durch Vermittlung - Praxisbericht zur Anwendung in der Kontroverse um die Sonderabfalldeponie Münchehagen, in: Zeitschrift für angewandte Umweltforschung, 3/1990

Stierand, R.: Neuorientierung in der Planungstheorie? In: RaumPlanung, Heft 61, Dortmund 1993

Thomas, C. (Hrsg.): „Auf der Suche nach dem ganzheitlichen Augenblick", Der Aspekt Ganzheit in den Wissenschaften, in: Züricher Hochschulforum, Bd. 19, Verlag der Fachvereine (vdf) Zürich an den schweizerischen Hochschulen und Techniken, Zürich 1992

Waniek, R. W.: Die Zukunftsinitiative für die Regionen Nordrhein-Westfalens, Ruhr-Forschungsinstitut für Innovations- und Strukturpolitik e. V., Bochum 1990

Weber, K.: Multikriterielle Entscheidungen, München 1993

Wedel, H.; Barthel, E.: Effizienz der Flurbereinigung - Gewandelte Rahmenbedingungen, in: Schriftenreihe des Bundesministers für Ernährung, Landwirtschaft und Forsten, Reihe B, Flurbereinigung, Heft 79, Bonn 1992

Winkel, R.: Interkommunale Kooperation in der Gewerbeflächenversorgung, in: der Landkreis, 2/1992

Wittkämper, G.W.: Die Region als Verwaltungsraum in Deutschland und Europa, in: Stadt und Gemeinde 8/1991

Zangenmeister, C.: Nutzwertanalyse in der Systemtechnik. Eine Methodik zur multidimensionalen Bewertung und Auswahl von Projektalternativen, München 1970

Gesetze und Programme:

Baden-Württembergisches Landesplanungsgesetz (LPLG) vom 10.10.1983, GBl S. 621

Baden-Württembergisches Landesplanungsgesetz (LPLG) vom 8. April 1992, GBl S. 229

Baugesetzbuch (BauGB) vom 8. Dezember 1986, BGBl I S. 225

Bayrisches Landesplanungsgesetz in der Fassung vom 4.1.82

Hessisches Landesplanungsgesetz (LPLG) vom 1.6.1970, GVBl I S. 360, geändert durch Gesetz vom 15. 10.1980, GVBl I S. 377

Landesentwicklungsprogramm VI NRW vom 8.11.1978, MBl. S. 1878; letzte Änderung 12.7.1988, MBl. S. 1366

Landesplanungsgesetz des Landes Mecklenburg-Vorpommern (LPlG) vom 31.3.1992, GVBl S. 242

Landesplanungsgesetz von NRW in der Fassung vom 15.10.89, GVNW. S: 476

Landesplanungsgesetz Schleswig-Holstein in der Fassung vom 10.6.1992, GVOGl S. 342

Raumordnungsgesetz (ROG) vom 28.4.1993, BVGl I S. 630

Sächsisches Landesplanungsgesetz (LPLG) vom 24. Juni 1992, GVBl S. 259

*Stellungnahme des Präsidiums der Akademie für Raumforschung und
Landesplanung zu den Ergebnissen des Arbeitskreises „Regionalplanung 2000"*

Zukünftige Aufgabenstellung der Regionalplanung

Stärkung der regionalen Ebene zur Umsetzung raumordnerischer Aktivitäten

1. „Regionalplanung 2000" - eine praxisnahe wissenschaftliche Untersuchung

Das Präsidium der Akademie für Raumforschung und Landesplanung (ARL) hat auf dem Hintergrund sich wandelnder Rahmenbedingungen für die räumliche Planung in Deutschland und in Europa sowie im Zusammenhang mit den Diskussionen über Subsidiarität und Regionalisierung einen Arbeitskreis zum Thema „Regionalplanung 2000" eingesetzt, der seine wissenschaftlichen und praktischen Untersuchungen 1995 abgeschlossen hat.

Auf der Grundlage einer Bestandsaufnahme, einer Auseinandersetzung mit den neuen Rahmenbedingungen und Herausforderungen konnten konstruktive Vorschläge zur Fortentwicklung der Regionalplanung erarbeitet werden. Die wichtigsten Ergebnisse der Untersuchung wurden von der ARL unter dem Titel „Zukunftsaufgabe Regionalplanung" 1995 veröffentlicht.

Das Präsidium der ARL stellt für die Förderung der künftigen Regionalplanung in der Phase der Neuorientierung der Raumordnungspolitik in Deutschland zwei wichtige Aufgabenfelder heraus:

- Stärkung der regionalen Ebene durch klare und weiterführende Rahmenbedingungen sowie
- Weiterentwicklung der Inhalte, Konzepte, Instrumente und Verfahren der Regionalplanung und Regionalpolitik.

Das Präsidium der ARL ist davon überzeugt, daß die Region eine geeignete Umsetzungsebene für raumordnerische Aktivitäten ist und damit dem Ausbau und der Festigung des Wirtschaftsstandortes Deutschland dienen kann.

2. Neue und weiterführende Aufgaben

Für Politik, Verwaltung und Wissenschaft stehen nach Auffassung des Präsidiums auf regionaler Ebene folgende Aufgabenbereiche im Vordergrund:

- Stärkere Bündelung der regionalen Kräfte zur Förderung regionaler Entwicklungsprozesse durch Aufbau einer effizienten Kooperationsstruktur für die kommunalen Gebietskörperschaften sowie für die wirtschaftlichen und gesellschaftlichen Gruppen;

- Erarbeitung von Regionalplänen und Regionalen Entwicklungskonzepten mit Operationellen Programmen als Voraussetzung für gemeinsames regionales Handeln, für die Zusammenführung der verschiedenen regionalen Akteure und für die Lösung von regionalen Schwerpunktaufgaben;

- Intensivierung der Staats-, Landes- und Regionalgrenzen überschreitenden Zusammenarbeit auf regionaler Ebene.

Das Präsidium der ARL ist der Auffassung, daß die bereits bestehende Regionalplanung in Deutschland diesen drei Aufgabenbereichen gerecht werden kann, wenn bestimmte Rahmenbedingungen durch Konkretisierung der Rahmenvorschriften erfüllt werden. Die Stärkung der regionalen Ebene soll jedoch nicht zu neuen, zusätzlichen Verwaltungsstrukturen führen.

3. Politische Unterstützung für die Regionalplanung

Durch ihre moderierende und integrierende Funktion besitzt die Regionalplanung eine hohe Flexibilität, die sich bereits in einem weitgehenden Wandel bei der Bewältigung ihrer traditionellen Aufgaben zeigt. Das erweiterte und umfassendere Selbst- und Aufgabenverständnis der Regionalplanung zeigt sich nach Auffassung des Präsidiums der ARL u.a. darin, daß in zunehmendem Maße bei den Trägern der Regionalplanung

- das Verhältnis zu den Kommunen als Trägern der Bauleitplanung durch Beratungs- und Überzeugungsarbeit bestimmt wird,
- Initiativen und Ideen für regionale sowie interkommunale Gemeinschaftsprojekte entwickelt werden,
- die verschiedenen regionalen Akteure z.B. in Regionalkonferenzen zu gemeinsamem bzw. abgestimmtem Handeln zusammengeführt und von der Regionalplanung Moderatorenaufgaben für die Regionalentwicklung übernommen werden,
- durch ihre Konzepte, Verfahren und Methoden wesentlich zur Lösung regionaler Konflikte beigetragen wird,
- deren Arbeit zur Stärkung regionaler Identität führt.

Flexibilität und Aufgabenverständnis ermöglichen es der Regionalplanung daher, sich neuen Herausforderungen zu stellen. Den Trägern der Regionalplanung sollten über ihre bisherigen Planungskompetenzen hinaus neue Koordinierungsaufgaben in Problembereichen eröffnet werden, die nur durch überörtliche Planung sinnvoll gelöst werden können.

Dafür benötigt die Regionalplanung politische Unterstützung. Dann kann sie einen wirkungsvollen Rahmen für die komplexen regionalen Kooperationsaufgaben bieten, da sie umfassende räumliche Koordinationsleistungen mit Managementfunktionen für das entwicklungspolitische Handeln verknüpft.

4. Funktionsgerechte Vorgaben durch Bund und Länder für die Regionalplanung

Die Verantwortlichen auf Bundes-, Landes- und regionaler Ebene müssen die notwendigen gesetzlichen und sonstigen Voraussetzungen dafür schaffen, daß die Regionalplanung die wachsenden Kooperations- und Koordinierungsaufgaben im regionalen Rahmen noch wirksamer als bisher wahrnehmen und erfüllen kann.

Klare und funktionsgerechte Vorgaben von seiten des Bundes und der Länder sind erforderlich, um der Regionalplanung eine effektive Wahrnehmung des erweiterten Aufgabenspektrums zu ermöglichen.

Weiterentwicklung der Inhalte, Konzepte, Instrumente und Verfahren der Regionalplanung

Zur Weiterentwicklung und Stärkung der Regionalplanung gibt das Präsidium der ARL folgende Empfehlungen:

1. Die Organisationsstruktur muß Effizienz und Unabhängigkeit regionalplanerischen Handelns sicherstellen

Regionalplanung ist grundsätzlich in die gemeinsame Verantwortung von Staat und Kommunen gestellt. Ihre übergeordnete und zusammenfassende Funktion muß sich in einer leistungsfähigen Organisation und der sachdienlichen Einbindung in bestehende Verwaltungsstrukturen widerspiegeln. Neben einem starken politisch legitimierten Beschlußgremium sowie der frühzeitigen und umfassenden Einbeziehung der kommunalen Ebene in den Planungsprozeß ist auch eine enge Verknüpfung auf allen Ebenen mit den Verwaltungsbehörden mit Bündelungsfunktionen erforderlich.

2. Die Mindestinhalte der Regionalpläne sind bundesweit zu harmonisieren

Der umfassende Koordinierungsauftrag der Regionalplanung beinhaltet auch weiterhin die Aufstellung und Fortschreibung eines auf die Kernbereiche räumlicher Koordination ausgerichteten Regionalplanes als zentrale Aufgabe.

Angesichts überregional operierender Akteure und der wachsenden Bedeutung grenzüberschreitender Zusammenarbeit ist es dringend erforderlich, zu einer bundesweiten Harmonisierung bei den Mindestinhalten der Regionalpläne und dem damit zusammenhängenden Instrumentarium im Rahmen der MKRO bzw. des ROG zu kommen. Dasselbe gilt für die Aufstellungsverfahren von Regionalplänen.

3. Die Regionalplanung braucht einen rechtlichen Rahmen für ihr erweitertes Tätigkeitsfeld

Ergänzend zu den mittel- bis langfristig ausgerichteten Regionalplänen gewinnen kurz- bis mittelfristig angelegte, auf freiwillige Selbstbindung der Akteure setzende Regionale Entwicklungs- und Handlungskonzepte und Operationelle Programme an Bedeutung.

Diese erweiterten Tätigkeitsfelder der Regionalplanung bedürfen einer rechtlichen Legitimation. Daher müssen die Landesplanungsgesetze - anstelle einer Eingrenzung regionalplanerischer Regelungsbereiche - Öffnungsklauseln erhalten, die die Übernahme zusätzlicher, über die Kernaufgaben der Regionalplanung hinausgehender raumbezogener Koordinierungsaufgaben ermöglichen.

4. Die Koordinierungskompetenz der Regionalplanung ist zu stärken

Zur Erfüllung der Koordinationsaufgabe ist eine stärkere Einbeziehung der Regionalplanung in die politischen Entscheidungsprozesse und eine effektivere Verzahnung mit den Fachplanungen notwendig. Daher erweist sich eine stärkere rechtliche Absicherung des regionalplanerischen Koordinierungsauftrages in den Landes- bzw. Fachplanungsgesetzen als erforderlich. Außerdem sind die Fachpolitiken auf Landesebene besser zu koordinieren.

5. Die Regionalplanung muß intensiver an der Umsetzung von Infrastruktur- und Entwicklungsvorhaben beteiligt werden

Es zeigt sich immer deutlicher, daß Planung und Umsetzung auf der regionalen Ebene enger miteinander verknüpft werden müssen. In diesem Zusammenhang ist eine weitergehende Mitwirkung der Regionalplanungsträger bei Raumordnungsverfahren erforderlich. Flächen- und Verkehrsmanagement auf regionaler Ebene erhält erhöhte Bedeutung. Darüber hinaus ist auch ein Mitspracherecht der Regionalplanung bei der Fördermittelvergabe notwendig.

6. Die Leistungsfähigkeit der Regionalplanung ist durch eine dem Aufgabenumfang entsprechende Bereitstellung von qualifiziertem Personal zu steigern

Die in der Regionalplanung tätigen Akteure müssen über hohe fachliche und persönliche Kompetenz - auch als Innovationspol und Moderator - verfügen. Außerdem sind Fähigkeiten zum konzeptionellen und interdisziplinären Arbeiten erforderlich. Eine diesen Anforderungen entsprechende personelle und materielle Ausstattung der Regionalplanung ist notwendig. Die Aus-, Weiter- und Fortbildungseinrichtungen sind entsprechend auszugestalten.

ARBEITSMATERIAL

MEINHARD GRUBER

Die kommunalisierte Regionalplanung

Aus dem Inhalt

Teil 1: Die Regionalplanung als institutionelle Ebene der staatlichen Raumordnung
A.   Raumordnung und Landesplanung als staatliche Aufgaben
B.   Die Institutionalisierung der Regionalplanung
C.   Regionalplanung und kommunale Selbstverwaltung
D.   Die institutionelle Besonderheit der kommunalisierten Regionalplanung

Teil 2: Die staatlichen Befugnisse bei der kommunalisierten Regionalplanung
A.   Errichtung und Einrichtung der kommunalisierten Regionalplanung
B.   Ausarbeitung der Verbindlicherklärung „kommunalisierter" Regionalpläne
C.   Abweichungen von verbindlichen Regionalplänen

Hannover 1994, Nr. 208, 239 S., 42,- DM, ISBN 3-88838-608-x - D 29

CORNELIA HAASE-LERCH

Teilraumgutachten als neues Instrument der Landesplanung

Aus dem Inhalt

I.   Einführung
II.   Ableitung aus der Regionalplanung
III.   Das Teilraumgutachten als neues Instrument
IV.   Vergleich signifikanter Teilraumgutachten
V.   Analyse der Akzeptanz und der Umsetzung von Teilraumgutachten auf
       regionaler und kommunaler Ebene
VI.   Ansätze zur Verbesserung der Effizienz von Teilraumgutachten
VII.   Übertragbarkeit des Teilraumgutachtens auf andere Bundesländer
VIII. Zusammenfassung

Hannover 1994, Nr. 209, 128 S., 29,- DM, ISBN 3-88838-609-8

Bestellungen über den Buchhandel
Auslieferung
VSB-Verlagsservice Braunschweig
Postfach 4738, 38037 Braunschweig

AKADEMIE FÜR RAUMFORSCHUNG UND LANDESPLANUNG

Geographisches Institut
der Universität Kiel

FORSCHUNGS- UND SITZUNGSBERICHTE

AKADEMIE FÜR RAUMFORSCHUNG UND LANDESPLANUNG